생태언어학: 언어, 생태학, 삶으로서의 이야기

Ecolinguistics: language, ecology, and the stories we live by

생태언어학: 언어, 생태학, 삶으로서의 이야기
Ecolinguistics: language, ecology, and the stories we live by

Arran Stibbe(애런 스티베) 지음

김규훈, 김효연, 이원영, 노홍주, 송진식 옮김

역락

독자 안내

생태언어학(Ecolinguistics)

삶을 지탱하는 생태계가 점점 더 급속도로 파괴되어 가고 있는 현재, 근본적인 삶으로서의 이야기, 즉 무제한적인 경제 성장, 소비지상주의, 발전, 개인주의, 자연에 대한 인간의 지배와 성공 등의 이야기에 문제 제기가 필요하다.

생태언어학(ecolinguistics)은 언어학적 분석을 통해 삶으로서의 이야기를 드러내는 방법을 보여주며, 그 이야기들에 대해 문제를 제기하고 새로운 이야기를 찾는 데 기여한다. 이 책은 최근의 생태언어학 연구에 관한 이론적 통찰과 실천적 분석을 한데 모아서 독창적인 비판적 연구로서 생태언어학의 새로운 방향을 제안하고자 한다. 이 책의 특징은 다음과 같다.

- 생태언어학의 이론을 이해하고 이를 실제 삶에 실천적으로 적용할 수 있는 인식틀
- 라이프스타일 잡지에서부터 일본의 자연 시 하이쿠에 이르기까지 다양한 주제 탐색
- 이 책에서 사용된 언어학적 용어의 간결한 설명을 제공하는 이해하기 쉬운 용어 해설

- 신문, 잡지, 광고, 영화, 논픽션 책, 그리고 시각적 이미지 등을 포함
  한 매우 넓은 범위의 텍스트에 대한 담화분석

이 책은 학부생, 대학원생, 담화분석과 언어 및 생태학 분야와 관
련된 연구자들뿐만 아니라 새로운 삶으로서의 이야기를 찾고자 하는
모든 사람들을 위한 필독서이다.

감사의 말

먼저 수년간 생태언어학의 연구 작업이 이루어지는 동안에도, 이 책을 집필하는 과정에서도 항상 내게 아낌없는 지원을 베풀어 준 글로스터셔대학교의 인문대학 구성원에게 감사를 표하고 싶다. 해마다 다양한 발제를 던지고, 원 자료를 분석하며, 통찰력 있는 논평을 제시하면서 생태언어학의 발전에 기여해 준 내 제자들에게도 감사의 마음을 전한다. 또한 초고에 큰 힘이 되는 조언을 해 주었던 클로에 필립스(Chloe Phillips)와 에반 루이스(Evan Lewis)에게도 고맙다는 말을 하고 싶다.

이와 함께 이 책에서 여러 사진을 사용할 수 있게 허락해 주신 분들께 지면을 빌려 감사의 인사를 드린다. 그림 2.1은 세계 대나무와 등나무 네트워크(International Network for Bamboo and Rattan), 그림 3.1은 세이코 하라다(Seiko Harada), 그림 3.2는 트렝게이어 우드웍스(Trengayor Wood Works), 그림 4.1은 베렛-쾔러 출판사(Berrett-Koehler), 그림 4.2는 마크 아취바(Mark Achbar), 그림 5.3은 부탄 연구 및 국민총행복 연구 센터(Centre for Bhutan Studies and GNH research), 그림 9.1에서 9.7까지는 세계 가축애호협회(Compassion in World Farming), 그림 9.8은 소트 오브 북스 출판사(Sort of Books)이다. 특히 동물 사진을 수집하는 데 도움을 준 세계 가축애호협회의 데이지 리빙스톤(Daisy Livingston)에게도 고맙다는 말을 전한다.

이 책의 일부 장(章)은 이전에 출판되었던 논고를 인용하여 갱신하고, 발췌하여 수정한 것이다. 이러한 작업을 허락해 준 각 원고의 출판사에게도 감사를 표하고 싶다. 1장과 2장은 "Stibbe, A. 2014 An ecolinguistic approach to critical discourse studies, *Critical Discourse Studies* 11(1): 117-128."에서 인용하였다. 2장의 일부는 "Stibbe, A. 2009 Advertising awareness, in A. Stibbe (ed.) *The handbook of sustainability literacy*, Dartington: Green Books."에서 인용한 것이다. 3장은 "Stibbe, A. 2015 Reframing development narratives: the changing frames of caring for the world and its people, in F. Zunino and A. Fill (eds) *Talking about nature and culture*, Newcastle: Cambridge Scholars Publishing."에서 인용하였다. 4장은 "Stibbe, A. 2014 The corporation as person and psychopath: multimodal metaphor, rhetoric and resistance, *Critical Approaches to Discourse Analysis Across Disciplines* 6(2): 114-136."에서 일부 발췌하였다. 8장은 "Stibbe, A. 2014. Ecolinguistics and erasure, in C. Hart and P. Cap (eds) *Contemporary critical discourse studies*, London: Bloomsbury."에서 인용하였다.

끝으로 말로 다 표현할 수 없는 지지와 성원을 보내준 내 가족, 료코(Ryoko), 센(Sen), 카야(Kaya)에게는 늘 고마운 마음만 가득하다. 그리고 광범위한 문제적 사안을 정리하여 원고의 수준을 높여준 셜(Shirl)에게 특별한 고마움을 전한다.

Preface for Korean Translation

I am pleased to write this preface to the Korean translation of my book Ecolinguistics: language, ecology and the stories we live by. It's important that the message of ecolinguistics spreads across the world and I'm delighted that the next place it is going is Korea.

The message of this book is that the stories underpinning industrial civilisation (stories of economic growth at all costs, of consumerism and nature as a machine) are leading to inequality and ecological destruction. We need to search for new stories to live by − stories which can help us appreciate and work with the natural world rather than trying to fight and conquer it. These new stories can be found in traditional cultures around the world. I encourage the reader to search deep in the traditional culture of Korea and use the tools and techniques of ecolinguistics to reveal stories that can help humanity find a new path. The task could not be more urgent or important.

Of course, any discipline embeds the cultural perspective of the scholars who create it, and ecolinguistics is no exception. It's therefore necessary to create forms of ecolinguistics which are adapted to the Korean context and incorporate the insights of traditional Korean thought directly into the theoretical and practical framework. Recently, ecolinguistics has become popular in China and Chinese scholars are working on new forms of ecolinguistic suited to an Asian context, particularly Harmonious Discourse Analysis. I encourage readers to engage with this scholarship and contribute Korean perspectives.

There are two reasons why ecolinguistics is so important in the world right now. The first is that linguistics has traditionally been carried out as if language existed only within human society, without consideration of the larger ecological world that societies are embedded in ‒ the world of animals, plants, forests, rivers, ocean, soil and rain. Including consideration of the wider ecology is necessary to make linguistics a more accurate discipline, because language shapes and is shaped by the larger ecology. And it's necessary because with increasing destruction of ecosystems, our lives, the lives of our children, and the lives of countless other species are under threat.

I would like to invite readers to participate in a free online course, The Stories We Live By, which is a companion to the book (http://storiesweliveby.org). This course is currently available only in English, but if anyone is interested in adding Korean resources to it then please get in touch with me.

Finally, I would like to thank prof. Kim Kyoohoon for all the work that he has done in the difficult task of translating this book.

September, 2018

Arran Stibbe

from Gloucestershire, England

한국판 서문

필자가 쓴 <생태언어학-언어, 생태학, 삶으로서의 이야기>의 한국어판 서문을 쓸 수 있어서 영광이다. 생태언어학의 메시지가 전 세계로 퍼져 나가는 것은 중요하며, 그 메시지가 도달할 다음 장소가 한국이라는 점에서 매우 기쁘다.

이 책의 메시지는 산업 문명을 뒷받침하고 있는 이야기들(무슨 수를 쓰더라도 경제를 성장시켜야 한다는 이야기, 소비와 자연을 기계처럼 다루는 이야기 등)이 불평등과 생태학적 파괴를 야기한다는 것이다. 우리는 자연계와 싸우거나 자연계를 정복하려고 시도하는 대신, 자연에 감사하고 우리가 자연과 더불어 일할 수 있도록 도와주는 새로운 삶으로서의 이야기들을 찾을 필요가 있다. 이러한 새로운 이야기들은 전 세계의 전통적 문화 속에서 찾아낼 수 있다. 필자는 이 책의 독자들이 한국의 전통적 문화를 깊이 탐구하면서 생태언어학의 도구와 기술들을 활용하여, 인류가 새로운 길을 찾을 수 있도록 도와줄 수 있는 이야기들을 밝혀내는 과업을 수행하기를 권장한다. 이 과업은 매우 중요하며 긴급한 일이다.

어떤 학문이라도 그것을 만든 학자들의 문화적 관점이 포함되는 것은 당연한 일이며, 생태언어학 역시 예외는 아니다. 그러므로 한국어의 맥락을 수용하고 전통적 한국 사상의 통찰력을 포함하면서, 그러한 내용들이 이론적이고 실천적인 인식틀에 직접적으로 반영되어 있는 생태언어학의 형태를 만드는 것이 중요하다. 최근에는 중국에서 생태언어학이 널리 보급되었고, 중국의 학자들은 아시아의 맥락에 적합한 새로운 생태언어학의 양식, 특히 조화로운 담화분석(Harmonious Discourse Analysis)에 대해 연구하고 있다. 필자는 한국의 독자들이 이러한 학문적 흐름에도 관심을 두면서, 한국인의 생태언어학적 관점을 형성해 볼 것을 권장한다.

바로 지금의 이 세계에 생태언어학이 중요한 이유는 두 가지이다. 첫 번째 이유는 언어학이 전통적으로 인간 사회가 포함되어 있는 더 넓은 생태학적 세계, 즉 동물의 세계, 식물의 세계, 숲의 세계, 강의 세계, 바다의 세계, 흙과 비의 세계를 고려하지 않고, 마치 인간 사회 안에서만 언어가 존재하는 것처럼 언어를 다루면서 수행되어 왔다는 것이다. 더 넓은 생태에 대한 고려를 포함하는 것은 언어학이 더 정밀하게 작동하는 학문이 되기 위해서 필요하다. 이는 언어를 형성하고 언어가 형성되게 하는 것은 더 넓은 생태에 의해서이기 때문이다. 그리고 두 번째 이유는 생태계의 파괴가 심화됨에 따라 우리의 삶, 우리 아이들의 삶, 그리고 무수히 많은 다른 종들의 삶이 위협을 받고 있기 때문에 생태언어학이 필요하다는 것이다.

필자는 독자들에게 이 책을 위한 안내를 제공하는 무료 온라인 강좌인 '삶으로서의 이야기(The Stories We Live By, http://storiesweliveby.org)'에 참여해 보기를 권한다. 현재 이 강좌는 영어로만 제공되고 있지만, 만약 누구든지 이 강좌에 한국어로 된 자료를 추가하는 데 관심을 가지고 있다면 필자에게 연락을 취해 주기를 바란다.

마지막으로 번역의 책임을 맡은 김규훈 교수에게, 이 책을 번역하는 지난한 과제를 위해 그가 한 모든 작업에 대한 깊은 감사의 마음을 전한다.

2018년 9월
영국의 글로스터셔대학교에서
애런 스티베

옮긴이의 말

여기 국어 수업을 듣고 있는 두 학생이 있다. 오늘 수업의 제재는 환경 문제에 대한 칼럼이다. 칼럼의 주요 내용은 현대 사회의 환경 문제가 심각하고 이를 해결하기 위하여 노력해야 한다는 것이다. 한 학생은 이 칼럼을 배우며 이런 생각을 한다. '환경 문제는 오염을 처리하는 기술과 과학이 눈부시게 발전하였기에 충분히 해결될 수 있을 것이다.' 다른 학생은 이렇게 생각한다. '환경 문제를 기술이나 과학으로 해결하는 것은 한계가 있기 때문에, 환경 문제에 관한 다양한 이야기를 찾고 비판하며 공유하는 것이 중요하다.' 두 학생 가운데 어떤 학생의 생각이 이 문제에 대응하는 방식으로 적합할까?

이것은 우문이다. 두 학생 가운데 누구도 틀렸다고 보기 어렵기 때문이다. 환경 문제를 해결하는 데에는 이 둘의 생각이 모두 필요하다고도 할 수 있다. 그런데 질문을 바꾸면 이야기는 조금 달라진다. "두 학생 가운데 누가 국어교육에서 길러야 하는 인간상에 조금 더 가까울까?", "국어교육을 넘어서 삶을 살아가는 데 누가 조금 더 타당한 국어 의식을 지니고 있을까?" 그리고 이들 질문에 더하여, 우리는 과연 국어교육이 학습자가 삶의 이야기를 스스로 인식하도록 유도하는 교육으로서의 성격을 지니고 있는지에 대하여 강한 의문을 제기할 수 있다.

환경 문제에 대한 기술 과학적 접근이 아닌 인문 사회학적 접근의 필요성을 바탕으로, 환경 문제를 넘어 우리 삶의 다양한 문제적 현상에 관한 이야기를 찾고자 하는 노력이 이 책에 담겨 있다. 삶의 '지속가능성(sustainability)'을 저해하는 여러 현상에 대하여 당위적으로 그 심각성을 문제 제기하는 데 그치지 않고, 그 문제를 다룬 다양한 텍스트를 찾아 텍스트에 표상된 인간의 의식이 무엇인지 언어학적으로 분석한다. 분석을 위해 동원되는 언어학 이론은 '틀 이론(frame theory)', '개념적 은유(conceptual metaphor)', '비판적 담화분석(critical discourse analysis)', '정체성 이론(identity theory)' 등을 비롯하여 인지언어학과 사회언어학 그리고 심리언어학의 경계를 넘나든다. 이들은 이른바 '생태언어학(ecolinguistics)'이라는 새로운 응용언어학의 울타리를 형성하며, '삶으로서의 이야기(the stories we live by)'를 대상으로 비판적 언어 연구를 실천해 낸다. 생태언어학은 인간 삶의 지속가능성에 대한 비판적 언어 교육 연구의 통로를 활짝 열어주는 것이다.

책을 번역하는 과정에서 역자들은 끊임없이 스스로 근대적인 사고의 틀 안에 갇혀 있음을 자각하지 않을 수 없었다. 피터 싱어(Peter Singer)가 강조했던 생명 윤리의 핵심이 만물에 대한 인간 중심적 사고의 생태적 전환이라는 사실은, 국어교육학을 연구하는 역자들이 고민해 나가야 하는 숙명이라고 하겠다. 기후 변화나 환경오염과 같이 일상생활에서 당면한 환경 문제에 대한 의식의 형성에서 출발하여, 지속가능한 삶에 관한 모든 현상, 즉 '생태학적 화두'를 국어교육에서 수용하고 생산하는 대상으로 삼아야 한다는 신념이 생겼다. 아직은 많이 부족한 이 번역서를 필두로 '지속가능성의 국어 의식'에 대한 비판적 언어 연구의 논의를 꾸준히 생산해 나갈 것을 독자에게 공표하며 스스로의 다짐이자 약속으로 남겨둔다.

이 책은 총 10장으로 구성되어 있다. 1장 '도입'에서는 생태언어학의 개념에 대해 정립한다. 분석 대상인 '삶으로서의 이야기'를 해명하고 분석 기준인 '생태 철학'을 논의한다. 2장 '이데올로기와 담화'에서는 텍스트 속에 숨은 인간의 이념을 드러낸다. 그러한 텍스트를 '파괴적 담화, 양면적 담화, 유익한 담화'로 분류하고, '신고전주의 경제학 담화'를 생태언어학적으로 분석한다. 3장 '틀과 틀 구성'에서는 단어의 틀에 숨은 인간의 의식을 분석한다. 특히 '개발의 틀'이 어떻게 구성되었는지를 비판적으로 살펴본다. 4장 '은유'는 개념적 은유의 작동 원리를 바탕으로 '기업은 사람이다'라는 은유에 숨은 비생태적인 속성을 고발한다. 5장 '평가와 평가 유형'에서는 평가에 사용되는 언어의 유형을 바탕으로 '날씨의 평가' 이야기를 비판적으로 분석한다. 6장 '정체성'은 다양한 텍스트에 인간의 정체성이 어떻게 반영되어있는지를 보여준다. 근대 지배 담론에 해당하는 남성, 인간, 그리고 기계에 대한 비판적 분석의 과정을 여실히 드러낸다. 7장 '신념과 사실성 유형'은 인간의 신념에 따라 실재가 왜곡될 수 있음을 논의한다. 구체적으로 '기후 변화 반대 운동'의 텍스트에서 보이는 이러한 양상을 보여준다. 8장 '소거'는 텍스트 안에서 의도적으로 숨겨진 내용과 이를 추동하는 언어적 장치를, 9장 '현저성과 상기'는 '소거'와 반대로 의도적으로 드러내고자 하는 내용과 이를 위한 언어적 전략을 논의한다. '생태계 평가 문건'과 '신자연수필' 등이 각각에 해당하는 삶으로서의 이야기로 설정된다. 마지막 10장 '결론'은 논의를 정리하며 지속가능성의 테제가 확장되기를 기대하고 있다.

번역은 지난한 작업이지만 새로운 공부의 과정이기도 하였다. 공부가 여전히 부족하기에 이 책이 세련된 번역서라고 말하기는 어렵다. 지속적으로 보완해 나갈 것을 약속한다. 그럼에도 이 책이 세상에 나올 수 있었던 것은 함께 번역 작업에 참여해 준 후배 연구자들과 주위에서 응원해 주신 분들이 계셨기 때문이다. 다른 수식어가 필요 없는 '나의 선생님', 김혜숙 교수님께 작은 결실의 기쁨을 온전히 선물한다. 번역 작업을 위한 제반 사항을 지원해 주시며 작업 과정에서 힘을 북돋아주셨던 윤재웅 교수님께도 감사의 인사를 올린다. 일상에 지칠 때마다 마음 한 편의 버팀목이었던 공룡 산행 모임 식구들에게도 감사의 마음을 보낸다. 그리고 평범한 삶을 버리고 공부의 삶을 택한 이 길에서 언제나 지지해 주고 묵묵히 힘을 실어준 가족에게 깊은 고마움과 사랑을 전한다.

이 책은 한국문법교육학회의 번역총서지원사업 결과이기도 하다. 생태언어학이라는 낯선 주제의 가치를 인정해 주신 한국문법교육학회장 이관규 교수님께 감사의 인사를 올린다. 번거로운 번역서의 작업을 총괄하신 역락 출판사의 이대현 대표님, 번역 판권의 획득을 비롯하여 제반 사항을 모두 신경 써 주신 박태훈 이사님, 그리고 꼼꼼하게 편집 과정을 거쳐 책을 완성해 주신 박윤정 과장님께 고마움을 표하고 싶다.

끝으로 영국과 멀리 떨어진 대한민국에서 살고 있는 새내기 연구자에게 언제나 아낌없는 조언과 가르침을 준 이 책의 저자인 애런 스티베(Arran Stibbe) 교수에게 특별한 고마움을 전한다. 처음 번역을 시작하면서 보낸 짧은 전자우편 한 통에 따뜻한 마음 가득 담아 답장을 보내준 첫 소통이, 연구자가 생태언어학을 공부해 나가는 원동력이 되었다. 국제생태언어학회(international ecolinguistics association)에서 임원

진으로 활동하며 비판적 언어 연구의 논제를 확장해 나갈 수 있게 된 것 모두 애런 스티베 교수 덕분이다. 앞으로 기회가 된다면, 영국에서 대한민국에서 그리고 국제학술회의 장에서 직접 만나 생태학적 화두에 대한 이야기를 공유하고 싶다.

"생태언어학 -언어, 생태학, 삶으로서의 이야기-"를 만나는 독자에게 자신의 삶에 대한 지속가능성이 무엇인지 다시 한 번 고민할 수 있는 계기가 마련되기를 고대한다.

2018년 9월
빗소리 가득한 연구실에서
김규훈 씀

차례

이야기(story)는 가치의 비밀 저장소이다. 개인이나 국가에 대한 삶으로서의 이야기를 변화시켜 개인이나 국가가 스스로 변하게 하라.

- 벤 오크리(Ben Okri, 1996: 21).

이야기는 큰 창의적 힘을 배태한다. 이야기를 통해 우리는 인간의 활동을 조정하고 의도에 집중하게 하며, 특정 역할을 부여하기도 하고 무엇이 중요한지 심지어 무엇이 실재인지도 밝힌다.

- 찰스 아이젠슈타인(Charles Eisenstein, 2011: 2).

'생태언어학(ecolinguistics)'이라는 학문을 처음 접하면, 종종 곤혹스러운 상황에 직면하곤 한다. 그것은 이 학문이 생태학에 관한 것이자 언어에 관한 것인데, 이들 각각은 삶에서 완전히 분리된 영역에서 존재하는 것처럼 보이기 때문이다. 그런데 언어는 보편적으로 우리가 세상을 생각하는 방식에 영향을 준다. 광고의 언어는 우리에게 불필요하거나 환경에 피해를 유발하는 제품을 사게끔 유도할 수 있는 반면, 자연수필(nature writing)의 언어는 자연계를 존중하도록 고취할 수 있다. 그리고 사고의 방식이 곧 행동의 방향에 영향을 준다는 점에서, 언어는 우리가 기대고 살고 있는 생태계를 파괴하거나 보호하도록 독려할 수도 있다. 이러한 점에서 생태언어학은 생태계의 파괴를 야기하는 언어의 형태를 비판하고, 사람들이 자연과 지속가능하게 상생하도록 영감을 주는 새로운 언어의 형태를 찾게끔 독려하는 학문이라고 할 수 있다. 비록 지금까지의 설명이 다소 피상적일지라도, 결국에는 크게 구별되지 않는 언어와 생태학이라는 두 영역을 사람들의 마음속에서 상호 연결시키는 출발점이 될 것이다.

생태언어학은 매우 복잡하면서도 풍부한 구조를 지닌다. 첫째, 생태언어학에는 다양한 목적, 내용, 방법론을 바탕에 둔 여러 접근법이 존재한다. 둘째, 생태언어학은 광고 혹은 자연수필 등의 개별 텍스트를 단순히 언급하는 것보다 훨씬 더 심도 있게 삶으로서의 텍스트를 분석하고자 한다. 생태언어학은 사람들이 세상에 대하여 생각하고, 반응하는 방식에 영향을 주는 언어의 일반적인 유형을 탐색하는 것이다. 따라서 생태언어학은 **삶으로서의 이야기**(the stories we live by), 곧 우리가 당면한 생태적 도전의 중심에 있으면서 우리의 행위에 영향을 주는 정신적 모형(mental models)을 연구한다. 경제 성장, 기술 발전, 사용 및 정복 대상으로서의 자연, 이익과 성공 등에 관한 어떤 중요한 이야기들은 우리가 우리의 삶이 의존하고 있는 체제를 어떻게 다룰 것인지에 지대한 영향을 끼쳐 왔다. 이와 관련하여 토마스 베리(Thomas Berry, 1988: 123)는 다음과 같이 기술한다.

우리는 훌륭한 이야기를 갖지 못했기 때문에 현재의 위기에 처해 있다. 우리는 이야기 사이에서 산다. 오래된 이야기, 이 세상이 어떻게 만들어졌고 우리가 거기에 어떻게 정착했는지에 관한 설명이 담긴 이 이야기는 더 이상 유효하지 않다. 아직 우리는 새로운 이야기에 대해 배우고 있지 않다.

현재는 베리가 이 구절을 쓴 때보다 훨씬 더 새로운 이야기의 중요성이 커졌음에도, 우리는 여전히 새로운 이야기를 배우고 있지 않다.

생태학(ecology)과 언어(language)의 연계는 인간이 서로 어떻게 소통하는지, 자연계가 우리의 사고, 개념, 이념, 세계관 등에 의해 어떻게 영향을 받는지, 그리고 이들이 언어를 매개로 어떻게 그려지는지를 탐구하는 것에서 발생한다. 현 사회의 엄청난 고통과 생태적 파괴를 만들어 내는 것처럼 보이는 경제 체제 역시 언어를 통해 세워졌고, 그것들에 저항하고 새로운 경제 체제로 전환하는 것 역시 언어를 통해 시도될 수 있다. 소비지상주의자라는 정체성을 형성하고, 자본 축적을 지향하며 살게 되는 것도 언어를 통해서이며, 소비지상주의에 저항하고 사람들이 '더 많이 소유하기보다는 보다 질 높은 삶을 살라'라는 의식을 제고하는 것 역시 언어를 통해서 이루어진다. 더 나아가 자연계가 사람들의 마음속에서 정복의 대상이나 이용의 자원으로 축소되는 것도 언어를 통해서이며, 우리 삶을 지탱하는 자연의 체제에 대해 존중하고 배려하도록 사람들을 장려하는 것 역시 언어를 통해서이다. 버라디(Berardi, 2012: 157)는 사회적이고 생태적인 파괴 현상을 야기하는 금융 구조의 영향에 대해 비판하면서 다음과 같이 언급한다.

> 언어의 실천만이, 야만적이고 폭력적인 환경에 노출된 우리에게 새로운 인간의 조건을 보고 만들 수 있는 능력을 갖게끔 할 수 있다. 오직 언어의 실천만이, 금융자본주의의 기술과 자동화를 극복하고 새로운 삶의 양식에 대한 창발을 가능하게 한다.

언어학은 일상생활에서 우리를 둘러싼 수많은 텍스트들을 분석하는 도구를 제공해주며, 우리가 속한 사회의 모습을 그려낸다. 이러한 도구들은 텍스트 행간에 숨어 있는 이야기를 드러내는 데 도움을 준다. 숨은 이야기들이 드러나면, 우리는 그 이야기에 대하여 생태학적 관점에서 다음과 같은 물음을 던질 수 있다. 그 이야기들은 우리가 기대고 살아가는 생태계를 파괴하거나 보호하는 데 영향을 주는가? 그 이야기들이 파괴적이라면 저항 받을 필요가 있고, 그 이야기들이 유익하다면 널리 알려질 필요가 있다.

이 책은 언어학에서부터 인지 과학에 이르기까지 다양한 이론을 바탕으로 삶으로서의 이야기를 분석하는 언어학적 인식틀(framework)을 형성하고, 그러한 이야기를 판단할 수 있는 생태학적 인식틀을 개발하며, 언어학과 생태학의 인식틀을 바탕으로 다양하고 폭넓게 실재하는 텍스트를 실제로 분석하는 것이 목적이다.

이 책은 하나의 핵심 전제를 바탕에 둔다. 생태언어학은 삶으로서의 이야기를 드러내고 발제하는 중요한 역할을 담당하며, 이를 통해 새로운 이야기를 찾는 데 기여할 수 있다. 이러한 생태언어학적 탐구는 배경 이론에 기반하여 학자가 수행하는 거시적인 프로젝트에서부터 개인 차원의 연구에 이르기까지 모두 수행될 수 있다. 따라서 이 책은 언어학자, 지리학자, 생물학자, 그리고 방대한 영역의 학문 연구자를 위한 것이다. 또한 모든 수준의 학습자들, 교육자들, 회사에 근무하는 친환경 담당 회사원, 환경 단체에서 일하는 사람들을 비롯하여, 지속 불가능한 사회 속에서 자신의 위치와 역할에 대해 고민을 하는 모든 사람들을 위한 것이다. 곧 이 책은 지금의 산업 사회의 특징을 살펴보고, 왜 이 사회가 더 이상 지속불가능한지, 그리고 앞으로 어떻게 하면 지속가능하도록 변화시킬 수 있을 것인지에 대한 의문을 제기하는 모든 이들을 위한 것이다.

삶으로서의 이야기

21세기가 되면서 우리가 직면하고 있는 생태학적 문제의 규모에 관한 증거가 나타나고 있으며, 이에 대해 우리에게 요구되는 대응의 규모 역시 명확해졌다. 그것은 기술적 해결책으로 개별적 증상을 치료해야 한다는 요구를 넘어서, 우리가 직면한 문제에 사회문화적 원인이 있음을 심각하게 고려해야 한다는 요구이다. 불평등의 증가, 기후 변화, 생물 다양성의 감소, 자연으로부터의 소외, 공동체의 상실은 산업 사회의 기반이 되는 근본적인 이야기에 의문을 제기한다.

데이비드 코튼(David Korten, 2006: 248)은 심오한 생태학적 의미를 바탕으로 서양 제국 문명의 본질을 네 종류의 이야기로 설명한다. 그것은 물질 획득과 돈에 대한 숭배를 진척시키는 '번영 이야기(prosperity story)', 우리를 둘러싼 세상보다는 내세에 초점을 맞추는 '성경 이야기(biblical story)', 지배 관계를 지키기 위해 군과 경찰을 강력하게 하는 '안전 이야기(security story)', 그리고 삶을 물질이나 특정 기능을 수행하는 것으로 축소시키는 '세속적 의미의 이야기(secular meaning story)'이다. 이 이야기들은 불평등을 영속시키고 환경의 파괴와 삶의 소외를 야기하고 만다. 쳇 바워스(Chet Bowers, 2014: 27)는 '개인주의, 진보, 경제주의, 인간 중심주의라는 뿌리 은유(root metaphor)가 개념적이고 도덕적인 정당화의 강력한 과정으로 어떻게 통합되었는지'에 대하여 설명한다. 그가 주장하는 이와 같은 이야기는 '생태학적으로 지속불가능한 문화에 대한 강한 추정'을 이끌어낸다 폴 킹스노스와 더갈드 하인(Paul Kingsnorth & Dougald Hine, 2009)은 우리가 '다른 작은 생물에 적용되는 한계에 제한을 받지 않는 종(種)이자, 전체를 내려다보는 지배자가 될 운명을 지녔다는 인간 중심적 이야기(the story of human centrality)'에 영향을 받으며 사는 것이 가장 위험하다고 주장한다.

그런데 여기에서 말하는 이야기는 일반적인 서사(narrative)의 의미와 다르다. 이야기는 소설을 비롯하여 잠자리에 드는 시간에 어린이들에게 읽어주는 것, 난롯불 주위에서 공유하는 것, 공식 연설에서의 일화를 통해 전달하는 것을 지칭하지 않는다. 대신 이야기는 우리를 둘러싸고 있는 텍스트의 행간, 가령 크리스마스 판매 하락에 대해 '나쁜 소식'을 전하는 뉴스 보도, 항공 수익이 증가한다는 '좋은 소식', 또는 우리에게 불필요하지만 마치 삶의 질을 높여줄 것처럼 홍보하는 물건을 구입하게 하는 광고 등에 존재한다. 무한 경제 성장이 가능할 뿐만 아니라 우리 사회의 목표가 되어야 한다는 것, 불필요한 제품을 축적하는 것이 자기 개발로 가는 길이라는 것, 기술적인 혁신과 이익의 관점에서 협소하게 정의된 진보와 성공, 그리고 자연을 마치 인간으로부터 분리된 것으로 여기고 단지 개발해야 할 자원의 재고로만 여기는 것 등의 이야기들은 산업 사회에서의 쓰기와 말하기의 일반적인 방식을 지배해 왔다.

2013년에 BBC에서 방영한 다큐멘터리 ≪무엇이 우리를 인간으로 만드는가?(What makes us human?)≫와 관련하여 BBC 웹사이트에서 제공하는 요약을 보면, '행간'을 어떻게 읽는지에 따라 이야기에서 얻을 수 있는 내용이 달라진다는 사실을 알 수 있다.

- 앨리스 로버츠(Alice Roberts) 교수는 동물계에서 다른 동물들과 인간을 다르게 만드는 것이 무엇인지 엄밀하게 조사했다. 무엇이 우리 인간을 인간답게 만드는 것일까? (ML12-부록 참조)

이 구절에는 두 가지의 이야기가 숨어 있다. 하나는 인간이 동물계 바깥에 존재한다는 것, 즉 인간은 동물이 아니라는 사실이다. 둘째는 우리를 인간으로 만드는 것은 다른 동물들과의 공통점보다 차이점에서 발견된다는 점이다. 이 다큐멘터리에서 로버츠 교수는 전자가 아닌 후자의 입장을 따른다.

- 우리의 신체, 우리의 유전자, 우리의 뇌 중 어떤 부분이 동물들과 변별되는가? 무엇이 인간을 진정한 인간으로 만드는가?
- 마이클(Michael)은 침팬지와 변별되는 인간의 행동 양식을 밝히고, 인간을 인간답게 만드는, 특별한 종적 특성을 밝히는 연구를 고안했다. (ML13-≪무엇이 우리를 인간으로 만드는가?≫에서 발췌함.)

이 발췌문은 "우리를 인간으로 만드는 것은 다른 동물과의 차이점에서 기인한다."라는 진술을 직접적으로 전달하지는 않는다. 대신에 이 진술은 첫 번째 발췌문에서 나온 두 질문을 의미적으로 연결하는 데 필요한 배경 이야기로 상정되며, 두 번째 발췌문에서 잘 조정된 세 구절의 바탕이 된다. 이렇듯 이야기는 어디에나 있고, 많은 사람들 사이에서 소통되며, 다양한 맥락의 행간 속에서 형성된다. 이와 관련하여 노암 촘스키(Noam Chomsky, 2006: 88)는 다음과 같이 언급한 바 있다.

우리가 인간의 언어에 대해 연구할 때, 우리는 '인간의 본질(the human essence)'이라 부르는 어떤 것에 접근하고 있으며, 지금까지 우리가 알고 있는, 인간 정신의 독특한 자질, 다른 종들과 구별되는 인간만의 특수성을 발견할 수 있다.

위에서 **동격**(apposition)(두 개념을 서로 나란히 배치하여 동일시하는 문장 구성)은 인간이 지닌 특수성의 본질을 드러낸다. '**인간의 본질**(the human essence)' 앞에 붙은 정관사 the는 인간 본질의 일부가 다른 동물과 공유될 여지가 없음을 방증한다.

우리의 인간성이 다른 동물들과의 차이점에 놓여있다는 생각은 단지 한 이야기일 뿐이며, 다른 이야기도 충분히 가능하다. 차이에 초점을 맞추는 이러한 이야기는, 인간과 다른 동물들이 공통적으로 가지고 있는 중요한 것들, 즉 감정을 가졌고 체험으로써 이해하며 다른 이들과 사회적으로 결속한다는 것, 그리고 무엇보다도 삶을 지속하기 위해선 다른 종들과 환경에 의존해야 한다는 가장 중요한 사실을 감추어 버린다는 위험을 내포하고 있다. 플럼우드(Plumwood, 2007)는 이러한 이야기를 다음과 같은 진술로 강력하게 비판한다.

논란의 여지는 있지만, 서양 문화의 두드러진 특징, 또한 어쩌면 생태적 실패의 주된 표지는 인류가 근본적으로 다른 동물, 그리고 나머지 자연으로부터 동떨어지고 다르다고 인식하는 것이다. 종종 인간 예외주의 (Human Exceptionalism)로 불리는 이러한 생각은, (혹자는 더 효율적이었다고 말할지도 모르지만) 우리가 다른 문화보다 더 무자비하게 자연을 개발하고, 우리의 지구를 더욱 더 파괴적인 형태로 지배하도록 이끌었다.

우리가 직면한 생태학적 도전에 대한 해결책을 찾기 위해서 우리는 인간 존재에 대한 이야기를 포함한, 우리 문화의 기저를 이루는 근본적인 이야기를 탐구하고 재인식해야 한다.

이 책이 초점을 두고 있는 삶으로서의 이야기는 생태언어학적 분석을 위한 다양한 접근 방식을 하나의 인식틀로 가져오는 방법이다. 생태언어학자들이 이데올로기(ideology), 은유(metaphor), 틀(frame), 그리고 다른 인지적이고 언어적인 현상을 탐구할 때, 그들이 하는 작업은 우리가 살고 있는 사회와 인간의 삶을 형성하고 있는 이야기를 드러내고 밝히는 것이다.

전통적 의미의 '이야기'는 명확한 시작, 중간, 끝이 있고 시간이 경과되면서 일어나는 사건인 서사를 일컫는다. 전통적 의미에서 독자는 이야기를 그 구조나 맥락을 통해 알게 되기에, 독자는 우리를 둘러싼 세계에 대한 하나의 가능한 해석이나 관점으로 이야기를 취급하는 일이 가능하다.

그러나 삶으로서의 이야기는 다르다. 우리가 삶으로서의 이야기를 의식하지 않고 선택하거나 그것이 필연적으로 단지 이야기일 뿐이라는 것을 인식하고 있거나 상관없이 우리는 삶으로서의 이야기에 노출된다. 삶으로서의 이야기는 삶의 도처에서 뉴스 보도, 광고, 친구들과의 대화, 일기 예보, 사용 설명서, 교과서 등의 행간을 통해 드러난다. 삶으로서의 이야기는 교육적, 정치적, 전문적, 의학적, 법률적, 기타 제도적 맥락에서 은밀하게 존재하는 것이다.

킹스노스와 하인(Kingsnorth & Hine, 2009)은 '인간 중심적 이야기'가 위험한 이유에 대하여 "대부분의 상황에서 우리가 이것을 이야기로 인지하지 못하는 데 있다."라고 언급한다. 같은 맥락에서 데이비드 로이(David Loy, 2010: 5)도 "우리는 우리의 이야기가 이야기라는 것을 모른

채 세상을 경험한다."라고 기술한다. 메이시와 존스톤(Macy & Johnstone, 2012: 15)은 경제 성장과 기술 발전이 사회를 위한 길로 취급되는 '상식적인(business-as-usual)' 이야기를 언급하며, "이 이야기의 한복판에 살고 있다면 경제 성장과 기술 발전이 사회를 위한 길이라는 생각을 쉽게 할 수 있다."라고 언급한다. 삶으로서의 이야기는 사회 전반에 걸쳐 개인의 마음에 깊이 각인되어 있으며, 사회 내에서 통용되는 텍스트의 행간에 숨어 있기 때문에 간접적으로 제시된다. 이러한 이야기를 직접적으로 인식하기 위해서는 숨겨진 삶으로서의 이야기를 들추고 비판적으로 분석해야 한다. 만일 삶으로서의 이야기가 불의나 환경 파괴와 연관되어 있다면 저항도 불사해야 한다.

미즐리(Midgley, 2011: 1)는 이야기의 이러한 습성을 '삶으로서의 신화(myths we live by)'라고 부른다. 미즐리가 말하는 신화는 '세계를 해석하는 특정한 방법으로서 상상력의 유형, 강력한 상징을 지닌 네트워크'를 뜻한다. 같은 맥락에서 킹스노스와 하인(Kingsnorth & Hine, 2009)은 "우리는 우리의 문명을 뒷받침하는 이야기, 곧 진보의 신화, 인간 중심성의 신화, '자연'에서 인간을 분리시키는 신화에 도전할 작정이다."라는 진술에서 신화와 이야기라는 용어를 나란히 쓰고 있다. 한편 로버트슨(Robertson, 2014: 54)은 '패러다임(paradigm)'이라는 용어를 '세계를 이해하는 기본 인식틀, 실재를 보는 방법을 정의하는 가정과 개념에 대한 일관적 경향'의 의미로 사용한다. 로버트슨은 특히 '경제 성장'의 패러다임에 관심을 둔다. 그녀는 '경제의 핵심 패러다임으로서 성장이 어떻게 수백 년 동안 발전되어왔는지, 그리고 어떻게 지난 세기 이래로 견고히 자리 잡았는지'에 대해 설명한다. 버라디(Berardi, 2012: 131)는 '공장 노동의 반복, 급여의 반복, 조립라인의 반복'과 같이 되풀이되는 행동과 징후가 사회에서 널리 퍼져서 강화되고 있음을 의미하는 반복(refrain)이라는 용어를 사용하는 데에는 리드미컬하고 자연스러운 패턴이 있음을 강조한다. 그는 "이제 우리는 경쟁과 생산성의 사회적 게임으로부터 독특한 존재를 해방시킬 반복이 필요하다(2012: 146)."라고 말한다. 마추세비츠 외(Martusewicz et al., 2011: 66)는 뿌리 은유가 "세계를 '그것은 바로 그러하다'라고 구조화하고 유지하게 하는 관점이며 … 이는 어떻게 세계를 바라보고 이해하며 그 속에서 어떻게 행동할지에 대한 구조를 우리의 생각 속에 아주 깊숙이 자리 잡게 한다."라고 하였다.

이러한 관점에서 전문 용어임을 강조하기 위해 줄표로 표시하는 삶으로서의 이야기(story-we-live-by)라는 용어는 위에서 살펴본 '신화, 패러다임, 반복, 뿌리 은유'의 용어가 지칭하는 대상과 유사하게 사용될 것이다. 특히 이야기와 삶으로서의 이야기는 이 책에서 다음과 같이 정의하고자 한다.

> 이야기(stories)는 세계를 인식하는 방식에 영향을 미치는 개인의 마음속 인지 구조이다.
>
> 삶으로서의 이야기(stories-we-live-by)는 범문화적으로 수많은 개인들의 마음속에 존재하는 이야기이다.

인지 구조는 개인들의 마음에 존재하는 정신적 모형이다. 인지 구조의 예로는 인간을 동물과 구별하고 동물보다 뛰어난 세계 속에 있다고 보는 모형이나 인간이 환경에 둘러싸여 있다고 간주하는 모형 등을 들 수 있다. 그 가운데 여기에서의 주요 관심사는 한 문화 안에서 널리 공유되는 정신적 모형인데, 이 모형은 그 문화가 생명을 지탱하는 생태계를 어떻게 다룰 것인지에 대해 강한 영향력을 가지고 있다. 이 모형은 사람들의 마음속에 있기 때문에 직접 확인할 수는 없지만, 우리는 사람들이 사용하는 언어를 통해 그것의 존재와 구조를 확인할 수 있다. 이때 삶으로서의 이야기는 사람들의 '말'에서 쉽게 확인할 수 있지만, 말뿐만 아니라 글쓰기, 노래하기, 그리기, 사진 찍기, 촬영하기, 옷 입기 등 우리가 우리를 표현하는 일상적인 방식에서도 드러난다. 그래서 이 책은 주로 언어에 주목할 것이지만, 언어 외의 모든 기호에 대해서도 관심을 두고자 한다.

중요한 것은 삶으로서의 이야기가 우리가 세계에서 **행동**하는 방식에 영향을 끼친다는 사실이다. 만약 자연을 자원으로 본다면 우리는 그것을 더 개발하려 할 것이고, 경제 성장을 정치의 가장 중요한 목적으로 본다면 사람들의 **참살이**(wellbeing)와 그들의 삶을 지탱하는 생태계는 무시될 것이다. 이 책에서 생태언어학은 텍스트에 감춰진 이야기를 드러내어 분석하고, 이를 통해 그것들이 우리를 어떻게 행동하도록 장려하는지 신중하게 고려하도록 한다. 만약 그 이야기들이 우리 삶이 기대고 있는 생태계의 존중과 배려를 촉진한다면 우리는 그것을 장려해야 하겠지만, 만약 그 이야기가 생태계의 파괴를 촉진한다면 우리는 그것에 저항해야 할 것이다.

생태언어학에서의 '생태'

인간의 특수성에 관한 이야기는 과거 인문학의 중심 주제였다. 이 영역은 전통적으로 인류, 언어, 철학, 역사, 종교, 문화 그리고 문학 분야를 통해 인간과 동물을 구별하고, 암묵적으로 우리를 그들보다 우월하게 만드는 내용을 연구 주제로 삼아 왔다. 오르(Orr, 1992: 145)는 "지난 오백 년 동안 과학, 사회 과학, 인문학은 모두 자연에 대한 인간의 지배를 확장하고 공고히 하게 하는 데 전념해 왔다."라고 주장하기까지 한다. 하지만 인간과 인간 사회에 대한 생태 의식이 깊어지면서 인문학과 사회 과학 분야의 연구 주제에 대해 '생태학적 전환(ecological turn)'을 중요하게 고려하도록 만드는 지점에 다다랐다. 정신, 인간, 사회, 문화, 종교 등은 거대한 물리적인 세계의 불가분하고 필수적인 일부로서 취급되며 더 이상 고립적으로 연구되지 않는다. 이러한 생태학적 전환은 그들의 연구에서 이러한 주제를 더욱 정밀하게 탐구하는 데 도움을 준다. 의심할 여지없이 인간의 마음, 문화, 사회는 자연계로부터 발생, 분화되었기 때문이다. 보다 실질적으로는 이러한 경향성이 인류가 21세기에 직면한 중요한 생태적 도전들, 곧 서로 얽혀 있으면서 영향을 주고받고 있는 문제인 생물 다양성의 상실, 식품 문제, 기후 변화, 물 부족, 에너지 문제, 화학적 오염, 자연으로부터의 고립, 사회 정의에 관한 문제 제기와 관련하여 인문학과 사회 과학을 학제적으로 연계시켜 왔다.

생태학적 전환은 생태비평(Garrard, 2014), 생태시학(Knickerbocker, 2012), 생태여성주의(Adams & Gruen, 2014), 생태심리학(Fisher, 2013), 생태사회학(Stevens, 2012), 정치생태학(Robbins, 2012), 환경 의사소통론(Cox, 2012)을 발생시켰다. 특히 환경 의사소통론은 연구자들이 중점적으로 다루는 초점화된 주제가 있으며, 밀스테인 외(Milstein, et al., 2009: 344)는 이를 다음과 같이 요약한다.

현장에서 이루어지는 연구와 이론은 모두 환경과의 의사소통 방식과 인간과 환경의 관계성 문제를 중점적으로 다루면서 통합된다. 환경 의사 소통을 연구하는 학자들은 특히 사람들이 자연계에 대하여 말하는 방식에 관심을 갖는데, 그 이유는 이러한 의사소통이 인간이 초래한 위기 상황에 광범위한 영향을 주었다고 간주하기 때문이다.

글로펠티(Glotfelty, 2014)는 생태비평의 방대한 연구 범위를 감안하며 생태비평에 대해 다음과 같이 개괄한다.

모든 생태학적 비평은 인간의 문화가 물리적 세계와 관련이 있고, 그것으로부터 영향을 주고받는다는 근본적인 전제를 공유한다. 생태비평은 자연과 문화, 특히 문화가 만들어 낸 언어와 문학과의 상호 연관성을 주제로 삼는다. 대부분의 생태비평 연구는 우리가 환경적인 한계에 직면한 시대에 이르렀다는 문제의식이나 지금이 인간의 행동으로 인해 지구의 기본적인 생명 유지 장치를 파괴하는 결과를 초래하고 있는 시기라는 공통된 문제의식을 공유한다.

그렇다면 '생태언어학'이란 무엇인가? 필과 뮐하우슬러(Fill & Mühlhä usler, 2001: 1)에 의하면 '생태언어학'이라는 용어는 적어도 1990년대부터 사용되었고, '생태학'이라는 용어는 1970년대인 아이너 하우겐(Einar Haugen)의 연구(Haugen, 1972) 이후 언어적인 연구 대상으로 등재되었다. 그런데 '생태언어학'이라는 용어는 다른 분야보다 인문학과 사회 과학의 '생태학적 전환'과 관련된 부분에서 더 폭넓은 범위와 관심을 가지고 적용되어 왔다.

'생태언어학'이라는 용어는 언어의 다양성과 상호작용에 관한 연구, 옥외 간판 등의 텍스트에 대한 연구, 환경에서 일어나는 일들에 대해 기술한 텍스트의 분석, 말 속에서 활용되는 단어가 지역 환경에

속한 대상들과 어떻게 관련되는지에 대한 연구, 다문화 학교에 다니
는 초등학생의 이중 언어 사용에 관한 연구, 지리적으로 특정한 지역
의 방언에 관한 연구 등 매우 다양한 분야에서 사용되고 있다. 이처
럼 다양한 접근이 발생하는 이유는 '어떤 대상과 다른 대상의 상호작
용'이라는 광의의 개념부터 '환경론에 관한 것'이라는 협의의 개념에
이르기까지 '생태학'의 개념을 각기 다른 방식으로 이해하는 데에서
비롯된다.

스테펜슨과 필(Steffensen & Fill, 2014: 7)은 생태학이, 기저에 깔려 있는
접근 방식에 따라 네 가지 방식으로 이해된다고 하였다. 첫 번째 접
근 방식은 언어 자체가 **상징**(symbolic) 생태학이라고 보는 것이다. 여기
에서는 다양한 언어들이 주어진 위치에서 상호작용하는 것을 살핀
다. 두 번째 접근 방식은 언어가 사회와 문화를 형성한다고 여기고,
언어를 **사회문화**(sociocultural) 생태학의 일부로 보는 것이다. 세 번째 접
근 방식은 **인지**(cognitive) 생태학과 관련되며, 유기체의 인지 능력이 어
떤 방식으로 그들이 환경에 적응하는 데 영향을 끼치는가를 본다. 마
지막 접근 방식인 **자연**(natural) 생태학은 언어와 물리적이고 심리적인
환경과의 관련성을 살피는 것이다. 스테펜슨과 필(Steffensen & Fill, 2014:
9)의 문제 제기는 생태학에 대한 마지막 접근 방식에 속하는 것으로,
이 책의 핵심을 관통하는 질문에 해당한다. 그것은 다음과 같다. "말
그대로, 언어의 유형이 인간뿐만 아니라 지구상의 다른 종의 생존과
참살이에 영향을 끼칠 수 있는가?"

이 책에서 말하는 생태학은 **상호작용하는 유기체들과 그들의 물리적 환
경**이라는 생태 과학의 개념을 기반으로 한다. 생태 과학의 몇몇 사례
에서 '유기체'를 인간의 영향을 받지 않은 자연 그대로의 환경에서의

동물과 식물로 본다면, 여기서의 '유기체'는 인간의 배제를 의미하지 않는다. 인간은 인문학 연구의 대상이면서 유기체이기 때문이다. 이러한 점에서 가르(Gare, 2002)가 말한 인간 생태학(human ecology)이라는 분야의 관심사는 인간과 다른 인간, 다른 유기체, 물리적 환경과의 상호작용으로 정의될 수 있다. 인간 생태학은 언어, 문화, 인간의 인지, 이야기 그리고 텍스트가 인간의 행동에 일정 부분 영향을 미치고 있다고 본다. 이런 의미에서 인간 생태학은 인간과 인간, 인간과 더 큰 자연계가 상호작용하는 방법을 탐구한다.

생태학에 대한 이러한 견해는 생태학을 인간이 자연계에 속하지 않는 것처럼 보는 '자연 생태학'이나, 상징들 사이의 상호작용을 유기체들의 상호작용 방식과 동일한 것처럼 보는 '상징 생태학'으로 구분해야 한다는 주장을 완화시킨다. 마찬가지로 사회문화적인 영향력과 인지는 매우 중요하지만 이들을 분리하여 '사회문화 생태학' 또는 '인지 생태학'으로 구분할 필요도 크지 않다. 대신 이것들을 인간의 행동에 영향을 끼쳐 유기체들이 상호작용하는 생태계에 영향을 줄 수 있는 것으로 본다. 예를 들어 환경 법안을 '상징 생태학'의 범위에서 다루기보다는 사람들이 생명을 유지시키는 생태계를 어떤 방식으로 다룰 것인가에 대한 매우 실제적인 결과를 제공하여, 실제 물리적 생태에 영향을 미칠 수 있는 방안으로 다루는 것이다.

지금까지 논의되어 왔듯이 유기체 간 상호작용은 여러 형태를 지니고 있지만, 특히 생태학은 말 그대로 생동하는(vital) 대상, 즉 삶의 지속을 위해 필수적인 대상과 깊이 관련되어 있다. 그것은 생태학과 지속적인 생존의 관계 때문이다. 그런데 이 관계는 보통 삶을 지탱하고 있는 생태계의 보호를 지향하는 규범적 (도덕적) 의미로 사용된다. 물론 생태학의 일부 형태가 규범적 측면을 위장하고 있더라도, 로빈스 (Robbins, 2012: 19)는 "비정치적인 생태학은, 이것이 주장하는 객관성과는 무관하게, 암묵적으로 정치적이다."라고 언급한 바 있다. 로빈스가 바라보는 정치생태학의 형식은 "규범적 목적을 달성하는 데 있어 보다 명시적이고, 연구에서 착안한 가설에 대해서도 더 명확하다." 이처럼 생태언어학 연구는 명시적으로 드러나지 않더라도, 마치 의학이 건강을 목표에 두고 있는 것처럼 혹은 보존 생물학이 종의 멸종을 방지하고자 하는 것처럼, 규범적 목표를 지니고 있다. 이 책의 기반이 되는 규범적 목표는 다음 절 '이 책의 생태철학(the ecosophy of this book)'에서 논의될 것이다. 다만 이 책에서 말하고자 하는 생태언어학에서 '생태(eco)'의 의미는 여기에서 다음과 같이 정리할 수 있다. 인간과 모든 종의 삶이 참살이와 생존을 위한, 그들이 의지하고 있는 생태계를 보호하기 위해 규범적으로 지향하는 생명의 지속가능성을 위한, 인간과 다른 인간, 유기체, 그리고 물리적 환경 사이의 관계성.

생태언어학에서의 '언어학'

이 책에서 생태언어학의 '언어학'은 삶으로서의 이야기를 드러내기 위한 언어학 분석 기술의 방법론을 의미하는 것으로, 생태학적 관점에서의 질문과 도전을 가능하게 한다. 사회문화적 특성을 드러내는 언어에서 다양한 정보를 분석하려는 이론들이 눈에 띄게 증가하고 있다. 인종차별, 성차별, 그리고 억압적인 권력 관계를 촉진하는 언어의 역할을 드러내는 비판적 담화분석(Critical Discourse Analysis)(van Dijk,

2008; Fairclough, 2014), 보편적인 '삶으로서의 은유(metaphors we live by)'(Lakoff & Johnson, 1980)와 정치 생활에서 중요한 역할을 하는 인지적 틀을 검토하는 인지언어학(Lakoff, 2004) 등은 이와 관련되어 꾸준히 주목받아 왔다. 이들 이론의 출발은 일반적으로 인간과 인간의 관계에 관한 문제에 초점을 두어 왔는데, 최근에는 이들 이론을 활용하여 생태학적 문제를 조명하는 연구가 등장하고 있다. 예를 들어 알렉산더(Alexander, 2009), 너리치(Nerlich, 2010), 라르손(Larson, 2011), 밀스테인과 디킨슨(Milstein & Dickinson, 2012) 등의 연구를 들 수 있다.

사람들의 삶에 기저를 이루는 이야기와 언어, 그리고 사회문화의 관계는 매우 복잡한데, 이는 언어학과 철학에서 격렬한 논쟁의 대상이기도 하다. 이를 감안하여 이 책은 다수의 언어학 이론을 한데 모아서 삶으로서의 이야기를 분석하기 위한 간명한 인식틀을 구축하는 데 집중하고자 한다. 비판적 담화분석(Fairclough, 2003), 틀 이론(Lakoff & Wehling, 2012), 은유 이론(Müller, 2008), 평가 이론(Martin & White, 2005), 정체성 이론(Benwell & Stokoe, 2006), 사실 만들기(Potter, 1996), 그리고 소거와 현저성에 관한 이론들(van Leeuwen, 2008 이론을 기초로 하는 담론) 등이 여기에 포함된다. 이들 이론은 물론 각 학문의 고유 논지를 지니겠지만, 모두 이야기의 이면을 드러내기 위한 분석 방법으로서의 성격을 지니고 있다.

이 책에서 주목하는 언어학적 분석의 기본 대상은 개개인의 마음속에 있는 정신적 모형으로서의 '이야기'이다. 예를 들어 '진보'에 관한 이야기는 과거를 생존을 위한 야만적인 투쟁으로 여겨 부정적으로 보고, 현재를 기술적 혁신으로 인해 대단히 향상된 것으로 여기며, 미래를 훨씬 더 유망한 것으로 간주하고 더 나아가 산업화와 기술적 혁신을 우리가 목표로 삼아야 할 것으로 본다. 각 사람들은 자신만의 이야기 모음집을 마음속에 지니고 있겠지만, 진보의 이야기와 같은 특정 이야기는 많은 사람들에 의해 공유된다. 그것은 이야기가 단지 개개인의 마음뿐만 아니라 문화 전체에서 공유되기 때문이다. 반 다이크(van Dijk, 2009: 19)가 언급한 것처럼 **사회 인지**(social cognition)가 형성되어 있는 것이다.

따라서 삶으로서의 이야기는 다양한 사람들의 사고, 언어, 그리고 행동에 영향을 미치는 인지 구조라고 할 수 있다. 진보 이야기는 비교적 간단한 구조를 가지고 있다. 그것들은 방향(앞을 향한, 또는 뒤를 향한), 평가적 성향(앞을 향하는 것은 좋고, 뒤를 향하는 것은 나쁘다), '앞을 향한'으로 자리매김하는 특정 요소(가령 기술 혁신 또는 산업화), 뒤를 향하는 것으로 자리매김하는 특정 요소(가령 자연친화적 생활), 그리고 피할 수 없고 멈출 수 없는 진보라고 하는 감각 등이다. 예를 들면 이러한 이야기 구조는 녹지의 산업화를 결정할 것인지 아닌지에 대한 추론 과정과 같이 사람들의 생각에 영향을 미칠 수 있다. 또한 '진보를 멈출 수 없다'와 같은 표현을 사용하는 말하기 방식에도 영향을 준다. 그리고 최신 기술을 구입하거나 녹지 개발에 동의하는 것과 같은 그들의 행동 방식을 결정한다는 점이 무엇보다 중요하다. 이처럼 이야기는 사람들의 삶과 그들의 삶을 유지해주는 생태계를 대하는 방식에 지대한 영향을 미치게 된다.

이야기는 정신적 모형이기 때문에 그 자체를 직접 분석할 수 없지만, 우리는 사람들이 언어를 일반적으로 어떻게 사용하고 있는지에 대해 파악함으로써 분석의 단서를 얻을 수 있다. 예컨대 사람들이 무엇을 '앞으로 나아가는'이라고 표현하고, 무엇을 '뒤로 후퇴하는'이라고 표현하는지를 분석함으로써, 사람들의 마음속에 존재하는 근본적인 진보에 대한 이야기의 흔적을 얻는 것이 가능하다. 그리고 그러한 흔적을 통해서 '진보'가 장려하는 행동이 유익한 이야기인지 아닌지를 판단하게 한다.

물론 시각적 이미지와 같은 다른 기호에서도 삶으로서의 이야기의 흔적을 발견할 수도 있겠지만, 특히 언어에서 삶으로서의 이야기가 드러난다. 또한 이야기는 여러 세대에 걸쳐 문화를 가로지르며 전달된다는 점에서 사람들의 의식에서 잠재적으로 형성된다는 측면이 중요하다. 이 책의 첫 페이지의 인용구에서 언급하였듯이 '개인이나 국가에 대한 삶으로서의 이야기를 변화시켜 개인이나 국가가 스스로 변하게 하는 것(Okri, 1996: 21)'이 바로 이야기이다. 이에 이 책에서 말하는 생태언어학에서의 '언어학'은 근원적인 삶으로서의 이야기를 드러내는 데 사용된 언어적 유형을 분석하기 위한 다양한 언어학 이론을 포괄하는 의미이다.

생태철학

삶으로서의 이야기를 드러내어 밝히는 목적은 그 이야기에 대해 다음과 같이 질문하고 도전할 수 있게 하기 위해서이다. 이런 이야기들이 현실 세계에도 적용이 되는가? 아니면 새로운 이야기를 찾아야 하는가? 여기에서 이야기들이 '적용되고' 있거나 그렇지 못하다고 간주되는 것은 분석가들의 윤리적 관점에 기인한다. 즉 그 이야기가 분석가가 보고 싶어 하는 종류의 세계를 구성하고 있는지 여부에 달려있다.

분명히 모든 비판적 언어 분석가는 그들이 분석하는 언어를 평가하는 데 사용하는 윤리적 인식틀을 명시적이든 아니든 가지고 있다. 예를 들어, 인종차별주의자 언어의 분석은 인종차별을 단지 언어의 세부적인 내용을 객관적으로 분석하기 위한 대상이라기보다는, 이를 반대해야 할 부정적인 것으로 바라보는 인식틀에 의해 실현된다. 그러나 윤리적 인식틀은 아주 가끔씩 명확하게 드러날 뿐이다. 가브릴리-누리(Gavriely-Nuri, 2012: 83)는 '자유, 정의, 민주주의, 모든 인권, 관용과 연대의 원리에 근거한 가치, 태도, 그리고 행동'을 기반으로 하는 문화의 비판적 담화분석(Cultural Critical Discourse Analysis)에서 관련 인식틀을 드러낸다. 이러한 분석 형식은 '실질적으로 '평화의 문화'를 촉진시키는 담론적 도구'를 찾게 하고 주류 담화가 이러한 가치들에 반하는 방식으로 작동하고 있음을 직접적으로 노출시킨다. 그러나 언어학에서 사용되는 많은 철학적 인식틀과 달리 이러한 인식틀은 생태학적 화두를 구체적으로 언급하지는 않는다. 민주주의, 정의, 연대감이 지속 가능한 수준의 소비를 자동적으로 이끌지는 못할 것이고, 환경 한계값(environmental limits)을 넘어서는 사회의 평화는 오래가지 못할 것이다. 실제로 히스콕(Hiscock, 2012)이 보여주는 것처럼 자연 자원의 오염과 과잉 개발은 전쟁을 일으키는 주요 원인이기도 하다.

생태언어학자 요르겐 뱅(Jørgen Bang)은 가브릴리-누리의 인식틀과 비슷한 철학적 사유를 활용하지만, 그는 생태학적 사고의 종류를 명시하고 있다. 뱅으로부터 전해들은 생태언어학은 다음과 같은 인식틀을 기반에 둔다(2014년 7월에 나눈 사담).

(ⅰ) 협력, (ⅱ) 나눔, (ⅲ) 민주적인 대화, (ⅳ) 평화와 비폭력, (ⅴ) 일상적인 삶의 모든 공간에서의 평등, (ⅵ) 생태학적인 지속가능성이 기본적인 특징이자 주요 가치로서 이들이 지역과 세계 문화를 형성하는 데 이바지한다.

만약 이러한 인식틀을 활용한다면, 다양한 삶으로서의 이야기들은 협력과 경쟁, 나눔과 탐욕, 평화와 폭력, 생태학적 지속가능성과 파괴 중 어떤 것을 장려할 것인지에 따라 분석될 수 있다. 라르손(Larson, 2011: 10)은 그의 은유에 대한 생태언어학적 분석에서 '사회생태학적 지속가능성'의 철학적 인식틀을 사용한다. 이를 통해 '우리가 선택한 은유가 지속가능성의 경로에서 우리를 도울 수 있는지 아니면 더욱 길을 잃게 만들지'에 대해 심사숙고하도록 유도한다. 그는 다음과 같은 진술을 통해 지속가능성의 윤리적 관점을 설명한다.

> … 우리는 생태학적인 지속가능성뿐만 아니라, 더욱 포용적인 사회생태학적 지속가능성이 필요하다. 우리는 인간 없이 지속가능한 생태계보다는 인간이 포함된 자연계와의 지속가능한 관계를 원한다. 우리와 비슷한 생각을 하는 많은 사람들에게 인간을 제외한 지속가능한 생태계는 실패의 상징처럼 보인다. … 우리가 선택한 은유는 사회생태학적 지속가능성을 위해 풍부하거나 효과적인가? (Larson, 2011: 17)

생태언어학자들은 이야기를 평가하기 위해 사용하는, 즉 이야기를 평가하는 데 그들의 가치와 선호를 반영하기 위한, 각기 다른 일련의 철학적 원리를 지니고 있다. 그럼에도 이러한 철학적 원리에는 모두 한 가지의 공통된 고려사항인 인간과 다른 유기체 그리고 물리적 환경 사이의 상호 관계성에 대한 인식이 포함되어 있다. 네스(Naess, 1995)

는 생태학적 인식을 포함한 일련의 철학적 원리를 설명하기 위해 **생태철학**(ecosophy)이라는 용어('생태학적 철학(ecological philosophy)'의 준말)를 사용한 바 있다. 이에 대해 그는 이렇게 표현한다.

> 생태철학은 생태학적 조화의 철학을 의미한다. … 이들은 열린 규범성을 지니는데, 여기에는 규범, 규칙, 가정, 가치 지향성, 그리고 현상에 대한 가설 등이 포함된다. … 생태철학의 구체적인 내용은 오염, 자원, 인구 등에 관한 '사실'뿐만 아니라 그에 대한 가치의 차이로 인해 무수한 변이형을 보일 것이다. (Naess, 1995: 8)

생태철학은 '규범'과 '가치 지향성'을 내포하고 있기에, 생태언어학에서 단 하나의 '옳은' 철학은 존재하지 않는다. 다만 생태철학은 그것이 기초하고 있는 세계에 대한 가정이 실재와 부합되거나 모순되는지 여부나, 그것의 내부에 모순이 있는지 여부에 의해 판단되어야 한다.

생태철학을 형성하는 데 영향을 주는 몇 가지 학설이 있는데, 이 학설들은 대체로 다음 세 범주에 포함되면서 구분된다. 첫 번째 범주는 인간 중심(인간 중심적인)에서부터 생태 중심(인간을 포함한 모든 생명체 중심적인)까지이다. 두 번째 범주는 신자유주의에서부터 사회주의자, 국지론자 또는 무정부주의자까지이다. 세 번째 범주는 낙관론에서부터 비관론까지이다. 흥미롭게도 이들 세 영역은 서로 연결되어 있어서 보수적인 신자유주의 체제가 낙관적이고 인간중심적인 경향을 지니기도 하고, 정치적으로 급진적인 접근이 비관주의적 혹은 생태 중심주의적 경향을 지니기도 한다.

이들 범주에 어떠한 인식틀이 연결되어있는지를 설명하기 위해서는 철학적 관점에 대한 간략한 개요를 살피는 것도 효과적이다. 정치적으로 가장 보수적인 측면은 '풍요주의(cornucopianism)'이다. 풍요주의는 인간의 창의력과 지금까지 발전해 온 기술이 환경 문제와 자원 문제를 극복할 것으로 여긴다. 그러므로 인간들은 인간들의 이익(오직 인간만의)을 위해 산업의 발전을 계속하고 발전의 속도를 높여야 함을 주장한다(예: Lomborg, 2001; Ridley, 2010). 이와 함께 환경 보호, 사회적 공정성과 함께 경제 성장을 결합하고자 시도하는 '지속가능한 개발(sustainable development)'에 관련된 다양한 철학적 관점들도 존재한다(예: Baker, 2006). 이들 관점은 경제 성장을 우선시하는 보수적인 입장에서부터 사회적이고 생태적인 요인을 더 많이 고려하는 입장까지 그 범위가 다양하다. 사회 생태론(social ecology)(예: Bookchin, 1994; 2005)은 생태계 파괴의 근원을 억압적인 사회의 위계 때문으로 보는 매우 급진적인 관점이다. 이 관점은 인간들이 서로가 서로를 자원으로 취급하고 지배하는 행위를 멈출 때까지 자연 역시 지배할 것이고 자연을 자원으로 취급할 것이라고 설명한다. 생태여성주의(예: Adams & Gruen, 2014) 또한 생태계 위기의 원인을 지배 구조 속에서 발견하고 있는데, 이는 동물과 환경에 대한 억압과 여성에 대한 남성의 지배 사이의 유사성에 초점을 맞춘다는 차이가 있다. 생태여성주의의 목적 중 하나는 여성들이 그 지역사회 생활 속에서 실질적인 역할을 획득하여 생태학적 민감성을 지니는 것을 지향하고, 이러한 생태학적 민감성을 바탕으로 평등의 생태계를 확장하여 사회를 변화시키는 데 있다.

심층 생태론(deep ecology)(예: Drengson & Inoue, 1995)은 인간, 식물, 동물, 숲과 강 등의 본질적인 가치를 인식할 수 있게 한다. 즉 인간을 위한 직접적이고 단기적인 효용을 넘어서 생태계의 본질적 가치를 인식하

도록 유도한다. 자연의 가치를 인식하고 그에 대해 논하는 것은 인간
이 인간을 포함한 모든 생명을 보호하고 보전하는 것을 장려한다. 전
환운동(Transition Movement)[1](Hopkins, 2008)은 '회복탄력성(resilience)'의 철학을
핵심 목표이자 기반으로 한다. 그것은 기후 변화와 석유 고갈이 인간
삶을 지탱하는 지구의 능력을 필연적으로 약화시킨다고 본다. 전환운
동은 국지론자들이 소란스럽고 신뢰하기 어려운 국제 경제를 벗어나
그들의 요구를 수용하고 서로를 돌볼 수 있는 유대와 기술을 회복하
는 공동체를 형성하는 것을 핵심으로 삼는다. 다크 마운틴 프로젝트
(The Dark Mountain Project)(Kingsnorth & Hine, 2009)는 회복의 가능성을 매우
낙관적으로 보면서, 거부할 수 없는 산업 문명의 붕괴 이후 살아남은
생존자들의 새로운 이야기를 형성하는 것을 목표로 삼는다. 다크 마
운틴 프로젝트의 목적은 과거와 동일한 실수를 반복하지 않는 새로
운 이야기를 발견하는 것이며, 동시에 인간이 자연의 정복자가 아니
라 생태계의 한 부분임을 인정하는 풍토를 만드는 것이다. 심층 녹색
저항(Deep Green Resistance; DGR)[2](McBay et al., 2011)은 산업 문명을 악으로
규정하는데, 이것이 인간과 다른 종들에게 피해와 고통을 주기 때문
이다. 심층 녹색 저항은 산업 문명이 스스로 파괴되기를 기다리기보
다는, 조심스럽게 계획된 사보타주를 통해 산업 문명의 몰락이 촉진
되기를 고대한다. 한편 이와 같은 스펙트럼의 다른 쪽에서는 어느 정
도 심각한 자발적 인류 멸종 운동(Voluntary Human Extinction Movement)이
일어나고 있다(VHEMT, 2014). 공리주의 철학에 입각하여 보면, (호모 사

---

1) 전환운동은 영국의 사회 운동 가운데 하나로 사회 구조의 생태적 이행을 일컫는 말이다.
2) 심층 녹색 저항은 지금까지의 생태론 운동이 한계에 부딪혔다고 판단하고 이를 극복하고자 한
   새로운 환경 운동의 하나이다. 이 단체는 "산업 문명으로부터 지구를 구하라."라는 표어를 내세
   운다.

피엔스라는) 한 종이 (세계적으로 아이를 낳지 않는 결심을 자발적으로 하여 스스로) 멸종되는 것이 인간 외의 수백만 종을 멸종시키는 사태보다 낫다. 이것은 근본적으로 생태 중심적이지만 인간에게는 비관적이다. 인간 삶의 존속이 인간의 삶을 지원하는 생태계를 위협하는 것으로 간주되기 때문이다.

각 생태언어학자들은 문헌에 담긴 생태철학을 가능한 한 폭넓게 조사할 것이며, 그 생태철학들을 이용 가능한 증거와 자연계와 인간 사회에 대한 그들의 경험에 비추어 신중하게 고려할 것이다. 또한 생태언어학자들은 조사한 여러 단서들을 조합하여 각자의 생태철학을 확립하고 완전히 새로운 유형을 창조할 수도 있을 것이다. 예를 들어 생태비평가이자 시인이며 철학자인 개리 스나이더(Gary Snyder)는 사회 생태론과 심층 생태론을 결합하고 확장하여 자신만의 생태철학을 구축한 바 있다(Messersmith-Glavin, 2012).

생태철학은 과학적으로도 설명 가능한 것이어야 한다. 예컨대 어느 곳에서나 경제 성장을 촉진하는 것이 가능하다고 여기는 극단적인 지속가능한 발전에 대한 관점은, 환경 한계값 때문에 가장 부유한 국가에서조차 불가능하다고 반박될 수 있다. 자발적 인간 멸종 운동은 아이를 낳지 않겠다고 의사를 밝힌 이 세계의 모든 사람들에게 동의를 구해야하기 때문에 명백하게 반박될 여지가 크다. 그리고 생태철학은 확인할 수 있는 증거에 부합되어야 한다. 예를 들어 전환운동에는 석유 생산이 증가되고 감소되는 것에 따라 기후 변화가 발생할 수 있으며, 이러한 석유 생산과 기후 변화가 인간 사회에 심각한 영향을 미칠 수 있다는 증거가 필요하다.

이 책의 생태철학

여기에서는 이 책의 기반이 되는 생태철학을 요약하고자 한다. 생태철학은 매우 복잡하고 정교하다. 또한 생태철학은 분석가가 이에 대한 새로운 아이디어를 제시할 때 변화하고 진화하며, 이는 새로운 증거의 발견과 새로운 경험으로 귀결된다. 생태철학을 요약하는 작업은 부분적이고 불완전할 수밖에 없으나, 이를 통해 적어도 생태철학이 사용하는 인식틀의 징후들을 확인할 수 있다. 아래 요약은 생태철학의 용어를 정립하고 이에 대한 세부 설명을 가능한 한 간결하게 확립하고자 노력한 네스(Naess, 1995)를 바탕에 둔다.

생태철학은 한마디로: 삶!(Living!)
설명
가치 있는 삶: 삶!에 붙은 느낌표는 일종의 약속으로, '가치 있고, 찬양할 만하며, 존중할 만하고, 긍정적이라는' 의미이며, 삶을 영위하는 모든 종에 적용된다. 이는 가치를 공표하는 데 이용되고, 모든 존재의 가치를 관찰하는 것과 그들이 생활을 지속하는 데 영향을 미치는 모든 것에 기반을 둔다. '가치 평가(valuing)'는 의식적으로, 본능적으로, 그리고 대체로(늘 그런 것은 아니나) 자동적으로 이루어진다. 가령 차를 조심스럽게 주시하는 보행자부터 여우 소리를 듣고 날아오르는 참새, 태양광을 흡수하기 위해 태양을 쫓는 눈 미나리아재비까지.
참살이: 삶!은 단순히 '생존'의 개념과 다르다. 이는 가치 있는 삶을 영위하는 능력이 감소된 상황, 즉 공장식 축산 농장에서 벌어지는 극도의 착취, 화학 물질로 인해 발생한 질병 등과 밀접한 연관이 있다. 삶의 목표는 단순히 생존하는 데 있는 것이 아니라, 어떻게 질 높은 삶을 살 것인지에 있다. 참살이는 인간의 질 높은 삶에 필수 불가결한 것(sine qua non)이지만 모든 종에게 적용되며, 인간에게 해가 되거나 이익이 되는 생태학적

사건들만 채택하고 이를 측정하는 것이 아니다.

현재와 미래: 삶의 시간적 범위는 현재로 한정되지 않는다. 질 높은 삶을 산다는 것은 현재와 미래뿐만 아니라 후손들의 질 높은 삶까지를 포함하는 개념이다.

배려: 모든 종의 삶에 대한 존중이 기본적으로 전제되어야 하지만, '삶'을 이어가는 것은 생활 방식의 전환을 필연적으로 수반한다. 그러므로 우리는 우리의 삶과 참살이를 지속하기 위해 어떤 종의 생명을 앗거나 해를 가해온 삶을 멈추어야 한다. 생태철학의 윤리적 측면은 이러한 내용을 공감, 반성, 감사, 즉 배려를 통해 다룰 수 있다. 이는 우리가 다른 종들을 열등한 것, 가치 없는 것, 단순한 자원으로 보아 해를 입힌다는 것을 고려하여 도덕적 일관성을 지키려는 시도가 아니다. 공감은 인간이 다른 종들에게 미치는 영향을 자각하게 하고, 반성은 인간이 다른 종들을 위협하는 행위를 최소화하게 하며, 감사는 인간이 삶을 둘러싼 생태계에 '권리를 반환할' 의무가 있음을 시사한다.

환경 한계값: 인간의 소비가 천연자원의 자연치유 능력을 넘어서는 경우, 앞으로 인간이 삶(그리고 일상생활)을 영위하는 데 필요한 생태계의 기능은 손상된다. 인간의 소비가 생태계가 감당할 수 있는 범위를 넘어 낭비로 이어진다면, 우리는 과도한 낭비를 우리의 삶과 참살이를 위해 막아야 한다. 전 세계적으로 총 소비를 대대적으로 줄여서 과도한 소비를 환경 한계값 내로 축소시키는 것이 필요하다.

사회 정의: 현재 많은 사람들이 높은 수준의 참살이와 생활을 위한 자원을 구비하지 못한 채 살고 있다. (자발적으로 혹은 자원 고갈을 통해서) 전 세계의 소비 수준이 낮아지고, 부유한 이들의 자원을 가난한 이들에게 재분배한다면 모든 이가 질 높은 참살이의 삶을 살 수 있다.

회복: 생태 파괴는 이미 상당히 이루어졌고, 산업화된 사회의 궤적으로 미루어 보건대 이보다 더한 생태 파괴가 불가피하다. 때문에 환경 변화에 적응하기 위한 대책을 강구해야 하고, 회복의 기회를 더 많이 만들어야 하며, 현재의 문제를 해결하기 위한 새로운 사회의 모습을 마련해야 한다. 이것은 지구가 우리의 삶에 덜 호의적일지라도 (가능한 한) 질 높은 참살이의 삶을 지속하기 위해 필요하다.

생태철학은 (a) 인간의 참살이에 대한 실용주의적 요구가 있을지라도, 존재에 대한 생태 중심성(인간뿐만 아니라 다른 종에 대한 관심)을 바탕에 둔 심층 생태론, (b) 사회적 정당성을 지향하는 관점의 사회 생태론, (c) 미래 세대를 고려한 지속가능한 개발, 그리고 (d) 불가피한 환경의 변화를 인식하고 이에 대응하는 전환운동과 다크 마운틴 프로젝트 등으로 나누어 볼 수 있다. 배려의 윤리는 페미니스트 윤리(Peterson, 2001: 133)와 플럼우드(Plumwood, 2012: 81)의 '생태학적 동물론(ecological animalism)'에 제시된 동물, 식물 그리고 자연에 대한 '존중의 실천'으로부터 파생된다. 존중의 실천은 다른 존재들과 자연의 체계가 인간 생존을 지속하기 위한 수단이 될 때, 인간 역시 스스로 멸종하게 된다는 것을 인정한다.

생태철학이 근본적으로 가치와 추정에 관한 명제라고 할지언정 생태철학 역시 증거에 기초하는 것이 필요하며 그 증거도 생태철학에 부합해야 한다. 그리고 생태적 파괴가 이미 충분히 진행되고 적용되고 있음을 보여주면서, 추가적인 생태적 파괴를 최소화하기 위해 축소해야 하는 소비의 규모를 알려주는 환경 한계값에 대한 과학적 증거가 상당히 많다(Alcamo & Bennett, 2003; UNEP, 2012; Stocker, 2014).

한편 사람들이 특정한 방향으로 행동하게끔 유도하는 가치와 태도의 종류에 관한 증거 역시 존재한다. 예를 들어, 위에서 말한 생태철학은 **내재적** 혹은 '자아 보다 중요한' 가치, 가령 다른 사람들이나 다른 종들에 대한 배려 등에 강하게 기인한다. 크롬튼(Crompton, 2010: 84)에서는 내재적 가치가 친환경적 태도와 행동에 긴밀히 관련되어 있으며, 반대로 **외재적 가치**(개인의 부, 이익 혹은 지위에 초점을 둔 것들)가 환경 파괴적 행동과 관련되어 있다는 사실에 관한 방대한 양의 근거를 제시하였다. 생태철학은 또한 모두의 참살이를 위한 방법으로서 자원의 재분배에 바탕을 두는데, 이것은 윌킨슨과 피킷(Wilkinson & Pickett, 2010: 29)의 책 ≪정신 수준(The spirit level)≫에서 제시하는 증거들에서 근거를 찾을 수 있다. 그들은 그 책에서 국가의 총 수입에 관한 모든 것을 밝혀냈다.

> 증거들은 불평등을 줄이는 것이 사회적 환경의 수준을 높이는 최선의 방법임을 보여주었다. 그리고 이는 진정한 삶의 질과 관련해서도 그러하다. … 이것은 우리 모두가 더 나아진다는 의미를 포함하고 있다.

중요한 사실은 이는 그저 하나의 생태철학일 뿐이라는 것이다. 생태언어학자는 각자 언어를 분석하기 위해서 그들 자신만의 생태철학을 지닐 것이다. 이에 어떤 특정한 생태철학이 옳거나, 생태언어학 분야 전체에서 바탕에 두는 가장 타당한 생태철학이 존재한다는 주장은 성립하지 않는다. 그 대신 이 책에서는 다양한 텍스트와 이야기들이 각각의 생태철학을 통해 언어학적으로 어떻게 분석될 수 있는지를 보여줄 것이다.

언어학적 분석을 통해 이야기의 의미가 밝혀진 다음, 그 의미는 생태철학에 의해 판단될 것이다. 이 책에서는 모든 종의 삶과 참살이에 대한 긍정, 인간의 참살이 증진, 소비의 억제를 위한 요청, 자원의 재분배 촉진 등의 이야기는 긍정적 관점에서 평가될 것이다. 반대로 사람 혹은 자연을 착취할 수 있는 자원으로 바라보거나, 자원의 불평등한 재분배 혹은 이익, 가령 이윤의 극대화 혹은 자원 소유를 통한 지위 상승 등과 같은 외재적 가치의 증진 등에는 이의를 제기할 것이다. 이러한 작업은 생태학적으로 파괴적인 이야기에 대한 인식과

저항을 확대하고, 사람들이 기대고 있는 생태계를 지키기 위한 여러
이야기에 필수적인 언어 사용을 장려하기 위함이다.

이 책의 구성

이 책의 구성은 ≪은혜로운 지식의 하늘 창고(Celestial Emporium of
Benevolent Knowledge)≫(Borges, 1999: 231)라는 책과 유사하다는 인상을 받
을 수 있다. 보르헤스(Borges)의 이 두꺼운 책에는 동물들이 다양한 유
형으로 분류되어 있다. 예컨대 그 유형에는 '황제에 속한 종(those that
belong to the emperor)', '미라(embalmed ones)', '단련된 종(those that are trained)',
'젖먹이 돼지(suckling pigs)', '인어(mermaids)', '유기견(stray dogs)', '마치 미친
것처럼 떨고 있는 종(those that tremble as if they were mad)' 등이 있다. 이 책
은 동물이 아닌 이야기에 관한 것이다. 이러한 이야기들은 다른 유형
들로 분류되어 있다. 공동체의 일원으로서 공유되는 이야기, 삶의 한
영역에서 다른 영역을 묘사하는 이야기, 특정한 종류의 사람이 된다
는 것이 무엇을 의미하는지 드러내는 이야기, 무언가 좋고 나쁨, 사
실과 거짓, 가치성과 무가치성을 판단하는 이야기 등이다. 이를 참고
하여 이 책은 모두 8가지의 이야기 유형을 제시하고자 한다. 이 책의
목차이기도 한 이들은 이데올로기(ideology), 틀 구성(framing), 은유(metaphor),
평가(evaluation), 정체성(identity), 신념(conviction), 소거(erasure), 현저성(salience)이다. 이
를 요약적으로 제시하면 다음 <표 1.1>과 같다.

<표 1.1> 이야기의 8가지 유형과 언어적 발현

장	이야기의 유형 (인지, 곧 사람들의 마음속)		발현 (언어적)
2	이데올로기	공동체에 의해 공유되는 것으로 세계가 어떻게 형성되었고 어떻게 형성되어야 하는지에 관한 이야기	담화, 즉 특정 공동체에 의해 특정적으로 사용되는 언어적 형태의 집합
3	틀 구성	삶의 다른 영역을 구조화하기 위해 틀(삶의 영역에 관한 지식의 집합)을 사용하는 이야기	틀을 인식하게 하는 방아쇠 단어(trigger words)
4	은유 (틀 구성의 한 종류)	뚜렷하고 확실하게 구분되는 삶의 다른 영역을 구조화하기 위해 틀을 사용하는 이야기	마음속에 특정하고 뚜렷한 틀을 가져오는 방아쇠 단어
5	평가	특정 삶의 영역이 좋은지 아니면 나쁜지를 판단하는 이야기	평가 유형, 즉 삶의 영역을 긍정적으로 혹은 부정적으로 표현하는 언어적 유형
6	정체성	특정한 사람의 종류를 규명하는 데 사용된 이야기	특정한 부류의 사람들이 지닌 성격을 정의하는 언어의 형태
7	신념	세계에 대한 특정 설명이 참인지, 아니면 불확실하거나 거짓인지를 판단하는 이야기	사실성 유형, 곧 세계에 대한 설명이 참인지, 아니면 불확실하거나 거짓인지를 대표하는 언어적 특징의 유형
8	소거	일상생활에서 중요하지 않거나 가치가 없다고 고려되는 이야기	특정한 삶의 영역을 재현하는 데 실패하거나 그 이면에서 왜곡하는 언어의 유형
9	현저성	일상생활에서 중요하고 가치 있다고 고려되는 이야기	삶의 영역을 두드러지게 하는 언어의 유형

이와 같은 특정 종류의 이야기에 초점을 두는 것은 실용적인 이유 때문이다. 곧 이들을 분석할 수 있는 언어학적이고 인지적인 이론이 존재한다는 사실이다. 이데올로기의 분석에는 비판적 담화분석이, 틀 구성과 은유에는 인지 과학이, 다른 유형의 이야기들에는 사실성, 평가, 정체성과 현저성에 관한 이론이 적용될 수 있다. 이들 모든 이론

들은 우리 삶에서 생동하는 언어에 대하여 설명하고, 언어에 담긴 이야기의 유형을 파악하며, 이야기의 이면을 드러내는 데 활용될 수 있다. 이야기는 개인이 생각하는 방식에 영향을 주기에 중요하다. 이러한 점에서 어떤 이야기가 범문화적으로 확산된다면, 그 이야기는 삶으로서의 이야기가 될 수 있고, 모든 사회에 적용되는 지배적 사고방식을 형성하는 데 영향을 줄 수 있다.

다만 이러한 이야기 유형의 범주를 절대적인 것으로 간주해서는 안 된다. 범주화를 가능하게 하는 다른 인지 구조가 존재할 수 있고, 또 다른 유형의 이야기(예: 스크립트, 이미지 도식, 개념적 혼성 혹은 내러티브 등)도 특정 범주로 구성될 수 있다. 이 책의 목적에 기여하는 이들 범주는 미래에 전이되고 확장되기 위한 바탕이라고 할 수 있다.

각 장에서는 이러한 유형의 이야기 가운데 하나를 선택하여 살필 것이며, 각 이야기의 분석을 위한 기저 이론에 대한 설명으로 시작하여 몇 가지 실천적인 정의를 제시할 것이다. 그다음에는 선행 연구에서 과거에 이러한 유형의 이야기를 분석했던 방법을 논의하기 위해 생태언어학 문헌을 끌어올 것이다. 각 장의 핵심적인 내용은 기저 이론을 적용하여 일련의 텍스트를 실천적으로 분석하는 것이다. 예시 텍스트들은 신고전주의 경제학 교과서, 기업식 농업 문서, 생태학 보고서, 신문, 환경 캠페인, 자연수필, 일본 시, 다큐멘터리 영화, 정치 보고서, 광고, 라이프스타일 잡지 등에서 발췌하였다. 이들을 선정하기 위하여 일차적으로 사회에서 대표적이거나 많이 쓰이는 유형의 언어가 사용된 것을 찾았다. 그런 다음 생태학적으로 파괴적인 삶으로서의 이야기가 구축되어 영속화된 것, 혹은 이러한 이야기에 도전하여 삶으로서의 새로운 이야기를 제공할 수 있는 것으로 제한하였다.

비록 이 책에서 다양한 방법론을 활용하여 텍스트를 분석하였지만 이들 분석의 목표는 모든 장에서 동일하다. 그것은 바로 근본적인 삶으로서의 이야기를 드러내기 위하여 텍스트에 사용된 언어 유형을 분석하는 것이다. 이들이 드러나면 해당 이야기는 이 책의 생태철학에 의해 판단될 것이다. 만일 어떤 이야기가 생태적 파괴를 유발한다고 고려된다면 그 이야기들은 비판할 것이며, 만일 그것이 모든 종의 삶을 보호하고 배려하는 행위를 담고 있다면 그 이야기들은 장려할 것이다. 이들 분석은 여러 단계를 거쳐 진행될 것이다. 원 자료에서 유형을 추출한 다음, 그 유형이 근본적인 인지 구조(이야기)에 어떻게 대응되는지 그 형태를 정리하여, 생태철학에 따라 그 이야기를 판단할 것이다.

요컨대 이 책은 삶으로서의 이야기를 드러내는 데 생태언어학적 분석이 유용함을 전제하고, 생태학적 관점에서 기존의 이야기에 의문을 품고 문제를 제기하며, 우리가 마주하고 있는 세계가 상생하기 위해 꼭 필요한 새로운 이야기를 찾는 것이 목적이다. 이러한 점에서 이 책은 언어학자들이 생태학적 화두에 관심을 갖도록 독려하는 것과 함께, 생태학적 화두에 관심을 지닌 여러 분야의 사람들이 생태학적 문제의 원인과 결과를 찾는 데 언어가 중요한 역할을 한다는 사실을 일깨워주는 데 목적이 있다. 이것은 미래학의 발판으로서 생태학적 인식틀, 언어학적 인식틀, 선행 연구의 고찰과 실천적 사례에 대한 분석을 제공하는 것이다. 그럼에도 절대적인 생태철학이나 유일한 언어학적 관점이 이를 위해 존재하지 않는다는 점 또한 간과하지 말아야 한다. 끝으로 이 책의 생태언어학적 접근법이 다양한 목적 및 지향점을 지닌 생태언어학의 연구 가능태 가운데 하나임을 다시 한 번 언급해 둔다.

자료 출처와 용어 해설에 관한 참고

이 책은 경제학 교과서에서부터 하이쿠 시(haiku poem)에 이르기까지 다양한 예시 자료를 활용하였다 이들 자료는 'ET5: 7)'의 표기처럼 두 문자와 두 숫자의 표식을 사용하여 범주화하였다. 두 문자는 자료의 유형을 말한다. 'ET'의 경우 경제학 교과서를 가리킨다. 두 숫자는 특정한 책 혹은 잡지의 권호, 그리고 그것의 쪽수를 말한다. 아래에서 이들 자료의 유형에 대한 표식을 살펴볼 수 있다. 참고로 부록에는 이들 자료의 구체적인 정보를 제시해 두었다.

AG: Agribusiness documents (기업식 농업 문서)

EA: Ecosystem assessment reports (생태계 평가 보고서)

EC: Ethical consumer magazine (윤리적 소비자 잡지)

EN: Environmental articles, reports, films and websites (환경 관련 기사, 보고서, 영화, 그리고 웹사이트)

ET: Economics textbooks (경제학 교과서)

HK: Haiku anthologies (하이쿠 전집)

MH: *Men's Health* magazine (잡지 ≪멘즈헬스≫)

ML: Miscellaneous (기타)

NE: New economics books and reports (새로운 경제학 서적과 보고서)

NP: News articles related to economic growth (경제 성장에 관한 뉴스 기사)

NW: New Nature Writing (신자연수필)

PD: Political documents (정치 문건)

자료 인용의 경우 불릿 기호를 사용하여 학문적 인용과 구분하고자 하였다.

책의 끝에는 언어학에서 주로 사용하는 개념에 대한 간략한 설명을 담은 용어 해설을 제시해 두었다. 보통 고딕체로 처음 쓰인 용어는 용어 해설 목록에서 찾아볼 수 있을 것이다.

↘ 참고문헌

Adams, C. and Gruen, L. 2014. *Ecofeminism: feminist intersections with other animals and the earth.* London: Bloomsbury.

Alcamo, J. and Bennett, E. 2003. *Ecosystems and human well-being: a framework for assessment: a report of the Millennium Ecosystem Assessment.* Washington, DC: Island Press.

Alexander, R. 2009. *Framing discourse on the environment: a critical discourse approach.* New York: Routledge.

Baker, S. 2006. *Sustainable development.* London: Routledge.

Benwell, B. and Stokoe, E. 2006. *Discourse and identity.* Edinburgh: Edinburgh University Press.

Berardi, F. 2012. *The uprising: on poetry and finance.* Los Angeles, CA: Semiotext(e).

Berry, T. 1988. *The dream of the earth.* San Francisco, CA: Sierra Club Books.

Bookchin, M. 1944. *Which way for the ecology movement?* Oakland, CA: AK Press.

_____. 2005. *The ecology of freedom: the emergence and dissolution of hierarchy.* Oakland, CA: AK Press.

Borges, J. 1999. *Selected non-fictions.* New York: Viking.

Bowers, C. 2014. *The false promises of the digital revolution: how computers transform education, work, and international development in ways that undermine an ecologically sustainable future.* New York: Peter Lang.

Chomsky, N. 2006. *Language and mind.* Cambridge & New York: Cambridge University Press.

Cox, J. 2012. *Environmental communication and the public sphere.* 3rd ed. London: Sage.

Crompton, T. 2010. *Common cause: the case for working with our cultural values.* WWF-UK. Available from: http://assets.wwf.org.uk/downloads/common_cause_report.pdf[Accessed 20 January 2015].

Drengson, A. and Inoue, Y. (eds) 1995. *The deep ecology movement: an introductory anthology.* Berkeley, CA: North Atlantic Books.

Eisenstein, C. 2011. *Sacred economics: money, gift, and society in the age of transition.* Berkeley,

CA: Evolver Editions.

Fairclough, N. 2003. *Analysing discourse: textual analysis for social research.* London: Routledge.

_____. 2014. *Language and power.* 3rd ed. London: Routledge.

Fill, A. and Mühlhäusler, P. 2001. *The ecolinguistics reader: language, ecology, and environment.* London: Continuum.

Fisher, A. 2013. *Radical ecopsychology: psychology in the service of life.* 2nd ed. Albany, NY: State University of New York Press.

Gare, A. 2002. Human ecology and public policy: overcoming the hegemony of economics. *Democracy & Nature* 8(1): 131-41.

Garrard, G. (ed) 2014. *The Oxford handbook of ecocriticism.* Oxford: Oxford University Press.

Gavriely-Nuri, D. 2012. Cultural approach to CDA. *Critical Discourse Studies* 9(1): 77-85.

Glotfelty, C. 2014. *What is Ecocriticism?* Association for the Study of Literature and Environment. Available from: http://www.asle.org/site/resources/ecocritical-library/intro/defining/glotfelty/[Accessed 23 jun 2014].

Haugen, E. 1972. *The ecology of language.* Stanford, CA: Stanford University Press.

Hiscock, G. 2012. *Earth wars: the battle for global resources.* Hoboken, NJ: Wiley.

Hopkins, R. 2008. *The transition handbook: from oil dependency to local resilience.* Dartington: Green Books.

Kingsnorth, P. and Hine, D. 2009. *The Dark Mountain Project manifesto.* Available from: http://dark-mountain.net/about/manifesto/[Accessed 31 May 2014].

Knickerbocker, S. 2012. *Ecopoetics: the language of nature, the nature of language.* Amherst, MA: University of Massachusetts Press.

Korten, D. 2006. *The great turning: from empire to Earth community.* San Francisco, CA: Berrett-Koehler.

Lakoff, G. 2004. *Don't think of an elephant!: know your values and frame the debate: the essential guide for progressives.* White River Junction, VT: Chelsea Green.

Lakoff, G. and Johnson, M. 1980. *Metaphors we live by.* Chicago, IL: University of Chicago Press.

Lakoff, G. and Wehling, E. 2012. *The little blue book: the essential guide to thinking and talking democratic.* New York: Free Press.

Larson, B. 2011. *Metaphors for environmental sustainability: redefining our relationship with nature.* New Haven, CT: Yale University Press.

Lomborg, B. 2001. *The skeptical environmentalist: measuring the real state of the world.*

Cambridge: Cambridge University Press.

Loy, D. 2010. *The world is made of stories.* Boston, MA: Wisdom Publications.

McBay, A., Keith, L. and Jensen, D. 2011. *Deep green resistance: strategy to save the planet.* New York: Seven Stories Press.

Macy, j. and Johnstone, C. 2012. *Active hope: how to face the mess we're in without going crazy.* Novato, CA: New World Library.

Martin, J. and White, P. 2005. *The language of evaluation: appraisal in English.* New York: Palgrave Macmillan.

Martusewicz, R., Edmundson, J. and Lupinacci, J. 2011. *Ecojustice education: toward diverse, democratic, and sustainable communities.* New York: Routledge.

Messersmith-Glavin, P. 2012. Between social ecology and deep ecology: Gary Snyder's ecological philosophy, in S. Elkholy (ed.) *The philosophy of the beats.* Lexington, KY: University Press of Kentucky, pp. 243-65.

Midgley, M. 2011. *The myths we live by.* New York: Routledge.

Milstein, T. and Dickinson, E. 2012. Gynocentric greenwashing: the discursive gendering of nature. *Communication, Culture & Critique* 5(4): 510-32.

Milstein, T., Littlejohn, S. and Foss, K. 2009. Environmental communication theories, in S. Littlejohn and K. Foss (eds) *Encyclopedia of communication theory.* Los Angeles, CA: Sage, pp. 344-9.

Müller, C. 2008. *Metaphors dead and alive, sleeping and waking: a dynamic view.* Chicago, IL: University of Chicago Press.

Naess, A. 1995. The shallow and the long range, deep ecology movement, in A. Drengson and Y. Inoue (eds) *The deep ecology movement: an introductory anthology.* Berkeley, CA: North Atlantic Books, pp. 3-10.

Nerlich, B. 2010. 'Climategate': paradoxical metaphors and political paralysis. *Environmental Values* 19(4): 419-42.

Okri, B. 1996. *Birds of heaven.* London: Phoenix.

Orr, D. 1992. *Ecological literacy: education and the transition to a postmodern world.* Albany, NY: State University of New York Press.

Peterson, A. 2001. *Being human: ethics, environment, and our place in the world.* Berkeley, CA: University of California Press.

Plumwood, V. 2007. Human exceptionalism and the limitations of animals: a review of Raimond Gaita's *The Philosopher's Dog. Australian Humanities Review,* 42. Available

62 생태언어학: 언어, 생태학, 삶으로서의 이야기

from: http://www.australianhumanitiesreview.org/archive/Issue-August-2007/EcoHumanities/Plumwood.html#book[Accessed 20 January 2015].

_____. 2012. *the eye of the crocodile*. Canberra, ACT: ANU Press.

Potter, J. 1996. *Representing reality: discourse, rhetoric and social construction*. London: Sage.

Ridley, M. 2010. *The rational optimist: how prosperity evolves*. New York: Harper.

Robbins, P. 2012. *Political ecology: a critical introduction*. 2nd ed. Hoboken, NJ: John Wiley & Sons.

Robertson, M. 2014. *Sustainability principles and practice*. London: Routledge.

Steffensen, S. and Fill, A. 2014. Ecolinguistics: the state of the art and future horizons. *Language Sciences* 41(6): 25.

Stevens, P. 2012. Towards an ecosociology. *Sociology* 46(4): 579-95.

Stocker, T. (ed.) 2014. *Climate change 2013: the physical science basis: Working Group I contribution to the Fifth assessment report of the Intergovernmental Panel on Climate Change*. Cambridge: Cambridge University Press.

United Nations Environment Programme (UNEP) 2012. *Global environmental outlook 5*. Available from: http://www.unep.org/geo/pdfs/geo5/GEO5_report_full_en.pdf[Accessed 20 January 2015].

van Dijk, T. 2008. *Discourse and power*. New York: Palgrave Macmillan.

_____. 2009. *Society and discourse: how social contexts influence text and talk*. Cambridge & New York: Cambridge University Press.

van Leeuwen, T. 2008. *Discourse and practice*. Oxford: Oxford University Press.

Voluntary Human Extinction Movement (VHEMT) 2014. The Voluntary Human Extinction Movement. Available from: http://www.vhemt.org/[Accessed 14 Jun 2014].

Wilkinson, R. and Pickett, K. 2010. *The spirit level: why greater equality makes societies stronger*. New York: Bloomsbury Press.

담화(discourse)는 세계를 있는 그대로 표현할(혹은 재현할) 뿐만 아니라, 실제 세계와 다른 가능성의 세계(possible world)를 재현하여 묘사하는데, 이것은 세계를 특정 방향으로 변화시키려는 의도가 투영되어 있기 때문이다.

　　　　　　　　　　　- 노먼 페어클로(Norman Fairclough, 2003: 124).

모든 담화분석가들이 동의하는 지점은 '각 이론마다 담화가 무엇인지 규정하는 방식이 다르고, 때때로 본질적인 차이를 보인다는 것'(Richardson, 2007: 21)과 '각 이론들이 중첩되고 대조되어 담화의 전모를 명확히 알 수 없다는 것'(Fairclough, 2003: 124)이다. 이 책에서는 담화의 여러 의미는 차치하고, 의미의 유연성이 떨어지더라도 담화라는 용어를 명확한 한 가지의 의미로 사용하고자 한다. 이 책에서 담화의 의미는 다음과 같다.

담화(discourses)는 사회의 특정 집단에서 사용되는 언어, 이미지, 기타 재현 양식들의 표준화된 방식이다.

경제학자, 잡지 기자, 농업가, 환경론자, 자연수필가 그 누구라도 어느 한 집단에 소속된 구성원이라면 그 집단에서 통용되는 말, 글, 시각 자료를 활용하여 소통하는데, 이는 곧 그 집단을 정의하는 요소가 된다. 여기에는 어휘 선정, 문법 선택, 전제의 유형과 기타 언어 특성이 포함되는데, 중요한 사실은 이들이 모여서 세계의 특정 '이야기(story)'에 대한 여론을 형성한다는 것이다.

비판적 담화분석가들이 '이야기'를 언급하는 방식은 다양하다. 여기에는 '세계관'(Fairclough, 2003: 124), '특정 구조 또는 현실의 해석'(Locke, 2004: 1), '세계를 이해하는 일관된 방법'(Locke, 2004: 5), '세계를 구성하고 건설하는 실천'(Fairclough, 1992a: 64), '세계 모형'(Machin & Mayr, 2012: 5), '세상을 이해하는 … 목적 및 수단'(Kress, 2010: 110), '이데올로기'(Richardson, 2007: 32) 등이 주요 화두가 된다.

핵심은 이야기가 현실을 있는 그대로 투영하지 않으며 현실을 인식하는 방법에 영향을 끼친다는 것이다. 푸코(Foucault, 2013: 54)는 담화를 '구성원들이 대상을 표현하는 방식을 체계화한 관습'으로 규정한다. 이 견해의 바탕이 된 로크(Locke, 2004: 11)는 담화가 '실제의 형상이나 조직된 대상을 표현해 내는 것'이라고 좀 더 강한 어조로 역설한다. 예를 들어 '경제'는 현실의 생활에 큰 영향을 미치는 것이지만, 이는 사람들의 상품 교환이라는 물질적 실재에 기반을 두고 만들어진 느슨한 담화의 실제이다. 담화의 기저에 깔린 이야기는 이 책에서 다음과 같이 정의된 '이데올로기(ideology)'라는 용어와도 연관이 있다.

이데올로기(ideology)는 사회 안의 특정 집단에 속하는 구성원들이 세계가 어떻게 존재했고 존재하며 존재할 것인가, 또 어떻게 존재해야 하는가에 대해 공유하는 신념 체계이다.

위 정의는 이데올로기가 특정 집단의 구성원들 사이에서만 공유된 다는 것을 함의하지 않는다. 대다수의 집단들은 자신들의 이야기가 널리 확산되고 주류 문화로 편승되어, 삶의 영역에 대한 개개인의 보 편적인 사고방식이 되기를 원한다. 반 다이크(van Dijk, 2011: 382)가 말 한 것처럼, 이데올로기는 '**사회 인지**(social cognition)의 한 형태로서 집단 구성원들이 (마음속으로) 공유하고 연대하는 신념'이다.

페어클로(Fairclough, 2003: 9)는 특별한 이데올로기의 예로 '국가들이 '세계화된' 신 경제 체제에서 생존하기 위해 치열하게 경쟁해야 한다 는 주장의 확산'을 든다. 그는 이데올로기가 반드시 허상인 것은 아 니라고 하였는데, '그것은 종종 실재하는 것으로 묘사되지만 자연의 필연적 법칙이 아니고, 변화 가능한 특정 경제 질서의 산물'이라고 주장한다. 이 주장은 '이야기'의 핵심을 보여준다. '이야기'는 단순한 거짓이 아니라 세상을 조망하거나 묘사하는 다양한 가능성 가운데 하나이자 일종의 관점이라는 것이다. 이처럼 이야기는 특정 집단에 서 일반적으로 사용하는 어휘들의 선택, 문법 체계 및 언어학적 특질 을 통해 전달된다.

베킷(Beckett, 2013)은 국제 경쟁의 이데올로기가 2012-2013년 영국 보 수당 정치인들의 담화에서 매우 보편적이며, 2012-2013년을 제외한 다른 기간에도 노동당을 포함한 다른 정당들의 담화에서 두드러진다 는 사실을 보여준다. 보수당 원로 정치인들은 '경쟁', '승리', '패배', '유지', '낙오'와 같이 경쟁 구도를 환기하는 어휘를 선택하여 이데올 로기를 전달한다. 아래의 예문을 보자.

- 영국은 오늘날 세계에서 성공하기 위해 경쟁하고 있다. 이것은 중국, 인도, 인도네시아 같은 나라들과의 경쟁으로, 미래의 일자리와 기회를 위한 경쟁이다. 때문에 사람들이 천천히 국채를 갚아 나가도 된다고 말할 때, 우리는 그럴 수 없다고 말한다. 우리의 목에 빚이라는 굉장히 무거운 맷돌을 두르고서는 이 세계에서 승리할 수 없기 때문이다. (David Cameron, PD8; 부록 참조)
- 사실 몇몇 서방국가들은 유지되지 못할 것이다. 이는 그들이 사회 복지와 교육, 조세를 위한 변화를 받아들이지 않을 것이기 때문이다. 그들은 다른 국가들에 비해 점점 더 낙오되고 가난해질 것이다. (George Osborne, PD9)

담화분석(discourse analysis)에서 관심을 두고 있는 부분은, 카메론(Cameron, D.)과 오스본(Osborne, G.)이 언급한 것처럼, 특정 텍스트뿐만 아니라 여러 텍스트에 거쳐 실현되는 언어학적 특징들의 유형과 이를 통해 미묘하게 반복적으로 전달되는 동일한 이데올로기이다. 이데올로기를 생태언어학적으로 분석할 때 중요한 것은 이데올로기의 진실성 여부가 아니라, 언어를 통해 보급된 이데올로기가 사람들로 하여금 삶의 기반인 생태계를 보존하거나 파괴하도록 독려하는지의 여부이다. 물론 이데올로기가 파괴적인지 유익한지를 결정하는 객관적인 알고리즘은 없다. 때문에 생태언어학자들은 이데올로기가 그들의 생태철학 또는 과업에 융화되는지 아니면 모순되는지에 대해 평가한다. 예를 들어 소비의 세계적인 감소와 부의 재분배는 이 책의 생태철학에 합치되고, 더 큰 부를 위해 가난한 국가와 경쟁하는 부유한 국가의 이야기는 이 책의 생태철학에 상충된다.

이데올로기는 세계에 대한 명백한 진리로 표현되기 때문에, 그것이 단지 이야기일 뿐이라는 것을 알지 못하는 경우도 있다. 담화분석의 목적은 '언어에 고착되어 꽁꽁 언 이데올로기의 얼음을 깨는 방법을 찾기 위한 것'(Bloor & Bloor, 2007: 12)이며, '언어를 해체하는 것'(Machin & Mayr, 2012: 5)이다. 이는 특정 이야기에만 국한되지 않는다. 극심한 손해를 야기하는 이야기를 담화분석을 통해 해체할 경우, "해로움을 야기하는 이야기 구조에 문제를 제기하여 **고착화된** 의미에 저항하는 추동력을 얻을 수 있다(Locke, 2004: 6)."

생태언어학에서 저항해야 하는 가장 중요한 담화는 생태철학과 여러 측면에서 강하게 상충되는 이데올로기를 전달하는 담화, 즉 세상에 널리 퍼져 있는 생태적인 파괴를 야기하는 담화들이다. 이 책에서는 그러한 담화를 **파괴적 담화**(destructive discourses)라고 칭한다.

파괴적 담화

파괴적이라고 여겨지는 많은 담화 중에서 **경제학** 담화는 영향력이 가장 크다. 가르(Gare, 2002: 132)는 "중세의 지배적인 담화는 신학이었고 근대에는 과학이었지만, 지금 대부분의 사람들에게 현실을 정의하는 담화는 경제학이다."라고 말한다. 경제학은 "사회 구성원들에게 중요한 통역사 역할을 하면서, 구성원들과 사회 그리고 자연의 관계를 정당화하고, 정의할 수 있는 수준에서 경제학의 관련 개념을 제공해왔다(Gare, 1996: 144)." 지배적인 경제학 담화에서 자연에 대한 아무런 언급이 없을 수도 있다. 하지만 그 담화가 자연을 소외시키고 자연에 파괴적인 것이라고 할지라도 여전히 인간과 자연의 관계를 설정하려 하고 있다.

경제학 담화는 생태언어학이 발전하던 초기 단계부터 화두가 되어
왔다. 할리데이(Halliday, 2001)는 언어가 경제 성장을 사회의 근본적인
목표로 나타내기 위해 일반적으로 사용하는 방식에 대해 논의하였
다. 그는 경제 성장을 목표로 보는 시각에 대하여 비판하였는데, 유
한한 지구에서의 무한한 개발은 생명을 지속시키는 생태계의 파괴와
자원의 고갈로 이어질 수 있기 때문이다. 고틀리(Goatly, 2000: 278)는 이
와 유사한 관점에서 경제 성장을 촉진하는 언어를 비판하고 다음과
같은 표현을 권장하였다.

> 일본, 스위스, 싱가폴과 같은 성숙한 경제권의 경우는, '성장'에 대한 은
> 유적 표현으로 '암'을 쓰는 것을 당연하게 여긴다. 그렇게 표현함으로써
> 이미 성숙한 경제권에서의 성장은 지구의 생명 유지 시스템을 위협한다
> 는 사실에 주목하게 한다.

촐라(Chawla, 2001: 119)는 경제학 담화의 중요성에 대하여 다음과 같
이 설명한다.

> 일상생활에서 경제 문제를 우선순위에 두고 생산적 효율성에 집착하며
> 상품 구매를 통해 욕구 충족을 극대화하려는 모습은 계산하기와 측정하기
> 에 매료되는 현상과 밀접한 관련이 있다. … 사회의 참살이는 소비재의 부
> 단한 개발과 생산과 소비의 영구적인 상승 수준의 관점에서 측정된다.

경제학 담화는 수량화에 초점을 두고 있고 특히 지출은 수량화하
기 쉽다. 이에 이들 담화를 접한 사람들은 '개인적 만족의 달성을 위
해 모든 측면의 노력을 다하여 상품을 소비하려 한다(Chawla, 2001:
120).' 이는 과소비와 낭비를 조장해서 환경 파괴가 뒤따르게 할 뿐만

아니라, 소비를 수반하지 않는 참살이의 방법을 의미 없게 만든다. 이러한 점에서 이러한 경제학 담화는 이 책의 생태철학에 위배된다. 한편 촐라는 광고업계에서 어떤 방식으로 '각자의 소비 수준에 대한 불만을 높이도록 독려하는지'에 대해서도 설명한다.

　소비자에게 그들이 평소에 필요하지 않다고 생각한 무엇인가를 구입하라고 설득하는 역할을 하는 광고 담화는 분명 생태학적으로 가장 파괴적인 담화이다. 그러나 광고의 다양성을 고려해 볼 때, 이와 같이 뚜렷하게 분석될 수 있는 '광고 담화'가 존재하는지의 여부 또한 문제가 된다. 쿡(Cook, 2001: 5)은 "광고를 일종의 담화 유형으로 정의하려는 시도는 몇몇 문제에 봉착한다. 이들 문제는 모든 광고에서 공통적인 텍스트적 특징이나 맥락적 특징, 그리고 이들 특징을 종합하려고 할 때 발생한다."라고 지적한다. 하지만 우리는 일부 광고들이 동일한 이야기를 전달하려는 공통적인 특징을 공유하고 있음을 발견할 수 있다. 따라서 '광고에서의 담화들'이라고 복수형으로 칭하며, 세계에 대해 말하고 있는 일부 광고들의 근원적인 이야기를 살피는 작업은 분명 의미가 있다.

　광고가 전하는 핵심 이야기는 **제품의 구매는 참살이의 지름길이다**라는 것이다. 그 예로 매우 평화로운 모습으로 요가 자세를 취하고 있는 한 여자가 나오는 비타민 광고가 있는데, 그 광고는 '내면 여행을 위해 다른 길을 택하라'고 말한다(ML2: 1). 여기에서 의문점은 스트레칭 몇 번만 하면 느낄 수 있는 평화로움을 위해 왜 스트레스를 받으며 돈을 벌어 마음의 평화를 가져올 것 같지도 않은 제품을 사느냐는 것이다. 또한 어느 욕실 청소용 세제 광고는 눈부시게 아름다운 자연의 사진을 보여주면서 꼬리표에는 '심술난 소'와 '철조망'이 있고 하단에 '안전한 집에서 야외의 상쾌함을 즐겨라'와 같은 글자가 쓰여 있다(ML2: 2). 이것은 욕실 청소용 세제의 합성 향이 자연의 상쾌함을 대신해주는 편리한 제품이라는 것을 암시한다. 영상 속 휴대폰 광고에서는 수백 명의 사람들이 런던의 기차역에서 함께 춤춘다. 그러면서 진정한 만남과 기쁨의 순간을 즐기는 장면을 보여주고, 다음 장면에 '삶은 나눔'이라는 메시지가 나온다(ML2: 3). 이것은 휴대폰으로 하는 통화가 마치 얼굴을 마주보고 하는 대화를 대신할 수 있는 것처럼 보이게 한다. 아이젠슈타인(Eisenstein, 2013: 20)은 다음과 같이 논평한다.

> [광고주는] 광고를 통해 자유의 대용품으로 스포츠카를, 흥분의 대용품으로 패스트푸드와 탄산음료를, 사회적 정체성을 대신해 줄 '브랜드'를, 섹스의 대용으로 거의 모든 것을 판다. 그리고 그것들은 현대의 삶에서 충족되지 않는 친밀감을 대신한다.

일반적으로 이러한 광고는 사람들에게 요가 운동이나, 시골길을 걷거나 춤을 추는 것처럼 비용이 들지 않으면서도 진정한 만족을 주는 무언가를 보여준다. 하지만 상품의 구입은 그것의 편리한 대안임을 시사한다. 크레스와 반 리우엔(Kress & van Leeuwen, 2006: 186)은 광고가 바람직한 활동과 제품을 연결하기 위해 사용하는 시각적인 기법에 대해 다음과 같이 설명한다.

> 광고 텍스트 상단에는 '제품에 대한 약속', 이용자가 갖게 될 매력적인 모습, 감각적 충족을 시각화한다. 하단에는 상품 자체를 시각화하면서 다소 사실적인 정보를 제공한다. … 이들은 분명 현실에 존재하는 상품이다. … 그에 반해 상단의 내용은 소비자의 욕구와 열망의 영역에 있다.

다음 진공청소기의 광고에서처럼, 때로는 제품과 바람직한 행위 사이의 관계가 더욱 복잡하게 나타나기도 한다.

- 삶이 항상 깔끔하고 정돈된 것은 아니다. 웃고, 울고, 사랑하고, 춤추고, 심지어 소리치는 것도 삶의 일부이다. 그래서 우리는 당신이 삶에서 누려야 할 모든 것을 누릴 수 있도록 시간과 에너지를 절약할 수 있는 새로운 퀵클릭(QuickClick) 공구 교환 시스템과 컴포글라이드 (ComfoGlide) 바닥 공구를 개발했다. (ML2: 4)

이 광고의 경우, 제품의 구매가 **제품의 구매는 참살이의 지름길이다**라는 이야기를 드러내기보다는, (시간 절약을 통해) 바람직한 활동으로 이끄는 방법을 보여주는 것처럼 보인다. 향수 광고에서도 사랑하는 사람을 만나게 되는 길에서 해당 제품을 소개함으로써 같은 이야기를 한다. 가르강(Gargan, 2007)은 '사랑의 향기, 사랑의 여행, 마법 같은 로맨스, 소중함, 그대, 사랑'과 같은 사랑 관련 어휘 집합(lexical set)이 향수 광고 담화에서 공통적으로 나타난다는 것을 발견했다. 그녀는 광고가 '당신이 이 향수를 구입한다면, 당신은 완벽한 파트너를 찾을 것이다' 처럼, 사람들이 거짓이라고 묵살할 만한 주장을 분명한 사실인 것으로 나타내지는 않는다고 본다. 다만 그것을 더욱 미묘하게 암시하기 위해 사랑스러운 커플의 사진이나 '사랑' 또는 '로맨스' 같은 단어를 향수와 함께 사진에서 보여준다고 지적한다. 가르강은 많은 향수가 독성이 있고, 환경에 부정적인 영향을 미친다는 사실을 보여주는 연구를 언급한다. 특정 광고들은 비용이 들지 않으면서도 참살이에 이바지하는 것들에 사람들이 관심을 갖지 못하게 한다. 대신에 불필요하면서 환경에 해를 끼치는 제품을 구입하게끔 유도한다.

그런데 광고는 독립적으로 작동하지 않는다. 라이프스타일 잡지나 흥미로운 텔레비전 프로그램들은 '구매 심리'를 조장하도록 구성되며, 때로는 광고의 상품을 통해 해결될 수 있는 불만족을 만들어내기도 한다. 이는 이 책의 생태철학과 관련하여 매우 중요하다. 불만족을 만들어내는 것은 참살이에 불리하고 과소비를 조장하는 일이기 때문이다. 슬레이터(Slater, 2007)는 상업 잡지 ≪스터프(Stuff)≫의 담화를 검토함으로써 이 잡지가 '가젯티어(gadgeteer)'[3]의 남성적 정체성을 어떻게 설정하는지 보여준다. 이 잡지는 남성 독자들로 하여금 자신이 가진 기계(gadgets)를 통해 자신의 남성적 정체성을 정의하도록 한다. 그는 이 잡지가 과장된 표현을 통해서 어떻게 제품을 광고하는지에 대하여 설명한다. 가령 남자가 전동 공구를 소유하는 것에 대하여 "땀으로 젖은 남성적 가젯티어가 되어라."라는 문구를 제시한다고 하였다.

이 책의 생태철학에 따라 파괴적으로 분류될 수 있는 다른 종류의 담화는 공장식 농업(industrial agriculture), 특히 축산품 공장(animal product industry)에 관한 것이다. 페어리(Fairlie, 2010)는 일부 소규모 농업 시스템을 통해 생태학적 관점에서 비교적 양호한 방법으로 고기를 생산할 수 있는 방법에 대해 설명하였다. 페어리의 연구에는 공장식 농업이 많은 양의 자원을 소모하고 심각한 오염을 유발하며 동물의 참살이에 유해하다는 수많은 증거가 있다(Baroni et al., 2006; Marlow et al., 2009; Henning, 2011).

글렌(Glenn, 2004: 65)은 '공장식 농업이 만들어낸 보편적으로 널리 퍼져 있는 전략이 잔혹하고 환경적으로도 위험한 관습을 만들고 유지

---

3) 가젯티어는 기계 다루기를 좋아하는 사람을 말한다.

하며 영속화하는 데 어떻게 기여하는지'에 대하여 비판적으로 분석한다. 그녀의 분석은 다양한 언어적 장치가 어떻게 동물을 상품으로 구성하는지 보여준다. 이와 같은 언어적 장치에는 '곡물 및 사료를 소비하는 가축 단위'와 같은 표현과 아직 살아 있는 동물을 성급하게 음식으로 표현하는 '육우(肉牛)'[4] 따위의 용어가 포함된다. 그녀는 비좁은 우리를 '개인 숙소'라고 부르는 것, 동물들이 몸을 움직이는 것을 막기 위한 칸막이에 대하여 '사생활'을 위한 것이라고 하는 것, 작고 수익성이 낮은 동물을 죽이는 것을 '안락사'라고 하는 것, 송아지의 간을 흰색으로 유지하기 위해 송아지에게 먹이는 철분이 결핍된 먹이가 '우유 먹이', '특별한 먹이', '고급 먹이'로 불리는 것, 광고에서 노래하는 농장 동물들이 행복하게 표현되는 것 등과 같은 '속임수' 표현에 대하여 논의한다. 글렌은 일반적으로 산업 담화가 **공장식 농업은 동물에게 이로우며 동물은 물건일 뿐이다**라는 이데올로기를 통해 환경에 악영향을 끼치는 농법을 지속하게 한다고 설명한다.

농업 담화 가운데 이와 유사한 결론에 도달한 다른 연구가 있다. 예를 들어 트람페(Trampe, 2001: 238-239)는 공장식 농업에 관한 담화에서 '생명들이 전문화된 경제 이데올로기에 따라 **생산되다, 관리되다, 최적화되다 그리고 활용되다**의 대상이 되는 물건처럼 취급'된다고 한다. 또한 파괴적인 행위를 완곡한 어휘로 은폐하고, 좀 더 친환경적이고 전통적인 농업 기술을 시대에 뒤떨어진 것처럼 부정적으로 표현하고 있음을 발견한다. 이어서 그는 "공장식 농업의 언어 체계는 인간과 그들이 속한 자연 환경과의 단절을 야기하기 때문에 그들의 생존을

---

4) 육우란 소고기를 생산할 목적으로 사육되는 소이다.

위협하게 될 것이다."라고 결론을 내린다.

그러므로 특정한 경제학 담화, 소비지상주의, 광고, 그리고 집약 농업은 생태철학의 원칙에 반하는 것을 전달하는 이데올로기를 내포한다. 이에 이들은 **파괴적 담화**라는 꼬리표가 붙을 수 있다. 파괴적 담화를 다루는 방법은 이들에 저항하는 것이다. 저항은 담화에 의해 전달되는 이데올로기가 그저 이야기일 뿐이라는 인식과 그 이야기가 해로운 영향을 미친다는 인식을 고양하는 과정으로 이루어진다. 페어클로(Fairclough, 1992b)는 이것을 **비판적 언어 인식**(Critical Language Awareness)이라고 명명하였다. 비판적 언어 인식은 사람들이 무의식중에 따르고 있는 이데올로기의 영향력이 파괴적 담화에 가장 큰 원인이 되고 있음을 알게 할 때 가장 효과적이다. 예를 들어 저항의 초점을, 경제 성장이 사회의 핵심 목표라는 이데올로기는 단지 하나의 이야기일 뿐이며 우리 삶이 의존하는 생태계에 파괴적인 영향을 더 적게 주는 이야기가 존재한다는 사실에 대하여 정치인들이 인식하게끔 장려하는 데 둘 수 있다. 낙관적인 사실은 일반적으로 사람들이 이데올로기의 편협성으로 인해 생겨나는 부작용인 사회적 불의나 생태계 파괴에 관여되는 것을 꺼린다는 점이다. 만약 사람들이 이야기에 잠재되어 있는 파괴적인 영향력을 알게 된다면, 그 이야기에 책임이 있는 사람들에게는 변화가 요구될 것이다. 이러한 사례로는 가금업의 간행물인 ≪가금학(Poultry Science)≫에 실린 논문을 들 수 있는데, 생태언어학 연구와 광범위한 관련이 있는 이 논문은 다음과 같이 결론을 내린다.

스티베(Stibbe, 2003)나 린지(Linzey, 2006)와 같은 학자들은 산업 담화가
동물들을 대상화하고, 동물의 지각력과 같은 정신적이고 도덕적인 특성들
을 모호하게 만든다고 지적한다. ⋯ 담화의 분석이 이상하고 관련이 없어
보일지라도 ⋯ 이러한 부류의 분석은 잠재적인 이익을 주는 방식으로 우
리의 이해를 돕는다. ⋯ 동물 생산과 관련된 이데올로기, 담화, 관습을 재
고하게 할 수도 있다. 현대의 동물 생산에 관련된 관행을 투명하게 하는
것과 동물에 대한 진정한 관심과 존중은 반드시 우리의 사회문화 속에서
구현되어야 할 뿐만 아니라, 유축 농업의 내부 담화와 이와 관련된 외부
의 담화에서도 구현되어야 한다. (Croney & Reynnells, 2008: 387, 390)

인용된 내용의 중요성은 업계 내에서, 그리고 언어의 수준뿐만 아
니라 '우리의 관습', 즉 업계의 관습에 변화를 요구한다는 것이다. 크
로니(Croney, 2010: 105)는 후속 연구를 통해 이러한 요구를 확장하여 수
의학 직종에 적용한다.

수의사, 특히 농장 동물들과 함께 일하는 수의사는 ⋯ 유축 농업의 구
성원이나 유축 농업이 확장된 것으로 볼 수 있다. 그리고 이러한 관점에
따라 수의사들의 담화는 면밀히 조사되고 비판될 것이다. 이와 같이 수의
학 공동체는 유축 농업 공동체처럼 그들이 사용하는 담화의 관습과 담화
의 영향력에 대해 비판적으로 검토되어야 한다. 이는 수의사들이 동물 복
지에 대해 인식하게 하여 동물 복지가 실질적인 영향력을 발휘하게끔 유
도하기 위함이다.

만약 그들이 파괴적 담화의 사용에 대한 이러한 책임을 수용하지
않는다면, 비판적 언어 인식은 고객이나 유권자와 같은 주요 이해 당
사자들의 의식을 향상시키는 것을 통해 그들에게 직접적으로 압력을
가하게 할 수 있다.

이처럼 생태언어학은 수의사, 영농업자, 경제학자, 라이프스타일 잡지의 기자, 정치인 및 광고인과 같은 집단의 담화를 면밀하게 분석한다. 이는 이데올로기에 실려 있는 것들이 잠재적인 생태학적 위협이 될 수 있다는 인식을 향상시키기 위해서이다. 주류의 파괴적 담화에 대항하는 것은 파괴적 담화가 발생시키는 손실의 확실한 증거에 근거하여 파괴적 담화의 사용을 줄일 것을 요구하고, 잠재적으로 더 유익할 수 있는 다른 대안을 새로이 마련할 수 있게끔 나아가게 하는 일이다.

양면적 담화

환경론, 생태학, 보존, 지속가능성, 녹색 광고 등의 담화에 대한 생태언어학적 담화 분석의 대부분은 긍정적인 측면이 부각되지만, 그럼에도 불구하도 여전히 문제는 남아 있다. 이러한 담화들은 파괴적 담화에 의해 야기된 환경 문제들을 다룬다는 긍정적 기능을 한다. 하지만 이러한 담화는 파괴적 담화로 점철된 사회에서 발생하는 정치적·상업적 이익의 영향을 받을 수도 있다. 진실되고 설득력 있는 담화는 소비의 감소를 불러일으키고, 정부가 경제 성장을 위해 투자하거나 광고주가 이익을 위해 신문이나 잡지에 '구매 분위기'를 조장하는 것과는 관련이 적을 것이라 여겨진다. 그러나 진정으로 환경을 생각하여 다른 종에 관심을 가지는 담화는 유권자의 단기 이익에 관심을 두는 정부에 의해 사장될 수도 있다. 그러므로 '녹색' 담화는 종종 **양면적 담화**로 간주된다. '녹색' 담화가 내포하는 몇몇 양상은 생태철학과 반대되는 국면이 존재하기 때문이다.

생태언어학은 양면적 담화에 대하여 분석해 왔다. 이와 관련하여 환경론(Benton-Short, 1999; Harré et al., 1999)과 기업의 이미지 세탁(Alexander, 2009; Ihlen, 2009), 천연자원(Meisner, 1995; Kurz et al., 2005), 동물원(Milstein, 2009), 지속가능성(Kowalski, 2013) 등을 예로 들 수 있다. 하레 외(Harré et al., 1999)는 그러한 담화를 '그린스피크(Greenspeak)'라고 불렀는데, 이는 조지 오웰(George Orwell)의 부정적 개념인 '뉴스피크(Newspeak)'를 참조한 것이다. 이러한 담화들은 (a) 기업식 농업의 파괴 담화 때문에 착취당할 식물, 동물, 강, 숲 등의 자원 묘사, (b) 재활용 같은 작은 행위로 환경적 문제를 해결하고자 하는 서술, (c) 생태 파괴에 대한 비난을 피하기 위해 생태 파괴를 야기한 주체를 숨기는 것 등과 같은 측면에서 비판되었다. 구체적으로 뮐하우슬러(Mühlhäusler, 2003: 134)는 "일단 대상이 은유화되면, 오염과 같은 개념은 … 그것을 야기한 주체나 그것의 영향과는 단절된 채 연구된다. 그리고 이미 은유화되었다면, 그 은유는 상업적으로 유용한 것이 되고 만다."라고 언급하였다.

동물원 담화는 양면성을 지니는데, 그것은 한편으로 자연 보호와 자연과의 결속을 강조하지만 다른 한편으로는 생태계에서 동물들을 분리한 후 그것들을 '인간 이외의 것'으로 규정하기 때문이다. 밀스테인(Milstein, 2009: 164)은 다음과 같이 동물원 담화의 세 가지 긴장 관계를 주장한다.

나는 동물원 시설 담화에는 세 가지의 긴장 관계가 존재한다고 생각하는데, 그것은 지배와 조화, 타자화와 관계, 그리고 착취와 이상(idealism)의 변증법으로서, 이 관계들은 사람과 사람 사이에서부터 한 사람의 마음에 이르기까지 발견될 것이다.

밀스테인은 동물원 담화의 언어적 메시지뿐 아니라 우리(cage)라는 물리적 형태에 의해 전달되는 메시지에도 주목하였다. 이를 통해 "다양한 경로의 보호 메시지가 동물원 건축 환경의 시각적, 공간적, 설계적 접근에 관한 모든 측면에서 충돌하고 있다(Milstein, 2009: 38)."라고 밝혀냈다. 밀스테인은 단순히 담화를 비판하기보다는 몇몇 유용한 국면이 있는 진보적 동물원 담화의 의의를 짚은 후 이들 담화가 어떻게 변화해야 할지를 제안한다. 이러한 밀스테인의 제안 중 하나는 정부의 제국주의적 정책, 기업의 국경을 초월한 활동, 서구의 과소비 등이 그러하듯이 동물원 담화가 멸종의 원인으로 연결될 수 있음을 보여주는 것이다.

이처럼 양면적 담화는 생태철학의 목적 가운데 일부를 자주 공유하고 있다. 따라서 그것을 다루는 방식은 저항이 아니라 그러한 담화에 책임을 부여하는 일종의 건설적인 작업을 통해서 이루어져야 한다고 할 수 있다. 이러한 작업의 목적은 담화 안에 존재하는 문제가 되는 측면을 드러내는 동시에 긍정적인 측면을 보존하는 것이다.

유익한 담화

아직 본격적으로 시도되지는 않았지만, 생태언어학의 필수적인 역할은 파괴적 담화에 대한 비판이나 **양면적 담화**가 지닌 간극을 찾는 것을 넘어서, 사람들이 삶과 생태계를 보호하도록 적극적으로 독려할 수 있는 이데올로기를 담은 새로운 담화를 찾는 일이다. 이러한 담화를 유익한 담화라고 부를 수 있다. 파괴적이거나 양면적인 담화가 지배성과 확산성에 의해 선택되는 것과는 반대로, 유익한 담화가 선택되는 기준은 다르다. 명백히 지속 불가능한 사회에서는 생태적으로 유익한 행위를 독려하는 담화가 확산되거나 지배적일 것 같지는 않다. 유익한 담화를 분석하는 목적은 이들 담화를 통해 생태적 이야기를 효과적으로 전달하는 대안적 방법으로 촉진하여, 비록 지금은 잘 알려지지 않았다고 할지언정 추후 이들이 확산되도록 돕는 것이다. 이때 가장 중요한 점은 분석가의 생태철학에 맞게 이데올로기를 조정하는 작업이다. 가령 인간과 다른 종의 삶과 참살이를 동일한 가치로 두는 것, 소비를 줄이고 사회적 정의 회복을 위한 작업을 실천하도록 독려하는 것 등이다.

마틴(Martin, 2004)은 유익한 담화분석에 **긍정적 담화분석**(Positive Discourse Analysis) 이론을 도입하고 있는데 그 목적은 담화를 비판하기보다는 촉진하는 것에 있다. 이 이론은 이후 맥길크리스트(Macgilchrist, 2007)와 바틀릿(Bartlett, 2012)에 의해 발전되었다. 그러나 이 용어는 논란이 많았다. 예를 들어 워닥(Wodak)은 '비판적'이라는 용어가 '부정적인'이라는 의미를 내포하지 않고 있으며, 또한 '비판적이라는 의미 가운데 하나는 대안을 제안하는 것'이라고 하였다(Kendall, 2007: 17에서 재인용). 비판적 담화분석의 주요 연구는 담화가 어떻게 사람들을 억압하고 착취하는지에 대한 인식을 일깨워주는 것과 분명히 관련이 있다. 곧 그 목적은 대체적으로 사람들이 그들을 억압하는 담화에 저항할 수 있는 힘을 갖게 하는 데 있다. 이를 볼 때 긍정적 담화분석이라는 용어는 생태학적 도전을 마주한 동시대에 유익한 담화를 찾아야 한다는 중요성을 강조하는 데 도움을 주기도 한다.

고틀리(Goatly, 2000: 285)의 연구는 신문과 낭만주의 시를 통해 파괴적 담화와 유익한 담화를 비교한 생태언어학 연구 가운데 하나이다. 그는 '타임즈(The Times)'의 담화가 "길들여지고 가공되며 비교적 수동적인 자연을 보여주고, 주로 날씨(와 질병)의 영향을 제외하고는 자연에 대한 언급을 회피하면서 개나 말에 대해서만 관심을 드러내며, 때때로 자연을 브랜드 이름이나 상품과 같이 경제적 관심에 종속된 것처럼 보이도록 나타낸다(Goatly, 2000: 301)."라고 지적했다. 반면 워즈워스(Wordsworth)의 담화는 자연을 훨씬 더 활동적이며 생동적으로 보여주는데, 강을 화자(sayers)로('강이 속삭이다, 거친 개울이 지껄이다'), 동물과 풍경을 행위자(actors)로('독수리가 상승하다', '큰 봉우리가 … 머리를 들다'), 자연을 현상(phenomenon)으로('나는 반딧불을 염탐했다') 묘사한다. 고틀리(Goatly, 2000: 301)는 다음과 같은 결론을 내린다.

> 워즈워스에 의해 표현된 자연을 바라보는 관점은, 그의 문법적 특성과 마찬가지로, '타임즈'에서 기술된 것보다 훨씬 더 풍부한 우리의 생존 모델을 제공한다. … 살아남기 위해서는 워즈워스의 담화를 눈여겨보는 게 더 좋다. … 우리는 자연 속에서 인간의 역할을 재고하거나 거부하기 이전에, 우리가 먼저 자연 속에서 어떠한 역할을 할지 재고하고 재론할 필요가 있다.

워즈워스의 작품은 낭만주의 글쓰기의 담화를 보여주는 하나의 특정한 예이다. 이들은 생태언어학에 의해 탐색될 수 있는 자연수필(nature writing)이다. 이러한 유익한 담화는 과거에서부터 현재까지 전 세계 범문화적으로 무수히 많이 존재하고 있다. 생태학적으로 중요한 의미를 지닌 담화를 생산하는 작가의 그룹이 있는데, 맥파레인(Macfarlane, 2013: 167)은 그들을 '상상적 자연주의자(imaginative naturalists)'라고 하였다. 레이첼 카슨(Rachel Carson)(그의 서정적 작품은 때로 환경 운동의 시작에 기여한 것으로 여겨졌다), 알도 레오폴드(Aldo Leopold), 로렌 아이슬리(Loren Eiseley) 등이 여기에 속한다. 또 다른 유익한 담화는 맥파레인이 신자연수필(New Nature Writing)이라고 부른 것이다. 캐슬린 제이미(Kathleen Jamie), 로저 디킨(Roger Deakin), 올리비아 랭(Olivia Laing) 등이 포함된 현대 영국 문파인데, "이들의 독창적 성격은 회고와 서정의 혼재, 사고의 섬세함과 관찰의 신중함의 특징 등에서 드러난다(Macfarlane, 2013: 167)." 번팅(Bunting, 2007)은 이들 담화를 다음과 같이 묘사한다.

　　이는 '자연수필'의 경향에 딱 들어맞지는 않는다. 하지만 이들의 책에서 주목하지 않을 수 없는, 즉 매우 중요한 내용은 자연과 인간의 상호 연결성이다.

세계의 전통적이고 토착적인 문화는 유익한 담화를 찾을 수 있는 원천을 제공한다. 결국 그 문화는 생존의 터전인 생태계의 파괴 없이 수천 년에 걸쳐 이어져 온 문화이다(Chawla, 2001: 115). 나이트(Knight, 2010)는 <일본에서 '문화화된 자연'의 담화: 사토야마(satoyama)[5]의 개념과 21세기 보호의 역할>(그림 2.1 참조)이라는 논문을 발표하여 유익한 담화에 대하여 분석하였다. 논문에서 그녀는 사토야마의 담화가 '자연과 문화가 교차되는 영역'(Knight, 2010: 421)과 '사토야마의 모델과 전 세계에 영향을 줄 수 있는 인간과 자연의 조화로운 관계성'(Knight, 2010: 237) 등을 어떻게 담고 있는지 설명하였다. 하이쿠 자연 시(Haiku nature poetry)는

---

5) 사토야마는 촌락을 둘러싼 농지, 연못, 인공림, 초원 등으로 구성된 지역으로, 다양한 주체가 참여하여 생물다양성 보전과 지속가능한 이용이 가능하도록 설정한 지역을 말한다.

전통적인 일본의 문학 담화인데, 자연과 함께 하는 인간이라는 밀접하고, 배려적이며, 비파괴적인 관계를 보여주는 유익한 담화라고 할 수 있다. 하이쿠 담화에서는 평범한 동식물이 다른 무언가의 은유를 위한 대상이 아니라 그들 자신만의 권리를 찾는 것이 훨씬 더 중요한 가치로 그려진다. 그리고 명확하게 형상을 떠올릴 수 있도록 명명되며(예를 들어 '동물상'이라기보다는 '개구리'로), 문장에서 행위자(actor)와 감각 주체(senser)의 역할을 부여받아 역동적으로 표현된다(Stibbe, 2012: 145).

[그림 2.1] 사토야마 ©세계 대나무와 등나무 네트워크

브링허스트(Bringhurst, 2008: 26)는 '생태학적 언어학(Ecological Linguistics)'이라는 용어를 사용하여, 유익한 담화로 취급되는 아메리카 원주민 문학을 탐구한다.

[아메리카 원주민] 이야기와 시는 종종 예술적 가치뿐만 아니라 훌륭한 관습적 가치를 지닌다. 그것들은 수천 년 동안 이 땅에서 파괴 없이 살아가는 방법을 알고 있었던 사람들의 유산이다. … 우리가 이 세상을 어떻게 살아가야 할지 배우고 싶다면, 인디언 문학에 관한 연구가 최선이자 가장 효율적인 방법 중 하나일 것이라고 생각한다. … 이러한 지적 전통의 근본적인 주제는 인간의 삶과 세계의 관계이다.

물론 이러한 작업은 그들의 문화에서 생태적으로 피해를 줄 수 있는 부분까지 이상화시킬 수 있으며, 기존의 담화를 도용할 위험도 있다. 또는 잘못된 번역 때문에 원작을 더 이상 반영하지 않을 정도로 바뀐 담화를 도용할 위험도 있다. 이에 특정 문화가 지속가능하다고 여기지 않고 그것들을 담화가 '작동한다'는 증거로 사용하는 것이 중요하다. 동시에 고대 문화에서 전수 받은 텍스트가 과거 문명의 유일한 기록이나 이야기라고 여기지 않는 태도도 중요하다. 그러나 이보다 더 중요하게 인식해야 하는 사실은 담화에 표현된 언어의 특성과 그것이 뜻하는 이데올로기를 분석하고 그 이데올로기를 생태철학과 비교하며, 생태철학의 목적에 부합하면서도 이를 확장할 수 있는 담화의 측면을 세상에 장려하는 일이다.

이처럼 유익한 담화분석의 마지막 단계는 **장려**(promotion)이다. 담화를 장려하는 일은 레이첼 카슨의 과학적이지만 서정적인 도서 ≪침묵의 봄(Silent Spring)≫, 케이티 앨버드(Katie Alvord)의 ≪당신의 차와 이혼하라!(Divorce your car!)≫, 부탄(Bhutan)의 '국민총행복(Gross National Happiness)'을 비롯하여, 새로운 경제학 포럼 보고서, 일본의 하이쿠 단시 선집이나 신자연주의 작가의 담화를 강력하게 내세우거나 자연수필과 같은 특정 텍스트를 홍보하는 것만을 의미하지 않는다. 대신에 유익한 이야기를 쓰거나 말하는 방법을 장려하는 것을 의미한다. 다시 말해 장려를 위한 장치는 특정 이야기를 전달하는 언어적 특징(대명사 사용, 문법적 구조, 전제, 참여자들의 위치 결정 등)의 결합체이다. 그리고 그 이야기는 삶의 목표가 '더 많이 소유하지 않는 것'이 된다거나, 사회의 목표가 경제 성장보다는 참살이가 된다거나, 인간이 자연에 의존한다는 것일 수 있다. 또한 어떤 이야기는 분석가의 생태철학에 맞추어 조정한 이야기가 될 수 있다. 이러한 접근의 중요성은 담화가 장르를 넘나들 수 있다는 것이다. 영감을 불러일으키는 자연수필이나 하이쿠 시는 서점의 한 구석에 항상 존재할 것이며, 그 나름의 작은 역할을 담당하고 있을 것이다. 하지만 하이쿠나 자연수필의 **담화**(이데올로기를 전달하는 언어적 결합체)는 일기 예보, 경제학 교과서, 생물학 지침서, 뉴스 기사, 교육 등 광범위한 삶의 영역에 걸쳐 적용되고 통합될 수 있다. 이와 같은 유익한 담화가 점점 우리 주변에 존재하는 주류 담화에 통합되어 갈 때, 이들이 삶으로서의 이야기에 영향을 미치기 시작할 것이다.

방법론

생태언어학이 (소비지상주의의 경제 성장과 집약 농업과 같은) 파괴적 담화를 드러내고 이에 저항하든, (특정 유형의 자연 수필과 같은) 대안적이고 유익한 담화를 조사하고 이를 장려하든, 이 책에 제시된 분석 방법은 사회의 특정 그룹에 의해 사용 및 생산되는 다양한 텍스트의 전형을 수집하는 것에서 출발한다. 그 텍스트는 특정 경제학 담화를 나타내는 표준 경제학 교과서나, 공장식 농업을 위해 널리 사용되는 산업 지침서, 생태학적 담화를 보여주는 일련의 생태학 평가보고서, 또는 자연수필의 특정한 담화를 보여주는 모음집, 그리고 그 텍스트가 특정 집단의 사람들이 만들어내는 모든 글을 대표할 수는 없더라도 그 집단의 핵심 구성원들이 두드러지게 많이 사용하는 담화 등에서 찾을 수 있다.

다음 단계는 텍스트 내부 혹은 텍스트 사이에서 사용되는 언어의 유형을 세밀하게 언어적으로 분석하는 것이다. 이는 세상에 대한 이야기를 전달하기 위해서 복합적으로 결합되는 언어적 특징에 초점을 둔다(Fairclough, 2003; Martin & Rose, 2003; van Dijk, 2011; Machin & Mayr, 2012). 이는 비판적 담화분석에서 많은 것들이 텍스트의 숨겨진 의미를 드러낼 때 어떤 요소에 초점을 두어야 하는지 보여준다. 분석의 유의미한 요소들은 다음과 같다(고딕체 단어는 용어 해설을 참조할 것).

- 어휘 (예: 단어의 **함축**, 대명사의 사용, "~일지도 모른다." 또는 "~해야 한다."와 같은 조동사)
- 단어 사이의 관계 (예: 유의 관계, 반의 관계 및 하위어)
- 문법 구조 (예: **능동형 대 수동형**, **명사화**)
- **타동성** (예: 절에서 **참여자**와 **과정**의 배열)
- 절에 포함된 가정 및 **전제**
- 절 사이의 관계 (예: 이유, 결과, 목적)
- 사건의 표현 방법 (예: 추상적 또는 구체적)
- 참여자의 표현 방법 (예: 개별 또는 집단)
- **상호텍스트성** (예: 다른 텍스트의 차용 유형)
- 장르 (사회적 기능을 수행하는 텍스트의 기존 형식)
- 비유적 표현 (예: 반어, 은유, 환유)

담화는 때로 언어, 정지된 이미지, 음악이나 동영상이 어우러져 의미를 전달하는 다중구조로 존재할 수 있다. 이에 담화분석 또한 여러 양식(mode)에 대한 고려가 필요하다. 시각적 이미지의 경우, 벡터(vector)(이미지에서 행동이 일어나고 있다는 것을 보여주는 동작선), **화면 크기**(shot size)(피사체와 멀고 가까움을 나타낸다), 관점(개입의 정도를 보여준다), **카메라 각도**(camera angle)(참여자를 분명하게 보여주기도 하고 희미하게 보여주기도 한다), 시선(참여자 간 또는 참여자와 시청자의 관계를 보여줄 수 있다), 색상의 채도와 변조 및 **포토리얼리즘**(photorealism)(Kress & van Leeuwen, 2006; Kress, 2010) 등은 분석 요소라고 할 수 있다.

언어적(이며 시각적) 특징의 유형이 밝혀진 후, 분석의 다음 단계는 이러한 요소에 의해 전달되는 근원 이데올로기를 찾는 것이다. 예를 들어, 광고 담화에서 "충족감은 물질을 축적함으로써 생긴다."라는 이야기가 숨겨져 있을 수도 있다. 특정 정치 담화에서 "사회의 목적은 어떤 희생을 치르더라도, 경제 성장을 극대화하는 것이다."라는 이야기가 있을지도 모른다. 신고전주의 경제학 담화에서 자신의 소비만을 늘리려고 하는 개인으로서의 소비자를 다룰지도 모른다. 농산업 지침서에서는 동물과 자연을 단지 이익을 위해 착취되는 대상과 자원으로 나타낼 수 있다. 그리고 자연 문학의 특정한 담화에서 인간은 생태계에 없어서는 안 될 존재이며 지속적인 생존을 위해 생태계 보존에 의존하는 이야기가 존재할지도 모른다.

비판적 담화분석을 통해 밝혀지는 이데올로기 중 어느 것도 그 자체가 객관적으로 좋고 나쁜 것은 없다. 그 이데올로기가 분석가의 생태철학과 일치하고, 생태철학을 상기시키며 장려할 때는 '좋다'고 여겨진다. 반면에 생태철학과 양립할 수 없고, 반대되거나 생태철학에 불리하게 작용할 때 '나쁘다'고 판단된다. 다음 단계는, 판단을 내리기 위해 이야기와 생태철학을 비교하는 것이다. 모든 담화는 긍정적이거나 부정적인 측면을 가지고 있을 가능성이 있다. 그러나 실질적으로 담화가 **파괴적인지**(주로 생태철학에 불리하게 작용하는), **양면적인지**(생태철학과 유사한 목적을 가지지만 일부 중요한 차이가 있는), **유익한지**(생태철학을 분명하게 상기시키는) 여부를 고려하는 것이 유용하다. 이렇게 구분하는 이유는 최종적으로 해당 담화가 어떤 유형의 담화인지 판단해야하기 때문이다. 가령 파괴적 담화의 경우 피해에 대해 인식하여 이에 저항하고, 양면적 담화는 그 원인이 되는 것들을 건설적인 방향으로 개선하며, 유익한 담화는 장려해야 하는 것이다.

생태언어학이 초점을 둘 수 있는 담화는 매우 많다. 전 세계의 경제학, 광고, 대중 매체, 농업, 자연수필 등에서 이들 담화를 찾아볼 수 있고, 세계 도처에 존재하는 토속적인 담화도 이에 해당한다. 여기에서는 이들 가운데 하나인 신고전주의 경제학 담화를 집중적으로 살펴볼 것이며, 나머지는 이후 다른 장에서 다시 다루고자 한다.

신고전주의 경제학 담화

신고전주의 경제학 담화는 가장 지배적이고 지속적인 삶으로서의 이야기 중 하나이다. '지배적인 신고전주의 서사에 도전하고, 보다 풍부한 내용의 새로운 경제 서사 만들기'를 위해 2013년에 설립된 '경제학 다시보기(Rethinking Economics)'라고 불리는 단체는 교육계에서 널리 알려져 있다(RE, 2014). '가디언(The Guardian)'은 이 단체에 대해 다음과 같이 설명한다.

> 6월, 젊은 경제학과 학생들과 사상가, 작가 등은 **경제학 다시보기**를 설립했
> 다. 이 단체는 신고전주의 경제학의 지배적 서사에 이의를 제기하는 캠페인
> 그룹이다. 얼(Earle)은 신고전주의 경제학이 '유일한 이론이 된 이래로' 영국
> 전역의 학생들이 이것을 배우게 되었다고 말했다. 그는 또한 "많은 학생들이
> 우리가 배웠던 경제학의 가정, 방법론, 결론 등에 의문을 제기하는 다른 이론
> 들이 있음을 알고 있지 못한다. 그러한 점에서 우리 교과에서 신고전주의 경
> 제학이 지배적 위치를 획득한 것이다."라고 했다. (Inman, 2013)

이 절에서는 다섯 권의 미시경제학 교과서에서 나온 사례를 통해
신고전주의 경제학의 담화를 간략하게 분석하고자 한다(ET1-ET5; 부록
의 세부사항 참고). 이 책들은 다른 시기에 집필되었고 조금은 상이한
관점을 지니고 있다. 그럼에도 적어도 책의 특정 부분에서 신고전주
의 경제학의 담화를 이용하여 신고전주의 경제학 이론을 기술하고
있다는 공통점이 있다. 물론 그 책의 다른 부분에서는 신고전주의 경
제학의 원리에 대해 다양한 각도에서 질문하고 도전하며 적용하고
있지만, 이 실증적 분석의 초점은 신고전주의 경제학 담화 그 자체에
있다. 생태언어학적 관점에서 핵심 쟁점은 담화에 포함된 이데올로
기가 생태철학과 일치하거나 모순되는지의 여부이다. 예를 들면, 전
체 소비 감소로 인한 빈곤 해소를 위해 자원 재분배를 장려할 것인
가 말 것인가 하는 문제가 이와 관련된다.

분석을 위한 출발점은 이야기의 등장인물이 누구인지, 그들이 어
떻게 행동하고 생각하며 느끼는지를 묻는 것이다. 교과서 ET1은 등
장인물을 명확하게 제시한다.

● 미시경제학은 개별 경제 단위의 행위 특성에 대하여 설명한다. 이들 단위에는 소비자, 근로자, 투자자, 토지 소유주, 기업체 등이 해당된다. (ET1: 3)

대부분의 교과서는 비슷한 방법들로 인간을 분류한다. '소비자'나 '소유주'와 같은 사람의 범주로 세계를 단순화하는데, 이들은 모두 같은 방식으로 사고하고 행동하는 것으로 가정된다. 이들 각각이 하는 행동은 각 범주의 명칭에 의해 규정된다. 즉 소비자는 소비하고, 근로자는 일하고, 투자자는 투자하고, 소유주는 소유한다. 이는 반 리우엔(van Leeuwen, 2008: 42)이 말한 '기능화(functionalisation)'이다. 기능화란 "사회적 행위자는 행위 기능에서 그들의 임무가 부여된다."라는 것이다. 머친과 마이어(Machin & Mayr, 2012: 81)는 기능화가 "실제로 필자가 구획을 나눈 범위 내로 사람의 역할을 한정한다."라고 지적했다. 분명 대부분의 사람들은 스스로를 '소비자'라고 부르지 않는다. 이러한 분류는 신고전주의 경제학 담화에 의해 결정된 것이다.

소비자가 포함된 절의 **타동성**(transitivity)[6]을 살펴봄으로써 어떻게 소비자가 표상되었는지에 대한 기초적인 아이디어를 얻는 것이 가능하다(Halliday, 2004: 44). 타동성은 절에 표상된 **과정**(process)의 형식과 그 과정의 **참여자들**(participants)과 관련된다. 할리데이는 세계의 물리적 작용인 **물질적 과정**(material process), 생각하는 것과 감각을 느끼는 것을 구현

---

6) 할리데이의 'transitivity' 개념은 체계기능문법을 기반에 둔 것으로, 경험적 의미의 기본 단위인 절에서 참여자와 과정에 대한 배열의 규칙을 의미한다. 'transitivity'는 연구자에 따라서 '타동성', '동사성', '동성', '이행성' 등으로 다르게 번역하고 있다. 이 번역본에서는 할리데이의 이론에 대한 초기 번역 논저를 바탕으로 'transitivity'를 '타동성'이라는 용어로 번역하고자 한다. 다만 이 '타동성'은 오직 타동사에 의해서만 실현되는 것이 아니라는 사실을 간과하지 않고, 타동사나 자동사로 구현되는 과정(process)을 중심으로, 과정의 참여자와 과정의 상황이 함께 작용하는 개념임을 명시하고자 한다.

하는 **정신적 과정**(mental process), 말하기와 쓰기 또는 의사소통 과정을 구현하는 **언어적 과정**(verbal process) 등의 다양한 과정을 정의했다[고딕 체로 강조된 표현은 이 책의 용어 해설 참조]. 이러한 과정에 따라 절에는 다양한 참여자가 포함되는데, 예를 들어, 물질적 과정에는 (무 언가를 행하는 주체인) **행위자**(Actor)와 (행위를 당한) **경험자**(Affected)를 절의 참여자로 두고, 정신적 과정은 (생각하고, 느끼고, 인식하는) **감각 주체** (Senser)와 (그들이 느끼게 되는) **현상**(Phenomenon)을 절의 참여자로 둔다. 타 동성은 과정의 형식에 따라 어떤 참여자들이 포함되며 그러한 참여 자들이 절 안에서 능동적인 역할(즉 행위자와 감각 주체와 같은 역할)을 수행하는지, 보다 수동적인 역할(즉 경험자나 현상과 같은 역할)을 수행 하는지 파악하는 데 유용하다.

모든 교과서에서 소비자는 매우 능동적인 존재로 표상된다. 정신적 과정에서는 ('선택', '선발', '결정', '발탁', '소망'하는) 감각 주체로, 물질적 과정에서는 ('구입', '지불', '매수', '거래', '교환', '획득', '시세에 반응', '시장에 진입'하는) 행위자로 표현된다. 아주 약간의 예외를 제외하면, 정신적 과정과 물질적 과정은 무엇을 살지 결정한 후 그것을 구입하는 것을 중심으로 진행된다. 즉 소비자는 삶의 큰 맥락에서 경제 활동이 일부 를 차지하는 다차원적 사람이라기보다는 순전히 경제적 행위자로 그 려진다. 소비자가 정신적 과정과 물질적 과정을 통해 달성하고자 하 는 목표는 절 안에 있는 다른 참여자들과의 관계에 의해 표현된다.

- 소비자는 가능한 한 가장 높은 수준의 만족을 선사하는 소비 방식을 선택한다. (ET2: 22)
- 소비자는 효용을 극대화한다. (ET1: 149)

- [소비자]는 가능한 한 가장 높은 수준의 만족을 위해 구매할 재화와 서비스를 결정한다. (ET3: 6)
- 소비자는 자신의 취향을 바탕으로 그들의 참살이를 극대화한다. (ET1: 114)
- 소비자는 일반적으로 그들을 가능한 한 부유하게 만들어줄 장바구니를 선택한다. (ET1: 69)
- [소비자]는 다른 사람들 못지않게 구매하기 위해 어떤 제품들을 사재기하면서 행복을 극대화한다. (ET1: 4)
- 효용을 최상의 가치로 여기는 소비자는 명확하게 순이익이 극대화되길 원한다. (ET2: 77)

소비자가 성취하고 싶어 하는 목표들은 '가장 높은 수준의 만족', '효용', '참살이', '부유해지는 것', '가능한 한 많이 구입하는 것' 등으로 표현되는데, 이러한 것들은 교과서 전반에서 유의 관계로 사용된다. '그들의 참살이를 극대화한다'와 '그들을 가능한 한 부유하게 만들어줄'이라는 표현에서 '그들'이라는 대명사는, 소비자가 타인의 참살이보다는 자신의 참살이를 목표로 삼고 있다는 사실을 보여준다. '효용을 극대화하는 소비자'라는 표현은 다양한 사람들이 추구하는 개인적 만족을 단일 명사구로 정의해 버린다. 즉 이 이야기는 **소비자가 구매를 통해 그들의 만족을 극대화한다**로 명제화된다. 데일리와 코브(Daly & Cobb, 1994: 87)가 지적한 바와 같이, 이 이야기의 문제는 소비자가 타인뿐만 아니라 그들이 속한 공동체에도 관심이 없음을 표방한다는 데 있다. 가르(Gare, 1996: 146)는 이러한 표현의 흔적이 '경제 구조를 설명하는 단일 원칙을 갖기 위해 사람들을 사회적 관계에서 분리하여 이기주의자로 상정한' 아담 스미스의 이론에서 비롯되었다는 사실을 확인한 바 있다.

문제는 소비자가 자기만족을 위해 다른 이들을 고려하지 않는 이기적 존재로 표현된다는 것과 만족을 위한 유일한 길이 구매로 상정된다는 것이다. 이는 소비자들이 만족을 극대화하기 위해 '소비 양식의 선택', '재화와 서비스의 [구입]', '장바구니에 담기', '상품 선정' 등의 행동을 취함을 의미한다. 데일리와 코브(Daly & Cobb, 1994: 87)는 "자연이 준 선물은 더 이상 중요하지 않다."라고 지적하면서, "돈(가령 많은 수입)으로 행복을 살 수 있다(ET1: 97)."와 같은 진술처럼 돈이 행복과 참살이를 위한 유일한 길로 표현되고 있음을 지적한다. 사실 이 담화는 '효용'의 개념을 통해 '돈으로 행복을 살 수 있다'를 넘어서 '돈'과 '행복'을 거의 같은 것으로 취급하는 형태로 진행되고 있다. 에킨스 외(Ekins et al., 1992: 36)는 "종래의 경제학자들은 … 비용을 곧 가치로 본다."라고 지적한 바 있다. ET5의 62-63쪽을 보면 '효용'을 정의하는 첫 번째 표현은 '이익이나 만족'이며, 사람들은 이를 위해 많은 돈을 지불할 용의가 있는 것처럼 상정된다.

- 경제학자들은 우리가 소비를 통해 얻는 이익과 만족을 '효용'이라고 표현한다. (ET5: 62)
- 만일 당신이 여분의 감자칩 꾸러미를 사기 위해 주당 50페니를 지불할 용의가 있다면 이는 50페니만큼의 식사적 효용이 있는 것이라 할 수 있다. (ET5: 63)

이러한 진술은 이 책의 생태철학에 위배된다. 왜냐하면 이 진술은 돈을 쓰지 않고도 잘 지낼 수 있는 사람들, 가령 가족 혹은 친구들과 관계를 맺는 것, 활동하는 것, 공익을 위해서 무엇을 배우거나 익히는 것 등과 관련된 요소들을 간과하기 때문이다(NEF, 2008).

신고전주의 경제학 담화가 전하는 핵심은 **원하는 무언가를 사는 행위는 삶이 향상되었다고 느끼게 한다**라는 이야기이다. ET1의 92쪽을 보면 교육을 위한 신탁 기금(trust fund)을 가진 학생에 대하여 "신탁 기금이 교육과 같은 소비에 사용된다면 학생의 삶은 더 나아질 것이다."라고 기술되어 있다. 이때 '더 나은'은 신고전주의 경제학 담화에 입각하여 쓰인다. 사람들은 '더 나은'이라는 표현을 (용어의 정의에 의해) 원하는 것을 소유하기 위해 돈을 소비할 때 쓴다. '더 나은'이라는 표현은 교육과 같이 삶의 질을 잠재적으로 높여 주기 위한 장기간의 투자에 쓰이기보다는, 일시적일지라도 단기간에 만족을 주는 금전적 투자에 쓰인다. 이는 가르의 설명을 바탕으로 볼 때 의심을 품을 만한 내용이다. 가르(Gare, 1996: 51)는 "사람들이 보통 원하는 것을 얻는 데 실패하기까지는, 자신이 원하는 것이 무엇인지에 대해 거의 의식하지 못한다. 심지어 무엇이 부족한지 정확하게 인지하지 못하기도 한다."라고 기술하였다.

이 이야기는 얼마나 많은 소비를 하든 **소비자는 절대 만족하지 못한다**라는 이야기로 치환된다. 이 명제는 노골적이지만, 소비자가 무엇을 '욕망'하고 '선호'하는지에 대해 다룰 때는, 보다 미묘하게 표현된다.

- 소비자는 상품의 가격이 내려갈수록 더 많은 상품을 구입하기를 원한다. (ET1: 24)
- 우리는 대부분의 상황에서 대부분의 사람들이 이렇게 생각한다고 여긴다. … 적은 것보단 많은 게 낫다, 재화는 바람직하며 즉 좋은 것이다. 결국 소비자는 항상 적은 것보단 많은 것을 선호하고, 절대 만족하거나 흡족해 하지 않는다. 늘 지금보다 조금 더 낫기를, 조금 더 많기를 바란다. (ET1: 70, 원문에서 강조)

- 우리는 재화가 적은 것보단 많은 것을 선호하는 기질이 있다… (ET2: 27)
- 부유하거나 가난한 사람 모두 그들이 가진 것보다 더 많은 것을 가지길 원한다. (ET5: 22)
- … 단일 물품보다는 묶음 판매 물품이 더 선호되는데 이는 다른 것도 마찬가지다. (ET2: 22)

이 담화 안에서 **양태성**(modality)(예: 진실됨의 주장)은 혼재되어 나타난다. '우리는 대부분의 상황에서 대부분의 사람들이 이렇게 생각한다고 여긴다'처럼 낮은 양태성의 진술이 있는 반면, '원하는 것', '선호된다'와 같은 직접적 표현, '항상 선호하는', '절대 충족되지 않는'과 같은 단정적 부사를 통해 매우 높은 양태성이 드러나기도 한다. 일반적으로 소비자의 특성이 드러나는 양상을 보면, 초기에는 단지 가정일 뿐이라는 듯 낮은 양태성을 띤다. 그런데 이야기가 진행됨에 따라 마치 방정식과 그래프로 표현 가능한 매우 확실한 사실인 것처럼 다뤄지고 있다. '사실'로 정립되면 담화는 논쟁의 여지가 있는 주장이 아니라 명백하고 확실한 진리의 권위를 가진 **소비자는 절대 만족하지 못한다**라는 명제로 굳어진다. 이는 사람들이 물질의 소유가 충분하다고 느끼는 **최적 소비수준**과 비물질적 방법을 통해 참살이를 추구하는 가능성을 단절시킨다.

거시적인 차원에서 담화는 '자원 배분의 효율성'(ET2: 225)과 같은 오직 하나의 특정한 목표를 설정한다. 이 목표는 '최적'(ET2: 475), '바람직한'(ET2: 479), '우수한'(ET2: 479), '높이다'(ET3: 184), 그리고 '최상의'(ET3: 180)와 같은 긍정적인 단어와 관련되어 있다. '효율적'이라는 단어 자체는 양극단에 있는 효율적 혹은 비효율적이라는 표현(물론 무표적이지만)을 사용하여 심리적 긍정성을 드러낸다.

그러나 자원의 효율적인 배분이 부유한 사람들의 과소비를 최소화함으로써 모든 사람의 기본적인 욕구를 충족시키는 것을 의미하지는 않는다. 즉 부유한 누군가가 자신의 세 번째 메르세데스(Mercedes)를 받기 전에 굶주린 누군가가 음식을 받아야 한다는 사실을 의미하지는 않는다. 곧 '보이지 않는 손은 모든 사람이 충분한 음식을 가졌는지를 보장하지 않는다'(ET3: 13). 효율적인 분배가 사회 정의와 과소비억제로 이어지지 않는 이유는 다음과 같은 표현들에서 분명히 드러난다. 그것은 효율적인 분배에 대해 분석하기 전에 이미 주어진 현실로서의 소득 수준이 있음을 인정하는 담화 때문이다.

- 소비자의 예산 제약 (ET2: 37)
- 소비자는 한정된 예산의 제약에서 효용을 극대화한다. (ET1: 149)
- 이미 정해진 그들의 선호도와 한정된 소득 (ET1: 68)
- 사용 가능한 소득으로 구입 (ET1: 87)
- 가능한 구매력에 의한 제한 (ET2: 15)

이 표현은 마치 바뀔 수 없는 세계에 대한 일반적인 사실인 것처럼 '예산 제약', '한정된 예산', '한정된 소득', '사용 가능한 소득', 그리고 '구매력'의 존재를 당연한 것으로 전제한다(가령 '이미 정해진 … 한정된 소득'이라는 표현에서 알 수 있다). 따라서 경제학 이론은 부유한 사람들의 과소비를 줄이고 가난한 사람들의 소득을 늘리는 목표, 자원의 효율적 배분에서 완전히 다른 문제로 분배의 정의를 취급하는 목표까지 제거해 버린다. 시바(Shiva, 2000)에 따르면, 이것의 영향은 "지속가능성, 공유와 생존이 시장 경쟁력과 시장 효율성의 이름으로 경제적으로 금지되게 한다."는 것이다. 다른 종들과의 참살이 또한

'인간의 목적에 의해 제조되고 시장에서 팔리는 한에 있어서만 의미를 가지는 자연의 기계론적 개념'(Gare, 1996: 143)에 근거한 효율성이라는 목표 하에 완전히 무시되고 만다.

종합하면, 신고전주의 경제학 담화는 '소비자'라는 성격을 만드는 언어를 사용하며 이러한 소비자를 오직 자신의 참살이를 극대화하는 데에만 관심이 있는 것으로 표현한다. 그리고 소비자를 물건의 구입을 통해서만 만족을 얻으며, 늘 더 많이 사고 싶고 얼마를 소비하든지 절대로 만족하지 못하는 이기주의자로 표현한다. 이는 인간의 정체성에 대한 탐구와 관련해서는 다소 어울리지 않는 이야기로 치부될 수도 있다. 그것은 내셔널지오그래픽(National Geographic)의 <그린덱스 조사(Greendex, 2012)>에서 언급되었듯이, 가난한 나라보다 환경 문제에 대해 죄책감을 덜 느끼는 사람들이 사는, 부유한 국가 출신의 분석가가 수행한 가정과 직관에 기초하기 때문이다. 그러나 경제학 이론은 사업에 의해, 그리고 사람들의 삶과 행동을 실제로 결정하는 정책 입안자에 의해 만들어진다.

여기에 바로 위험성이 존재하는데, 정책 입안자는 자원이 효율적으로 배분된 경제 성장을 꾀하기 위해서 사람들이 마치 신고전주의 경제학의 이기적인 소비자와 같이 행동하도록 독려하기 때문이다. "탐욕, 더 나은 표현은 없지만, 최고야."(영화 ≪월 스트리트≫에서 고든 게코(Gordon Gekko)라는 허구적 인물이 사용한 말)라는 표현은 '이기적인 소비자'를 단순한 묘사에서 실제 달성해야 하는 이상적인 목표로 바꾼다. 동시에 이는 간접적으로 보리스 존슨(Boris Johnson)과 같은 정치인에게 스며들기도 한다. 그는 "… 불평등은 부러움을 구성하기 위한 핵심이며, 이러한 부러움은 우리가 이웃들에 뒤처지지 않도록 만든다. 그러므로 탐욕처럼 불평등도 경제 활동을 위한 중요한 자극제이다."라고 말한다(Johnson, 2013).

만일 사람들이 만족할 줄 모르는 욕구와 갈망을 가지고 있지 않다면, 광고는 한 발짝 더 다가가 욕구와 갈망을 만들려고 할 것이다. 데일리와 코브(Daly & Cobb, 1994: 87)는 다음과 같이 언급한다.

> 만약 결핍이 인간의 자연적인 상태라면, 욕구를 자극하는 광고는 불필요할 것이며, 지난 수년 간 불만족을 극복하려고 노력했던 새로움의 생성 또한 필요하지 않을 것이다. 어떤 사회 체제든 사람들이 그들 자신의 예상을 만족하게끔 재창조하려고 시도한다. 만일 사람들의 욕구가 자연적으로 만족되지 않는 것이라면, 우리는 사람들이 만족하게끔 만들어주어야 하며, 그것이 바로 사회 체제가 잘 돌아가도록 하는 일이다.

한편 '효용 극대화' 혹은 '이윤 극대화'와 같은 외적인(자기중심적) 가치가 기술된 텍스트를 읽는 것만으로도 사람들의 태도와 행동에 충분히 영향을 주고, 그들로 하여금 동정적이지도 친환경적으로 행동하지도 않게끔 만든다는 근거는 또 존재한다(Molinsky et al., 2012; Blackmore & Holmes, 2013). 그랜트(Grant, 2013)는 다양한 자료를 통해 이러한 근거를 설명했다. 그 자료들은 경제학을 전공하는 학생들이 전통적인 경제학 학위 과정을 공부하면서 덜 이타적이고 더 이기적으로 변한다는 내용이다. 결국 그는 "경제학을 그저 생각하는 것만으로도 우리를 덜 헌신적으로 만든다."라는 결론을 내렸다. 블랙모어와 홈스(Blackmore & Holmes, 2013: 13)는 이와 관련하여 텍스트가 사람들에게 경제적인 이익을 추구하도록 호소하게 할 수 있다고 아래와 같이 기술한다.

경제적인 이익은 우리의 환경에 대한 걱정, 장기적인 사고, 시민의 동기와 더 나아가 참살이 등을 침식시킨다. 그 대신 그러한 소통은 우리를 보다 물질주의적인 성향으로 만들고, 환경 친화적 행동을 덜 하게끔 하며 (재활용이나 물 보호와 같은), 그러한 일에 참여하거나 정치적으로 활동적이지 못하게 하고 만다.

이것은 힘이 있는 많은 사람들(정치가 혹은 기업주)이 훈련을 받아오거나 조언을 들어 온 경제학에 대한 개념이라는 점에서 심각한 우려를 낳는다. 이에 신고전주의 경제학 담화는 생태철학의 원리에 반대되는 방향으로 작동하는 것이다. 곧 이 담화는 '효율성'을 목표로 삼아서 부자로부터 가난한 이들에게 자원을 재분배하지 않는다. 그리고 효율성을 증대하는 최적의 방법은 재화 소비를 통해 개인적 만족을 극대화한다는 것이라고 말한다. 이를 통해 만족할 줄 모르는 소비자 모델을 만들어 과소비를 부추긴다. 이에 대해 레이코프(Lakoff, 2010: 77)는 다음과 같이 간결하게 정리한다. "경제적, 생태적 융해는 같은 원인을 지니는데, 그것은 탐욕이 좋다는 인식에 기반한 규제받지 않는 자유 시장이다.(원문에서 강조)"

그런데 신고전주의 경제학에 나타난 이야기만이 경제학에서 제기될 수 있는 이야기의 전부는 아니다. 전혀 새로운 담화의 형태가 새로운 경제학(New Economics)7)이라는 광의의 개념 위에 등장했다. 새로운 경제학의 예에는, 팀 잭슨(Tim Jackson)의 ≪성장 없는 번영(Prosperity without growth)≫(NE1), 칼레 라슨(Kalle Lasn)의 ≪밈 전쟁: 신고전주의 경

---

7) 새로운 경제학은 케인즈 이론을 기반으로 하는 1960년대 미국의 신 경제학파와는 다르다. 미국 신 경제학파는 '성장주의'를, 새로운 경제학 담화는 생태철학적으로 긍정적인 '반성장(degrowth)'을 의미한다.

제학의 발전적 해체(Meme wars: the creative destruction of neoclassical economics)≫
(NE2), <새로운 경제학 포럼의 보고서(reports from the New Economics
Forum)>(NE3), <부탄의 국민총행복 보고서(Bhutan's gross national happiness
reports)>(NE4), 찰스 아이젠슈타인(Charles Eisenstein)의 ≪신성한 경제학
(Sacred economics)≫(NE5) 등이 있다. 이들 담화에서는 신고전주의 경제학
과 매우 다른 방식의 언어 사용을 보여주며, 인간이 무엇을 의미하는
지에 관한 새로운 이야기를 전달한다. 아이젠슈타인(Eisenstein)의 책은
이와 같은 새로운 이야기가 필요함을 다음과 같이 명시적으로 주장
한다.

- 익명성, 몰인격화, 부의 인격화, 끝없는 개발, 생태적 파괴, 사회적 혼
  란과 상환불능 위기 등이 우리 경제 체제에 깊숙이 침투해 있기에,
  '사람의 이야기'에 대한 정의를 변형하는 것만이 이를 치료할 수 있
  다. (NE5: 2)

아이젠슈타인이 사용한 언어는 하나의 가능한 대안적 '사람의 이
야기'를 보여준다. 그의 책은 용어의 대조적 사용을 강하게 보여주면
서 신고전주의적 방법에 의해 세계를 조명하는 것에 대해 심사숙고
하고 반대하며 대체할 수 있도록 유도한다. 예를 들면, 그는 '제한된
자원을 차지하기 위한 개개인의 경쟁'(NE5: 17)이라고 표현된 전통적
인 경제학의 관점이 문제가 있음을 지적하고, 이에 대해 '풍요와 기
부'를 바탕에 둔 대안적 관점을 제안하였다(NE5: 18). 이를 비롯하여
그의 책에 제시된 다른 대조적 표현은 아래와 같다.

- 부족(scarcity) / 풍요(abundance) (NE5: xix)
- 분리(separation) / 재결합(reunion) (NE5: 1)
- 분절(fractured) / 총체(whole) (NE5: 2)
- 이기심(selfishness) / 관대함(generosity) (NE5: 6)
- 부의 양극화(polarisation of wealth) /
  부의 공평한 분배(equitable distribution of wealth) (NE5: 13)
- 불안(anxiety) / 쉼(ease) (NE5: 13)
- 곤궁(hardship) / 여가(leisure) (NE5: 13)
- 경쟁(competition) / 협력(cooperation) (NE5: 17)
- 비축(hoarding) / 순환(circulation) (NE5: 17)
- 선조적(linear) / 순환적(cyclical) (NE5: 17).

아이젠슈타인이 제시한 경제 체계의 새로운 이야기는 풍요, 재결
합, 총체, 관대함, 공평한 분배, 쉼, 여가, 협력, 화폐와 재화의 순환을
기초로 형성되었다. 이 이야기에서 아이젠슈타인은 신고전주의 경제
학과는 매우 다른 형태의 언어를 사용하고 있다. 이는 그저 어휘의
선택에 그치는 것이 아니라, 문법적 특징, 대명사, 전제와 대체 등의
사용까지 나타난다. 가령, 다음 문단은 그의 이러한 개념이 요약되어
있다.

- 사회적 배당금, 비용의 내부화, 개발 억제, 풍요와 선물 경제, 이들 모
  두는 우리를 투쟁과 생존, 그에 따른 실용적 효율성으로부터 벗어나
  게 하며, 우리로 하여금 진정한 감사의 마음을 갖게끔 한다. 우리가
  받은 것에 대해 소중히 여기고, 우리가 베푸는 것을 통해 평등한 혹
  은 더 나은 상태를 갈망한다. 그리고 우리는 우리가 살아 온 것보다
  더 아름다운 세계를 후손에게 전해주기를 꿈꾼다. (NE5: 434)

여기에 사용된 언어는 '소비자'의 범주를 꾸며내지 않는 대신, 포괄적인 대명사인 '우리들', '우리의' 등을 사용하여 독자와 필자 모두 경제적인 삶을 영위하고 있는 **동작주**(agent)임을 나타낸다. 위의 인용은 상호텍스트성을 보여주는데, 그것은 위에서 '실용적 효율성'이라는 신고전주의 경제학의 틀에서 벗어나고, 진정한 인간에 가까운 새로운 모델을 **지향해야** 한다는 도식(schema)을 세우기 때문이다. 또한 새로운 모델에서 인간은 근본적으로 이타적이고 관대하며 높은 도덕성을 지닌 존재로 표현된다. 그것은 위 인용문에 사용된 동격 표현에서 알 수 있다. 즉 '진정한 감사의 마음'은 소중하게 여기고 베푸는 마음과 직접 연결되며, '우리는 더 아름다운 세계를 후손에게 전해주기를 꿈꾼다'에서 '우리가 꿈꾸는' 데에는 그 어떤 조건도 부가되지 않는다. 대명사 '우리'의 사용은 독자가 이타적이고 배려적인 사람임을 직시하게 한다. 예를 들어, 독자 스스로가 바로 그러한 종류의 사람임을 자각하게 한다. 칠튼 외(Chilton, et al., 2012)에 따르면, 이와 같은 진술은 자기 충족적 예언의 효과를 가질 수 있다고 한다. 칠튼 외(Chilton, et al., 2012)는 이타적(이기심이 없는) 가치를 지닌 용어는 독자로 하여금 사회적 정의나 환경에 대한 보다 큰 관심을 표현하도록 독려한다는 사실을 확인했다.

아이젠슈타인은 특정한 언어적 특질을 활용하여 신고전주의 경제학과는 매우 다른 이야기를 들려주었다. 이것은 그저 하나의 책에 국한된 것에 지나지 않을지도 모른다. 그럼에도 이러한 생각이 퍼지고 '새로운 경제학자'의 집단에서 이러한 이야기가 확장적으로 활용되는 방향으로 나아간다면, 이는 하나의 담화가 될 수 있다. 이 담화는 신고전주의 경제학의 지배적인 담화에 대한 대안을 제공해 줄 것이다. 생태언어학의 역할은 이와 같은 대안적인 담화를 분석하고, 파괴적인 담화를 비판적으로 해석하며, 분석가의 생태철학과 동궤를 형성하는 이야기를 발견하여 이를 장려하는 것이다.

↘ 참고문헌

Alexander, R. 2009. *Framing discourse on the environment: a critical discourse approach*. New York: Routledge.

Alvord, K. 2000. *Divorce your car!: ending the love affair with the automobile*. Gabriola Island, BC: New Society Publishers.

Baroni, L., Cenci, L., Tettamanti, M. and Berati, M. 2006. Evaluating the environmental impact of various dietary patterns combined with different food production systems. *European Journal of Clinical Nutrition* 61(2): 279-86.

Bartlett, T. 2012. *Hybrid voices and collaborative change: contextualising positive discourse analysis*. London: Routledge.

Beckett, A. 2013. What is the 'global race'? *The Guardian*, 23 September, p. G2:9.

Benton-Short, L. 1999. *Environmental discourse and practice*. Oxford: Blackwell.

Blackmore, E. and Holmes, T. (eds) 2013. *Common cause for nature: values and frames in conservation*. Machynlleth, Wales: Public interest Research Centre.

Bloor, M. and Bloor, T. 2007. *The practice of critical discourse analysis: an introduction*. London: Routledge.

Bringhurst, R. 2008. *The tree of meaning: language, mind, and ecology*. Berkeley, CA: Counterpoint.

Bunting, M. 2007. We need an attentiveness to nature to understand our own humanity. *The Guardian*, 30 July, p. 25.

Carson, R. 2000. *Silent spring*. London: Penguin.

Chawla, S. 2001. Linguistic and philosophical roots of our environmental crisis, in A. Fill and P. Mühlhäusler (eds) *The ecolinguistics reader: language, ecology, and environment*. London: Continuum, pp. 109-14.

Chilton, P., Tom, C., Kasser, T., Maio, G. and Nolan, A. 2012. *Communicating bigger-than-self problems to extrinsically-oriented audiences*. WWF UK.

Cook, G. 2001. *The discourse of advertising*. 2nd ed. London: Routledge.

Croney, C. 2010. Words matter: implications of semantics and imagery in framing animal-welfare issues. *Journal of Veterinary Medical Education* 37(1): 101-6.

Croney, C. and Reynnells, R. 2008. The ethics of semantics: do we clarify or obfuscate reality to influence perceptions of farm animal production? *poultry science* 87(2): 387-91.

Daly, H. and Cobb, J. 1994. *For the common good: redirecting the economy toward community, the environment, and a sustainable future.* 2nd ed. Boston, MA: Beacon Press.

Eisenstein, C. 2013. *The more beautiful world our hearts know is possible.* Berkeley, CA: North Atlantic Books.

Ekins, P., Hillman, M. and Hutchison, R. 1992. *Wealth beyond measure: an atlas of new economics.* London: Gaia Books.

Fairclough, N. 1992a. *Discourse and social change.* Cambridge: Polity Press.

Fairclough, N. (ed.) 1992b. *Critical language awareness.* London: Longman.

Fairclough, N. 2003. *Analysing discourse: textual analysis for social research.* London: Routledge.

Fairlie, S. 2010. *Meat: a benign extravagance.* White River Junction, VT: Chelsea Green Pub.

Foucault, M. 2013. *Archaeology of knowledge.* London: Taylor & Francis.

Gare, A. 1996. *Nihilism inc.: environmental destruction and the metaphysics of sustainability.* Como, NSW: Eco-Logical Press.

_____. 2002. Human ecology and public policy: overcoming the hegemony of economics. *Democracy & Nature* 8(1): 131-41.

Gargan, M. 2007. Magic romance: On perfume, language and the environment. *Language and Ecology.* Available from: www.ecoling.net/articles [Accessed 20 January 2015].

Glenn, C.B. 2004. Constructing consumables and consent: a critical analysis of factory farm industry discourse. *Journal of Communication Inquiry* 28(1): 63-81.

Goatly, A. 2000. *Critical reading and writing: an introductory coursebook.* London: Routledge.

Grant, A. 2013. Does studying economics breed greed? Available from: http://www. psychologytoday.com/blog/give-and-take/201310/does-studying-economics-breed-gre ed [Accessed 29 Jun 2014].

Greendex, 2012. Greendex: survey of sustainable consumption. *National Geographic.* Available from: http://environment.nationalgeographic.com/environment/greendex/ [Accessed 6 Aug 2014].

Halliday, M. 2001. New ways of meaning: the challenge to applied linguistics, in A. Fill and P. Mühlhäusler (eds) *The ecolinguistics reader: language, ecology, and environment.* London: Continuum, pp. 175-202.

_____. 2004. *An introduction to functional grammar.* 3rd ed. London: Arnold.

Harré, R., Brockmeier, J. and Mühlhäusler, P. 1999. *Greenspeak: a study of environmental discourse.* London: Sage.

Henning, B. 2011. Standing in livestock's 'long shadow': the ethics of eating meat on a small planet. *Ethics & the Environment* 16(2): 63-93.

Ihlen, Ø. 2009. Business and climate change: the climate response of the world's 30 largest corporations. *Environmental Communication: A Journal of Nature and Culture* 3(2): 244-62.

Inman, P. 2013. Economics students aim to tear up free-market syllabus. *The Guardian,* 25 October, p. 13.

Johnson, B. 2013. The 2013 Margaret Thatcher Lecture. *Centre for Policy Studies.* Available from: http://www.cps.org.uk/events/q/date/2013/11/27/the-2013-margaret-thatcher-lecture-boris-johnson/ [Accessed 31 May 2014].

Kendall, G. 2007. What is critical discourse analysis? *Forum: Qualitative Social Research* 8(2).

Knight, C. 2010. The discourse of 'encultured nature' in Japan: the concept of satoyama and its role in 21st-century nature conservation, *Asian Studies Review* 34(4): 421-41.

Kowalski, R. 2013. Sense and sustainability: the paradoxes that sustain. *World Futures: The Journal of General Evolution* 69(2): 75-88.

Kress, G. 2010. *Multimodality: a social semiotic approach to contemporary communication.* London: Routledge.

kress, G., and van Leeuwen, T. 2006. *Reading images: the grammar of visual design.* 2nd ed. London: Routledge.

Kurz, T., Donaghue, N., Rapley, M. and Walker, I. 2005. The ways that people talk about natural resources: Discursive strategies as barriers to environmentally sustainable practices. *British Journal of Social Psychology* 44(4): 603-20.

Lakoff, G. 2010. Why it matters how we frame the environment. *Environmental Communication: A Journal of Nature and Culture* 4(1): 70-81.

Linzey, A. 2006. What prevents us from recognizing animal sentience? in J. Turner and J. D'silva (eds) *Animals, ethics, and trade: the challenge of animal sentience.* Sterling, VA: Earthscan, pp. 68-78.

Locke, T. 2004. *Critical discourse analysis.* London: Continuum.

Macfarlane, R. 2013. New words on the wild. *Nature* 498: 166-7.

Macgilchrist, F. 2007. Positive discourse analysis: contesting dominant discourses by reframing the issues. *Critical Approaches to Discourse Analysis Across Disciplines* 1(1): 74-94.

Machin, D. and Mayr, A. 2012. *How to do critical discourse analysis: a multimodal introduction.* London: Sage.

Marlow, H., Hayes, W., Soret, S., Carter, R., Schwab, E. and Sabaté, J. 2009. Diet and the environment: does what you eat matter? *American Journal of Clinical Nutrition* 89(5): 1699S-1703S.

Martin, J. 2004. Positive discourse analysis: solidarity and change. *Revista Canaria de Estudios Ingleses* 49: 179-200.

Martin, J. and Rose, D. 2003. *Working with discourse: meaning beyond the clause.* London: Continuum.

Meisner, M. 1995. Resourcist Language: the symbolic enslavement of nature, in D. Sachsman, K. Salomone and S. Seneca (eds) *Proceedings of the conference on communication and our environment.* Chattanooga, TN: University of Tennessee, pp. 236-43.

Milstein, T. 2009. 'Somethin' tells me it's all happening at the zoo': discourse, power, and conservationism. *Environmental Communication: A Journal of Nature and Culture* 3(1): 25-48.

Molinsky, A., Grant, A. and Margolis, J. 2012. The bedside manner of homo economicus: How and why priming an economic schema reduces compassion. *Organizational Behavior & Human Decision Processes* 119(1): 27-37.

Mühlhäusler, P. 2003. *Language of environment, environment of language: a course in ecolinguistics.* London: Battlebridge.

New Economics Foundation (NEF) 2008. Five ways to well-being: the evidence. Available from: http://www.neweconomics.org/publications/entry/five-ways-to-well-being-the-evidence [Accessed 4 Jun 2014].

Rethinking Economics (RE) 2014. Rethinking economics. Available from: http://www.rethinkeconomics.org/ [Accessed 28 Jun 2014].

Richardson, J. 2007. *Analysing newspapers: an approach from critical discourse analysis.* New York: Palgrave Macmillan.

Shiva, V. 2000. Poverty and globalisation. *BBC Online Network.* Available from: http://news.bbc.co.uk/hi/english/static/events/reith_2000/lecture5.stm [Accessed 8

Jun 2014].

Slater, P. 2007. The gadgeteer: sex, self and consumerism in Stuff magazine. *Language and Ecology*. Available from: www.ecoling.net/articles [Accessed 24 Jan 2014].

Stibbe, A. 2003. As charming as a pig: the discursive construction of the relationship between pigs and humans. *Society and Animals* 11: 375-92.

Stibbe, A. 2012. *Animals erased: discourse, ecology, and reconnection with the natural world*. Middletown, CT: Wesleyan University Press.

Trampe, W. 2001. Language and ecological crisis: extracts from a dictionary of industrial agriculture, in A. Fill and P. Mühlhäusler (eds) *The ecolinguistics reader: language, ecology, and environment*. London: Continuum, pp. 232-40.

van Dijk, T. (ed.) 2011. *Discourse studies: a multidisciplinary introduction*. 2nd ed. London: Sage.

van Leeuwen, T. 2008. *Discourse and practice*. Oxford University Press.

틀은 인간이 현실을 이해할 수 있게 하는 기제이자, 미래상을 그려 내게 하는 정신 구조이다.

- 조지 레이코프(George Lakoff, 2006: 25)

— — — — —

2012년 '가디언(The Guardian)'은 50명의 독자와 공인에게 기후 변화 문제에 손쓸 수 없게 되기까지 50개월이 주어진다면, 기후 변화 문제를 어떻게 다루어야 하는지 견해를 물었다. 녹색당의 하원 의원인 캐롤라인 루카스(Caroline Lucas)는 다음과 같이 대답했다.

> ● 기후 위기를 환경 문제로 다루어 환경과 에너지 담당 부서가 단독으로 처리하도록 하는 것 대신에, 우리는 국가 안보와 세계 안보에 있어서 압도적 위협이 되는 환경 문제에 대한 틀 재구성(reframing)을 할 필요가 있다. (EN1, 연구자 강조)

이 인용문에서 루카스는 기후 변화에 대한 틀의 재구성을 명백하게 시도한다. 즉 모든 긴급 상황, 군사 개입, 비상사태, 자유의 일시적 중단과 같은 '안보 위협'의 틀을 활용하여 기후 변화에 대한 틀의 재구성을 시도하는 것이다. 이러한 재구성은 '환경 문제'에 대한 접근을 보다 용이하게 만든다. 그것은 재활용 같은 개인행동이나 지엽적인 환경 정책을 장려하여 문제를 해결하는 것이 아니라, 사람들 사이의 협력을 촉발하기 때문이다. 같은 기사에서 버진 어스 챌린지(Virgin Earth Challenge)의 책임자인 앨런 나이트(Alan Knight)가 한 다음 언급을 보자.

> ● 양질의 지구와 지속가능한 삶을 기대하는 90억 명의 사람들에게 우리가 제공할 수 있는 가장 거대한 공급망을 지속가능성이라는 **틀로 재구성하자**. 사업은 소비자들이 원하는 것을 적재적소에 제공하는 것이므로 우리는 마땅히 그래야만 한다. (EN1, 연구자 강조)

이 틀 재구성은 루카스의 것과 매우 다르다. '공급망', '사업', '소비자'라는 단어는 기업이 제공하는 제품을 갈망하여 구매하고자 하는 소비자의 모습을 통해서 상업주의 틀을 환기한다. 서로 다른 두 가지 틀은 문제를 해결하는 행위자들의 양상을 다르게 상정하는데, 루카스의 경우 정부와 군(軍)을, 앨런 나이트의 경우 사업을 골자로 한다. 이와 관련된 흄(Hulme, 2009: 266-267)의 다음 언급을 보자.

> 예를 들어 기후 변화를 시장의 실패로 규정하는 틀 구성은 시장의 기업가, 경제학자, 사업가가 과오를 '바로잡아야' 함을 암시한다. 반면에 기후 변화를 개인과 기업의 도덕성과 연관된 과업으로 규정하는 것은 매우 다양한 집단이 책임자가 될 수 있음을 암시한다.

이것은 단지 어떤 틀을 선택하느냐에 따라 이 문제와 관련되는 참여자들이 달라진다는 사실을 드러내는 것이 아니라, 그들이 무엇을 하고 어떻게 서로 연관되어 있는지를 드러낸다. 즉 각각의 틀은 세계의 모습, 그리고 그 세계에서 우리가 무엇을 해야 하는지에 대하여 매우 다른 이야기를 제공하고 있다.

틀(frame), 틀 구성(framing), 그리고 틀 재구성(reframing)은 인공 지능 이론(Minsky, 1988), 사회학(Goffman, 1974), 언어학(Tannen, 1993), 인지 과학(Lakoff, 2004) 등을 비롯한 여러 학문 분야에서 논의되어왔다. 이 개념들은 사회 변화를 위해 노력하는 조직과 개인에 의해 자주 활용되기에 생태 언어학에서 특히 중요하다. 틀 구성 접근법은 영국 정부와 비정부기구(NGO)들이 '생물다양성(Christmas et al., 2013), 보존(Blackmore & Holmes, 2013), 기후 변화(Brewer & Lakoff, 2008), 성장(Darnton & Kirk, 2011), 그리고 기타 다양한 사회 문제와 환경 문제(Crompton, 2010)를 다루기 위해 사용한 바 있다.

틀이라는 용어는 학문 분야를 넘나들며 사용되기도 하고 학문 내에서 사용되기도 하며, 때로는 같은 연구자가 다른 의미로 사용하기도 하는 등 다양하게 정의된다. 틀은 '도식(schemata)', '이상화된 인지 모형(idealised cognitive models)', '스크립트(script)'와 같은 용어들과 유사한 의미를 지니고 있다. 이러한 틀에 대한 학자들의 정의와 용례를 종합하여, 이 연구에서는 다음과 같이 틀에 관한 용어의 의미를 정의하고자 한다.

틀(frame)은 특정 방아쇠 단어(trigger word)에 의해 사람들의 마음속에 촉발되는 삶의 한 영역에 대한 이야기이다.

틀 구성(framing)은 삶의 한 영역으로부터의 이야기(틀)를 사용하여 또 다른 삶의 영역을 어떻게 개념화할 것인지에 대한 구조화이다.

틀 재구성(reframing)은 한 문화 안에서 전형적으로 구성되는 틀과 다른 방식으로 개념의 틀을 다시 구조화하는 행위이다.

'이야기'는 틀 이론가들에 의해 '지식, 신념, 실천의 경향을 아우르는 것'(Fillmore & Baker, 2010: 314), '상황 유형'(Chilton, 2004: 51), '기억, 감정, … 가치'(Blackmore & Holmes, 2013: 14), '사실과 절차 지식'(Darnton & Kirk, 2011), '우리가 세계를 이해하기 위해 활용하는 생각의 구조'(Lakoff & Wehling, 2012: 4) 등으로 다양하게 정의된다. 예를 들어 사람들이 '구매'라는 단어를 들으면 이것은 거래의 틀을 촉발한다. 이 거래의 틀은 구매자가 돈을 지불하고 그 대가로 상품을 받는다는 전형적인 사건에 관한 일상적인 이야기이다. 이 이야기는 이야기의 요소들(구매자, 판매자, 상품, 가격, 돈), 이 요소들 간의 관계, 그리고 이야기의 요소들에 수반하는 전형적인 행위로 구성된다. 그리고 틀은 개개인의 마음에 있는 인지적이고 개인적인 것이기에 개인이 경험한 전형적인 상거래의 기억이나 상거래와 관련된 감정(예를 들면 상품을 받을 때의 기쁨)을 포함한다. 따라서 틀은 사람들마다 다르게 나타나기 마련이다. 그런데 사람들이 자신이 속한 사회에서 비슷한 경험을 공유하게 된다면, 틀은 그 사회의 대다수 사람들에게 사회 인지의 일부로서 작용하게 된다.

틀 구성은 틀이 삶의 특정 영역에서 새롭게 구조화되어 그러한 구조화를 촉진하는 방아쇠 단어가 보편적으로 사용될 때 나타난다. 이를 통해 삶의 한 영역에서 다른 영역으로 전이되는 이야기의 인지적 확장이 일어나는데, 이를 틀 구성이라고 한다. 예를 들어 블랙모어와 홈스(Blackmore & Holmes, 2013: 15)는 환경 보호 자선단체의 온라인 자료를 분석했는데, 이 과정에서 '쇼핑', '할인', '고객'과 같은 방아쇠 단어가 자연 보호의 틀을 대치하여 쓰이고 있음을 밝혔다.

우리는 쇼핑을 하면서 '자연 보호'를 행하고 있다고 믿었고, 마치 자연계가 소비자에게 베푸는 것처럼 10%의 할인도 제공받았다. 우리는 철저히 '우대 고객'이었다. 거래의 틀은 자연 보호 기관을 일종의 사업자로 상정하여, 고객(일반인)에게 상품(자연 보호)을 판매했다.

블랙모어와 홈스(Blackmore & Holmes, 2013)는 자연 보호의 틀을 차용하여 상거래를 행하는 것에 대해 매우 비판적이다. 이는 자기중심적이고 소비지상적인 틀을 강화하여 자연 파괴에 일조하기 때문이다.

틀 재구성은 이미 특정한 방식으로 정형화된 틀이 작용하는 삶의 영역을 다르게 개념화하게 위해 새로운 구조를 제공하는 것이다. 앞에서 제시한 두 가지 예시 '우리는 [기후 변화]의 틀을 재구성할 필요가 있다', '지속가능성의 틀을 재구성하자'는 틀 재구성이 '다시 구성하다'라는 표현과 명백히 상통하는 행위임을 보여준다. 여기서 개념의 틀을 재구성할 때에는 청자의 마음속에 그 틀을 상기시킬 수 있는 방아쇠 단어를 활용할 필요가 있다. 이와 관련하여 레이코프(Lakoff, 2010: 73)는 "단어는 원하는 인식 구조를 활성화하기 위해 선택될 수 있다."라고 한 바 있다. '보스턴 글로브(Boston Globe)'의 다음 기사는 국가 안보의 틀에 대한 언급 없이 '군대'와 '보안 위협'이라는 단어 사용만으로 기후 변화에서 국가 안보에 대한 인식을 부각시키고 있다.

● 미국 고위급 장교는 … 태평양 지역에서 장기적으로 안전을 위협하는 가장 큰 요소가 무엇인지에 대한 질문을 받았을 때 기후 변화라는 뜻밖의 대답을 했다. '기후 변화 문제가 악화된다면, 수백 수천에 달하는 무수한 사람들이 난민이 될 수 있고, 그렇게 된다면 국가 안보는 빠르게 붕괴될 것이다.' (EN2)

'뜻밖의'라는 단어는 **기후 변화는 안보 위협이다**의 틀이 재구성된 것으로, 기후 변화에 관한 기존의 틀에 부합하지 않는다.

이러한 담화에서와 같이 틀도 생태철학을 기반으로 비판적으로 분석될 수 있다. 앞에서 제시한 '지속가능성의 틀을 재구성하자'는 맥락에서, 버진 어스 챌린지의 책임자는 지속가능성이 '공급망에 도전'하는 방향으로 재구조화되어야 한다고 주장했다. '사업이란 고객들이 원하는 재화를 제공하는 것'이기 때문이다. 이와 같이 지속가능성에 대해 상업적 틀을 사용하는 것은 생태철학 관점에서 비판을 받을 수 있다. 그것은 소비의 감소와 부의 재분배에 상응하는 행동으로 귀결되지 않기 때문이다. 결국 사업은 원하는 것은 있지만 돈이 없는 사람들보다는 불필요한 사치품을 욕망하는 부자들에게 좋은 것을 제공한다.

블랙모어와 홈스(Blackmore & Holmes, 2013: 42)는 이 책의 접근 방식과 매우 유사한 방식으로 틀이 작동하는 과정에 대하여 언급했다. 특정 틀을 파악하기 위해 필요한 질문은 다음과 같다.

틀은 어떤 가치를 구현하는가?
응답이 필수적인가?
틀에 도전할 수 있는가? 만약 그렇다면 어떻게 할 것인가?
새로운 틀을 구성할 수 있는가?(구성해야만 하는가?)

블랙모어와 홈스는 영국 정부의 레드 테이프 챌린지(Red Tape Challenge)[8] 발의를 예로 제시한다. 레드 테이프 챌린지는 과도한 규제가 '우리 경제에 실질적인 피해를 입히고, 기업에 해를 끼친다'라고 규정하고, '과도한 규제의 부담과 싸워 기업과 사회를 해방'하는 것을 목표로 삼으며 출범했다(PD7). 이에 대해 블랙모어와 홈스(Blackmore & Holmes, 2013: 43)는 규제를 '부담(burden)'의 틀로 구성한다고 비판한다. 그것은 상당히 많은 규제들을 '대폭 줄여야만' 하는데, 실상 그러한 규제들은 환경에 관한 것들이기 때문이다. 이러한 틀은 환경에 대한 고려보다 기업의 단기 이익을 더 중시한다. 블랙모어와 홈스는 '레드 테이프'의 틀 대신에 '녹색 재단'의 틀을 취하면서, '사람, 환경, 야생동물을 법으로 확실히 보호할 수 있도록 녹색 재단을 지지하자'는 노선을 제시하였다(Blackmore & Holmes, 2013: 43).

이와 유사한 방식으로 다튼과 커크(Darnton & Kirk, 2011: 8)는 정책 결정자에게 영향을 주기 위해 국제 개발과 관련된 틀을 비판적으로 검토하여, 그 틀을 '부정' 혹은 '긍정'으로 범주화하였다. 다튼과 커크가 제시한 국제 개발과 관련된 부정적 틀의 예는 도덕성의 틀인데, 이 틀은 '미개발된(undeveloped)' 국가들이 마치 미성숙한 아이들과 같이 오직 높은 도덕성을 지닌 '성인' 국가의 훈계에 의해서만 오직 (개발)을 증

---

8) 레드 테이프(red tape)는 행정 분야 등에서 형식과 절차에 얽매이는 현상을 일컫는다. 17세기 영국에서 생겨난 용어로 영국의 관료제도와 행정편의주의를 이야기할 때 많이 언급된다. 영국은 2011년부터 2013년 4월까지 모든 국민이 나쁜 규제에 대한 의견을 제안할 수 있는 대국민 온라인 신문고(참여형 규제개혁체계)인 '레드 테이프 챌린지(Red Tape Challenge; RTC)'를 통해 과도한 규제들을 폐지해 왔다. RTC는 농업·소매업·환경 등 29가지 대주제로 규제를 분류한 후 2~3주 단위로 주제를 한 가지씩 선정해 집중적으로 소개하며 시민들의 참여를 유도했다. 이곳에서 국민들이 규제를 없애야 한다고 하면 이를 폐지하는 방향으로 가되, 다만 반드시 필요한 규제일 경우 각 부처 장관들이 규제를 없애서는 안 되는 타당한 이유를 3개월 이내에 제시하도록 했다(박문각 시사상식사전, 2014).

진시킬 수 있다는 것이다. 다튼과 커크에 따르면 이보다 긍정적인 틀은, **개발은 자유이다**이자 **개발은 책임을 지녀야 한다**인데, 그것은 소위 '저개발된(underdeveloped)' 국가를 무시하며 가르치려 들지 않기 때문이다.

크리스마스 외(Christmas, et al., 2013: 9)는 생물다양성과 관련된 틀을 조사하여 '자연적으로 유지 가능한 것', '자연적으로 유지 불가능한 것', '인간에 의해 유지 가능한 것', '인간에 의해 유지 불가능한 것' 등의 네 가지로 구조화하였다. 그들은 이들 각각을 요약하고 비판하였는데, 그 가운데 하나를 예로 들면 다음과 같다.

　　'인간에 의해 유지 가능한 것'은 자연에 의해 제공·규제·지원받지 않고도 인간이 직면한 문제를 해결할 수 있다는 틀이다. 이와 같은 이야기는 생물다양성의 긍정적 틀에 의해 도전받아야 한다.

이러한 연구는 생태언어학의 영향력을 드러낸다. 생태언어학은 일반적으로 사용되는 틀과 틀 구성의 양상을 분석하여 생태학적 관점에서 문제를 발견하고, 인간의 삶과 밀접한 연관이 있는 생태계를 보호하도록 인간을 독려하는 대안적 틀을 탐색한다. 생태언어학은 또한 실질적으로 정책 결정에 영향을 미치는 것을 목표로 한다.

세계 야생동물 보호기금(World Wildlife Fund; WWF)에 의해 2010년에 발표된 저명한 보고서는 틀이 유익한지 아니면 파괴적인지를 판단하는 유용한 방법을 제공한다. <공공의 목적: 문화적 가치를 다루는 사례(Common cause: the case for working with our cultural values)>(Crompton, 2010)라는 보고서는 언어학자와 사회 과학자들에 의해 발간되었는데, 여기에서는 환경과 사회 문제의 틀을 제시하고 있다. 이 보고서는 가난을 감소시키는 것과 같은 이타적(또는 '내재적') 가치를, 경제 성장과 절약, 지위 상승과 권력 강화와 같은 자기중심적(또는 '외재적') 가치에 의지하는 틀로 재구성하는 것의 위험성에 대하여 경고한다. 이는 '많은 환경 캠페인이 절약, 부, 명예에 호소하는 것을 통해서 사람들로 하여금 다른 행동을 취하도록 어떻게 동기부여하고 있는지(Crompton, 2010: 20)'를 살펴봄으로써 이루어진다. 그런데 이러한 종류의 캠페인은 환경 파괴의 원인이 되는 가치를 오히려 강화할지도 모른다.

기후 변화 캠페인에서는 '녹색 성장'을 위한 기회, 국가 경쟁력 강화, 국내 에너지 안보 개선 등의 필요성을 호소할 것이다. … 그러나 여기에는 문제가 있다. … 국가 에너지 안보에 대한 사회의 압력이 커지는 것은 재생 가능한 에너지원에 대한 투자를 늘리게 한다. 반면 셰일유 추출이나 환경적으로 민감한 지역에 대한 석유 탐사를 위해 투자가 필요하다는 주장 또한 제기될 수 있다. (Crompton, 2010: 20)

또 다른 예는 환경 캠페인에서 사람들이 탄소 배출량을 줄이도록 독려하기 위해 '절약'의 외재적 가치를 사용하는 것이다. 아래의 예는 CRed에 의해 제작된 팸플릿에 실린 이산화탄소 억제에 관한 내용이다.

● 지출 없이 절약만으로! 당신이 전기를 사용하지 않을 때 단지 코드를 뽑는 것만으로도 CRed에서 제시한 탄소 배출량 60% 감량의 도전에 도달하도록 우리를 도울 수 있다. … 당신이 할 수 있는 곳 어디든 에너지 소비가 낮은 전구를 설치하라. 각 전구당 단지 7파운드의 초기 지출로 80kg의 이산화탄소를 감소시킨다면 전기세에서 10파운드를 절약할 것이다. … 에너지 사용을 줄인다면 당신으로 인해 만들어지

는 이산화탄소가 줄어들 뿐만 아니라 당신을 더 풍족하게 할 것이다. 에너지에 지출하지 않는 돈으로 누릴 수 있는 자기만족을 상상해보라! (EN3)

이 내용은 이산화탄소 감소에 도움을 주겠지만, '절약', '감소', '풍족', '자기만족'과 같은 단어는 소비지상주의 틀을 촉진시키고, 금전적 풍요로움과 자기만족을 위해 돈을 쓴다고 하는 외재적 가치를 오히려 더 '강화하고' 만다. 사람들이 더 좋은 기기나 평소에는 사지 않았을 것들에 돈을 쓴다면 이산화탄소 배출을 줄이지 못할 것이다. 이것은 바로 리바운드 효과라고 알려진 제본(Jevon)의 역설이다(Alcott, 2005). 이처럼 <공공의 목적> 보고서는 생태학적 피해를 일으키는 외재적 목표보다 내재적 목표를 더 강조하기 위한 틀을 선택하는 것이 중요함을 보여주고 있다.

중요한 사실은 다른 틀의 사용이 삶의 영역을 상당히 다른 방식으로 구조화할 수 있다는 것이다. 이를 설명하기 위해 아래 예에서 **기후 변화는 문제다**라는 틀을 살펴보도록 하자.

- 문제는 단순하다. 만약 지구 온도의 상승이 대재앙이 되어 전 세계적인 피해를 줄 가능성을 피하기 위해 지구 온도가 산업 혁명 이전 수준보다 2℃ 이상 높아지지 않도록 온도의 상승을 멈추고자 한다면, 우리는 앞으로 10년이 지나기 전까지 탄소 배출량이 증가하는 것을 막아야 하며 그 후에는 탄소 배출량을 줄여야 한다. (EN4)
- 거의 모든 학자들이 동의하는 최선의 해결책은 단순하다. 그것은 대기에 배출되는 탄소의 양을 줄이기 위해 화석 연료의 사용을 중단해야 한다는 것이다. (EN5)

첫 번째 예문에서의 '문제'라는 단어와 두 번째 예문에서의 '해결책'이란 단어는 모두 문제 틀(problem frame)을 촉발한다. 이 틀은 문제와 이에 대한 해결책이라는 단순한 구조를 취한다. 그리고 문제의 해결책을 찾을 수 있다면 그 문제는 더 이상 존재하지 않는다고 여긴다. 위의 예문들에서 '문제'는 '기후 변화'와 연결되며, 해결책은 '탄소 배출량의 증가 막기'와 '화석 연료 사용의 중단'과 연결된다. 이를 '문제에 해결책을 찾을 수 있다면 그 문제는 더 이상 존재하지 않는다.'라는 문제 틀에 연결하면, 위의 예문은 '만약 우리가 탄소 배출량의 증가를 멈추거나 화석 연료의 사용을 중단한다면 기후 변화는 더 이상 문제가 되지 않는다.'라는 내용을 수반한다.

기후 변화는 문제이다라는 틀은 잘 알려져 있기 때문에 삶으로서의 이야기로 간주될 수 있다. 하지만 이 틀은 다른 모든 틀처럼 대상의 어떤 측면은 부각하는 반면에 나머지 측면은 은폐한다. 더욱이 이 틀은 이 책의 생태철학에 함유되어 있는 '회복탄력성(resilience)'의 원리에서 벗어나는 부분을 초점화하고 있다. 기후 변화 문제가 '해결'될 수 있다면, 이미 발생하기 시작한 기후 변화의 피해에 적응할 수 있는 회복탄력성을 갖춘 사회를 만드는 것은 필요하지 않다. 카첼린 외 (Cachelin et al., 2010: 671)는 어떤 현상을 문제로 접근하는 것은 그 현상에 대한 깊은 이해의 결과를 가져오지 못할 것이라고 지적한다. 왜냐하면 '문제가 그 문제의 복잡함으로 인해 곧 우리를 지치게 하여 그 문제를 해결할 수 있다는 헛된 희망이 사라질 것'이기 때문이다. 흄 (Hulme, 2009: 326)은 "기후 변화는 풀 수 있는 문제가 아니다. … 기후 변화는 집단이나 개인의 정체성, 목표를 구성하고 형성하는 것과 관련되는 지적 자원으로 봐야 한다."라고 말하면서 기후 변화를 문제 틀로 보는 것에 대해 분명하게 반대한다. 하지만 기후 변화에 대한 문제 틀의 구성은 우리가 이산화탄소 배출량을 급격하게 줄이는 것이 점점 더 불가능해지고 있음에도 지속적으로 유지되고 있다. 우리에게 무슨 일이 벌어지고 있는지는 간단히 설명할 수 있다. 그것은 '해결책'이 이산화탄소의 배출을 줄이는 것에서 지구공학의 우주 거울과 같은 것을 통해 해결하는 것으로 변화되고 있는 것이다. 이는 기후 변화에 대한 문제 틀의 구성을 계속 존재하게 한다(Nerlich & Jaspal, 2012: 134).

존 미쉘 그리어(John Michael Greer)는 기후 변화, 그리고 피크 오일[9]과 같은 중대한 문제에 대한 틀을 '곤경(predicament)' 틀로 재구성한다.

> • 우리가 문제로 개념화한 많은 것들이 실제로는 곤경이다. … 곤경과 달리 문제는 해결책을 요구한다. 즉 문제는 반드시 해결되어야 하는 대상이다. 문제를 발견하고 해결하려고 노력한다면, 문제는 해결될 수 있다. 그에 반해서 곤경은 해결책이 없다. 곤경에 처하면 사람들은 대응 방법을 떠올려야 한다. (EN6: 22)

문제 틀과 유사하게 곤경 틀에는 '곤경'과 '대응'이라는 두 가지 틀 요소가 있다. 그렇지만 문제 틀과 곤경 틀은 각기 그 요소 간의 관계는 다르다. 사람들은 그들이 처해 있는 상황을 최대한 활용하기 위해 최선을 다하지만, 곤경 자체가 사라질 수는 없다. 기후 변화나 피크 오일과 같은 다른 문제들이 해결 가능한 문제가 아닌 곤경으로 취급된다면, 그것들에 대응하기 위한 방식은 매우 달라질 것이다. 어떤

---

9) 피크 오일이란 전체 석유 매장량의 절반을 소모하여 석유의 생산량이 감소하는 시점을 말한다.

개념의 틀이 재구성되면 그 개념이 독자나 청자들의 마음에 구조화되는 모든 방법이 바뀌기 때문이다. 알버트 베이츠(Albert Bates)는 다음 발췌문에서 **피크 오일은 곤경이다**라는 틀이 구성되는 모습을 보여준다.

> • 피크 오일은 우리가 잠시 숨을 돌리면서 현재 방향을 충분히 생각하고, 미래를 위한 더 온전한 경로에 적응하기 위한 기회이다. 우리가 직면한 중요한 사실은 우리에게는 정말 선택의 여지가 없다는 것이다. 피크 오일은 끔찍한 곤경이다. 또한 더 잘할 수 있는 좋은 기회이기도 하다. 이 순간을 헛되이 쓰지 말자. (EN7: 197)

지금의 '곤경'은 피크 오일로, '대응'은 다양한 조치로 나타났다. 물 절약, 에너지 생산, 식량 재배, 식량 저장, 요구의 변화, 더 잘 살면서도 덜 쓰는 것, 그리고 문명사회의 재건 등과 같은 다양한 조치는 베이츠의 저서 곳곳에 설명되어 있다. 피크 오일과 관련하여 '곤경' 틀은 문제 틀보다 더 좋을 수 있다. 피크 오일이 문제로 간주된다면 타르 샌드(tar sand)[10])와 같은 새로운 화석 연료 에너지원이나 생태학적으로 파괴는 되지만 일시적인 손상만 주는 프래킹(fracking)[11]) 등에서 '해결책'을 찾아야 할지도 모른다.

곤경 틀은 인간에 의해 유발된 기후 변화와 피크 오일이라는 불가피한 혼란에 대한 대응이나 적응을 강조하기 때문에, 생태철학의 회복탄력성 원리에 부합한다. 한편 곤경보다 더 비관적인 틀은 '비극적

---

10) 타르 샌드란 '오일 샌드'와 유사한 말로, 지하에서 생성된 원유가 지표면 근처까지 이동하면서 수분이 사라지고 돌이나 모래와 함께 굳은 것을 말한다.

11) 프래킹이란 수압균열법의 영어표현인 'hydraulic fracturing'의 줄임말로 물, 화학제품, 모래 등을 혼합한 물질을 고압으로 분사해 바위를 파쇄하여 석유와 가스를 분리해 내는 공법이다(한경 경제용어사전, 2009).

종말론(tragic apocalyptical)'틀이다. 이 틀은 삶이 어차피 끝날 것을 알기 때문에 우리가 할 수 있는 일은 아무 것도 없다고 여기는 것이다. 포우스트와 오샤넌 머피(Foust & O'Shannon Murphy, 2009: 151)는 "선형적 시간 성을 가진 '비극적 종말론' 틀이 인간의 힘이 미칠 수 없는 파멸을 강조한다."라고 정의하며, 이는 미국 신문에도 자주 나타난다는 것을 보여준다. 비극적 종말론 틀은 하나의 요소, 즉 파멸만 지닌다. 그것은 아무런 해결책이나 대응책도 필요로 하지 않는 어쩌면 체념일 뿐이다. 기후 변화 쪽으로 나타난 경우라면, 기후 변화의 충격을 완화시키기 위한 조치를 하는 것, 불가피한 변화에 적응하는 것, 회복탄력성을 갖춘 사회를 만드는 것 등을 무의미한 것으로 여길지도 모른다.

생태언어학적 관점에서 틀을 분석하는 작업은 근원 틀(source frame) 과 목표 영역(target domain)이 무엇인지를 확인하는 것에서 출발한다. 목표 영역이 어떤 대상에 대해 일반적으로 진술되는 영역이라면, 근원 틀은 방아쇠 단어를 통해 마음속에 상기되는 다른 삶의 영역이다. 이를 설명하기 위해 생태계 평가 보고서에 언급된 다음과 같은 예를 살펴볼 수 있다(EA17-출처에 대한 정보는 부록 참조).

- 하층토(sub-soil)[12] 자산, 비생물적 관여와 생태계 자본으로 구성된 …
  자연 자본 (EA5: 7)
- 자연 생태계 자원의 재고 (EA4: 4)
- 생물다양성을 비롯한 생태적 자원 (EA3: 1)
- 곡물, 생선, 목재 등의 상품 무역 (EA1: 59)

---

12) 하층토는 지표보다 아래에 있는 토양으로, 풍화 작용을 받는 일이 적어 토질이 단단하고 부식 물이 거의 없다.

여기에 사용되는 근원 틀은 명확히 말하면 '자산', '자본', '재고', '자원', '상품'에 의해 유발되는 자원 틀이다. 그러나 이야기되고 있는 목표 영역은 생물다양성, 토양, 물고기, 동물, 숲, 씨앗, 물 등 자연이다. 따라서 **자연은 자원이다**라는 틀이 여기에 존재한다. 자원 틀의 구조는 소유자와 대상의 관계로 구성된다. 이때 소유자는 대상을 마음대로 할 수 있는 권리가 있다. '우리의 생태적 자원'에서 대명사 '우리'는 생태계의 소유자가 '인간'이라고 인식하게 한다. 그러면서 모든 종들이 생태계에 속한 것이라기보다는 생태계가 인간에 속한 것이라는 인식을 드러낸다. 슐츠(Schultz, 2001: 110)는 "무언가 자원으로 분류될 때, 그것이 사용되거나 어떤 방식으로 이용당한다는 의미가 내포된다."라고 하면서 자원 틀이 지닌 문제를 언급한다.

레이몬드 외(Raymond et al., 2013: 536)는 자연을 경제 틀로 보는 것에 대해 다음과 같은 여러 문제가 있다는 것을 지적하였다. 곧 틀이 어떻게 현재 상황을 고착화하는지, 어떻게 종의 본질적 가치를 경시하게 하는지, 어떻게 자연에 대한 인간의 윤리적인 관심사를 통합하는 데 실패하게 하는지 등이 그것이다. 크랄츠(Keulartz, 2007: 31)는 '자연을 현금 가치를 가진 자원의 집합으로 보는 관점'인 경제 틀에 대해 "경제 틀은 자연을 현대 법인형 국가, 줄줄이 이어진 공장, 조립 라인처럼 변형시켰다."라고 설명한다. 일반적으로 자원 틀은 이 책의 생태철학 가운데 하나인 모든 종의 삶에 대한 존중이나 예찬과는 맞지 않는다.

자연수필(nature writing)은 **자연은 자원이다**라는 틀에 저항하는 한 가지 방법을 보여준다. 예를 들어, 리처드 마비(Richard Mabey)는 ≪자연 치유(Nature cure)≫(NW5)라는 책에서 자원 틀의 관점으로 칼새에 대해 논의하였다.

- '자원 보존'에 기초한 세계관에서 칼새는 자원 보존과는 무관하다. 그들은 (아직) 멸종 위기에 처하지 않았다. 그들에게 포식자가 존재한다는 사실은 중요하지 않다. … 이것은 언젠가 멀미약의 재료로 칼새가 쓰일지도 모른다는 말처럼 믿기 어려울 것이다. (NW5: 16)

마비는 자원 틀에 저항하는 동시에 자원이라고 할 수 없는 칼새의 가치를 표현하기 위해서 자연수필의 서정적인 언어를 사용한다.

- [칼새] 은밀하고 미묘한 방법으로 우리와 접촉되어 있다. … 봄의 신화의 일부이고 … 비행의 가장 순수한 표현이며 … 수수께끼 같이 아리송하고, 열광적이고 전율하게 하는 21세기 낭만파 나이팅게일과 동등하다. (NW5: 16)

자연을 자원으로 인식하는 틀 구성은 매우 널리 퍼져 있기 때문에, **자연은 자원이다**라는 틀은 보편적인 삶으로서의 이야기처럼 보일 수 있다. 이러한 틀에 저항하고 더 유익한 틀을 제안하는 것은 녹록하지 않은 작업이다. 하지만 생태언어학을 통해 틀의 구체적인 요소를 체계적으로 분석한다면 새로운 틀을 구성해 갈 수 있다.

개발의 틀 구성

이 절에서는 개발의 틀을 분석하고자 한다. 개발은 문화와 생태계에 큰 영향을 주기 때문에 생태언어학에서 중요하게 다루는 영역이다. 여기에서는 개발 틀에 대한 구체적인 면면을 분석하면서, 동시에 이러한 틀이 시간이 지나면서 어떻게 수정되고 변화해왔는지를 살펴보고자 한다.

먼저 틀에 관한 하나의 예를 통해 시작해 보자. 2011년 롭 홉킨스 (Rob Hopkins)는 자신의 블로그에 <피크 오일과 기후 변화가 전환 (Transition)을 위해 더 이상 쓸모없게 될 것인가?>(EN8)라는 제목의 글을 썼다. 전환은 일종의 운동(movement)인데 홉킨스는 두 가지의 전환 목적, 하나는 기후 변화에 대응하는 것, 다른 하나는 기름의 가격 하락이 끝나는 시점에 회복탄력성 있는 사회를 만드는 것 등이 전환운동을 추동해 왔다고 보았다. 그러나 그의 블로그에서는 피크 오일과 기후 변화가 전환을 둘러싼 미미한 '틀'이 될 것임을 암시하였다. 본래 액자에서 새로운 액자로 바뀔 수 있는 사진과 같이, 기후 변화와 피크 오일 틀은 폐기되고 무언가 새로운 것으로 대체될 수 있다는 것이다. 후에 그는 블로그에 다음과 같이 썼다.

- 지금, 전환 마을[13] 토트네스(Totnes)에서 하는 일은 표면적으로 피크 오일과 기후 변화와 관련된 화제를 장려하는 것인데, 실제로는 경제 회생과 사회적 기업에 명확히 초점이 놓여 있다. 우리는 … 마을을 위한 '경제 청사진'을 제시하기 시작해야 할 것이다. (EN8)

여기에서 특정 용어에 주목해 보면, 홉킨스는 '경제', '회생', '기업', '개발' 등과 같은 경제 틀을 통해 전환운동의 틀을 재구성하고 있음을 알 수 있다. 같은 해에 홉킨스는 이러한 틀을 《영속농업(Permaculture)》이라는 잡지(EN9)에 기고했는데, 그 기사에서 그는 전환이 "'경제 개

---

13) 전환 마을이란 자연 친화적이고 더 높은 질의 삶을 추구하는 사람들이 모여 형성된 마을을 일컫는 용어이다.

발 지역화'의 인식을 촉진한다."라고 진술하였다.

그런데 이 절에서 설명하는 틀의 의미는 그림 3.1에서 볼 수 있는 사진의 액자와는 다르다. 목표 영역이 어떤 틀을 통해 인식되면, 목표 영역은 그 틀의 구조를 띠게 된다. 이는 그림 3.2와 같이 '건물의 뼈대'에 사용된 틀의 의미에 더 가깝다. 만약 건물이 다른 뼈대를 사용한다면, 완전히 다른 건물이 되는 것과 같다. 이를 바탕에 둘 경우 전환운동의 틀 재구성은 근원적으로 전환의 개념을 변화시킨다고 할 수 있다. 즉 틀 재구성은 기본적으로 동일한 요소가 남아 있는 상태에서 외연의 미미한 변화를 주는 것이 아니다. 대신 새로운 틀의 참여자를 구성하고 이들과 기존의 참여자가 새롭게 관계를 맺도록 하는 것이다. 사실 참여자 사이의 변화를 불러일으키는 것이 홉킨스 글이 지닌 목적 가운데 하나로 보인다.

- 경제 개발의 초점을 지역화로 이행하는 것이 피크 오일과 기후 변화에 관심이 없던 이들에게 전환운동에 대해 관심을 갖게 할 수 있는 기회를 제공할 것이다. … 이에 따라 전환운동에는 사업과 생계에 훌륭한 전문 지식과 기술을 지닌 사람들이 동참할 것이다. … 이들은 물론 이전과는 다르게 행동할 것이다. (EN8)

문제는 '경제 개발'을 밀고 나가는 새로운 참여자가 소비를 줄이고 기후 변화를 최소화하며 회생 공동체를 형성하도록 행동할 것이라는 보장이 없다는 데 있다. 결국 '경제 개발' 틀은 경제 성장과 강하게 연결되어 있으며, 이러한 경제 성장이 세상의 수많은 공동체에 생태적으로 파괴적인 영향을 끼쳐 왔다는 사실을 부인할 수 없다. 사치스 (Sachs, 1999: 29)는 다음과 같이 언급한다. "확언컨대 '개발'은 많은 영향

[그림 3.1] 사진의 액자

[그림 3.2] 건물의 뼈대 ©트렝게이어 우드웍스

을 끼쳐 왔는데, 이를 통해 은밀히 퍼지는 사실은 광적인 부 축적을 둘러싼 문화가 쉽게 해체되지 않는다는 것이다."이것은 전환운동의 목표와 정확히 반대된다.

현재 적용되는 개발 틀에 접근하기 전에 그 변천사를 이해하는 것이 필요하다. 이 절에서는 개발 틀의 기원을 탐색하고 시간이 지남에 따라 그 틀이 어떻게 달라졌는지를 확인하기 위해 정치 문건(PD; 부록 참조)으로부터 개발 틀에 관련된 내용을 추출해 보았다.

만지와 오코일(Manji & O'Coill, 2002)은 1940년대 후반, 근대 개발 틀의 기원을 밝혔다. 아프리카 국가가 독립됨에 따라 NGO들은 '미개한 (uncivilised)'과 같은 경멸적인 개념의 대안으로 '저개발의(underdeveloped)' 라는 용어를 사용하기 시작하였다. '저개발국'이라는 용어는 특정한 틀을 촉발시켰다. 그것은 몇몇 국가는 하위 등급(개발에 착수한 나라)이고, 몇몇 국가는 나아지려고 하고 있으며(개발도상국), 몇몇은 이미 이상적인 상태의 목적에 도달했다는(개발된 나라) 이야기이다. 물론 '저개발의'라는 용어가 '미개한'이라는 말보다는 덜 경멸적으로 들리겠지만 이들 두 틀은 구조의 일부를 공유한다. 만지와 오코일(Manji & O'Coill, 2002: 574)은 이에 대해 다음과 같이 지적한다.

아프리카인들은 더 이상 '미개하지' 않다. 대신 그들은 '저개발'의 상태에 놓여 있다. 어느 쪽이든 '문명화된' 혹은 '개발된' 유럽인들이 아프리카의 '문명화를 위한' 혹은 '개발을 위한' 역할을 담당하고 있다.

다른 국가가 지향해야 할 목표로서 '개발된' 국가를 설정하는 것은 분명 문제가 있다. 그것은 가난한 국가에서의 소비 증가량이 부유한 국가에서의 소비 감소량에 상응하지 않기 때문이다. 행복 지수(Happy Planet Index; HPI)(NEF, 2014)[14]에 따르면, '저개발'이라는 열등한 꼬리표가 붙은 많은 국가들은, '개발된'이라는 꼬리표가 붙은 국가가 삶의 질은 낮고 환경의 지속 불가능성은 높은 것과는 대조적으로, 환경 파괴는 덜하고 삶의 질은 높은 상태를 실제로 유지해 왔다고 하였다. 이 논리로 본다면 선진국은 역설적으로 후진국처럼 되도록 노력해야 한다.

개발 틀이 국제적인 화두가 된 계기는 1949년 미국 대통령 트루먼(Truman)의 취임 연설이다. 트루먼은 다음과 같이 말했다.

- 우리는 반드시 저개발 지역의 성장과 향상을 위한 과학적 진보와 산업 성장을 이끄는 대담하고 새로운 프로그램 개발에 착수해야 한다. 세상의 절반이 넘는 사람들이 고통에 가까운 환경에서 살아가고 있다. 그들의 음식은 불충분하다. 그들은 질병에 의해 희생된다. … 사업 협력, 개인 자본, 농업, 그리고 이 나라의 노동력을 바탕에 둔 이 프로그램은 다른 나라 국민들의 산업 활동을 비약적으로 증대시킬 것이다. (PD1)

이 연설은 개발 틀을 구체화하는데, 빈곤한 사람을 돕는 (온정주의이기는 하지만) 이타주의적 목적을 지닌 산업화를 통해 개발도상국에서 선진국으로 진입할 수 있는 길을 마련해준다는 데 의미가 있다. 또한 목표를 달성하기 위해 중요한 참여자로 '사업'과 '민간 자본'을 설정

---

14) 영국의 신경제재단(New Economics Foundation)에서 국민의 기대수명, 국민이 느끼는 행복감, 환경파괴 현황 등을 고려해 작성 발표하는 지수이다. 이 지수는 지속가능한 성장(sustainable growth)을 위해 재생에너지 사용 비율이 높으며 자연 파괴가 적은 친환경적 삶의 방식을 가질수록 높은 행복지수를 얻도록 설계되어 있다(한경 경제용어사전, 2009).

한다. 중요한 사실은 트루먼이 참여자들에게 호소하기 위한 추가적인 유인책을 사용했다는 점이다.

- 다른 나라의 산업, 경제 성장에 따라 우리가 그 나라들과 하는 무역이 확대되는 것을 경험으로 알고 있다. 더 많은 생산은 번영과 평화로 가는 열쇠이다. (PD1)

개발 틀은 처음부터 부유한 국가의 무역을 확대하고 빈곤한 사람을 돕는, 말하자면 번영과 평화라는 두 개의 목표를 가지고 있었다. 크롬튼(Crompton, 2010: 20)의 지적에 따르면, '개발도상국의 경제 성장 지원을 목표로 한 정책은 선진국의 수출을 위한 새로운 시장을 창출하는 데 반드시 도움이 되게끔 초점을 맞추어', 빈곤화와 착취에 의해 얻을 수 있는 이익을 극대화하는 이기적인 세력을 형성하고 만다. 흥미롭게도 트루먼은 이를 예측하고 다음과 같이 그것에 반박하려 한다.

- 오래된 제국주의, 즉 외국의 이익을 위한 착취는 우리의 계획에서 더 이상 설 곳이 없다. (PD1)

그러나 이 틀을 사용하면 레이코프(Lakoff, 2004)의 저서 ≪코끼리는 생각하지마!(Don't think of an elephant!)≫처럼 의도하지 않은 결과를 초래할 가능성이 있다. '코끼리는 생각하지마!'라는 표현은 정확하게 '코끼리를 생각하라!'와 같은 반응을 불러일으킨다. 둘 중 어느 쪽이든 청자의 마음에 코끼리의 틀이 생기는 것은 동일하기 때문이다. 마찬가지로 '나는 사기꾼이 아니다.'라는 닉슨(Nixon)의 유명한 말도 청자의 마음에 사기꾼의 이미지를 형성했었다. 트루먼의 말 역시 청자의 마음속에 제국주의와 착취의 틀을 형성하여 개발과 연결된다. 트레이너(Trainer, 2011)는 궁극적으로 이러한 개발의 현실이 어떻게 될지에 대해 다음과 같이 설명한다.

> 기존의 개발 방식은 **약탈**의 형태로 간주된다. 제3세계의 토지와 노동은 제3세계의 사람들이 아니라 부자 나라의 사람들을 위하여 **개발되는** 것이다.

'개발'이라는 틀은 개발도상국의 자원과 노동력을 활용하여 값싼 제품을 만들어 수출함으로써, 개발도상국 대부분의 사람들을 빈곤으로 몰아가는 동시에 현지의 소수 지배 계층은 외국 상품을 소비하며 부자가 되도록 만들었다. 이를 통해 '공평한 개발(equitable development)'이라는 틀이 형성되기 시작했다. 사치스(Sachs, 2010: 28)는 이에 대해 다음과 같이 설명한다.

> 지난 30년 동안 개발의 파괴적인 영향력이 인정될 때마다 개발이라는 개념은 상처주기와 치료를 모두 포함하는 방식으로 확대해석되었다. 예컨대 1970년경에 개발의 추구가 실제로 빈곤을 심화시켰을 때, 빈곤의 퇴치와 빈곤의 발생이라는 모순을 조화롭게 하기 위해 '공평한 개발'이라는 개념이 고안되었다.

'공평한 개발'은 기존 틀의 수정으로 정의될 수 있는 **틀 변형**(frame modification)으로 간주된다. 틀 변형은 이전 틀의 요소를 공유하되 차이점을 지닌 새로운 틀을 생성하는데, 이는 기존 틀의 주요 방아쇠 단어에 형용사 **수식어**(modifier)를 추가하여 이루어진다.

그러나 이 특수한 틀 변형은 지속되지 못했다. 1980년대에 '공평한 개발'이 전 세대에 공정하고 평등하지 못하다는 것이 명백해졌기 때문이다. (공정성 여부와 상관없이) 개발은 엄청난 자원 고갈과 생태계 손상으로 이어져 미래 세대에게 파괴된 자연을 유산으로 남겼다. 따라서 '지속가능한 개발(sustainable development)'이라는 새로운 틀 변형이 저명한 <브룬틀란(Brundtland) 보고서>에서 채택되었다.

- 지속가능한 개발은 현재의 요구를 충족시키면서도 미래 세대가 그들의 요구를 충족시킬 수 있는 가능성을 희생하지 않게 한다. 지속가능한 개발에는 두 가지 개념이 존재한다. 하나는 필요성으로, 특히 세계 빈민층이 반드시 필요로 하는 것은 다른 무엇보다 우선권이 부여되어야 한다는 것이다. [그리고 다른 하나는 환경 한계값으로] … . (PD2)

브룬틀란의 지속가능한 개발 틀은 "우리가 우리의 케이크를 만들고 이를 먹을 수도 있다'는 신화에 대한 잘못된 희망(Romaine, 1996: 176)'을 준다고 종종 비판을 받았다. 하지만 이 틀은 여전히 가난한 사람들을 돕는다는 이타적인 목표를 우선시하고 있으며, 이를 통해 우리가 환경 한계값의 개념을 받아들일 수 있게 하였다. 세계은행(The World Bank)도 이 틀을 사용하면서도 '포괄적 녹색 성장(inclusive green growth)' 이라는 기존 틀과 결합하고자 하였다.

- 포괄적 녹색 성장은 지속가능한 개발로 가는 길(the pathway to sustainable development)이다. 그것은 개발도상국들이 지닌 번영을 위한 급속 성장의 욕구를 조정하고, 여전히 빈곤하게 사는 10억 명 이상의 요구를 충족시키며, 보다 나은 환경의 조성과 관련된 전 지구적 의무를 실현하는 유일한 길(the only way)이다. (PD3)

이는 영리한 수사학적 조치이다. 지속가능한 개발을 과정에서 목표로 변화시키고, 이 목표를 달성하기 위한 과정으로 '포괄적 녹색 성장'이라는 새로운 틀을 제시하기 때문이다. '지속가능한 개발로 가는 길'과 '유일한 길'에서 정관사 'the'의 사용은 이것을 유일한 과정으로 표현한 것이다. 이를 통해 성장 외의 수단을 통해 지속가능한 개발을 달성할 수 있다는 가능성을 없앤다. 그 결과 세계은행은 지속가능한 성장을 배경화하고 대신 포괄적인 녹색 성장이라는 자체 틀을 전경화한다. 이것을 틀 치환(frame displacement)이라고 하는데, 이는 새로운 틀이 이전에 다른 틀로 덮여 있었지만 그것을 완전히 대체하지 않고 오히려 더 중요한 위상을 차지하게 하는 것을 말한다.

앞서 인용된 '포괄적 녹색 성장'의 초점은 적어도 선진국이 이타적인 자세를 지니고 개발도상국과 직접적으로 연대하여 빈곤에 빠진 무수한 사람들의 궁핍과 직면하도록 하는 데 있다. 이와 유사하지만 보다 의미심장한 틀 이동(shifting of frames)은 영국 정부의 <지속가능한 개발의 주류화(Mainstreaming sustainability development)>라는 정책 문건에서 찾아볼 수 있다(PD4). 이 문서는 첫 쪽에서 "연방 정부가 지속가능한 개발에 전념하고 있습니다."(PD4: 1)라는 지속가능한 개발의 틀을 제시하였지만, 뒤 쪽에서 '지속가능한 성장'(PD4: 4)으로 틀의 방향이 바뀌었음을 알 수 있다.

● 영국 정부는 경제적으로나 환경적으로 지속가능한 성장에 전념하고 있고, 녹색 경제로의 이행을 통해 영국 산업에 많은 기회를 가지고 왔다. … 정부는 환경에 끼치는 영향을 차치하고서라도 최대한의 경제 성장을 추구할 것이다. (PD4)

'지속가능한 성장' 틀에서는 개발도상국이나 가난하게 사는 수많은 사람들을 위한 내용이 전혀 없다. 반면에 '최대한의 경제 성장'이라는 목적은 부강한 나라를 위한 것이다. 이는 지속가능한 개발에서 지속가능한 성장으로의 이동을 드러내는 중요한 의미론적 변화이다. 개발도상국들이 환경을 훼손하지 않는 범위에서 가난에서 벗어나도록 이끌려는 시도나, 이미 자원을 소진한 부유한 국가가 경제 성장을 증대하려는 시도 등은 이러한 틀 이동을 보여주는 것이다.

한편 '지속가능한 성장'과 '지속적 성장'은 아주 미묘한 차이가 있다. 환경식품농무부의 보고서에는 다음과 같은 내용이 있다.

- 주요 천연자원과 생태계 서비스의 결핍 혹은 압력 하에 지속적 경제 성장을 달성하기 위해서는 재화, 서비스의 생산을 환경의 영향력으로부터 철저히 배제시켜야 한다. (PD5)

이는 명백히 환경을 고려한 듯 보이지만, '달성'이라는 단어 안에는 이미 '지속적 성장'이 바람직한 목표로서 설정되어 있다. '지속적 성장'이라는 틀 안에서는 다른 국가의 환경과 빈곤과 같은 요소들은 고려되지 않는다.

영국의 경제 성장을 위해 '지속적 성장'을 목표로 설정하는 것은 개발도상국과 같은 빈곤한 국가들을 위한 이타적인 행위라기보다는 그들과의 경쟁을 야기하는 행위이다. 이는 기업 혁신 기술부의 보고서에서도 명징하게 드러난다.

- 영국은 지속적 성장을 꾸준히 추구하면서 도전의 국면에 들어섰다. … 현재 세계 경제는 급격하게 산업화된 경제 체제로 인해 경쟁이 과

열되고 있다. 영국의 장기 전망은 이와 같은 현상에 영향을 받을 수
밖에 없다. (PD6)

진보적 변화는 '개발' 틀에서 '공평한 개발', '지속가능한 개발',
'지속가능한 성장' 틀을 거쳐 궁극적으로 '지속적 성장' 틀을 향한다.
틀의 변화에 따라 틀의 초점은 가난한 국가의 빈곤층을 구제하고 환
경을 보호하는 것으로부터 빈곤한 국가들에 반하는 부유한 국가들의
경제 성장 극대화로 변화한다. 이와 같은 예는 **틀 연쇄**(frame chaining)라
고 불리는 것들이다. 즉 틀이 점차 변화하게 되면 처음의 틀과는 확
연히 다른 새로운 틀이 형성된다는 것이다. 이럴 경우 마지막 틀은
처음 틀과 완전히 달라지고 만다.

이러한 경향에 대응하기 위해서는 틀의 개념과 구조를 비판적으로
인식해야 하며, 본질적이고 내재적인 가치를 비본질적이고 외재적인
가치의 틀로 재구성하려는 시도에 대해 주의를 기울여야 한다. 틀이
지나치게 변한다면, 생태철학의 관점에서 새로운 틀을 도입하는 것
이 필요하다. 킹스노스와 하인(Kingsnorth & Hine, 2009)은 소비지상주의
틀에 의해 오염된 환경론에 대한 저항의 한 예로 다음과 같은 내용
을 제시했다.

환경 정치는 … 적어도 아직 완전한 형태를 갖추지 못한 초기에는 개발
과 발전의 신화에 정면으로 도전하는 것을 목표로 삼았다. 그러나 시간은
녹색 담론의 편이 아니었다. 오늘날의 환경론자들은 문명의 근원적 가치
에 관한 질문을 던지는 것과 같은 순수한 행동보다는 그들의 회담에서
'지속가능성'과 '윤리적 소비'의 미덕에 관해 찬탄하기를 더 선호하는 것
처럼 보인다. … 자본주의는 녹색 담론을 흡수했고, 자신의 지배적인 위상

에 도전하는 수많은 담론들도 흡수해 버렸다. 인간 기계(human machine)[15] 로의 급진적인 도전은 벌써 또 다른 쇼핑의 기회로 변모되어 오고 있다.

킹스노스와 하인(Kingsnorth & Hine, 2009)은 '이야기'와 '신화'의 틀을 활용한 다크 마운틴 프로젝트(Dark Mountain Project)라는 새로운 틀 구성을 시도한다. 새로운 틀 구성은 문명을 뒷받침하는 이야기 및 신화에 의문을 제기하는 것과 우리가 정체성을 회복하도록 하는 보다 나은 국제 정세를 탐색하는 것을 포함한다.

데이비드 셀비(David Selby, 2008)는 지속가능한 개발 틀에 저항하기 위하여 이를 대안적인 틀로 교체하는 시도를 하였다. 그는 지속가능한 개발에서 '지속가능한 수렴(sustainable contraction)'으로 관점을 바꾸는 것이 지구를 살리는 방안이라고 주장한다. 이 대안적인 틀은 경제 성장의 측면에서 '개발'의 중핵적 요소를 제거한 후 이를 '수렴'으로 대체한다. 부유한 국가들은 생태적 파괴를 막기 위해 기꺼이 혹은 그렇지 않더라도 '지속가능한 수렴'을 감수해야 한다. '지속가능한 수렴'은 일자리를 보호하고 사람들의 참살이를 보전하기 위해 경제를 위축시키는 것을 의미한다.

제임스 러브록(James Lovelock, 2006)은 한 단계 더 나아가 '지속가능한 퇴보(sustainable retreat)' 개념을 주창했다. 그는 "지속가능한 개발이 극으로 치달은 이 시점에서 우리에겐 지속가능한 퇴보가 필요하다."라고 주장한다. '개발' 틀을 '퇴보' 틀로 교체하면 매우 다른 결과가 도출된다. 경제 성장 문제를 다룰 때 천연자원에 대한 가벼운 걱정을 하

---

15) 인간 기계는 인간의 능력을 갖춘 기계 또는 그렇게 개발된 컴퓨터를 비유적으로 이르는 말로, 자연과학의 발달을 기반으로 생겨났으며 기독교적 인간관에 대항한다.

는 것이 아니라, 삶을 보호하기 위한 적극적 실천력과 회복력에 초점을 맞출 수 있게 된다.

우리는 도시 생활에 열광하기 시작하면서 잃어버린 사랑과 공감을 회복할 필요가 있다. … 우리의 목표는 가능한 한 빨리 화석 연료의 사용을 중단하여 어디에서도 더 이상의 서식지 파괴가 일어나지 않게 하는 것이다. (Lovelock, 2006)

담수화를 하고 유전자 식품을 만들기 위해 핵에너지의 광범위한 사용이 필요하다는 주장과 같이 러브록의 제안은 논란의 여지가 있다. 그럼에도 '지속가능한 퇴보'의 틀 재구성은 적어도 생태계 파괴에 직면한 과소비 국가들로 하여금 개발이 더 이상 불가능하다는 사실을 직면하게 한다.

일반적으로 틀은 더 나은 세계를 만들기 위한 이타적인 시도에서 처음 구성되지만, 점차 자신의 발전과 이익을 위해 노력하도록 수정되는 경향성을 지닌다. 부분적으로는 강력한 권력을 지닌 자에 의해 틀이 재해석될 때 발생하는데, 예를 들어 '지속가능한 개발'의 틀이 부유한 국가에 적용되어 주로 자신의 경제적 이익을 극대화하는 의미로 사용되는 경우에서 확인할 수 있다. 또한 틀의 변형은 선의를 가진 조직이 자금을 조성하거나 강력한 권력의 지지를 얻기 위해 그들의 활동을 원래의 방식에서 벗어난 다른 방식으로 틀 재구성을 할 때에도 발생한다. 이것은 그 조직이 세계에 대한 영향력을 확대하는 것이 필요하다는 이유로 정당화될 수도 있다. 그러나 그 영향력이 점차 왜곡되어 자신들의 행동이 원래의 의도와는 정반대가 되고 만다면 큰 문제가 발생한다. 그러므로 우리는 틀의 경향성이 외부의 압력에 의해 변질되었는지를 끊임없이 의식해야 하며, 필요하다면 본질적인 의도와 목적을 다시 초점화할 수 있는 새로운 틀을 장려해야 한다.

⬊ 참고문헌

Alcott, B. 2005. Jevons' paradox. *Ecological Economics* 54(1): 9-21.

Blackmore, E. and Holmes, T. (eds) 2013. *Common cause for nature: values and frames in conservation*. Machynlleth, Wales: Public Interest Research Centre.

Brewer, J. and Lakoff, G. 2008. Comparing climate proposals: a case study in cognitive policy. *The Rockridge Institute*. Available from: http://www.cognitivepolicyworks. com/resource-center/environment/comparing-climate-proposals-a-case-study-in-cogniti ve-policy/ [Accessed 28 May 2014].

Cachelin, A., Norvell, R. and Darling, A. 2010. Language fouls in teaching ecology: why traditional metaphors undermine conservation literacy. *Conservation Biology* 24(3): 669-74.

Chilton, P. 2004. *Analysing political discourse: theory and practice*. London: Routledge.

Christmas, S., Wright, L., Morris, L., Watson, A. and Miskelly, C. 2013. *Engaging people in biodiversity issues: final report of the biodiversity segmentation scoping study*. London: Simon Christmas.

Crompton, T. 2010. Common cause: the case for working with our cultural values. WWF-UK. Available from: http://assets.wwf.org.uk/downloads/common_cause_report. pdf [Accessed 20 January 2015].

Darnton, A. and Kirk, M. 2011. Finding frames: new ways to engage the UK public in global poverty. *Bond*. Available from: http://bond3.brix.fatbeehive.com/data/files/finding_ frames.pdf [Accessed 24 Jan 2014].

Fillmore, C. and Baker, C. 2010. A frames approach to semantic analysis, in B. Heine and H. Narrog (eds) *The Oxford handbook of linguistic analysis*. Oxford: Oxford University Press, pp. 313-40.

Foust, C. and O'Shannon Murphy, W. 2009. Revealing and reframing apocalyptic tragedy in global warming discourse. *Environmental Communication: A Journal of Nature and Culture* 3(2): 151-67.

Goffman, E. 1974. *Frame analysis: an essay on the organization of experience*. New York:

Harper & Row.

Hulme, M. 2009. *Why we disagree about climate change: understanding controversy, inaction and opportunity.* Cambridge & New York: Cambridge University Press.

Keulartz, J. 2007. Using metaphors in restoring nature. *Nature & Culture* 2(1): 27-48.

Kingsnorth, P. and Hine, D. 2009. The Dark Mountain Project manifesto. Available from: http://dark-mauntain.net/about/manifesto/ [Accessed 31 May 2014].

Lakoff, G. 2004. *Don't think of an elephant!: know your values and frame the debate: the essential guide for progressives.* White River Junction, VT: Chelsea Green.

_____. 2006. *Thinking points: communicating our American values and vision: a progressive's handbook.* New York: Farrar, Straus and Giroux.

_____. 2010. Why it matters how we frame the environment. *Environmental Communication: A Journal of Nature and Culture* 4(1): 70-81.

Lakoff, G. and Wehling, E. 2012. *The little blue book: the essential guide to thinking and talking Democratic.* New York: Free Press.

Lovelock, J. 2006. *The revenge of Gaia: earth's climate in crisis and the fate of humanity.* New York: Basic Books.

Manji, F. and O'Coill, C. 2002. The missionary position: NGOs and development in Africa. *International Affairs* 78(3): 567-83.

Minsky, M. 1988. A framework for representing knowledge, in A. Collins and E. Smith (eds) *Readings in cognitive science: a perspective from psychology and artificial intelligence.* San Mateo, CA: Mateo, CA: Morgan Kaufmann, pp. 156-89.

Nerlich, B. and Jaspal, R. 2012. Metaphors we die by? Geoengineering, Metaphors, and the argument from catastrophe. *Metaphor and symbol* 27(2): 131-47.

New Economics Foundation (NEF) 2014. Happy Planet Index. Available from: http://www.happyplanetindex.org/ [Accessed 31 May 2014].

Raymond, C., Singh, G., Benessaiah, K., Bernhardt, J., Levine, J., Nelson, H., Turner, N., Norton, B., Tam, J. and Chan, K. 2013. Ecosystem services and beyond: using multiple metaphors to understand human-environment relationships. BioScience 7: 536.

Romaine, s. 1996. War and peace in the global greenhouse: metaphors we die by. *Metaphor and Symbolic Activity* 11(3): 175-94.

Sachs, W. 1999. *Planet dialectics: explorations in environment and development.* London: Zed Books.

Sachs, W. (ed.) 2010. *The development dictionary: a guide to knowledge as power.* 2nd ed. London: Zed Books.

Schultz, B. 2001. Language and the natural environment, in A. Fill and P. Mühlhäusler (eds) *The ecolinguistics reader: language, ecology, and environment.* London: Continuum, pp. 109-14.

Selby, D. 2008. Degrees of denial: as global heating happens should we be educating for sustainable development or sustainable contraction? in J. Satterthwaite, M. Watts and H. Piper (eds) *Talking truth, confronting power.* Stroke on Trent: Trentham Books, pp. 17-34.

Tannen, D. (ed.) 1993. *Framing in discourse.* Oxford: Oxford University Press.

Trainer, T. 2011. The simpler way perspective on the global predicament. *Post Carbon Institute.* Available from: http://www.resilience.org/stories/2011-05-31/simpler-way-per spective-global-predicament [Accessed 29 Jun 2014].

환경 위기에 대응하여 이를 개선하기 위해서는 유용한 기술, 진보적 정책, 윤리적 평가 이외에도 인간 중심적인 은유를 줄이는 것이 필요하다.

- 그레그 개러드(Greg Garrard, 2012: 205)

우리가 삶으로서의 은유를 선택하는 일은 중요하다. 우리가 현명하지 못한 선택을 하거나 은유가 내포하는 의미를 이해하지 못한다면, 그 은유에 의해 죽게 될 것이다.

- 수잔 로메인(Suzanne Romaine, 1996: 192)

━━ ━━ ━━ ━━

간단하게 말하자면, 은유는 어떤 대상을 마치 다른 대상인 것처럼 설명하는 이야기이다. 은유는 '다른 대상들 사이의 유사성을 드러내는 것'(Martin, 2014: 78), 또는 '한 분야에서 당연하게 받아들이는 지식을 다른 분야에 적용하는 작업'(Chilton & Schäffner, 2011: 320)이다. 너리치와 자스팔(Nerlich & Jaspal, 2012: 143)과 같은 작가들이 잘못된 은유를 선택하는 것은 "틀림없이 우리의 멸종을 초래할지도 모른다."라고 주장하는 것처럼 은유는 인지의 중요한 영역과 세계에 대한 이해를 형성한다. 이 장에서는 은유와 틀 구성을 함께 분석하기 위한 하나의 인식틀을 마련하고, 이를 다양한 텍스트에 나타나는 생태언어학과 관련된 은유를 탐색하는 데 적용할 것이다.

은유와 틀의 이론은 각각 다른 방향으로 연구되어 왔다. 은유는 아리스토텔레스 시대 이래로 이론적으로 연구되어 온 데 반하여, '틀'은 언어학, 인공 지능, 그리고 인지 과학에서 1970년대에 발생한 최근의 개념이다(Tannen, 1993). 그러나 두 개념은 중복되며 빈번하게 통용된다. 예를 들어, 너리치 외(Nerlich et al., 2002)에서는 구제역의 구조를 조사할 때 '틀과 은유'라는 표현을 사용한다.

구제역에 직면하여 영국 정부와 미디어, 그리고 시민들은 암묵적이고 무의식적으로 문제를 개념화하는 틀과 은유의 구조화된 네트워크에 의존했다. (Nerlich et al., 2002: 93; 연구자 강조)

저자는 2001년에 영국에서 심각한 구제역이 발생했을 때, 정치인들과 언론이 '전쟁', '적', '물리치다', '전투', '최전방', '기동 부대'와 같은 단어를 사용하여 **구제역에 대처하는 것은 전쟁이다**라는 은유를 설정하였다고 설명한다. 이 은유의 구조는 동물 복지와 환경에 심각한 결과를 가져오는, 수천 마리의 동물을 죽이고 태우는 것과 같은 극단적인 해결책으로 이어졌다. 이에 대해 너리치 외(Nerlich et al., 2002: 93)는 "구제역과의 전쟁은 은유적인 표현이었지만, 그것의 결과는 실재이자 현실이었다."라고 하였다. 구제역을 개념화하는 대안적인 방법은 '치유', '백신 접종', '검역', '병', '보살핌', '회복', '위생' 등과 같은 의학 용어를 사용하는 것이다. 구제역이 이 방법으로 개념화되었다면 조치 결과는 매우 달라졌을 것이다. 예를 들어 동물들을 죽이는 대신, 아픈 동물들을 감염으로부터 회복시키고 면역 체계를 갖출 수 있게 도우며 그들이 건강해질 수 있도록 백신을 처방했을 것이다.

이러한 두 사례에서 발생하는 현상은 인지적으로 유사하다. 이는 구제역이 전쟁(동맹국, 적, 무기, 살인 등)에 의해 구조화되거나, 수의학(수의사, 환자, 약, 검역 절차 등)에 의해 구조화된다는 것이다. 차이점은 수의학의 경우 구제역을 직접 수용할 수 있으므로 은유라고 할 수 없지만, 전쟁의 관점에서 구제역을 개념화하는 것은 상상의 단계가 필요하기 때문에 은유라고 할 수 있다. 쇤(Schön, 1993: 141)은 이에 대해 다음과 같이 설명했다.

> 은유가 형성되는 과정은 단순한 재기술(redescribing)이 아니라 새로운 추정적 기술(putative description)이다. 이것은 비록 그 대상이 익숙한 것이라 할지라도 처음에는 다른 것으로 인식하게 된다.

이와 같이 은유는 틀 구성과 같은 방식으로 작동한다. 하지만 은유에서 사용되는 틀이 특정하고도 명확하게 다른 삶의 영역에 속하기 때문에, 때로는 일상생활에 친숙한 것이기 때문에, 은유는 틀 구성의 특수한 형태이다. 이에 은유와 틀의 관계를 보여주는 방식으로 은유를 정의할 수 있다.

> 은유(metaphors)는 명확하게 구별되는 삶의 영역이 어떻게 개념화되는지 구조화하기 위하여 삶의 특수하고 구체적이며 상상 가능한 영역의 틀을 활용하는 것이다.

이는 인지 과학에서 은유를 설명하는 보편적인 방법과 약간 다르다(Lakoff & Johnson, 1999: 58). 보통 은유는 근원 영역(source domain)으로부터 목표 영역(target domain)을 사상하는(mapping) 것으로 설명된다. 목표 영역이 이야기되는 영역이라면, 근원 영역은 어휘와 구조에 의지해 온 영역이다. 예를 들어 **사랑은 여행**이라는 표현은 사랑이라는 목표 영역이 여행이라는 근원 영역의 단어를 사용하는 것으로 이해할 수 있다.

하지만 은유 이론가들이 '근원 영역'이라고 부르는 것은 사실 틀로 구성되어 있다(Sullivan, 2013: 23). 설리번(Sullivan)은 '몸(the body)'과 같은 근원 영역이 운동과 음식물 섭취, 관찰할 수 있는 신체 기관 등의 틀로 어떻게 구성되는지 보여준다. 특정한 은유('정신 운동'이나 '아이디어 소화')에서는 추상적인 '몸'의 근원 영역보다는 목표 영역을 구조화하는 특정한 틀('운동'이나 '소화')이 사용된다. 따라서 은유는 다른 종류의 비은유적 틀 구성과 동일하게, 근원 틀에서 목표 영역으로 사상되는 것이라고 이해할 수 있다. 곧 이 책에 사용된 인식틀에서 은유는 틀 구성의 한 유형으로서, 목표 영역과는 확연하게 구별되는 특징적이고 구체적이며 상상 가능한 삶의 영역에서 구성된 근원 틀이 있는 것이다.

레베카 솔닛(Rebecca Solnit)이 쓴 <기후 변화 그것은 바로: 폭력(Call climate change what it is: violence)>이라는 제목의 '가디언(The Guardian)' 기사는 은유적인 틀 구성과 비은유적인 틀 구성의 차이를 보여준다. 솔닛은 아래와 같이 설명한다.

- 기후 변화는 인간뿐만 아니라 삶의 터전과 종에 대한 세계적인 규모의 폭력이다. 일단 우리가 이렇게 명명했을 때, 우리는 대상의 중요성이나 가치에 대하여 실질적인 대화를 시작할 수 있다. 왜냐하면 잔

인함에 대한 저항은 잔인함을 은폐하고 있는 언어에 대한 저항과 함께 시작되기 때문이다. (EN21)

기후 변화의 틀을 환경 문제에서 폭력 행위로 재구성하는 것은 부유한 나라의 과소비 행위가 가난한 나라 사람들이 겪는 피해와 죽음의 직접적인 원인이 된다는 사실을 강조한다. '기후 변화 그것은 바로: 폭력'이라는 제목의 '그것은 바로'라는 표현에서 볼 수 있듯이 폭력 행위의 틀은 축자적인 의미를 지닌다. 폭력이 지닌 근원 틀은 기후 변화를 수용할 만큼 대상의 범위가 충분히 넓다. 그것은 간접적인 인과관계라 할지라도 폭력이 다른 사람들에게 물리적인 피해를 주는 행동으로 해석되기 때문이다. 이와 유사하게 기후 변화를 '문제', '곤경', '도덕 문제', '환경 문제'의 틀로 구성하는 것은 은유적 표현이 아니다. 왜냐하면 이들 틀은 기후 변화를 직접 포함할 만큼 그 범위가 넓기 때문이다.

반면에 기후 변화를 '롤러코스터'의 틀로 구성하는 것은 특수하면서도 매우 다른 영역에 속한 틀을 사용하는 것이다. 롤러코스터의 근원 틀은 너무 특수해서 기후 변화를 축자적으로 받아들일 수 없다. '기후 변화 그것은 바로 롤러코스터' 또는 '기후 변화는 말 그대로 롤러코스터이다'라고 말하는 경우는 의미론적으로 드물다. 다음의 환경 블로그 예시에서만 기후 변화는 롤러코스터라는 은유적 틀로 구성된다.

- 지구는 기후 변화 롤러코스터의 정점에 도달했을지도 모른다. 그리고 그 롤러코스터는 지금 너무 빠르고 불편해졌을지도 모른다. 우리는 아마 견딜 수 없는 것을 타고 있을지도 모른다. (EN22)

러실(Russill, 2010)은 기후 변화를 설명하는 데 사용된 여러 은유를 다음과 같이 제시하고 있다.

기후 담화에 항상 등장하는 은유가 있다. 온실, 대기의 담요와 구멍, 싱 크대와 배수구, 켜진 스위치와 꺼졌다 켜졌다 하는 스위치, 컨베이어 벨트 … 너무 빠른 롤러코스터에 탄 번지점프 도전자들이라는 표현 등. 아마 가 장 유명한 것은 월리 브뢰커(Wally Broecker)의 경고인데, 기후는 인간들이 막대기로 찌르고 있는 '성미가 고약하거나', '화가 난 짐승'이라는 것이다. 다른 유명한 과학자들도 앞 다투어 은유 생성에 참여했다. 앨리(Alley)는 기후 시스템을 '술 취한(drunk)' 모델로 설명하는데, 그냥 내버려 뒀을 때 는 가만히 있지만 강제로 움직이려 하면 심하게 비틀거린다는. 것이다. 제 임스 핸슨(James Hansen)은 기후 변화를 미끄러운 경사면과 파우스트와의 거래, 시한폭탄에 은유하면서, 갑작스러운 기후 변화로 인한 위험이 정점 에 도달했음을 경고한다. (Russill, 2010: 115; 출처는 생략)

이러한 은유는 기후 변화가 과학계에서 어떻게 이론화되는지, 그 것들이 대중들에게 어떻게 소통되는지, 일상생활에서 그것들이 사람 들에 의해 어떻게 개념화되는지 보여준다. '담요', '스위치', '술 취한', '온실', '롤러코스터'와 같은 단어들은 일상생활의 특수하고 친숙한 영역에서 틀을 촉발시키고, 이러한 틀은 기후 변화라는 막연하고 덜 명확한 영역을 구조화하는 데 사용된다. 일반적으로 은유에 사용된 근원 틀은 상상하고 보고 듣고 느끼고 냄새 맡고 맛보는 것과 같은 신체 활동과 관련이 있으며 모호하지 않고 정확하다(Semino, 2008: 11). 은유적이거나 비은유적인 틀은 모두 인지적 작동 방법에서 유사한 점이 있다. 그러나 은유는 다른 표현들과 다르게 구체적이고 생생한 모습을 보여준다(즉, '기후 변화는 시한폭탄이다'라는 은유와 '기후 변화는 곤경이다'라는 비은유). 대부분의 경우, 그 틀이 '특수하고 명확한 삶의 다른 영역'(즉, 기후 변화는 롤러코스터다)인지 그렇지 않은지(즉, 기후 변화는 문제 이다)는 분명하다. 그러나 구분하기에 애매한 예외적인 경우도 있다. 위에 제시된 예시는 아주 분명한 은유(즉, '화가 난 짐승')부터 조금 더 축자적인 틀 구성(즉, '구멍', '싱크대', '배수구')의 범위에 걸쳐 있다.

중요한 것은 은유가 추론의 유형을 설정한다는 사실이다. 이를 존슨(Johnson, 1983)은 **은유적 추론**(metaphorical reasoning)이라 부르고, 마틴(Martin, 2014: 78)은 '유추적 추론'이라고 부른다. 그것은 '대상들의 특성을 공유하는 것을 통해, 혹은 '~처럼'과 같은 특수한 표현의 경우를 통해 우리가 다른 사례에 대해 동일한 방식으로 반응하게 함으로써 작동하는 귀납적인 논증의 방식'이다. 은유적 추론은 근원 틀로부터 가져온 개념을 기반으로 목표 영역에 대한 결론을 도출한다.

구체적으로 '지구 온난화 **시한폭탄** 제거(Defusing the Global Warming TIME BOMB)'라는 제목으로 2004년 '사이언티픽 아메리칸(Scientific American)' 에 실린 기후학자 짐 한슨(Jim Hanson)이 쓴 기사를 예로 들어 보자 (EN23, 원문에서 대문자). '시한폭탄'의 근원 틀은 '지구 온난화'라는 목표 영역을 구조화하는 데 사용된다. 이 근원 틀은 폭탄, 사람이 그것을 제거한다, 폭탄을 제거하는 방법, 잠재적인 폭발과 희생자라는 특정 요소를 가진다. 이들은 서로 구조화된 관계에 있다.

시한폭탄 틀의 구조: 폭탄을 제거하는 사람이 폭탄을 제거하기 위한 방법을 적용하는 데에는 시간제한이 있다. 시간을 초과할 경우, 폭탄은 폭발하고 희생자가 발생할 것이다.

한슨의 기사에서 폭탄은 '지구 온난화'(68쪽)로 사상되는데, 폭탄을 제거하는 방법은 '대기 오염물질의 증가를 막고 탄소 배출량을 유지하는 것'이다(77쪽). '폭발'은 '해안선이 물에 잠기는 상황'을 사상하고 (75쪽), '세계 인구의 다수'가 잠재적 희생자가 되며(73쪽), 폭탄을 제거하는 사람은 특정한 누군가로 그려지지 않고 애매하게 표현된다. 은 유적 추론은 근원 틀의 구조를 사용하지만, 목표 영역에 상응하는 요소들이 있어야만 구성된다. 이를 통해 다음의 결론에 이르게 된다.

> 지구 온난화를 멈추기 위해 불특정한 사람들이 대기 오염물질을 줄이고 탄소배출량을 유지하는 데에는 제한된 시간이 있다. 그 시간을 넘긴다면 해안선은 침수될 것이고 세계 인구의 다수는 피해를 입을 것이다.

이러한 대응을 통해 근원 틀로부터 끌어낼 수 있는 다수의 다른 결론들이 존재한다. 그중 하나는 '일단 폭탄이 터지고 나면 그것은 더 이상 해가 되지 않는다는 것'이다. 이에 따라 "지구 온난화가 발생하고 난 뒤에는 그것은 다시 해가 되지 않는다."라는 결론이 도출된다. 그러나 한슨이 제시하는 추론 유형은 시한폭탄을 제거하는 것처럼 가능한 일이면서 빨리 처리해야 하는 매우 시급한 일이다.

위기를 강조하는 것이 유용할 수 있다는 사실과 달리 **기후 변화는 시한폭탄이다**라는 은유는 비판받을 수 있다. 이 은유는 폭탄의 뇌관을 제 시간에 제거할 수 없게 되는 상황처럼 우리가 주어진 시간 내에 반드시 달성해야 하는 이산화탄소 배출량의 감소를 이룰 수 없다는 사실이 분명해진다면, 이에 대한 대응이 무가치하다는 결론을 이끌어낼 가능성이 있기 때문이다. '지구를 구하기 위한 50개월'(EN1)이라는 헤드라인은 시한폭탄의 논리를 따르며 잠재적으로 사람들이 행동하도록 유도하지만, 몇 달이 지나도 이산화탄소 배출물이 지속적으로 증가할 경우 이 헤드라인은 구체적인 행동을 촉발시킬 여지가 거의 없어진다. 시한폭탄은 "벼랑 끝에 불안하게 서 있다."라는 종류의 은유와 같이 양자택일의 명제이며, '아무 것도 아닌 것'으로 결론지어질 수 있는 위험을 항상 내포하고 있다.

일반적으로 은유 분석은 근원 틀과 목표 영역을 파악하고, (텍스트 단서를 활용하여) 근원 틀의 구성 요소가 목표 영역을 어떻게 사상하는지 해석하는 작업으로 이루어진다. 이에 은유 분석은 은유 사용에 형성된 잠재적 추론 유형을 바탕으로 그 이점과 단점을 풀어낼 수 있다. 생태언어학의 관점에서 무엇보다 중요한 것은, 특정 은유가 생태철학에 비추어 파괴적이거나 양면적인지 아니면 유익한지 고려하는 것이다. 몇몇 이론가들(Romaine, 1996; Goatly, 2001; Nerlich & Jaspal, 2012)은 이러한 사실을 꽤 극적인 용어, '삶으로서의 은유(metaphors we live by)'와 '죽음으로서의 은유(metaphors we die by)'로 표현하기도 한다. 레이몬드 외(Raymond, et al., 2013: 537)는 보다 신중한 접근법을 채택하면서 '환경적 의사 결정의 과정에서 다른 은유들의 가치를 체계적으로 고려하는 것'이 필요하다고 언급하고 있다. 확실히 일부 특정 은유가 모든 상황에서 파괴적이라고 쉽게 말할 수 있다. 이에 그 은유의 사용 맥락을 살피는 것이 중요하다. 이러한 점에서 레이몬드 외(Raymond, et al., 2013: 542)는 '인간과 환경의 관계성을 이해하기 위한 복합적 은유와 맥락에 … 맞는 적절한 은유'를 고려해야 한다고 하였다.

복합적 은유의 예로, 클라츠(Keulartz, 2007: 45)는 '생태적 복원'이라는 은유가 자연을 예술품으로 여긴다는 점에서 비판적으로 보았는데, 그것은 복원되어야 하는 생태계의 이상적인 상태가 불분명하기 때문이다. 그는 이 은유가 단지 조금 파괴되어 복원의 지점을 분명히 언급할 수 있는 생태계의 맥락에 적합할 뿐, 심하게 파괴된 서식지에는 다른 은유들(가령 '생태 건강')이 더 적합하다고 주장한다.

생태언어학에서 분석되는 가장 흔한 은유는 '자연'의 개념 구조에 관련된 것들이다. 베르하겐(Verhagen, 2008: 1)은 이에 대해 다음과 같이 지적한다.

> 생태언어학이라는 새로운 과학의 주요 기능 가운데 하나는, 자연이라는 개념의 … 기저를 이루는 신화, 가정, 이데올로기 등을 드러내는 데 기여하는 것이다. 특히 이러한 가정이 소통되는 은유의 언어적 장치를 분석한다.

'자연', '지구', '생태계'라는 목표 영역이 정원, 섬, 우주선, 구명정, 시계, 창고, 예술, 도서관, 그물망, 지역 사회, 태피스트리[16), 유기체, 인간 혹은 신 등과 같은 근원 틀에 의해 구조화되어 있다고 설명하는 많은 연구가 존재한다. 이들 근원 틀의 대다수는 공간(places), 기계(machines), 상품(goods), 유기체(organisms), 네트워크(networks) 등의 다섯 범주로 분류된다. 물론 경쟁(competition)과 같이 이들 범주 밖에 위치하는 몇 가지가 있기는 하다. 이러한 은유들의 적합성에 대한 검토는 인간이 자연의 일부로 포함되어 있는지 아니면 분리되어 있는지 여부, 다른 종에 대한 존중을 독려하는지 여부, 환경 한계값에 대한 인식을 기를 수 있는지 여부 등과 같은 내용으로 이루어진다.

그 가운데 크레멘트소브와 토즈(Krementsove & Todes, 1991)와 라르손

---

16) 태피스트리는 여러 가지 색깔의 위사를 사용하여 손으로 짠, 회화적인 무늬를 나타낸 미술적 가치가 높은 직물[綴織]이다(패션전문자료사전, 1997).

(Larson, 2011)에 의해 파괴적이라고 비난 받은 하나의 은유는, **자연은 경쟁이다** 혹은 그 변이형인 **자연은 전투이다, 자연은 투쟁이다, 자연은 전쟁이다**이다. 크레멘트소브와 토즈(Krementsove & Todes, 1991: 71)는 다음과 같이 설명한다.

> [다윈의 ≪종의 기원≫]에는 전투 이미지가 '삶의 위대한 전투', '자연의 전쟁'과 같은 구절을 통해 스며들어 있다. … 생존을 위한 투쟁이라는 그의 은유는 자연적 관계의 거대한 다양성을 아우르는 대신에 전투 이미지의 힘을 이용한다.

다윈이 유기체 간 상호 이익의 협력적 관계성을 묘사하기는 하였지만, 그는 이를 자원 확보를 위한 투쟁 혹은 경쟁과 가장 적합한 종의 생존이라는 지배적인 은유를 바탕으로 설명하였다. 라르손(Larson, 2011: 75)은 이 은유가 아담 스미스와 같은 경제학자에 의해 우선적으로 옹호되는 인간 본성으로서의 경쟁적인 관점을 상기시킬 뿐만 아니라, 새로운 합리성을 부여한다고 설명하였다.

> 그 은유가 이와 같은 방식으로 한 번 일반화되면, 사람들은 보다 쉽게 문화적 영역에서 이를 옹호할 수 있게 된다. 곧 경쟁은 사회에서 발견되는 것뿐만 아니라, 우리가 적극적으로 고쳐시켜야 하는 것이다. 그 이유는 경쟁이 세계, 즉 자연의 이치이기 때문이다.

자연은 경쟁이다라는 은유는 신고전주의 경제학의 가정을 강화한다. 이를 통해 사람들이 본래 이기적이며, 사람들은 자신의 개인적 만족을 극대화하는 데 관심을 두고 있다는 의미를 부여한다. 이것은 삶을 지지하는 체계를 보호하는 데 필요한 조건으로서 매우 중요한 상호 이익을 위한 협력의 작업을 경시한다. 라르손(Larson, 2011: 25)은 '진보'와 '경쟁'은 모두, "우리가 자연계를 비롯하여 또 다른 세계와의 관계에서 어떻게 행동해야 하는지를 정당화시키는, 강력한 이념적 은유로 작용한다. 따라서 우리는 이들을 사회-생태적 지속가능성의 거시적 관점으로 다시 생각해 보아야 한다."라고 지적한다. 그는 후에 "기업의 자유주의를 협력적인 세계관으로 조정하여, 우리는 자신을 지속가능성의 경로로 보다 확고하게 옮겨가야 할 것이다."라고도 하였다 (Larson, 2011: 86).

널리 퍼져 있는 또 다른 파괴적인 은유는 **자연은 기계이다**이다. 자연이나 지구는 시계, 공장, 컴퓨터, 우주선 등 다양한 종류의 기계와 동일시된다. 이 은유가 갖는 첫 번째 문제점은, 기계가 부품이 조립되어 구성되며 전체를 고려하지 않은 채 결함이 있는 부품을 수리하거나 교체하는 것만으로도 고쳐질 수 있다는 점이다. 이는 모든 문제의 기저를 이루는 더 큰 사회문화적 시스템에 대한 어떠한 변화도 없이 이산화탄소 포집 및 저장, 핵융합, 수소 자동차, 지구 공학과 같은 기술적 해결책(techno-fix)이 환경 문제를 해결할 수 있다는 잘못된 낙관론을 허용한다. 너리치와 자스팔(Nerlich & Jaspal, 2012: 137)은 다양한 신문에 나타나는 지구 공학의 은유를 조사했다. 그들은 '지구의 온도 조절 장치를 낮춰라', '우리의 대기를 고쳐라', '기후 고치기', '기술적 해결책', '공구 세트', '공구 박스'와 같은 표현을 찾았다. 이 표현들은 기후를 '자동차와 같은 하나의 대상으로 여겨 기술적 도구를 사용하여 수리할 수 있는 것으로 보고 … 기후를 고치는 일이 쉽고 일상적인 일로 표현되어 과학자와 엔지니어의 손 안에 있는 일'로 여기고 있다. **자연은 기계이다**라는 은유는 과학자와 엔지니어가 해결책을 찾는 책임을 맡게 한다. 이로 인해 그들을 제외한 나머지 사람들이 불가피한 환경 변화에 적응하고 삶을 지탱하는 체제를 보전하는 데 필요한 사회문화적 변화를 고려하는 것을 잠재적으로 제외한다.

자연은 기계이다의 또 다른 문제점은 자연 속에서 살아가며 그 일부를 이루는 수많은 존재들의 삶을 증진시키는 데에 아무 것도 하지 않는다는 점이다. 그것들은 다만 구성 요소일 뿐이다. 베르하겐(Verhagen)은 다음과 같이 말한 바 있다.

> 기계로서의 자연과 그 변이형인 창고로서의 자연은 착취하고 지배하는 서구 문명의 특징을 정당화하며, 그것을 자연스럽고 확실하며 평범한 것처럼 만든다. (Verhagen, 2008: 11; 원문에서 강조)

지구는 우주선이다라는 은유는 기계적 은유의 한 형태로서 긍정적인 측면도 있지만 양면적 은유로 간주될 여지가 크다. 다른 기계 은유처럼 '우주선이라는 기술적 은유는 인간을 승무원의 이미지로 반영하기보다는 관리자와 운영자로서의 인간 이미지를 반영'(Mühlhäusler, 2003: 180)하지만, 이는 또한 환경 한계값의 중요성을 강조할 수도 있다. 은유적 추론 유형은 우주선 속의 자원이 한정되어 있는 것과 같이 지구상의 자원도 제한되어 있으며, 우주선의 생명 유지 시스템에 의존하는 것과 같이 우리도 지구 생태계에 의존한다는 것이다. 이 은유의 첫 번째 사용자는 볼딩(Boulding, 1966: 9)이었는데, 그는 "[지구란] 추출물이나 오염물을 감당할 무한한 저장소가 없는 하나의 우주선이다."라고 하였다. 로메인(Romaine, 1996: 184)은 우주선 은유가 어떻게 '환경의 취약성과 인간이 처한 곤경의 불확실성을 강조하는지' 설명하면서, "인간은 보호막인 우주선의 바깥 환경에서는 존재할 수 없기 때문에, 삶은 우주선 내의 균형에 달려 있다."라고 언급하였다.

기계의 은유에서 조금 더 나아간 은유는 **자연은 유기체이다**라는 은유로, 이 역시 많은 변이형으로 나타난다. 가장 추상적인 것은 '생태계 건강' 또는 '생태계 의학'이라는 개념이다. 생태계 의학은 '생태계 관리의 예방, 진단 및 예후에 대한 체계적 접근 방식'의 개발을 목표로 한다(Keulartz, 2007: 36에 실린 라포트 외의 글). 잠재적으로 이는 생태 문제를 다루는 보다 정교한 접근법으로 이어질 수 있다. '수리해야' 하는 대상으로, 수리 가능한 부품들로 조립되어 있는 기계와 달리 유기체는 자기 치유의 힘을 지닌 체계적 총체로서 존재하기 때문이다. 사토리스(Sahtouris)는 '총체적인 관점에서 자연이 기계보다 진화한 생물처럼 보이는 것이 당연하지 않은가'(Larson, 2011: 63)?라고 하면서 이 은유의 긍정성을 지적했다. 그러나 래키(Lackey, 2007: 15)는 정책 입안자가 아닌 과학자들이 건강한 생태계가 어떠해야 하는지에 대한 목표를 정의한 것이기 때문에 이 은유는 재고할 여지가 있다고 한다. 이것은 유효한 논쟁이지만, 크랄츠(Keulartz, 2007: 37)는 '자연 과학자, 사회 과학자, 의학자들 간의 협력을 촉진'하기 때문에 이 은유를 보다 긍정적으로 본다. 더 나아가 생태계 건강에 대한 합의를 형성하기 위한 토론과 협의의 촉매제를 제공할 수 있다고 한다.

생태계 또는 지구의 건강 은유는 **자연은 기계이다**라는 은유보다 존중과 관심을 받을 가능성이 클지도 모른다. 적어도 유기체는 살아 있고 전문가에 의한 의료적 보살핌의 책임이 여전히 있기 때문이다. 그런데 때로는 건강 은유가 상당히 단순한 문제 해결 틀을 촉발하기도

한다. 예를 들면, 너리치와 자스팔(Nerlich & Jaspal, 2012: 139)은 **지구는 환자이다**라는 은유가 지구 공학이 '화학 요법'으로 묘사되는 것과 더불어 지구 공학의 의학적 '치료'를 정당화하는 데 사용된다는 것을 밝혔다. 이것은 기후 변화를 암으로, 지구를 암 환자로, 지구 공학을 의료 개입으로, 기술자를 의사로 사상한다. 이러한 은유에는 비전문가들의 구체적인 역할이 고려되지 않는다.

포린치치(Forencich, 1992: 142)도 동일한 암 은유를 활용하였지만 추론 유형을 근본적으로 변화시켜 다르게 사상한다.

> 만약 지구가 살아 있는 생명체라면, 인간들이 지구라는 생명체에서 하는 생리적인 역할은 무엇인가? 우리를 어떤 종류의 세포라고 할까? 이 행성의 현 상태와 기하급수적인 인간의 증식으로 보아 이에 대한 대답은 충격적이지만 불가피하다. 우리는 암이다.

이 은유는 인간 존재를 암세포로, 지구를 환자로 사상한다. 포린치치는 우리를 아주 명백한 추론 유형으로 이끈다. 그것은 '실현 불가능한 선택'처럼 보이는 추론 유형으로, 암을 치료하기 위해서는 암세포를 죽여야 하기에, 사람들을 반드시 죽여야 한다는 것이다(Forencich, 1992: 144). 이러한 사상 대신에 그는 암을 치료하기 위해 소비 줄이기, 부의 재분배, 인구 증가 둔화시키기, 암세포처럼 행동하기보다는 지구라는 몸의 정상 기관처럼 행동하기, 숲과 같은 건강한 조직 보호하기와 같은 일련의 개입을 제시한다. 이 은유는 우리가 '종양학적 비상사태'를 경험하게 하여 전체가 사멸할 수도 있다는 긴박감을 조성한다. 한편 인간을 암세포라는 부정적인 위치에 두는 것은 인간의 본질적 가치를 경시할 우려도 있는데, 특히 인구수가 급격히 증가하고 있는 곳에서는 더욱 그러할지도 모른다. 따라서 이 은유는 어떻게 사상이 만들어지는지에 따라서 긍정적이기도 부정적이기도 한 양면적 은유라고 할 수 있다.

자연은 유기체이다에 대한 보다 구체적인 예는 **자연은 사람이다**이다. 가이아 이론의 창시자인 제임스 러브록(James Lovelock)은 다음과 같은 은유를 빈번하게 사용했다. "나는 가이아를 마치 내 나이의 노인처럼 생각한다. … 그녀는 이미 그녀 삶의 88%를 살았다."(Lovelock, 2009: 96) 로메인(Romaine, 1996: 183)은 가이아 은유가 '인간을 모든 것들의 중심에 두기 때문에 인간 중심적 견해'가 된다고 간주하지만, 다른 학자들은 이 은유에 대해 보다 긍정적이다. 베르하겐의 다음 언급을 보자.

> 지구를 의인화함으로써, 가이아 은유는 내재적 가치를 지니며 그 총체적인 관심이 인간의 가치에 대한 고려임을 보여준다. 이를 통해 삶에 대한 경외심을 고무하기 때문에 가이아 은유는 충분히 환영받을 만하다. (Verhagen, 2008: 8, 원문에서 강조)

가이아 은유는 분명 의인화를 사용하고 있지만 인간 **중심적**이지는 않다고 볼 수 있다. 그것은 가이아 은유가 인간의 삶을 지원해야 한다는 협소하고 실리적인 목표를 뛰어넘어 숲, 식물, 자연의 존재 이유를 제시하기 때문이다. 예를 들어 러브록(Loverock, 2004: 109)은 다음과 같이 설명한다.

> 지구의 자연 생태계는 농지처럼 우리가 취하기 위해 존재하는 것이 아니라, 이 행성의 기후와 작용(chemistry)을 유지하기 위해 존재한다.

이처럼 가이아 은유는 인간을 '모든 것의 중심'에 두기보다는 유기체로서의 지구를 중심에 두는 것으로 간주될 수 있다.

자연을 의인화하는 것은 일반적으로 받아들여지는 반면에, 자연을 여성처럼 특정한 성별로 보는 것은 남성에게 억압받는 여성과 인간에게 억압받는 지구를 비교하기 때문에 이보다 더 논쟁적이다. 버먼(Berman, 2001: 267)은 다음과 같이 언급한 바 있다.

> 환경 담화에서 여성과 여성성을 자연과 연계하는 것은 가부장적 전통과 지배를 영속화시킨다. 자연의 성별화를 무비판적으로 받아들이고 폭력 은유(rape metaphor)를 사용하는 행위는 억압적이고 지배적인 이데올로기를 재현하는 것처럼 보인다.

자연과 관련된 은유를 판단하는 준거 중 하나는 인간을 자연의 안과 밖 중 어느 곳에 위치시키는지의 여부이다. 카첼린 외(Cachelin et al., 2010: 671)는 다음과 같이 주장한다.

> 인간과 자연 사이의 구분이 지속적으로 표현되는 것은 삶으로서의 은유의 근본적인 문제를 보여준다. … 만약 우리 인간이 스스로를 자연에 속하지 않는 것으로 간주한다면, 우리는 우리 자신이 자연의 법칙의 지배를 받는다고 생각할 필요가 없을 것이다.

자연은 기계이다라는 은유나 **자연은 창고이다**라는 은유는 자연은 무기력하고 인간에게 이용당하기 위해 존재한다고 본다는 점에서 인간과 자연을 강하게 분리한다. '생태 복원'의 은유는 생태계를 회복시키려 한다는 점에서 보다 양호한 은유인 듯 보이지만, '예술작품을 복원한다는 뜻으로 해석 가능'하기 때문에 앞선 은유들과 다를 바 없다(Keulartz, 2007: 31). 이것은 자연을 그림으로, 동작주인 인간을 완전히 독립적인 전문 작품 복원가로 사상한다. 인간을 자연의 바깥에 위치시키는 것은 아니지만, 이 은유 역시 자연을 홀로 떨어뜨려 놓으면서 자연이 내재하고 있는 복원의 힘을 무시하기 때문에 오해될 여지가 크다.

크랄츠(Keulartz, 2007: 37)는 "작품 복원의 은유와 대조적으로 건강 은유는 '인간 포함'의 접근 방식을 함의하고 있다."라고 한다. '생태계 건강' 은유가 자연에게 보다 능동적인 역할을 부여하는 것과 달리(왜냐하면 신체는 외적인 개입 없이 스스로 치료할 수 있기 때문에), 복원 은유는 인간을 자연의 안으로 포함시킬 필요가 없다. 인간은 생태계의 일부라기보다는 생태계의 바깥에서 생태계가 회복하는 데 도움을 주는 의사와 같은 역할로 사상되기 때문이다.

인간을 자연의 바깥에 위치시키는 또 다른 은유로 **자연은 도서관이다**라는 은유가 있다. 발리버로넨과 헬스텐(Väliverronen & Hellsten)은 다음과 같이 언급한 바 있다.

> 다른 용도를 위해 열대우림을 개간하는 것은 전혀 읽지 않은 책이 가득한 도서관을 태우는 것에 비유된다. 그리고 열대우림이라는 유전적인 도서관에서 책을 읽는 것은 단지 그것들이 흥미롭게 보여주는 사실에 대해 유전자 지도를 공들여 작성하는 것이 아니라 종들 사이의 매우 다양하고 놀라운 상호작용에 대해 해명하는 것이기도 하다. (Murray, 2002: 236에 실린 발리버로넨과 헬스텐의 글)

이 은유는 과학자를 독자로, 열대우림의 다양한 식물 종을 책으로 사상한다. 그런데 인간은 멸망해가는 생태계의 내부에서 생명의 불꽃을 키우는 존재라기보다는 도서관의 밖에서 멸망하는 생태계를 방관하는 존재일 뿐이다.

　인간을 자연 안에 위치시키는 은유는 **자연은 그물망이다**라는 은유이다. 이는 아래와 같이 빈번하게 인용된다.

> • 인류는 삶의 그물망을 짜지 않았다. 우리는 단지 하나의 가닥일 뿐이다. 우리가 그물망을 향해 무엇을 하든 우리 스스로를 다시 향하고 있다. 모든 것들은 함께 결합되어 있다. 모든 것들이 연계되어 있다.

　이 은유는 일반적으로 19세기 북미 원주민 추장 시애틀(Seattle)의 연설에서 촉발된 것으로 본다. 푸르트벵글러(Furtwangler, 1997)는 연설을 번역하는 과정에서 의도하지 않게 이 은유가 수집되었다고 한다. 그 연원이 무엇이든지 **자연은 그물망이다**라는 은유는 "인간은 넓은 생태계의 일부이며 다양한 구성원에게 어떤 영향을 주는지 이해하고 책임감 있게 행동해야 한다는 은유적 함의(metaphorical entailment)를 지니고 있다(Raymond et al., 2013: 540).". 이 은유는 생태학에 대한 일반적인 설명에서 많이 사용되는데, 이는 다음과 같은 예에서 확인할 수 있다.

> • 우리의 지구는 삶의 집합체이다. 실로 어마어마한 양의 서식지, 인간, 식물, 동물, 펭귄부터 완두콩, 박테리아부터 버팔로까지 삶이라는 연약한 그물망 안에 상호 연계되어 있다. (EN11)

　지금까지 인간을 제외하고 식물, 동물, 균류 등을 '그물망'으로 설명해 온 것과 달리, 이 설명에서는 '인간'을 '그물망' 안에 아주 확고하게 포함시키고 있다.

이와 유사한 은유로 **자연은 공동체이다**를 들 수 있다. 이는 인간을 자연의 안에 위치시키고 인간을 공동체의 일부로 묘사한다. 생태학자인 알도 레오폴드(Aldo Leopold, 1979: 203)는 '대지 윤리'를 설명할 때 이 은유를 사용한다.

> 지금까지 모든 윤리는 하나의 전제를 포함했다. 개인은 상호 의존적인 공동체의 한 구성원이라는 것이다. 공동체 구성원 각자의 본능은 경쟁을 조장하지만, 윤리는 그들 사이의 협력을 유도한다. ⋯ 대지 윤리는 공동체의 경계를 토양, 물, 식물, 동물 등을 포괄하며 대지로 확장해 간다.

이는 "생물 공동체의 온전함, 안정성, 아름다움을 보호하려는 경향이 있을 때에는 옳다. 그렇지 않을 때에는 옳지 않다(Leopold, 1979: 224)." 라는 의미를 내포한다. 그러나 개러드(Garrard, 2012: 81)는 이 은유를 생물 공동체에 포함되는 데 실패하거나 그 바깥에 있는 존재를 설명하지 못한다는 점에서 비판한다. "공동체를 제대로 설명할 수 없고 이상적으로 안정된 상태를 밝힐 수 없다면, '온전함'과 '안정성'은 모두 도덕적 행동에 필요한 객관적인 기준이 될 수 없다."라는 것이다. 이처럼 특정한 행동을 유발하기 위해서는 은유 이상의 어떤 것이 분명히 필요하다. 그럼에도 이 은유는 인간을 자연의 일부로 두고 오직 인간만이 존재하는 세계를 극복할 수 있는 도덕적 방향성을 제공한다는 의의를 지닌다.

생태언어학에서 은유에 관한 대부분의 연구가 자연에 대한 다양한 은유적 구조 및 그 장점이나 단점에 초점을 맞추고 있다. 그런데 실상 생태언어학에서 중요하게 다루어야 하는 은유의 형태가 존재한다. 그것은 바로 파괴적인 은유인데, **경제 성장은 파도이다** 등이 이에 해당한다. 오바마 대통령은 이 은유를 사용하여 "미국의 약속은 우리의 번영이 모든 배를 띄우는 파도이고, 또 그래야만 하며, 우리는 한 국가로서 흥망성쇠를 함께 해야 한다는 것[이다]."라고 말했다 (Mieder, 2009: 323). 이 은유는 전통적으로 경제 성장을 빈곤 완화의 문제에 대한 해결책으로 나타내기 위해 "파도가 높게 일면 모든 배가 높아진다."라는 형태로 사용되어 왔다. 파도는 경제 성장을, 배는 부자와 가난한 자들의 재산을 사상한다. "파이의 크기를 키우면 모두가 더 큰 조각을 얻을 수 있다."에서도 이와 같은 은유적 추론(이는 '파도가 높게 일면 모든 배가 높아진다.'를 바꿔 말한 표현이다)을 사용한다. 생태철학에 비추어 볼 때 이러한 은유는 파괴적 은유라고 할 수 있다. 왜냐하면 이들은 유한한 세계에서 무한한 성장을 정당화하고자 하기 때문이다. 파도는 어느 지점에서 떨어지기 마련이며 케이크를 만들기 위한 재료는 결국에는 바닥나듯이, 환경 한계값을 고려해 볼 때 경제는 영원히 성장할 수 없다. 그러나 이들 은유의 근원 틀에는 이러한 의미가 포함되어 있지 않다. 오히려 유한한 세계에서 가난한 자들의 배를 높이 띄우는 유일한 방법인 재분배에 관심이 집중되는 것을 막으려는 의미를 내포하고 있는 것처럼 보이기도 한다. 코왈스키(Kowalski, 2013: 79)는 이 은유에 대해 "성장이 소득의 평등을 위한 대안이 될 수 있고 성장이 있는 한 희망은 있다. 따라서 큰 소득 격차는 용인될 만한 것이 된다."라고 지적한다. 그러나 스티리츠(Stiglitz, 2003: 78)는 다음의 확장된 은유에서 다른 은유적 추론을 사용하여 이에 반대한다.

… 성장이 모두에게 득이 되지는 않는다. '파도가 높이 일면, 모든 배가 높아진다'는 사실이 아니다. 때로는 폭풍우를 동반하여 파도가 갑작스럽게 일면, 약한 배들은 해안가로 밀려나 산산조각날 것이다.

이 책의 생태철학의 관점에서 보다 유익한 은유는 다양한 TV 프로그램 및 책에서 분석하고 홍보했던 **소비지상주의는 질병이다**라는 은유이다. 지금까지 가장 포괄적인 치료 방법은 ≪부자병(Affluenza)[17]: 모두 소비하는 유행병≫이라는 책에서 찾을 수 있다(NE6). 이 책은 첫 페이지부터 마지막까지 확장된 은유로 구성되어 있다. '강력한 바이러스가 미국 사회를 감염시켰고, 우리의 지갑, 우정, 지역 사회 그리고 환경까지 위협하고 있다. 우리는 그 바이러스를 **부자병**이라고 부른다.'(NE6: 1) 마지막 페이지까지 시종일관 '부자병은 질병이고 돈을 덜 쓰는 것으로 치료할 수 있다.'(NE6: 247)고 주장한다. 책의 앞부분에 부자병에 대한 사전적 정의가 나와 있다.

- 부자병(Affluenza). 명사. 더 많은 것을 집요하게 추구함으로써 과도한 일, 부채, 걱정, 쓰레기를 떠안게 되는 괴로운 상태가 사회적으로 퍼지는 것. (NE6: 1)

---

17) 부자병은 '어플루엔자'라고도 하는데, 이는 '풍요로움'를 뜻하는 낱말 'affluence'와 '유행성 독감'을 뜻하는 단어인 'influenza'의 합성어이다. 풍요로워질수록 보다 많은 것을 소유하려는 욕구로 인해 발생하는 스트레스, 무력감 등의 질병을 말한다(한경 경제용어사전, 2009).

[그림 4.1] ≪부자병(AFFLUENZA): 모두 소비하는 유행병≫의 표지

　이 은유에 대한 근원 틀은 전염성 있는 바이러스이고 목표 영역은 소비지상주의다. 책은 증상, 원인, 치료의 세 부분으로 나누어져 있다. 소비지상주의와 그 결과는 쇼핑 열병, 파산 발진, 만성적 울혈,

정신적 통증과 같은 다양한 유형의 의학적 증상으로 사상된다. 책 표지(그림 4.1)에는 시각적 은유가 포함되어 있는데 TV화면에 클로즈업된 한 커플의 얼굴은 질병의 근원 틀을 나타낸다. TV 아래에 있는 쓰레기 더미는 소비지상주의의 목표 영역을 가리킨다. 이 책에서 말하는 치료법은 '더 적은 수입으로 더 나은 삶을 사는 것(NE6: 174)'이다. 즉 적게 벌고 적게 소비함으로써 더 의미 있고 만족스러운 삶을 사는 것과 같은 주로 개인적 방법이다. 예를 들어 자발적 간소[18], 자연과 친해지기, 창의적으로 살기, 지역 주민들과 어울리기, 교통수단 이용을 줄이기가 있다. 이들 방법은 근무시간 단축, 부적절한 정부 보조금 올바르게 쓰기, 경제 성장에 대한 새로운 방향을 제안하는 것과 같은 '정치적 처방전'에 해당하는 사회적이고 정치적인 행위이다. 이 은유는 신고전주의 경제학에서 항상 더 많은 것을 원하는 자기중심적인 소비자의 형성에 대항하는 강력한 방법이다. '더 많은 것에 대한 욕구'와 질병을 연결시켜 소비지상주의를 부정적으로 나타낼 뿐만 아니라 치료법과 연결시켜 소비를 줄이는 긍정적인 방향도 제시한다. 이는 참살이와 소비 감소를 모두 촉진하기 때문에 이 책의 생태철학에서 볼 때 유익한 은유라고 간주될 수 있다.

그 은유가 파괴적인지, 양면적인지, 아니면 유익한지에 대한 문제뿐만 아니라 얼마나 활성화되었는지의 문제도 중요하다. 만약 죽은 은유라면 많은 영향을 미치지 않을 것이고, 그 은유가 머릿속에 생생한 이미지를 전달한다면 훨씬 많은 영향을 미칠 것이다(Müller, 2008). 하지만 '잠자고 있거나(sleeping)', '숨어있는(embedded)' 은유는 '죽은 것'

---

18) 자발적 간소는 인간적·정신적인 가치를 중요시하여, 물질주의를 거부하는 철학 또는 생활양식을 말한다.

과 '살아 있는 것' 사이에 있다. 이러한 은유는 보통 사람들의 눈에 띄지 않는다. 그런데 만약 그 은유들이 '삶으로서의 은유', 즉 삶의 영역을 생각하는 데 일반적으로 사용되는 보편화된 은유일 경우에는 엄청난 영향력을 지니게 된다. 은유가 지닌 생동성 정도를 살피는 것은 은유가 사회에서 일반적으로 사용되거나 특정 상황에서 사용되는 경우 모두에 대한 더욱 세밀한 연구를 요청한다. 다음 절에서는 생태언어학에서 특별히 중요한 은유의 하나인 **기업은 사람이다**를 분석하고자 한다. 이는 그 은유가 죽은 은유인지, 잠자는 은유인지, 생생한 모습을 보여주는 은유인지를 추적하고, 그것이 생태철학의 입장에서 파괴적이거나 유익한 것인지를 판단해 보고자 한다.

기업은 사람이다라는 은유

'기업'이라는 단어는 그것의 어원에서부터 이미 **기업은 사람이다**라는 은유를 포함하고 있다. 이 단어는 라틴어 corporare에서 비롯되었다. corporare는 '몸을 형성하다'라는 의미이다. 이는 'corpus(신체)'에서 유래되는 것으로, 'corpus'는 몸, 육체, 또는 사람을 포함하는 의미역을 지닌다. 화자가 이러한 어원을 알고 있을 가능성은 낮다. 설령 어원을 알고 있다 하더라도 그 용어를 이해해야 한다는 책임을 느낄 가능성이 낮으므로 이것은 물론 죽은 은유이다. 만약 이와 같은 방식으로 은유를 드러낸다면, 이는 생태언어학에 별로 흥밋거리가 되지 못할 것이다. 훨씬 더 중요한 사실은 기업이 사람처럼 행동하도록 만드는 방법에 대한 이야기가 만연해 있다는 것이다. 다음의 예는 (2장에서 처음 논의한) 미시경제학 교과서 ET1에서 '경제 단위'의 하나로서 '회사'의 위상을 설명한 내용이다.

> • 미시경제학은 개별 경제 단위의 행동 방식을 다룬다. 이 단위는 소비자, 근로자, 투자자, 토지 소유주, 회사 등을 포함한다. (ET1: 3)

'소비자', '근로자', '투자자', '소유주', '회사'는 조금 더 일반적인 용어인 '경제 단위'의 의미 내에 포함되는 하위어의 예이다. 페어클로(Fairclough, 2003: 101)는 하위어가 일반적으로 동등하게 볼 수 없는 단어 사이를 동등하게 설정할 수 있다고 설명한다. 위의 예에서 '회사'는 '경제 단위' 못지않게 '근로자', '투자자', '소유주'와 동등한 위상을 지닌다. 교과서 ET2와 유사하게 일반적인 용어인 '개별 동작주'의 하위어는 회사나 사람과 같은 위상을 지닌다. 그것들은 '실재 인물, 가족, 자본주의 기업, 협동조합, 또는 국영 기업 …' 같은 것들이다(ET2: 4).

같은 교과서에서 기업은 '추구', '고려', '책정', '바람', '선택', '시도' 혹은 '결정'과 같이 보통 인간에 의해 결정되는 사고 과정의 감각 주체로 취급된다. 구체적으로 회사는 (고딕 처리된 부분을 볼 때) 다음과 같은 감각 주체의 역할이 부여된다.

> • [기업은] 모든 생산량에 사용되는 투입량의 최소화를 **추구하고** 있다. (ET2: 175)
> • [기업은] 시장 진입을 **고려하고** 있다. (ET2: 329)
> • [기업은] 생산량보다는 가격을 **책정한다**. (ET2: 324)
> • [기업은] X의 판매를 **바란다**. (ET2: 216)
> • [기업은] 간단한 기준을 **선택한다**. (ET2: 352)

- [기업은] 그들 이익의 극대화를 시도한다. (ET1: 5)
- [기업은] (이익의 극대화를 위한) 최적의 조합을 결정한다. (ET1: 7)

(각 예문에 연구자 강조)

위에서 볼 수 있듯이 '회사' 또는 '기업'이라는 단어는 '회사의 소유주' 또는 '회사의 임원'을 대신하여 사용한 환유(metonymy)의 예이다. 레이코프와 존슨(Lakoff & Johnson, 1980: 38)은 이러한 종류의 환유가 기업을 **사람과 같이 책임감을 지닌 기관**으로 사용하고 있다고 하면서, "환유적 개념이 은유처럼 우리의 언어뿐만 아니라 우리의 생각, 태도와 행동을 구조화한다(1980: 39)."라고 하였다.

기업이 사람과 같이 표현될 경우 신고전주의 경제학 담화에서는 기업을 의도와 목적을 가지고 있는 것으로 취급하게 된다. 소비자가 최대한의 소비를 통해 자기만족을 추구하는 한결같은 목표를 가지는 것을 당연하게 여기는 것과 같이, 이 담화는 '이윤 극대화 기업'(ET2: 9)이나 '판매 수익, 또는 직원당 수익의 극대화를 … 추구하는 기업'(ET2: 9), 또는 '성장 극대화'(ET5: 141)를 목표로 하는 기업을 설정한다. 이들은 신고전주의 경제학 담화가 기업을 소유주와 같이 협의의 '인격'으로 표현하는 것이며, 이윤과 같이 이기적이고 외재적인 가치만 중시한다고 표현하는 것이다. 경영인이 이러한 모델 중 하나를 선택하면 신고전주의 경제학 담화는 이를 달성하기 위한 방법을 간접적으로 알려준다. 아래 ET5를 예로 들 수 있다.

- 향후 2~3년간 최대 성장은 생산 능력을 최대로 하는 공장 경영을 통해 이룰 수 있을 것이다. … 그리고 이를 지원하기 위해 대규모 광고와 가격 인하가 수반될 것이다. (ET5: 142)

경영인이 현실에서 위의 내용을 실천한다면, 담화에 의해 규정된 성장을 극대화하는 기업은 불필요한 상품의 과잉 생산과 광고, 그리고 물건을 구입하도록 사람들을 부추기는 가격 인하로 인하여 막대한 생태적 피해를 현실화시킬 가능성이 크다. 몇몇 교과서는 기업의 사회적 책임과 환경적 외부성을 고려하기도 한다. 그러나 일반적으로 신고전주의 경제학 담화는 기업을 사람으로 설정하는 것에 그치지 않고 특정 유형의 사람으로 설정한다. 기업에 대하여 환경에 미치는 영향이 무엇이든 수익과 매출을 올리고 성장을 지향하기 위해 자기중심적으로 노력하는 사람으로 설정하는 것이다. 스스로 결정하는 사람으로서의 기업이 지니고 있는 대표적인 위험은 참살이와 환경을 파괴하는 행동의 책임 소재를 명확히 밝히기 매우 어렵다는 것이다. 애거(Yeager, 2009: 19)는 '사람으로서의 기업을 고려하는 것에 의해 어떻게 '형사 책임의 기본 개념(본래는 사람을 상하게 하려는 고의성에 중점을 두었던 것)이 넓어지게 되었으며, (때로는) 심지어 무효화되었는지'를 설명한다.

기업은 사람이다라는 은유는 하위어와 환유를 통해 신고전주의 경제학 담화를 독자가 알아채지 못하도록 미묘하게 전파한다. 이러한 점에서 이는 잠자는 은유로 간주될 수도 있다. 그러나 확실한 것은 기업 스스로가 **기업은 사람이다**라는 잠자는 은유를 언제든 삶으로 들어오게 하는 특정 방법을 지니고 있다는 사실이다. 콜러(Koller, 2009: 45)는 '기업 브랜드가 **브랜드는 살아 있는 유기체이다**라는 은유에 의해, 때로는 **브랜드는 사람이다**라는 은유에 의해 어떻게 인지적으로 구조화되는지' 설명한다. **브랜드는 사람이다**라는 은유에 따라, 개별 기업은 기업의 성격이 인지되는 방법을 구체화하려고 시도한다. 콜러가 기업을 광범위하게 분석한 내부 문서에 따르면, 기업이 그들의 '브랜드를 대표하는 인물(brand person)'과 연결하려고 시도하는 가장 일반적인 특성은 '혁신, 존중, 뛰어남, 진실성, 성과, 신뢰, 협력, 책임, 성장, … 창조성, 경쟁력, 투명성, 전문성, 그리고 공정성'(Koller, 2009: 52)이다. 이러한 자기 기술은 다양한 기능을 제공할 수 있다. 즉 회사의 현실이 어떠한지 설명하거나, 아직 현실화되지 않은 이상을 직원들이 목표로 삼도록 하는 것, 또는 외부 이해당사자에게 거짓 인상을 주기 위해 기업의 부정적인 측면을 가장하는 것 등이 이에 해당한다. 일반적으로 기업의 '브랜드를 대표하는 사람'은 모두 긍정적인 역할을 하기 때문에 기업은 이 사람을 창조하기 위해 막대한 광고비용을 사용한다. 가령 로날드 맥도날드(Ronald McDonald), 조 카멜(Joe Camel)[19], 또는 미쉐린 맨(Michelin Man)[20]의 예와 같이 살아 움직이는 이들이 실제 삶 속으로 들어와 복합적인 은유를 형성하기 시작한다.

은유는 법인 변호사의 법적 담화나 법규 그 자체를 통해 보다 극

---

19) 1913년에 R. J. 레이놀드 타바코(R. J. Reynolds Tobacco Company)에서 처음 출시한 담배 브랜드 '카멜'은 당시 마을에서 공연하던 서커스단의 외봉낙타를 본떠 로고를 만들었고, 1987년에 이 로고의 이미지로 조 카멜(Joe Camel)이라는 마스코트를 만들었다.

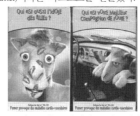

20) 미쉐린 맨은 '미쉐린 타이어'의 광고 모델로, 많은 타이어로 이루어진 만화 캐릭터이다.

적으로 삶에 침투하기도 한다. 2006년에 제정된 미국 법전의 개정판
은 사람의 의미를 다음과 같이 규정한다.

- 사람은 (인디언 개개인을 비롯한) 자연인(natural person), 기업, 조합,
  비법인 단체, 신탁, 부동산, 주 정부 및 지방 정부 혹은 인디언 부족
  을 포함한 공공 혹은 민간의 단체를 의미한다. (PD9: 1349)

이는 기업을 곧 사람으로 정의하는 보다 명백하고 강력한 표현 방
법이다. 레이코프와 웰링(Lakoff & Wehling, 2012)은 이에 대해 다음과 같
이 기술한다.

연방 최고 법원은 주목할 만한 기관이다. 그 기관은 5-4 투표에 의해 우
리가 어떤 은유를 살리거나 죽게 할 것인지를 결정할 수 있다. 이제 법적
구속력이 있는 은유를 만들 힘이 있는 법원의 은유적 힘(Metaphor Power of
the Court)을 공인하고, 정식으로 말할 시간이다. 그것은 엄청난 힘이다. 이
러한 내용에 대해 언론은 보도해야 하고 법률 이론가들은 기술해야 하며
우리 모두는 고민해야만 한다.

기업이 법률상 '사람'의 범주에 포함된 것은 수정 헌법 제14조(인권
의 선언)에 의거하여 남태평양 철도사의 권리를 인정한 1886년 연방
대법원의 판례 때문이다. 법사학자 존 위트(John Witt) 교수는 예일 법
대에서의 대담(2011)에서 다음과 같이 언급했다.

미국 대법원장 모리슨 웨이트(Morrison Waite)는 1886년 1월 법원에 있
는 모든 사람들이 심사숙고한 결과 수정 헌법 제14조에 의거하여 기업을
사람의 범주에 귀속시켰다.

'법원에 있는 모든 사람들이 심사숙고한 결과'라는 문구는 이러한 규정이 충동적인 결정이 아니라 숨어 있는 잠자는 은유의 영향력을 논리적으로 도출한 것임을 보여준다는 점에서 주목할 만하다. 이러한 은유는 성문화되어 '개개인은 권리를 갖는다. 우리 기업은 사람이다. 그러므로 우리 기업은 사람으로서의 권리를 갖는다'의 **은유적 추론** (Johnson, 1983)이 기업에도 적용될 수 있게 하였다. 이는 인간에게 주어지던 매우 중요한 권리와 자유를 기업 또한 획득할 수 있도록 한 것이다. '인간'의 근원 틀에서 도출할 수 있는 수많은 함의 중에서 명백하게 기업에게 이익이 되는 함의는 기업 변호사에 의해 적극적으로 추구되는 반면, '인간은 책무를 지닌다. 우리 기업은 인간이다. 그러므로 우리 기업은 책무를 가진다'라는 논법은 소극적으로 추구된다. 이런 식으로 은유는 이데올로기화되어 생태적 파괴에 수반되는 개인적 책무는 감추면서 기업의 힘을 증진시키는 방향으로 활용된다.

기업은 사람이다라는 은유를 법의 담화로 접근하는 것은 우리가 살고 있는 세계를 형성하는 데 강력한 힘을 갖지만, 이는 또한 저항의 은유를 열어주기도 한다. "[하나의] 은유가 불충분하게 부분적으로 노출되면, [그것은] 경쟁을 벌이게 될지도 모르며 그 정확성 혹은 숨은 편견에 저항을 받게 된다."(Martin, 2014: 79). 확산된 점거 운동(Occupy movement)21)의 목적 가운데 하나는 법의 담화에서 은유 사용에 대한 저항이다. 월스트리트점거(Occupy Wall Street; OWS)는 '기업 횡포를 막기 위한 결의안'을 채택하며 다음과 같이 진술하였다.

---

21) 점거 운동은 "월스트리트를 점거하라."를 뜻한다. 이 운동은 2011년 뉴욕 월스트리트에서 일어난 저항 운동으로, 국영 기업에 의해 야기되는 사회적·경제적 불평등, 탐욕, 부패와 타락 등을 반대하고자 한 것이다.

• 진정한 민주적 자치에 대한 강력한 위협 중 하나는 기업이 마치 법적 사람과 같이 정의된다는 사실에 기인한다. … [이 정의는] 우리 공동체, 경제, 민주주의, 그리고 자연계를 다양한 방식으로 위태롭게 하거나 파괴할 것이다. … [우리의 요청은] 헌법의 개정이며 … 기업이 아닌, 인간만이 헌법의 권리를 획득한 사람이다. (PD10)

이것은 주목할 만한 저항 은유인데, 그것은 사람들과 환경에 부정적인 영향을 주기에 그러한 은유는 파기되어야 한다고 주장하기 때문이다. **기업은 사람이다**라는 은유가 '기업 횡포'로 일반화되는 것은 반대 담화의 행동을 위한 특정한 목표를 제공하며, 이러한 캠페인은 지역 정부에 몇몇 영향을 주기도 한다. 예를 들어, 2012년 1월 4일 뉴욕 시의회는 헌법 개정을 지지하는 결의안을 채택하였는데, 이는 "기업은 자연인의 '권리' 혹은 보호의 전부를 보장받지 아니한다."는 것이다(NYCC, 2012).

기업은 사람이다라는 은유에 대한 또 다른 형태의 저항은 영화 ≪기업(The Corporation)≫(ML18)에서 찾을 수 있다. 이 영화는 거대 기업이 사회적이고 생태적으로 해를 끼친다는 사실을 보여준다. 영화는 사람(자연인)에게 권리를 준다는 미국 수정 헌법 제14조에서 나타난 은유를 소개한다. 피면접자는 '기업이 법정에 들어오고, 기업의 고문 변호사는 매우 영리한데, 그들이 말하기를 "오, 당신은 사람의 생명, 자유, 재산을 빼앗을 수 없다. 우리가 사람이듯이, 기업 또한 사람이다."'라고 진술한다(ML18: 9분 21초). 이것은 기업의 법률 담화에서 변호사가 어떠한 은유적 추론 유형을 사용하였는지 보여준다.

이렇게 볼 때, 영화 제작자가 **기업은 사람이다**라는 은유에 대해 강한 반감을 가지고 있지만, 그저 이 은유를 부정하기보다는 이를 논리적으로 풀어나가고 있다는 사실을 알 수 있다. 내레이터는 다음과 같은 수사적인 질문을 던진다. "기업이 '사람'과 같은 보호와 법적 권리를 획득해 왔다면, 기업은 어떤 종류의 사람인가(ML18: 12분 9초)?" 잠시 후 이에 대한 답변으로 "우리는 정신과 의사와 같이 [기업]이라는 환자를 분석한다고 볼 수 있다(ML18: 18분 18초)."가 나온다. 이와 관련하여 기업의 파괴적인 행위에 대한 일련의 사례 연구에서 그러한 행위는 개인적인 특성을 나타내는 말로 기술되어 있음을 알 수 있다. 가령 '타인의 감정에 대한 무관심', '기만', '유죄 경험의 무능력' 등이 이에 해당한다. 영화 전체의 결론은 40분 33초에 등장하는데, 그러한 체크리스트를 만든 심리학자 로버트 하레(Robert Hare)는 기업이 사람으로서 **사이코패스**(psychopath)라고 결론을 내린다. 신고전주의 경제학 담화에서 기업을 이윤 극대화의 사람이라고 하며 기업 시장에서 기업을 친근하고 신뢰할 만하고 활력이 넘치는 사람들을 의미한다고 한 반면, ≪기업≫이라는 영화에서는 동일한 은유를 사용하면서도 기업을 사이코패스로 표현한 것이다.

영화에 사용된 은유는 특히 생동감을 주는데, 그것은 하나 이상의 **양식**(mode) 곧 근원 틀과 목표 영역을 연결하는 음악, 영상, 자막, 그리고 구어 등을 사용하고 있기 때문이다. 뮐러(Müller, 2008: 86)는 은유가 **생동성**(vitality)의 범위, 즉 죽음에서부터 삶 혹은 잠에서 깸의 범위에서 생성된다고 하였다. 은유가 근원 틀을 통해 목표 영역을 보여주기 때문에, 근원 틀과 목표 영역이 보다 다양한 양식에 의해 표현되면 될수록 그 은유는 보다 더 강력한 힘을 갖게 된다. 영화 ≪기업≫은 매우 생동감 있는 은유를 만들기 위해 복합 양식이 어떤 방식으로 조합될 수 있는지에 대한 아주 훌륭한 설명을 제공하고 있다.

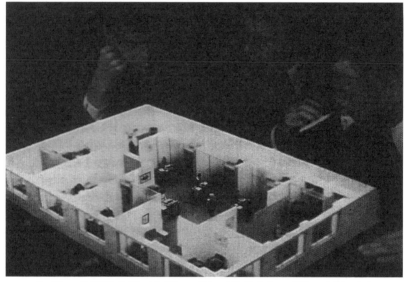

[그림 4.2] 정신과 치료를 받는 기업, 다큐멘터리 ≪기업≫의 한 장면

영화에서 목표 영역(기업)은 로고, 빌딩, 사무실과 사장 등과 같은 복합 이미지를 통해 환유적으로 표현되어 있다. 또한 거기에는 기업을 표상하는 주제 음악도 있다. 배경의 베이스 선율 위에 근대성과 인공성을 전달하는 높은 신디사이저 음악과 더불어 효율성과 생산성을 전달하는 빠르고 명료한 드럼 비트 등이 들린다. 동시에 근원 틀인 사람을 기업과 연계하기 위한 내레이터의 복합적인 표현들, 가령 "기업은 사람이다.", "황제 철강, 다른 수천의 법인과 함께 ⋯ 우리 사회의 일원이다." 등이 나타난다. 또한 근원 틀과 목표 영역은 동시에 '기업: 법인'이라는 자막으로 화면에 제시된다. 영상으로 근원 틀인 사람은 맥도날드의 미소, 켈로그의 소리와 팝 작품의 연주, 그리고 미쉐린 맨의 춤과 같이 시각적으로 표현되며, 동시에 내레이터는(12분 46초), "기업 시민의 가장 큰 문제는 그들은 우리와 같지 않다는 것

… 그들은 구원할 정신도 감금될 몸도 존재하지 않는다."라고 말한다. 특히 강렬한 영상은 사무실의 안을 나타내는 부분인데(18분 18초), 사람들이 문서를 교환하고 능률적으로 일하며 분주히 돌아다니는 모습이 기업 주제 음악과 더불어 드러난다. 그러다가 카메라가 줌 아웃되며 전체 사무실을 보여준다. 사무실은 정신과 의사의 긴 의자 위에 하나의 박스 형태로 놓여 있으며, 세 명의 거대한 사람이 함께 모여서 이 박스 안을 들여다보며 무엇인가를 노트에 적고 있는 모습을 나타낸다(그림 4.2 참조). 그때 내레이터가 등장하며, "우리는 [기업]을 마치 정신과 의사가 환자를 대하는 것과 같이 분석할 수 있다."라고 한다. 이와 같은 방식으로, 근원 틀(사람)과 목표 영역(기업)은 복합 양식으로 결합되어 있는데, 이는 이 은유에 매우 높은 수준의 생동성을 부여하는 결과를 낳는다.

결론적으로 이 영화는 매우 높은 생동성을 효과적으로 부여하며 시청자가 집중하게 하면서 **기업은 사람이다**라는 은유에 저항하고 이 은유가 사회적이고 생태적으로 해를 끼친다는 사실을 고발한다. 이는 특정한 증거(사이코패스 행위에 대한 체크리스트)를 통해 드러난다. 곧 기업이 사람이라고 할 수 있다면, **기업은 사이코패스이다**라는 은유가 그러한 사람의 유형을 드러내는 데 적합하다고 할 수 있다는 것이다. 만일 기업이 사이코패스라면, 기업을 보다 이타적이고 헌신적으로 변하게 할 수 있는 치료가 반드시 필요하다. 만일 기업 스스로가 이를 위한 실천적인 방향을 찾지 못한다면, 환자인 기업은 반드시 치료를 받아야 한다.

일반적으로 텍스트에 쓰인 은유는 독자의 심리에 직접적으로 작용하는 생생한 이미지를 전달한다는 점에서 매우 강력한 언어적 장치가 될 수 있다. 이러한 이미지는 독자 개인에 따라 독자의 심리에 지속적인 인지 모형을 구성할 수도 있다. 그것은 독자들이 어떠한 다른 은유에 노출되었는지, 그 은유가 사회의 일부를 이루고 있는 지배적인 은유였는지 등에 기인한다. 생태언어학은 현실에 존재하는 삶으로서의 은유를 파헤쳐 의문을 제기하고, 우리 삶을 지탱하고 있는 생태계의 보호를 독려하는 참신한 은유를 탐색하며, 그러한 은유들이 삶의 새로운 은유가 되도록 장려하는 역할을 담당할 것이다.

◹ 참고문헌

Berman, T. 2001. The rape of mother nature: women in the language of environmental discourse, in A. Fill and P. Mühlhäusler (eds) *The ecolinguistics reader: language, ecology, and environment*. London: Continuum, pp. 258-69.

Boulding, K. 1966. The economics of the coming spaceship Earth, in H. Jarrett (ed.) *Environmental quality in a growing economy*. Baltimore, MD: Johns Hopkins University Press, pp. 3-14.

Cachelin, A., Norvell, R. Nd Darling, A. 2010. Language fouls in teaching ecology: why traditional metaphors undermine conservation literacy. *Conservation Biology* 24(3): 669-74.

Chilton, P. and Schäffner, C. 2011. Discourse and politics, in Discourse studies: *A multidisciplinary introduction*. London: Sage, pp. 303-30.

Fairclough, N. 2003. *Analysing discourse: textual analysis for social research*. London: Routledge.

Forencich, F. 1992. Homo carcinomicus: a look at planetary oncology. *Trumpeter* 9(4): 142-4.

Furtwangler, A. 1997. *Answering Chief Seattle*. Seattle, WA: University of Washington Press.

Garrard, G. 2012. *Ecocriticism*. 2nd ed. London: Routledge.

Goatly, A. 2001. Green grammar and grammatical metaphor, or language and myth of power, or metaphors we die by, in A. Fill and P. Mühlhäusler (eds) *The ecolinguistics reader: language, ecology, and environment*. London: Continuum, pp. 203-25.

Johnson, M. 1983. Metaphorical reasoning. *Southern Journal of Philosophy* 21(3): 371-89.

Keulartz, J. 2007. Using metaphors in restoring nature. *Nature & Culture* 2(1): 27-48.

Koller, V. 2009. Brand images: multimodal metaphor in corporate branding messages, in C. Forceville and E. Urios-Aparisi (eds) *Multimodal metaphor*. Berlin: Mouton de Gruyter, pp. 45-71.

Kowalski, R. 2013. Sense and sustainability: the paradoxes that sustain. *World Futures: The Journal of General Evolution* 69(2): 75-88.

Krementsov, N. and Todes, D. 1991. On metaphors, animals, and us. *Journal of Social Issues* 47(3): 67-81.

Lackey, R. 2007. Science, scientists, and policy advocacy. *Conservation Biology* 21(1): 12-17.

Lakoff, g. and Johnson, M. 1980. Metaphors we live by. Chicago, IL: University of Chicago Press.

_____. 1999. Philosophy in the flesh: the embodied mind and its challenge to Western thought. New York: Basic Books.

Lakoff, G. and Wehling, E. 2012. Metaphor and health care: on the power to make metaphor into law. Available from: http://www.thelittleblueblog.org/2012/06/25/metaphor-and-health-care-on-the-power-to-make-metaphor-into-law/ [Accessed 20 January 2015].

Larson, B. 2011. *Metaphors for environmental sustainability: redefining our relationship with nature.* New Haven, CT: Yale University Press.

Leopold, A. 1979. *A Sand County almanac and sketches here and there.* Oxford: Oxford University Press.

Lovelock, J. 2004 Something nasty in the greenhouse. *Atmospheric Science Letters* 5(6): 108-9.

_____. 2009. *The vanishing face of Gaia: a final warning.* New York: Basic Books.

Martin, J. 2014. *Politics and rhetoric: a critical introduction.* London: Routledge.

Mieder, W. 2009. *'Yes we can': Barack Obama's proverbial rhetoric.* New York: Peter Lang.

Mühlhäusler, P. 2003. *Language of environment, environment of language: a course in ecolinguistics.* London: Battlebridge.

Müller, C. 2008. *Metaphors dead and alive, sleeping and waking: a dynamic view.* Chicago, IL: University of Chicago Press.

Nerlich, B. and Jaspal, R. 2012. Metaphors we die by? Geoengineering, metaphors, and the argument from catastrophe. *Metaphor and Symbol* 27(2): 131-47.

Nerlich, B., Hamilton, C. and Rowe, V. 2002. Conceptualising foot and mouth disease: the socio-cultural role of metaphors, frames and narratives. *Metaphorik.de* 2: 90-108.

New York City Council (NYCC) 2012. Opposing the US Supreme court's interpretation of the constitution in Citizens United. *New York City Council.* Available from: http://tinyurl.com/ks55fbu [Accessed 20 Janury 2015].

Raymond, C., Singh, G., Benessaiah, K., Bernhardt, J., Levine, J., Nelson, H., Turner, N., Norton, B., Tam, J. and Chan, K. 2013. Ecosystem services and beyond: using multiple metaphors to understand human-environment relationships. *BioScience* 7:

536.

Romaine, S. 1996. War and peace in the global greenhouse: metaphors we die by. *Metaphor and Symbolic Activity* 11(3): 175-94.

Russill, C. 2010. Temporal metaphor in abrupt climate change communication: an initial effort at clarification, in W.L. Filho (ed.) *The economic, social and political elements of climate change.* London: Springer, pp. 113-32.

Schön, D. 1993. Generative metaphor: a perspective on problem setting in social policy, in A. Ortony (ed.) *Metaphor and thought.* Cambridge: Cambridge University Press, pp. 167-3.

Semino, E. 2008. *Metaphor in discourse.* Cambridge: Cambridge University Press.

Stiglitz, J. 2003. *Globalization and its discontents.* London: Penguin.

Sullivan, K. 2013. *Frames and constructions in metaphoric language.* Amsterdam: John Benjamins.

Tannen, D. (ed.) 1993. *Framing in discourse.* Oxford: Oxford University Press.

Väliverronen, E. and Hellsten, I. 2002. From 'burning library' to 'green medicine': the role of metaphors in communicating biodiversity. *Science Communication* 24(2): 229-45.

Verhagen, F. 2008. Worldviews and metaphors in the human-nature relationship: an ecolinguistic exploration through the ages. *Language & Ecology.* Available from: www.ecoling. net/ articles [Accessed 20 January 2015].

Witt, J. 2011. What is the basis for corporate personhood? NPR. Available from: http://www.npr.org/2011/10/24/141663195/what-is-the-basis-for-corporate-personhood [Accessed 20 January 2015].

Yeager, P. 2009. Science, values and politics: an insider's reflections on corporate crime research. *Crime, Law & Social Change* 51(1): 5-30.

평가는 감정의 공동체를 형성하기 위한 거대한 자원이며, 문법과 어휘를 통해 많은 영역이 평가된다.

- 마틴과 로즈(Martin & Rose, 2003: 58)

마이클 할리데이(Michael Halliday)가 1990년에 국제응용언어학회에서 했던 연설(이후 Halliday, 2001로 게재)은 생태언어학을 인식의 학문인 생태인문학으로 발전시키는 데 기여했다. 연설에서의 몇 가지 중요한 발언은 생태언어학이라는 새로운 연구 분야에 의해 계승되고 발전되었다. 그런데 이 가운데에는 심사숙고해야 할 중요한 발언이 있다. 할리데이(Halliday, 2001: 192)는 특정 신문이 항공 여행의 증가를 긍정적으로 평가하고 있다고 하였다. 그 평가는 "지속적인 경제 성장에 따라 장기간의 항공 여행이 확대되는 것은 낙관적이다."라는 표현으로 나타났다. 그는 다음과 같이 주장한다.

여기에 있는 모든 텍스트, 매일 전 세계에 반복되는 무수히 많은 텍스트에는 성장이 좋다는 간단한 메시지가 포함되어 있다. 많은 것이 적은 것보다, 더 많은 것이 더 적은 것보다, 큰 것이 작은 것보다, 늘어나는 것이 줄어드는 것보다, 높은 것이 낮은 것보다 좋다. 국민총생산(Gross National Products; GNP)은 높아져야 하고, 생활수준은 향상되어야 하며, 생산량은 증가되어야 한다. 그러나 우리는 이러한 일들이 일어날 수 없다는 사실도 안다. 우리는 … 생존에 없으면 안 될 신선한 물과 농사를 짓기 위한 토양을 전부 소모하고 있다. … 우리는 지구 순환의 일부인 다른 많은 종들을 파괴하고 있다.

할리데이가 설명하는 것은 **평가 유형**(appraisal pattern)이다. 이는 텍스트에서 지속적으로 긍정적이거나 부정적으로 묘사되는 언어의 양상을 말한다. 평가 유형은 생태언어학에서 중요한 관심사인데, 그것은 사람들이 삶의 영역에 대하여 긍정적으로 생각하는지 아니면 부정적으로 생각하는지에 영향을 줄 수 있기 때문이다. 경제 성장이 좋다는 표현이 많아지면 이 메시지는 사람들의 마음속에 깊숙이 침투해 삶으로서의 이야기가 될 수 있다. 이러한 이야기는 사람들의 마음속에 들어가서 행동에 영향을 주는 것은 물론이거니와 사람들이 삶의 체계를 대하는 방식에도 영향을 미친다. 이 책에서는 무언가가 좋은지 나쁜지에 대한 사람들의 마음속 정신적 모형을 **평가**(evaluations)라고 부른다. 이들 용어를 정리하면 다음과 같다.

평가(evaluations)는 하나의 삶의 영역이 좋은지 나쁜지에 대한 사람들의 마음속 이야기이다.
평가 유형(appraisal patterns)은 하나의 삶의 영역을 좋거나 나쁘게 표현하는 언어적 특징의 집합체이다.

언어가 지닌 평가의 유형을 분석하면 평가의 근원, 즉 사람들의 마음속에 있는 이야기를 드러내고 이들에 대해 질문하며 도전할 수 있다.

마틴과 화이트(Martin & White, 2005)가 **평가 항목**(appraising items)이라고
부르는 것은 삶의 영역을 긍정적으로 또는 부정적으로 평가할 수 있
는 언어적 특징에 해당하는 사항이 많다. 여기에는 좋은 것, 옳은 것,
잘못된 것, 나쁜 것과 같은 명백한 긍정과 부정의 의미를 지닌 표현이
있다. 또한 신선한 것, 자연스러운 것, 깔끔한 것과 같은 암묵적으로 긍
정 혹은 부정의 의미를 함축하고 있는 표현도 있다. 이를테면 'X의
위협'(예컨대 산사태의 위협)과 같은 문법 구조는 X를 부정적으로 평가
하는 항목이다. 한편 특정 은유 또한 평가 항목으로 기능할 수도 있
다. 예를 들어 소비지상주의가 질병으로 묘사되면, 근원 틀인 질병에
대한 보편적 인식이 부정적이기 때문에 질병이라는 은유는 소비지상
주의에 대한 부정적인 평가를 촉발한다.

형태론적으로 un, in 또는 dis와 결합된 단어, 가령 unhappy(불행한),
unsatisfied(불만족스러운), unappreciated(진가를 인정받지 못하는), untidy(단정치 못
한), disillusioned(환상이 깨진), inconsiderate(분별이 없는), inconvenient(불편한) 등
은 종종 대상을 평가하는 데 사용된다. 대부분의 경우 (unhappy와 같이)
유표적인(marked) 단어는 부정적인 의미이고, (happy와 같이) **무표적인**
(unmarked) 단어는 긍정적인 의미를 지닌다. 무표적인 형태를 지니고
있는 'more/less(더/덜)', 'big/small(큰/작은)', 'tall/short(긴/짧은)', 'high/low(높은/
낮은)', 'growing/shrinking(성장/소멸)', 'up/down(위/아래)', 'ahead/behind(앞/뒤)',
'forwards/backwards(나아가기/물러나기)' 등과 같은 대립쌍은 각기 긍정과
부정의 이미지를 촉발한다. 진보(going forwards)가 긍정의 의미라는 것
이 본질적이지는 않지만, '퇴보(backward)'가 부정적으로 평가된다는
것은 의심할 여지가 거의 없으며, 이에 사람들은 '진취적(forwards) 사
고'를 비난하기보다는 숭배하게 된다. 기분이 '들뜨다(up)'는 기분이

'가라앉다(down)'보다 긍정적 의미를 지닌다. 'look up(나아지다)'과 'pick up(회복되다)'은 나쁜 것이 아니라 좋은 것이다. 마찬가지로 '삶에서 더 많은' 것을 얻는 것이 '삶에서 덜' 얻는 것보다 훨씬 선호된다.

그런데 무표적인 표현이 긍정적인 평가를 이끌어내는 힘은 제한적이다. 암이 '증식(grow)'하거나 범죄율이 '상승(rise)'한 것은 긍정적인 의미만 함축하지 않는다. 그럼에도 불구하고 우리가 말할 수 있는 것은 '상승(rise)', '더(more)', '증식(grow)', '앞(ahead)'과 같은 단어는 이미 긍정적인 것이라 긍정성을 증폭시키고, '하락(low)', '덜(lower)', '소멸(shrink)', '뒤(behind)'와 같은 단어는 이미 부정적인 것이라 부정성을 증폭시킨다는 것이다.

알렉산더(Alexander, 2009: 140)는 긍정적인 단어들이 함께 모여서 어떻게 누적 효과를 지니게 되는지에 대해 다음과 같이 설명한다.

> 가르랑말(purr-words)[22](비언어학자들은 이렇게 부른다)은 긍정적으로 소리 나거나 완곡하게 표현되는 단어이다. … 이러한 단어와 구절의 사용, 특히 그것들이 모여서 쓰일 때 발생하는 누적 효과는 사실상 재론의 여지가 없는 절대적 관점으로서 자기 확신이 반영되어 있다.

이처럼 긍정적인 단어가 모여서 쓰이면 일련의 평가 유형이 형성된다. 알렉산더는 몬산토사(Monsanto Builds)가 유전자 변형 작물(GM)에 긍정적인 평가 유형을 부여하는 방식을 이와 관련된 하나의 사례로 제시한다. 이 기업의 웹사이트를 보면, '생명 공학'과 '생명 공학 작물'이라는 용어 옆에 '유익한', '개선된', '도움이 되는', '해결책', '공유', '완전

---

22) 가르랑말은 으르렁말(snarl words)의 반의어로 고양이가 가르랑거리듯 남의 호감을 사기 위한 언어 행위를 뜻한다. 으르렁말은 으르렁거리듯 남을 도발하거나 위협하는 말이다.

한', '관리된', '새로운' 등의 긍정적인 표현이 놓여있다(Alexander, 2009: 140-143). 즉 몬산토사는 시종일관 자사 제품에 대하여 긍정적인 용어로써 연어(collocation)를 형성한다. 가이 쿡(Guy Cook, 2004)은 유전자 변형을 둘러싼 논쟁을 상세하게 분석하는 과정에서 이와 유사한 양상을 발견했다. 그는 유전자 변형을 지지하는 의견이 긍정적인 어감(prosody)을 풍기는 표현들(예를 들어 주로 긍정적인 맥락에서 사용하는 경향이 있는 표현 등)을 사용하고 있음을 발견한 것이다.

혁신은 진보처럼 변화를 표현하는 단어이지만, 이 단어에는 매우 긍정적인 어감이 포함되어 있다. … '진보'와 '혁신'처럼 긍정적 느낌을 주는 단어들(hooray words)이 있는 곳에는 그것들에 대한 반대를 나타내기 위해 야유를 불러일으키는 단어들(boo words)도 또한 있을 것이다. 유전자 변형을 위한 논쟁에서 야유를 불러일으키는 핵심 단어는 '러다이트(Luddite)'23)이다. (Cook, 2004: 105)

그러나 생명 공학 산업의 역작인 유전자 변형이 사람들에게 널리 긍정되고 있는 것은 아니다. 유전자 변형의 긍정적인 측면과 부정적인 측면에 대한 평가 유형이 끊임없는 논쟁거리를 만들고 있기 때문이다. 쿡은 유전자 변형 반대론자들이 '프랑켄슈타인 식품', '돌연변이 작물', '자연을 침해하고 간섭하는 것', '부자연스러운'과 같은 용어로 유전자 변형에 대해 표현하여 부정적인 평가 유형을 구축하는 것을 발견했다. 사실 사회에서 이와 같은 투쟁은 여전히 계속되고 있다. 이는 서로 다른 편에서 **문화적 평가**(사람들 마음과 문화에 걸쳐 널리

23) 러다이트는 '신기술 반대자' 혹은 '기계 파괴 운동'이라는 의미의 단어로, 19세기 산업혁명 시절에 산업의 기계화로 인한 노동자들의 착취 증가와 일자리 상실에 반대하며, 공장의 기계 파괴 운동에 앞장섰던 네드 루드(Ned Lud)의 이름에서 유래되었다.

퍼져 있는 평가)에 더 큰 영향을 끼치기 위해 대립되는 평가 유형을 사용하기 때문이다.

생태언어학에서 평가는 평가 이론(appraisal theory)(Martin & Rose, 2003; White, 2004; Martin & White, 2005; Salvi & Turnbull, 2010)을 바탕으로 연구할 수 있다. 평가 이론은 '필자/화자가 지지하거나 비난하고, 열광하거나 멸시하며, 성원하거나 비판하는 방법과 그들의 입장을 독자/청중에게 전이하는 방법(Martin & White, 2005: 1)'에 관심을 둔다. 여기서 핵심은 텍스트 전반의 어조와 분위기를 평가 유형에서 어떻게 나타내는지에 관한 것이다. 마틴과 로즈(Martin & Rose, 2003: 54)는 이를 '평가 선택의 어감 유형(the prosodic pattern of appraisal choices)'이라 부르는데, 이것이 곧 이 책에서 말하는 평가 유형이다.

> 평가 선택의 어감 유형은 평가자의 '입장'이나 '의견'을 구성한다. 그리고 이 입장과 의견은 공유되는 가치를 중심으로 만들어지고 있는 공동체의 성격을 규정한다.

여기에서 '공동체'는 특정 텍스트에 대한 필자와 독자로 구성되는데, 그들은 삶의 영역을 긍정적이거나 부정적으로 평가하는 텍스트에 의해 사회적 위상을 갖게 된다. 물론 대다수의 독자들은 평가 유형을 받아들이는 것을 비판하거나 거절할 수 있다. 즉 그것이 그들의 마음속에서 삶에 영향을 주는 평가가 되는 것을 용인하지 않을 수 있다. 하지만 우유부단한 입장의 독자들에게는 그 텍스트가 영향력을 발휘할 수 있다. 생태언어학에서 중요한 것은 단지 특정 텍스트에 의해 일시적인 공동체가 형성된다는 것이 아니라, (할리데이의 표현을 원용하자면) '전 세계에서 매일 반복되는 무수히 많은 텍스트'에서 나

타나는 보편적인 평가 유형에 의해 거대한 공동체가 형성된다는 것
이다.

한 문화에는 수많은 텍스트가 있고 텍스트를 관통하는 평가 유형
은 너무나 광범위하기 때문에 '대표적인 표본'을 추출하여 연구할 수
는 없다. 다만 다양한 분야의 담화를 가로지르는 평가 유형의 일반화
된 실제를 조사하여 연구할 수 있다. 조사된 평가 요소는 분석자의
생태철학에 따라 판단되어서 파괴적인 것, 양면적인 것, 그리고 유익
한 것으로 범주화된다. 이를 통해 잠재적으로 피해를 주는 평가에 주
의를 환기시키고, 이들과 연관된 평가 유형의 세부적인 작동 방식을
기술하여 이들에 대해 저항하거나 더 유익한 대안으로 대체하는 방
법을 탐구하는 지점까지 나아갈 수 있다.

언어 체계(language system)는 자체적으로 단어를 통해 '잠재적인' 긍정성
과 부정성을 제공할 수 있다. 문화는 이러한 잠재력을 여러 영역으로
확장하여 특정한 방향을 선택하게 한다. 예를 들어, '편리함'이라는
단어는 언어 체계 내의 편리함과 불편함이라는 대립쌍에서 무표적인
어휘이기에 긍정적인 의미를 지닌다. 그러므로 '편리함'과 나란히 쓰
이는 **편리함은 좋다**라는 평가는 언어 체계에 의해 지지된다. 편리함은
사회에 널리 퍼진 목표인데, 정확히 말하자면 '편리하다'고 간주되는
것이 중요하다. 예를 들면, 자동차는 '편리함'의 대명사로 긍정적으로
묘사되지만, (보험료, 세금, 기름값, 수리비를 포함한) 각종 비용을 지불하
기 위해 즐겁지 않은 일을 수년 간 해야 한다는 점에서 매우 드물게
'불편한' 것으로도 표현된다. **편리함은 좋다**라는 널리 보급된 문화적
평가에는 명백한 생태학적 암시가 내포되어 있다. 이 평가는 환경을
파괴하는 '노동 절약형' 장치 때문에 지불하는 비용을 간과하게 한다

는 것이다.

이와 유사하게 **성공은 좋다**라는 평가 유형도 언어 체계에서 실패와 대조를 이루며 긍정적 의미를 지닌다. 그런데 여기서 중요한 사실은 사회가 어떠한 성공을 지향하는지, 성공을 어떻게 정의하는지에 관한 것이다. '성공적인 사업가'가 보다 윤리적으로 회사를 운영하는 사람이 아니라 많은 월급을 받는 사람으로 규정된다면 이는 명백하게 문제가 된다. 환경 교육가 데이비드 오르(David Orr)는 **성공은 좋다**라는 평가에 저항하지만 그 반대 주장인 **성공은 나쁘다**를 강화하는 것은 언어적으로 의미가 없다고 본다. 대신에 그는 성공에 대한 기존의 관념에서 누락된 의미에 대하여 언급한다.

● 사실 지구는 더 성공적인 사람을 필요로 하지 않는다. 오히려 더 많은 중재자, 치료자, 복원가, 이야기꾼, 박애주의자가 절실하게 필요하다. 세상을 살기 좋고 인정 넘치게 만들기 위해 기꺼이 싸우려는 도덕적 용기 또한 필요하다. 이러한 자질들은 우리 문화가 정의한 성공과는 거의 관련이 없다. (ML16: 12)

또 다른 평가인 **진보는 좋다**도 언어 체계에 의해 지지되는데, 그 이유는 그것이 앞으로 나아간다는 은유이면서, 진보가 후퇴와 비교하여 긍정적이라는 인식과 연관되기 때문이다. 그런데 이 평가는 진보가 최근의 과학에 기반한 획기적인 신기술이라는 측면으로 협소하게 이해될 경우 문제가 될 수 있다. 라르손(Larson, 2011: 65)은 이에 대해 "우리는 그것이 때때로 제공하는 득(得)과 실(失)에 신중하게 주의를 기울이지 않고서는 … 과학적인 진보에 대한 믿음을 유지할 수 없다."라고 지적한다.

빠름은 좋다라는 평가에서 '빠름'은 언어 체계에서 무표적인 용어이
다(일반적으로 우리는 '차가 얼마나 느려?'라고 묻지 않고 '차가 얼마나 빨라?'
라고 묻는다). **빠름은 좋다**는 삶의 기반이 되는 생태계의 보존보다 빠른
음식(fast-food; 패스트푸드), 빠른 자동차(fast cars), 빠른 이윤(fast profits) 등
다른 대상과 비교하여 보다 높은 우선순위를 부여할 때 위험해진다.
한편 **느림은 좋다**라는 평가는 '느림'이라는 용어가 부정적인 의미를
띠기 때문에 모순된다. 사람이나 사물을 묘사할 때 '느림'을 쓸 경우
대체로 부정적인 의미를 갖는다. 이로 인해 **느림은 좋다**를 문화적 평
가로 쓸 경우에는 언표적 의미를 초월한 후속 작업이 필요하다. 1989
년에 이탈리아에서 시작된 슬로푸드 운동(Slow Food Movement)은 생태학
적으로 파괴적인 '패스트푸드' 개념에 타격을 주는 중요한 저항이다.
슬로푸드 영국 웹사이트에서는 '지역사회와 환경을 위한 헌신과 음
식으로 인한 기쁨을 연결(ML14)'하는 방법과 '느림'이 내재하고 있는
부정적 표지에 저항하는 방식을 보여준다.

　　빠름을 추구하는 현대 정크푸드 환경에서 슬로푸드는 차분하고 이성적
　이며 양질을 추구한다. 우리는 맛, 질, 조리에 관한 더 나은 이해를 통해
　음식이 주는 아주 큰 즐거움을 깨달아야 한다.

이 인용문은 무표적 용어인 '빠름'과 '현대'의 긍정성에 대한 반작용
으로, '정크'의 부정성과 '느림'과 연관된 다양한 용어인 '차분함', '이
성적임', '양질', '더 나은', '즐거움'의 긍정성을 평가 항목으로 제시한다.
에른스트 프리드리히 슈마허(E. F. Schumacher)는 그의 저서 ≪작은 것
이 아름답다(Small is Beautiful)≫에서 **큰 것이 좋다**라는 우세한 문화적 평
가에 반대하여 '작은 것'이라는 단어를 그와 유사한 의미로 선회하는

시도를 했다.

● 사람들이 다양한 목적에 도달하기 위해 작은 것과 큰 것이라는 서로 다른 구조가 필요하다. … 오늘날 우리는 전 세계적으로 거대증 (gigantism)을 숭배하기 때문에 고통을 받고 있다. 그러므로 작음의 미학을 주장할 필요가 있다. (ML15: 49)

작음은 언어 체계에서 부정적인 표지를 지니고 있는 용어인데, 이는 긍정적으로 전환될 필요가 있다. 슈마허는 책에서 작음의 미학을 폭넓게 제안한다. 이 책의 요점은 **큰 것이 좋다**라는 평가가 그 자체로 문제가 있다는 것이 아니라, 이것이 아주 부적절한 곳에 침투하여 우세한 문화적 평가로 고착된다는 사실이 위험하다는 것이다. **큰 것이 좋다**의 평가 유형은 (식사, 집약농업, 경제) 크기의 증가가 더 이상 어떤 추가 이익을 창출하지 못하면서도 추가 자원을 소비하게 되는 시점에서 생태학적 피해를 줄 수 있다. 이에 대해 나이시(Naish, 2009)는 그의 저서인 ≪충분함: 세계의 과잉에서 벗어나기(Enough: breaking free from the world of excess)≫에서 삶의 다양한 영역에는 **최적의 크기**가 존재하며, 이는 과잉에 대해 어느 정도는 긍정적이며 부정적이기도 하다고 인식하는 인지 유형에 부합한다고 하였다. 곧 과잉을 단지 긍정적으로나 부정적으로만 인식하는 단순 인지 유형은 다양한 삶의 영역에 부합하지 않는다는 것이다.

환경 활동가인 반다나 시바(Vandana Shiva)는 만연한 문화적 평가 속에 **작은 것이 좋다**라는 인식을 침투시키기 위해 노력해 왔다. 알렉산더(Alexander, 2009)는 리스 강의(Reith Lecture)[24] 시리즈의 하나인 시바의 공개 강연에서 이러한 요소를 도출하였다. 알렉산더는 시바가 본질적으로 긍정적인 의미를 배태하고 있거나 강의의 맥락에서 긍정적인 의미를 부여하는 단어를 '작은'과 나란히 사용했다고 본다. 가령 '생물다양성', '여성', '농장', '자작농', '농민', '지역', '가내 수공업', '식물', '곤충'과 같은 단어와 '작은'이라는 단어를 나란히 사용함으로써 '작은'이라는 단어에 끊임없이 긍정적 가치가 부여된다는 사실을 드러내고자 했다는 것이다. 알렉산더는 또한 시바가 '큰'이라는 단어를 '공업형 단일 재배'나 '무역 회사'와 같이 부정적 의미를 가지는 단어와 나란히 놓으면서 묘사한다는 것을 밝혔다. 알렉산더는 아래와 같이 결론을 내렸다.

> 시바는 작음과 같이 평가 절하된 개념에 새로운 힘을 불어넣었다. … 시바는 '소농(Small farmer)'이라는 단어에 긍정적 의미를 부여했다. 시바는 구조화된 은유적 사고에 대항하여 단어들을 재진술함으로써 (**큰 것은 나쁘다**를 함의하는) **작은 것이 좋다**라는 인식을 정립했다. (Alexander, 2009: 124)

아이젠슈타인(Eisenstein)이 **더 많은 것이 좋다**라는 문화적 평가에 대항하는 방식은 흥미롭다. 아이젠슈타인은 **적은 것이 좋다**나 **적은 것이 아름답다**라고 논하지 않고 **더 많은 것이 좋다**를 원용하여 '많은'을 재개념화한다.

- 나는 더 적음을 지향해야 한다고 주장하는 환경론자들의 주장에 동의하지 않는다. 사실 우리는 더 많음을 지향해야 한다. 더 아름다운 것, 더 공동체적인 것, 더 충족되는 것, 더 미적인 것, 더 음악적인 것

---

24) BBC의 중개로 BBC 라디오4와 BBC 국제방송 채널에서 오늘날의 주요 인물을 다루는 연례 라디오 강연 시리즈이다. 이 강의는 BBC에 의해 1948년부터 시작되었는데, 공영방송인 BBC의 역사에 혁혁한 공로를 세운 초대 국장 존 리스 선생을 기리기 위해 만들어졌다.

등 이들은 물질적인 가치는 부족하더라도 총체적이면서 예술적인 것
이다. (NE5: 28)

세계의 복잡함과 인간의 제한된 인지 능력, 그리고 우리가 매 순간
마다 결정을 내려야만 한다는 사실은 우리가 세계를 긍정적이거나
부정적으로 단순화하거나, 무엇이 좋은지와 나쁜지에 대한 어떤 평
가가 사회 전반에서 널리 공유될 것임을 예상하게 한다. 그러나 이러
한 단순화는 세계의 변화로 인해 타격을 주거나 타격을 주게 될 요
소들을 맹종하게 만든다는 맹점이 있다. 가장 명확한 예는 **경제 성장
은 좋다**라는 평가이다. 10명의 저명한 학자들이 ≪네이처(Nature)≫에
쓴 논문(Costanza et al., 2014)은 제2차 세계 대전 이후 **경제 성장은 좋다**라
는 평가에 의해 국내총생산(gross domestic product; GDP)(또는 국민총생산
[GNP])이 국가 발전의 지표가 되었음을 보여준다.

70년 전 GDP가 제정되었을 때, 이는 진보의 중요한 지표였다. 사회 갈
등과 또 다른 전쟁을 막기 위해 고용, 소득, 편의 시설을 제공하는 것은
경제 활동의 증가로 여겨졌다. (Costanza et al., 2014: 284)

그들은 현재 국제 정세는 변화했으며 GDP는 '성장 불평등과 우리
의 삶을 지탱하는 자연자본의 지속적 파괴'를 야기하기 때문에 '국가
의 성공을 잘못 측정한 것'이라 주장한다. 이러한 주장은 'GNP를 성
장의 지표로 삼는 것은 아마도 오늘날 경제 상황의 가장 잘못된 일'
이라 언급한 에킨스 외(Ekins et al., 1992: 61)와 'GNP를 참살이의 측정
도구로 삼는 것은 놀라울 정도로 국가 회계를 있는 그대로 받아들이
는 것'이라 언급한 매킨토시(McIntosh, 2004: 35)와 같은 연구들과 동궤를

형성한다. **경제 성장은 좋다**와 같은 문화적 평가의 위험성은 GDP와 GNP가 삶을 평가하는 기준이 되면서 이들이 정립된 본래의 목적을 잊게 하는 데 있다. GDP의 증가는 우리 삶의 기반인 생태계의 보존과, 참살이와 평등의 개선이라는 관점에서 실제로 이러한 개선이 나타났는지의 여부보다는 우리의 문화적 평가 때문에 자동적으로 긍정적인 것처럼 여겨질 수 있다.

2013년 1월 21일 국제통화기금(International Monetary Fund; IMF)의 발표에 대한 언론의 반응은 미디어가 경제 성장에 대해 어떠한 관점을 취하는지를 파악하는 데 유용하다. IMF는 '영국은 가계부채에 지나치게 의존하고 있다(NP4)', '성장의 혜택을 극소수의 사람만 누리게 될 것이다(NP7)'라고 경고하면서도 영국의 경제가 뚜렷하게 성장할 것이라고 예견했다. 생태철학의 관점에서 이를 보면, 소비자가 빚을 내어 소비를 함으로써 이룩한 경제 성장은 극소수에게만 이득을 주고 소비를 감소시키며 자원을 재분배하는 데 도움이 되지 않기 때문에 부정적이다. 그러나 언론의 반응에서는 (언론의 직접적 표현이든 IMF 발표를 인용한 표현이든) 매우 긍정적인 평가 유형을 드러내고 있다.

NP1부터 NP7까지의 텍스트는 IMF 발표와 관련된 각기 다른 7개 뉴스의 보도이다. 이 기사들에는 긍정적 의미를 전달하는 언어적 장치가 포함되어 있다. '환영받는', '좋은 소식', '최상의', '향상', '보다 좋게', '환호', '기대 이상' 등의 표현들은 경제 성장을 명백히 긍정적으로 느끼게 한다. 화이트(White, 2004: 231)는 이러한 용어를 **태도 용어**(attitudinal terms)라고 명명하였다. 이는 '부정적이거나 긍정적인 느낌을 드러내는 특정한 단어 또는 관용구로서 … 특히 상황 맥락이 제거되어도 여전히 특정 태도를 [표명하는] 용어'를 뜻한다. 어떤 상황 맥락이든 관계없이 화자나 필자는 '환영받는', '환호된', '기대 이상'이라는 표현을 좋은 것으로 간주한다.

'긍정적이거나 부정적인 느낌을 불러일으키는' 경험(affect) 표현도 평가 유형 가운데 하나이다(Martin & White, 2005: 42). 가령 텍스트에서 어떤 참여자가 경제 성장에 대해 좋은 느낌을 표명한다면, 해당 텍스트의 의미는 적어도 텍스트의 다른 행위자가 염려할 때까지 긍정적으로 평가된다. 마틴과 화이트는 긍정성과 부정성을 나타내는 감정 단어를 언어적 법칙으로 규정할 수는 없지만, 대부분의 경우 그 단어들이 '문화적으로 널리 긍정적으로 해석되는지'의 여부는 명확하게 알 수 있다고 주장했다(Martin & White, 2005: 46). 7개의 뉴스 보도에는 '축하할 만한', '낙관론', '기쁨', '즐거움', '유망한', '기분 좋은', '안도' 등 감정을 표현하는 단어 중에 긍정적인 용어가 압도적으로 많았다. 이러한 표현은 저명한 인물에 의한 것이거나 그들의 말을 인용한 것이다. 분명 뉴스는 경제 성장을 다른 관점에서 보는 이들을 포함하여 넓은 관점으로 다루지 않고, 정치인, 경제학자, IMF 직원만을 뉴스 구성의 기본 바탕으로 삼아 경제 성장의 단면만을 다루고 있다.

은유는 보도에서 다룬 경제 성장에 관한 긍정적인 평가의 또 다른 기제를 제공한다. 아래의 예는 여행 또는 경주를 근원 틀로 삼은 경제 성장에 관한 은유들이다.

- 경제학자들이 고안한 최신 이론은 영국의 경쟁자들을 앞지르기 위해 투입될 것이다. (NP2)
- 영국의 힘은 나머지 유럽 국가들보다 세다. (NP3)
- 영국은 여전히 미국에 뒤처진다. (NP3)
- 세계 성장은 2013년 저속 기어에 붙어 있었지만 2014년부터 강해질

것으로 예상된다. (NP7)
- 회복을 위한 규제는 점진적으로 완화되고 있다. (NP7)
- 미국, 영국, 독일, 일본은 2014년 경제 성장의 견인차가 될 것이다.
  (NP3)

위의 예들은 경제 성장이 움직임과 속도와 같은 근원 틀의 긍정적인 측면과 연계된 것이다. 경제 성장의 침체는 저속 기어에서 머물러 있거나 오도 가도 못하는 부정적인 측면과 관련되어 있다. 문제는 여행은 도착 지점이 분명히 존재하기에, 제한 없는 경제 성장은 오직 생태적인 파괴의 종착역에 다다르고 만다는 사실이다.

일반적으로 평가 이론에서 중요한 또 다른 유형의 은유는 레이코프와 웰링(Lakoff & Wehling, 2012: 131)이 '수직적 은유(verticality metaphors)'라고 명명한 것이다. 레이코프와 존슨(Lakoff & Johnson, 1980: 18)은 '위(up)'의 공간적 방향이 인지적으로 좋은 것에 잘 맞춰져 있다는 점을 설명한다(예컨대 '나는 기분이 들뜬다(I'm feeling up)'는 '나는 기분이 가라앉다(I'm feeling down)'보다 좋다). 이미 긍정적으로 여겨지는 말이 '위'라는 방향과 어울리면 긍정성은 증폭된다. 다음에 보는 바와 같이 기사 전반에 걸친 다양한 표현들은 경제 성장을 '위'와 관련짓고 있다.

- IMF는 2014년 성장을 '높아'지는 것('up'grade)으로 예상했고 … 그들의 예측이 성장률을 **상승**(raise)시켰을 때, 3개월 전과 유사하게 **상향**(upward) 조정하였다. (NP6)
- 국제통화기금이 화요일에 영국에 대한 그들의 견해를 **상승**(raise)으로 예상하고, 국가의 성장 전망을 밀어 **올렸다**(pushing up). (NP4)
- 영국의 성장은 3년 만에 최고 **수준**(highest)을 기록했다. (NP5)

(각 예문에 연구자 강조)

생태언어학의 한 가지 역할은 문화 내에서의 공통적인 평가 유형을 분석함으로써 **경제 성장은 좋다**와 같은 파괴적인 문화 평가에 대한 인식을 제고하는 것이다. 생태언어학의 또 다른 중요한 역할은 언어를 통해 파괴적인 평가가 저항되는 방식을 조사하는 것이다. (NE3의) 신 경제 포럼(New Economics Forum)은 개발도상국의 GDP 증가가 행복이나 참살이 수준을 높이지 않았으며, 경제 성장이 생태적 파괴와 관련되어 있다는 증거를 제공함으로써 **경제 성장은 좋다**라는 평가에 저항한다.

- 지난 30년 동안 경제적 부가 엄청나게 증가했지만 행복의 수준은 변하지 않았다. (NE3: 6)
- 우리는 자원 고갈, 환경오염, 기후 변화 등의 측면에서 더 큰 성장에 대한 환경 비용이 명시적으로 나타난다고 생각하지 않기에, [경제 성장의] 대가는 무겁게 다가온다. (NE3: 6)

이는 성장이 반드시 좋지만은 않다는 것, 이익을 얻는 것보다 '가격'과 '비용'이 있다는 것을 보여줌으로써 **경제 성장은 좋다**라는 말을 약화시킨다. 또한 NE3에서는 '비경제적인 성장(uneconomic growth)'이라는 용어가 쓰이기도 한다. "제한된 경제 성장을 넘어서는 것은 비경제적인 상태가 되는 것이다. 다시 말하면 비용이 이익보다 크다."라는 표현에서 이를 확인할 수 있다(NE3: 6). 여기에서는 부정을 나타내는 형태론적 표지인 접두사 'un'이 평가 유형을 바꾸어 놓는다. 이 표지로 인해 '비경제적인 성장'은 긍정성을 함의하지 않는다.

경제 성장은 좋다에 저항하는 또 다른 방법은 경제 성장 관련 주요 지표(GDP나 GNP 등)를 활용하는 것이다. 이 지표들이 바람직하지 않은 것들을 포함할 뿐만 아니라, 바람직한 것들을 제외한다는 사실을 보여주는 것이다. 상원 의원 로버트 케네디(Robert Kennedy)가 캔자스 대학에서 한 연설은 특히 설득력 있는 방식을 사용한 것으로, 연설의 전문을 모두 인용하여 살펴볼 가치가 있다.

- GNP에는 대기 오염과 담배 광고, 고속도로의 아수라장을 수습하는 구급차가 포함되어 있습니다. GNP에는 범죄로부터 가족을 지킬 튼튼한 잠금 장치와 그것을 부수고 침입하는 사람들을 가둬 둘 형무소도 포함되어 있습니다. GNP에는 삼나무 숲을 파괴해 발생한 부가가치와 우리 자연의 경이로움을 상실한 대가로 발생한 부가가치도 포함되어 있습니다. GNP에는 네이팜탄과 핵탄두가 발생시킨 비용과 도시 폭동에 대처하는 경찰을 무장시키기 위한 비용도 포함되어 있습니다. GNP에는 아이들에게 장난감을 팔기 위해 폭력을 미화하는 TV 프로그램들도 … 포함되어 있습니다. 그렇지만 GNP에는 우리 아이들의 건강에 관한 내용은 담겨 있지 않으며, 우리 아이들이 받는 교육의 질과 놀이의 즐거움도 포함되어 있지 않습니다. GNP에는 시의 아름다움, 결혼하는 커플의 유대, 국민 토론의 지성, 공무원들의 청렴함도 포함되어 있지 않습니다. GNP에는 우리의 유머 감각도, 우리의 용기도, 우리의 지혜와 배움도, 연민도, 나라에 대한 헌신도 포함되어 있지 않습니다. GNP는 모든 것을 응축해서 포함하지만, 우리의 삶을 가치롭게 하는 것들은 제외되어 있습니다. GNP는 우리 미국에 관한 모든 것을 말해 주지만, 왜 우리가 미국인임을 자랑스러워하는지 그 자긍심의 근거는 제외되어 있습니다. (NE8)

반다나 시바도 비슷한 형식의 논증을 사용한다.

- 경제 성장은 자연 파괴로 인해 발생하는 빈곤이 드러나지 않게 한다. … 살아 있는 숲은 성장에 기여하지 않지만, 나무를 잘라 목재로 팔면 경제를 성장시킬 수 있다. 건강한 사회와 공동체는 성장에 기여하

지 않지만, 질병은 특허 받은 의약품의 판매를 가능하게 하므로 성장에 기여할 수 있다. 물은 … 성장을 만들지 못하지만, 코카콜라가 공장을 세우고 물을 취수하여 플라스틱 병에 채우면 경제는 성장한다. (NE7)

이들은 대기 오염, 빈곤, 폭력적인 TV나 질병과 같이 일반적으로 부정적으로 평가되는 구체적이고 생생한 것들을 경제 성장과 관련시킴으로써 **경제 성장은 좋다**에 저항한다. 더불어 다양한 긍정적 평가 항목을 사용하여 GNP에 포함되지 않는 것을 좋은 것으로 나타내는 평가 유형을 설정한다. 케네디가 사용하는 표현(건강, 즐거움, 아름다움, 유대, 지성, 유머, 용기 지혜, 배움, 연민, 헌신)은 모두 암묵적으로 긍정적이며, 이는 명백한 평가를 통해 강화된다. 이 표현들은 모두 '삶을 가치롭게 하는 것들'의 공하위어로 나타난다.

로버트 케네디와 반다나 시바가 사용한 언어의 형태는 문화적 평가인 **경제 성장은 좋다**에 저항하지만, 대안적인 평가는 제공하지 않는다. 그런데 사실 대안은 이미 제안되어 있다. 팀 잭슨(Tim Jackson)의 저서는 **번영이 좋다**라는 대안적인 평가를 제안하는 것으로 이해할 수 있다. 얼핏 보면 이는 **경제 성장은 좋다**와 매우 비슷해 보인다. 어찌되었든 번영이란 일반적으로 물질적 성공과 재정적 번창으로 간주되기 때문이다. 다만 잭슨의 저서는 ≪성장 없는 번영(Prosperity without growth)≫(NE1)이라는 제목이 붙어 있으며, 번영의 개념을 다음과 같이 재정의하고 있다.

- 결국 가장 중요한 것은 번영이 물질적 쾌락을 뛰어넘는다는 점이다. 번영은 물질적 관심사를 초월하며, 우리 삶의 질과 가족의 건강과 행

복 속에 있다. 번영은 우리 관계의 힘과 공동체에 대한 신뢰 안에서 존재한다. 이는 직장에서의 만족과 공유된 의미와 목적에 대한 판단으로 증명된다. 번영은 사회생활에 완전히 참여할 수 있는 우리의 잠재력에 달려 있다. 번영은 유한한 지구의 생태적 한계 내에서 인간으로서 번성할 수 있는 능력으로 이루어진다. (NE1: 5)

　이 평가 유형은 비록 번영에 대한 광범위한 문화적 평가를 전파하는 데는 성공하였지만, 번영이 금전적 축적과 관련된다는 협소한 의미 관계를 깨뜨리는 데에만 의존하고 있다. 그럼에도 이 평가 유형은 이 책의 생태철학에 부합하기에 유익한 평가 유형으로 간주할 수 있다. 만일 물질과 번영의 관계를 깨뜨리지 못하면, 이 평가 유형은 경제 성장과 매우 유사한 궤를 형성하여 재해석의 취약성을 지니게 되고 말 것이다.

　이와 다른 대안적인 접근 방법은 부탄 연구 및 국민총행복 연구센터(NE4; 그림 5.1 참조)에서 설명한 것과 같이, GDP의 개념을 국민총행복지수(gross national happiness, GNH)로 대체하려는 부탄 왕국의 주요 노력에서 확인할 수 있다. **행복은 좋다**라는 평가는 이미 어디에서나 볼 수 있는 보편적인 것이다. 때문에 이를 알리기 위해 어떤 작업도 할 필요가 없다. 또한 행복은 재정적 용어와 관련하여 재해석에 보다 덜 취약한 개념이기도 하다. 그러나 목표로서의 행복은 자신의 만족을 극대화하고자 하는 신고전주의 경제학의 소비자 의미에 따라서, 그/그녀가 이기적으로 추구하는 만족으로 오해될 수 있는 위험도 있다. 부탄 총리는 이러한 위험을 극복하기 위해 다음과 같이 행복을 명시적으로 정의하고 있다.

● 우리는 GNH에서의 '행복'을 … 그 용어와 관련이 있는 순간적인 즐
  거움인 '기분 좋다'와 분명하게 구분하고 있다. 진정으로 변하지 않
  는 행복은 다른 사람들이 고통 받는 동안 존재할 수 없다는 것과 타
  인에게 봉사하고 자연과 조화를 이루고 살며 우리가 타고난 지혜를
  실현하는 때에 온다는 것을 안다. (NE4: 7)

[그림 5.1] 국민총행복 ©부탄 연구 및 국민총행복 연구 센터

이는 다른 가치를 중심에 두는 부탄의 국교인 대승 불교의 전통에
서 유래된 것으로, 행복의 개념을 재고하게 한다. 이러한 광범위한
행복에 대한 개념은 공식 문서에서 GNH를 정의하는 데 사용되는 33
가지 지표로 규정되어 있다(NE4: 13). 이 지표들은 케네디가 '삶을 가
치롭게 만드는 것들'에서 언급한 것들과 시바와 잭슨이 설명한 삶의
긍정적 측면과 매우 흡사하다. 부탄의 지표들은 '건강', '교육', '긍정
적인 감정', '문화 참여', '훌륭한 통치', '환경에 대한 책임감', '심리
적 참살이', '정신적 건강' 등을 포함하고 있다(NE4: 13).

따라서 GNH의 개념은 경제 성장의 변인보다 훨씬 더 중요한 가치
가 있는 문화적 평가를 실행하기 위해 행복의 심리적 긍정성을 이용
하는 것처럼 보인다. 이 책의 생태철학에 비추어 볼 때 이는 명백하
게 유익한 평가 유형이다. 그러나 GNH가 **행복은 좋다**라는 긍정적인
문화 평가를 성공적으로 이용하기 위해서는 행복을 재개념화해야 한
다. 그리고 이를 GNH의 개념에 포함된 다른 모든 측면과 함께 결합

하는 등 많은 작업이 필요하다. 이 보고서(NE4: 11)에서는 부탄의 국왕, 총리, 장관 등이 생산한 담화, 그리고 정부의 공식 문서가 GNH의 중요성뿐만 아니라 그 이면에 숨겨진 가치를 어떻게 드러내고 있는지를 설명한다. 이를 통해 GNH가 국가를 초월하고 사회 인지의 일부로 작동할 수 있도록 유도한다.

경제 성장은 좋다의 주요한 문화적 평가와 더불어 이러한 평가에서 파생된 다양한 평가 유형과 평가가 존재한다. 소비, 소매와 기업 이익의 증가와 같은 경제 성장과 관련 있는 것은 미디어를 포함한 사회적 삶의 넓은 범주에 걸쳐 긍정적으로 평가되는 경향이 있다. 한편 레드 테이프(red tape)와 (환경 규제를 포함한) 정부 규제, 소비 감소, 소매 이익의 감소는 부정적인 평가 유형을 야기한다. 회사의 수익이 상승할 때, 아무리 그 회사에서 제조된 제품이 불필요하거나 생태적인 손상을 불러일으키더라도 **수익은 좋다**의 문화적 평가는 미디어에 의해 대부분 긍정적으로 보도된다. 고급차 제조업체 재규어(Jaguar)가 수익을 기록할 때, BBC 뉴스 웹사이트는 이 사실에 대해 '부활', '증가', '성공', '환상', '최고', '달성', '이익', '놀라운'과 같은 긍정적 평가 항목을 활용하여 보도했다(ML9). 고급차의 증가가 사회적 형평성에 문제가 된다거나 환경에 좋지 않다는 것과 같은 반대의 논점은 없었다. 기후 변화가 보도될 때, BBC는 과학자의 목소리에 '균형'을 맞추기 위해 기후 변화에 부정적인 의견을 포함함으로써 '지나친 공정성을 추구한다'는 비판을 받은 적이 있다(BBC Trust, 2011: 72에 실린 존스의 글). 그러나 BBC에서 경제 성장과 수익의 증가를 찬양하는 보도를 할 때는 이러한 균형성은 고려되지 않았다. **수익은 좋다**의 문화적인 평가가 너무 깊게 뿌리박혀서 대중은 이를 알아차리지 못하거나 이에 의문을 제기하지도 않는다.

수익은 좋다의 반대는 **떨어지는 수익은 나쁘다**이다. 2013년 크리스마스에 3개의 소매 업체(Tesco, Morrisons, Marks & Spencer)의 수익이 예상보다 낮았을 때, 신문들은 '소름끼치는', '폭락', '호러쇼', '하락', '초라한', '정신이 들게 하는', '시달리는'(Daily Mail), '급락한', '괴로워하는', '어려운'(Independent), '무서움', '비참한', '혼란'(Daily Telegraph), '대단히 심각한', '골칫거리'(The Guardian), '타격', '악화', '실망한'(Financial Times), '우울한', '걱정스러운'(Reuters), '최악의', '암울한', '감소'(Evening Standard)와 같은 부정적인 평가 항목들을 사용하여 이 사실을 2014년 1월 9일자로 보도했다. 이로부터 불과 6개월 전에는 신발, 알코올, 자외선 차단제, 바비큐용 고기와 꽃가루 알레르기 치료제의 판매를 증가시킨 무더위가 있었다. 당연히 **소매는 좋다**에 해당하는 지극히 긍정적인 평가 유형으로 이들이 보도되었다. '최고의', '희소식', '반가운 소식', '즐기는'(The Guardian), '인기', '유망한', '점차 회복하는', '훌륭한', '향상', '보상', '좋은', '격려하는'(BBC), '기분 좋은', '개선', '상승', '환영'(Express & Star), 그리고 '최고의', '굳센', '절호의', '경기가 좋은'(Daily Telegraph)이라는 긍정적인 평가 항목으로 2013년 8월 6일자 신문에 보도된 것이다. **소매는 좋다**에 대한 문화적 평가는 잠재적인 혼란을 야기할 수 있다. 한편으로는 과잉 소비가 생명을 유지하게 하는 지구의 미래를 위협하기 때문에 더 낮은 소비를 윤리적 책무로 여기지만, 다른 한편으로는 뉴스에서의 평가 유형이 소비 감소가 비극이고 소비 증가가 승리라는 점을 시사하기 때문이다.

'기분 전환용 쇼핑(retail therapy)'이나 소비지상주의를 극복하기 위해 보다 지속가능한 대안은 자연과 직접 교류하여 참살이를 찾는 것이다. 그러나 수많은 문화적 평가는 사람들이 자연 속에서 시간을 보낼 기회를 제한하고 있다. 이들 중 하나는 **어둠은 나쁘다**라는 평가인데, 이는 사람들이 일몰 후 자연계를 즐기는 것을 막을지도 모른다. 크리스 예이츠(Chris Yates)의 책, ≪야행(夜行, Nightwalk): 자연의 심장으로의 여행(a journey to the heart of nature)≫에서 필자는 걸으면서 본 밤을 다음과 같이 묘사한다.

- 나는 올빼미밖에 보지 못했지만 온갖 종류의 다른 생물들이 존재했고, 그들은 각자 밤의 작업에 몰두하며, 이 비밀스러운 세계는 그 누구도 방해할 수 없는 어둠 속에서 살아 숨 쉬고 있었다. (NW8: 15)

캐슬린 제이미(Kathleen Jamie)는 ≪발견(Findings)≫(NW3)에서 영국의 문학적 표현과 일상적 표현에서 평가 유형으로 주로 나타나는 **어둠은 나쁘다**라는 지배적인 평가에 대해 명시적으로 설명한다. ≪발견≫에서 묘사된 다음의 예제는 그녀가 어떻게 평가에 저항하는지를 보여준다.

- 나는 어둠의 질감에 대한 사랑과 어둠에 대해 자연 그대로의 친밀감을 느끼고자 어둠 속으로 들어가 밤을 항해할 생각이었다. 나는 어둠의 모든 것을 사악하게 여기기보다, 어둠을 자연적인 현상으로 여기는 사례에 대해 주변의 문학인과 독자들에게 물어보았지만, 소수의 사례만 찾을 수 있었다. … 불쌍한 어둠이여. 우리는 그것을 극복하고 추방하기를 바라며, 그것의 계단 아래 음울한 찬장과 같이 악마적인 모든 것을 가득 채운다. 그러나 어둠은 좋은 것이다. (NW3: 3)
- 나는 어둠을 원했다. 진실하고, 자연적이고, 별이 총총한 어둠, 깊은 겨울의 어둠 … (NW3: 5)
- 몇 시간이 지나고, 나는 야단스러운 빛을 보았다. (NW3: 6)

- 자연적이고, 정중한 어둠은 너무 많은 비방을 받았다. 우리는 어둠의 진정한 모습을 묘사하는 은유적인 어둠을 볼 수 없었다. 그 이유는 은유적인 어둠이 죽음의 어둠이기 때문으로, 우리는 지속적으로 자연적인 어둠을 추방하기를 바랐다. (NW3: 10)
- [돌무덤] 안은 지하철만큼 밝았고 그 결과는 잔혹했다. (NW3: 14)
- 구부러진 레일에 반사된 어슴푸레한 빛이 우리의 집으로 가는 길을 현혹시켰다. (NW3: 190)

제이미는 일상적 표현과 문학적 표현에서 어둠을 설명하는 일반적인 방법으로 '사악한', '음울한', '악마적인', '죽음'과 같은 부정적인 평가 항목을 사용한다. 그러나 그녀는 **어둠은 나쁘다**라는 평가를 부정하고 **어둠은 좋다**로 대치한다. 이것은 '어둠은 좋다'라는 구절과 어둠에 연계되는 다수의 긍정적인 평가 항목인 '사랑', '친밀감을 느끼는', '자연적인', '좋은', '진실한', '별이 총총한', '정중한' 등을 통해 명시적으로 드러난다. 반면 밝음은 부정적인 평가 항목과 연계되는데, 가령 '야단스러운', '잔혹한', '현혹시키는' 등과 결합되고, '지하철만큼 밝은'과 같은 비유는 인위적임과 시끄러움을 함축한다. 제이미가 설정하려고 하는 유형으로 '빛 공해'라는 일상적 표현이 있다. 이 표현은 부정적인 의미를 지닌 명사 '공해'의 수식어 자리에 '빛'을 배치함으로써 빛이 지닌 본래의 긍정적인 의미를 전복한다. '어둠'의 부정성 또는 '빛'의 긍정성과 같은 단어의 본래 의미를 전복하는 일은 어려운 투쟁이지만, 이는 문맥을 통해 실현 가능하다.

어둠 이외에도 자연수필가들이 도전하거나 혹은 도전하고 있는, 간과되거나 부당하게 비방을 받아 온 자연의 부분들은 많다. 예를 들어 에스더 울프슨(Esther Woolfson)은 그녀의 책 ≪숨겨진 도시에서의 현장 기록(Field notes from a hidden city)≫(NW7)에서 **쥐는 나쁘다**라는 문화적 평가에 저항하고 있다.

- '쥐'라는 단어 그 자체는 기이한 반응과 몸서리치게 하는 반감, 혐오, 공포를 일으키기에 충분하며 그들의 적응력, 지능, 매력, 아름다움을 거의 인정하게 하지 않는다. (NW7: 64)
- 쥐가 지녔을지도 모르는 성공적이고 흥미로운 지능 (NW7: 65)
- 특정 문화권에서는 그들의 습성, 하나의 종으로서의 지략과 성공에 대해 감탄하지만, 그들의 해로움에 대해서는 마찬가지로 욕한다. (NW7: 69)

쥐는 나쁘다에 대한 저항은 '몸서리치게 하는 반감', '혐오', '공포', '해로움', '욕'과 같은 부정적인 평가 항목을 통해 독자들의 관심을 평가로 끌어들이는 것으로 시작한다. 울프슨은 '적응력', '지능', '매력', '아름다움', '인정', '성공적', '흥미로운', '습성', '지략', '성공'이라는 긍정적인 평가 항목을 사용함으로써 **쥐는 나쁘다**를 반대되는 평가인 **쥐는 좋다**로 대체하는 일을 시도한다.

일반적으로 자연수필가들이 우리 주변의 자연계를 간과하고 있는 문화적 평가에 더 강하게 저항하거나 그것을 대체하면 할수록, 우리는 소비보다 자연에 집중하면서 참살이를 찾을 수 있는 방법들을 더 알아낼 수 있다. 그러나 자연수필이 지닌 문제점은 그들의 책이 자연계의 아름다움을 이미 지각한 사람들에 의해 읽히는, 서점의 한 구석에 놓여 있는 책이라는 사실이다. 만연한 문화적 평가를 극복하는 기회를 갖기 위해서 자연수필에서의 평가 유형은 일상 담화와 대화 유형과 같은 넓은 범위를 포섭해 나갈 필요가 있다. 이는 큰 과제이겠지만 우리는 생태언어학을 바탕으로 숨겨진 평가를 드러내는 평가 유형을 분석하고, 분석된 평가에 의문을 제기하며 이에 대한 유익한 대안을 탐색해 나가야 한다.

평가와 날씨

영국에서 가장 만연해 있는 평가 유형은 **화창한 날씨는 좋다**, 그리고 그것의 반대인 **화창하지 않은 날씨는 나쁘다** 정도로 제시할 수 있다. 물론 이는 그저 날씨에 대한 꼬리표일 뿐이다. 즉 문화적 평가는 따뜻하고 덥고 화창하며 비가 오지 않는 날씨를 긍정적으로 보고, 그 밖의 거의 모든 종류의 날씨를 부정적으로 보는 경향이 있다. 해당 평가 유형은 일기 예보의 공식적인 담화에서 가장 눈에 띄게 볼 수 있지만, 아주 다양한 미디어와 영국의 일상 대화에서도 나타난다. 날씨에 대한 평가 유형은 처음에는 생태언어학적 관점에서 흔하고 중요하지 않은 것처럼 여겨질 수도 있지만 실상 이러한 첫인상과는 달리 더 중대한 의미를 지니고 있다.

이 절에서는 **화창한 날씨는 좋다**라는 평가 유형을 실질적으로 설명하기 위하여 60개의 영국 일기 예보를 분석하고자 한다. 그런 다음 이를 대체할 수 있는 평가 유형을 찾기 위해 일본의 하이쿠를 살펴볼 것이다. 60개의 예보는 2013년 5월부터 8월까지 이어진 것으로 이들 예보는 BBC 국가 예보(ML10)와 BBC 영국 서부 지역의 예보(ML11; 자세한 내용은 부록 참조)에서 가져왔다.

일기 예보는 '훌륭한', '사랑스러운', '최고의', '괜찮은', '유익한', '좋은', '완벽한', '눈부시게 아름다운', '호전', '쾌적한', '환상적인' 등을 포함한 명백하게 긍정적인 평가 항목과 '유쾌한', '기운을 돋우는', '즐기다' 등과 같은 긍정적인 감정도 나타나 있다. 또한 '골칫거리', '최악의', '불행한', '망쳤다', '위협적인', '나쁜' 등과 같이 명백하게 부정적으로 평가하는 항목뿐만 아니라 '불행히', '실망스러운'과 같은 부정적인 감정도 제시된다. 질병이나 범죄자와 같이 불쾌한 것과 연어를 이루어 일상적으로 쓰이는 경향이 있는 '질질 끄는', '엉망으로 만드는', '성가시게 하는', '침해하는', '발발한'과 같은 부정적인 어감을 가진 단어들처럼 더 암시적인 부정적 평가 항목도 있다. 일기 예보는 특정 날씨 유형과 이 평가 항목들을 연관 짓는다. 예를 들어, 긍정적인 평가 항목 '호전'은 '맑아지기 시작해서 점점 호전될 것'과 같은 표현에서 '청명한 날씨'와 연결된다. 60개의 일기 예보에 걸쳐 이러한 연관성을 고려하면 평가 유형은 분명해진다. 긍정적인 평가 항목은 대부분 '보송한', '따뜻', '화창한', '밝은', '좋은', '더운'과 같은 날씨를 설명하는 데 사용된다. 반면에 부정적인 표현은 '안개 낀', '흐린', '소나기가 잦은', '어두컴컴한', '비가 많이 오는', '서늘한', '불안정한', '눅눅한', '축축한', '구름이 뒤덮인', '음울한', '우중충한', '구름이 잔뜩 낀' 날씨를 포함하여 훨씬 더 광범위한 날씨에 적용된다. 소수의 예외로는 무더위가 식었을 때 가끔 사용되는 '쾌적한', 그리고 습할 뿐만 아니라 극도로 더운 날씨일 때 사용되는 '후덥지근한' 정도를 들 수 있다.

　기상 관측이 시작된 이래 영국에서 세 번째로 더운 7월은 폭염이 비정상적으로 지속되었다(Met Office, 2013). 조사한 일기 예보가 이 기간에 걸쳐 있기 때문에 이 평가 유형은 의외의 것으로 볼 수 있다. 작은 구름, 안개, 보슬비가 부정적으로 평가되지 않고 환영 받는 대상으로 여겨질 수 있는 시기이기 때문이다. 'X의 위험(risk)'과 'X의 위협

(thread)'의 유형은 두 형태 모두 X가 부정적인 의미임을 전제하기 때문에 흥미롭다.

- 드문드문 내리는 약한 비는 위협이다. (ML10: 27, 5월)
- 소나기는 채널 제도(Channel Island)의 아침을 위협한다. (ML10: 7, 6월)
- 약간의 천둥을 동반한 소나기의 위험 (ML10: 17, 6월)
- 약간의 고르지 못한 약한 비와 이슬비의 위험 (ML10: 26, 6월)
- 약간의 해무의 위험 (ML11: 4, 7월)
- 약간의 해안 안개의 위험 (ML11: 6, 7월)
- 약간의 낮은 비구름의 위험 (ML11: 7, 7월)
- 천둥번개의 위험 (ML11: 23, 7월)
- 일부 낮은 구름이나 일부 해안의 엷은 안개 또는 짙은 안개의 위협이 때때로 존재한다. (ML10: 6, 7월)
- 소나기의 위협은 없다. (ML11: 6, 7월)
- 천둥을 동반한 폭우의 위험 (ML11: 17, 7월)
- 어떤 소나기의 위협도 없다. (ML11: 21, 7월)
- 더 심한 소나기의 위협 (ML11: 23, 7월)

강력한 폭염이 시작되기 전인 5~6월에는 비가 위협과 같이 부정적으로 표현될 것을 예상할 수 있다. 그러나 이 유형은 폭염이 지속되는 동안에도 계속되었다. '소나기', '약한 비', '이슬비', '안개'(바다에서 몰려오는 안개), '구름', '엷은 안개', '짙은 안개'는 사람과 동물, 그리고 식물들의 더위와 건조함을 줄여주는 대상으로 환영받기보다는 모두 위험이나 위협과 같이 부정적인 대상으로 표현된다. 극단적인 예를 들어보자면, 폭염의 절정에서도 비는 '위험'으로 표현되는 반면, 태양은 '환상적인', '눈부시게 아름다운', '훼손되지 않은 아름다움을 지닌'과 같이 긍정적인 평가 용어로 표현된다. 다음을 보자.

- 내일 날씨는 환상적일 것으로 보입니다. … 여러분들이 계획한 야외
  활동은 아무런 방해도 받지 않을 것이고, 해가 쨍쨍 내리쬘 것이며,
  기온 또한 매우 높겠습니다. … 토요일은 올해 가장 더운 날이 될 것
  으로 보이며, 비가 내릴 확률은 매우 낮습니다. 동부의 일부 지역에
  는 소나기가 내릴 수 있지만, 주말의 전국적 날씨는 대체로 매우 맑
  겠습니다. (ML11: 12, 7월)

이 일기 예보는 작은 예시에 불과하지만, 평가 유형이 강력하게 작
동하고 있음을 알 수 있다. 비나 구름, 엷은 안개, 습도 등 어떤 종류
의 물이든지, 그리고 어떤 종류의 칙칙함, 흐림, 어둠이든지 일관되게
부정적 경향을 보인다. 이 평가가 문화에 걸쳐 진행된다면, 이것은
문화적 하이그로포비아(hygrophobia)(습기에 대한 공포)와 아쿨루오포비아
(achluophobia)(어둠에 대한 공포)로 간주될 수도 있다.

화창한 날씨는 좋다와 이것의 정반대인 **화창하지 않은 날씨는 나쁘다**
라는 문화적 평가의 가장 큰 문제는 사람들의 불만족을 야기할 수
있다는 점이다. 가끔 폭염이 오기도 하지만 덥고 화창한 날씨가 거의
없는 영국에서는 한 해의 대부분이 나쁜 날씨로 간주된다. 잉골드
(Ingold, 2010)는 우리가 지구의 단단한 암석 위에 살고 있는 '외부인
(exhabitants)'이 아니라, 그가 '날씨-세계(weather-world)'라고 부르는 공간에
살고 있는 '내부인(inhabitants)'이라고 설명한다. 우리가 한 해 대부분의
날씨를 좋아하지 않는 경우, 우리는 우리의 집도 좋아하지 않는다.
그렇게 되면 이 평가는 사람들이 날씨-세계를 즐기기보다 '통제된 온
도, 인공 조명, 유리로 둘러싸인 건물(Ingold, 2010: 131)'과 그들이 구입
한 여러 도구들로 날씨를 '에어컨이 있는 곳의 바깥'으로 추방시키도
록 부추길 수 있다. 이러한 불만은 맑은 날씨를 찾아 해외로 떠나도

록 부추길 수도 있다. 여행사는 반드시 '햇살 가득한 휴가', '햇빛 쨍
쨍한 휴가'와 같은 광고로 **화창한 날씨는 좋다**라는 평가를 이용한다(그
리고 이 평가를 더욱 견고하게 만든다). 여행사 웹페이지에서 발췌한 다음
의 내용이 전형적이라고 할 수 있다.

> ● 축축한 여름과 얼음장같이 차가운 겨울에 진저리가 나시나요? 전형
> 적인 영국 날씨에서 벗어나 일 년 내내 햇살이 가득한 우리의 여행지
> 중 한 곳으로 떠나 휴가를 즐기세요. 햇빛에 물든 해변을 선택하세요.
> … 당신은 언제든지 햇살 가득한 휴가를 즐길 수 있습니다. … 햇빛
> 휴가를 위해 짐을 꾸리세요. (ML3)

이 수사적 의문은 ('무엇에 진저리가 난다'라는 부정적인 평가 항목을 통해)
독자가 부정적인 것을 찾을 수 있도록 하여, 축축하고 차갑다는 표현
이 부정적인 평가의 한 종류라는 암시를 은연중에 주입한다. 한편 광
고주는 '가득한'과 '즐기다'라는 평가 항목으로 햇살을 긍정적으로 평
가한다. 물론 햇살은 직접 판매할 수 있는 종류의 것이 아니므로, 광고
주가 판매하는 상품명, 즉 '햇살 가득한 휴가'에 이를 숨겨 표현한다.
화창한 날씨는 좋다라는 평가는 여행 업계뿐만 아니라 은행을 포함
한 다양한 기관에서도 사용된다. 다음은 영국 은행에서 발행한 뉴스
레터에서 발췌한 내용이다.

> ● 구름이 잔뜩 낀 축축한 날들 속에서 교통 체증에 갇혀 끝이 없는 시간
> 을 보내고 일상생활에서 스트레스와 중압감을 느끼면서, 점점 더 많은
> 사람들이 햇빛이 잘 드는 곳에 별장을 구입하는 꿈을 꾼다. … 지금 이
> 용 가능한 저가 항공을 타고 햇빛이 잘 드는 곳에 있는 당신의 별장으
> 로 지금 당장 떠나는 일은 당신의 생각보다 실천하기 쉽다. (ML1)

이 발췌문은 '구름이 잔뜩 낀', '축축한'과 '햇빛'을 대조시키며, 매우 부정적인 의미를 형성하기 위하여 세 가지의 하위어(교통 체증, 스트레스, 중압감)를 사용한다. 이 하위어들은 축축한 날씨와 같은 의미를 지니고, 적어도 별장에 대한 꿈을 위해 존재하는 네 가지 이유는 동등하다고 할 수 있다. **화창한 날씨는 좋다**라는 평가를 사용하는 것은 저가 항공을 이용하는 여행과 별장을 소유하는 것 등 생태적 파괴를 야기하는 행동을 부추기도록 만든다. '당신의 별장(your home)'에서 대명사 '당신의(your)'는 독자로 하여금 이미 별장을 구입한 것처럼 느끼게 하여, 독자가 스스로 그러한 감정을 갖도록 강하게 이끈다.

그러나 만약 영국에 사는 사람들이 변화무쌍한 날씨의 진면목을 인식할 수 있다면, 그들은 날씨가 좋지 않은 휴일을 태양 아래에서 짧게 보내기 위해 비행기를 타거나 집 안에서 구입한 물건을 통해 재미를 얻는 것 대신, 일 년 내내 지역의 자연을 만끽하면서 건강과 정신 건강, 더 나아가 참살이를 찾을 수 있을지도 모른다. 분명 사람들의 재산, 생계, 건강 혹은 안정감 등을 파괴시켜서 그들의 삶에 진정으로 부정적인 영향을 끼치는 데에는 날씨가 한몫하고 있다. 그러나 **화창하지 않은 날씨는 나쁘다**라는 평가와는 인지적으로 일치하지 않더라도, 사람들에게 피해를 주지 않고, 사람들이 탐색하고 환영받을 수 있으며 즐길 수 있는 매우 다양한 종류의 날씨 또한 존재한다. 자연수필가이자 생태비평가인 존 러스킨(John Ruskin)은 날씨의 다양성을 다음의 인용문과 같이 긍정적으로 나타내었다.

햇살은 맛있고, 비는 상쾌하며, 바람은 기운을 돋우며, 눈은 신나게 한다. 나쁜 날씨라는 것은 실제로 존재하지 않으며, 그저 좋은 날씨의 다른 종류가 있을 뿐이다. (Sutton, 2007: 43에 실린 러스킨의 글)

이러한 독립적이고 분명한 진술보다 더 큰 잠재력을 지니는 것은 글쓰기 혹은 예술과 관련된 분야에서 드러나는 평가 유형이다. 예를 들어 로버트 맥파레인(Robert Macfarlane, 2013: 32)은 중국의 산수화 작가들이 안개를 '위협'이라고 말하지 않고, 안개의 가치를 인식했으며 왜가리와 대나무 숲 등과 함께 존재하는 자연의 아름다운 현상으로서 다양한 날씨를 조명하고 있다고 하였다.

> [산수화 작가들]은 그들의 산에서 그들이 '용의 태양'이라고 부르는 여름을, 겨울의 긴 바람과 늦봄의 꽃 폭풍을 탐구했다. 그들은 새벽의 차가운 안개가 새벽의 골짜기에서 살고 있고, 대나무 숲은 초록의 빛을 품었으며, 왜가리의 비상은 수천 개의 눈송이가 날아올라 눈보라를 치는 것이라고 묘사했다.

만일 영국 사람들이 세계의 다양한 문화로부터 파생된 날씨에 대한 긍정적인 관점을 부여하는 평가 유형을 볼 수 있다면, 이것은 문화적 아쿨루오포비아 혹은 하이그로포비아를 치료하는 데 잠재적으로 도움을 줄 수 있을 것이다.

자연에 관한 일본의 하이쿠 시는 매우 폭넓은 날씨의 모습을 평가하는 좋은 예가 되는데, 거기에는 여름의 시원한 산들바람에서부터 겨울의 눈, 특히 비의 모습이 잘 나타나 있다. 아래에 제시된 예들은 전통 하이쿠 시선집(HK1-HK6; 부록 참조)에 수록된 것으로서 영어 번역을 함께 제시해 보았다.

- 夜はうれしく / 晝は靜かや / 春の雨
  Joyful at night / tranquil during the day / spring rain
  밤의 기쁨 / 낮의 평온 / 봄비

  (Chora, HK4: 18)

- おもしろし / 雪にやならん / 冬の雨

  What fun / it may change into snow / the winter rain

  재밌구나! / 눈으로 변하겠지 / 겨울비

  (Bashō, HK1: 90)

- 唇に / 墨つく兒の / すずみかな

  Traces of school ink / on his lips, a child enjoys / the evening cool

  잉크의 자국 / 아이들의 입술에, 아이들이 즐기는 / 시원한 밤

  (Senna, HK2: 22)

- 山陰や涼みがてらのわらぢ茶屋

  Mountain shade / while enjoying the cool air / straw sandals, teahouse

  산그늘 / 시원한 공기를 즐기는 동안 / 짚신, 찻집

  (Issa, HK6)

- 五月雨 / ある夜ひそかに / 松の月

  Summer rains / secretly one evening / moon in the pines

  여름비 / 비밀의 저녁 / 소나무에 걸린 달

  (Ryōta, HK1: 39)

- 春なれや / 名もなき山の / 朝霞

  Spring is here / morning mist / on a nameless mountain

  봄은 여기에 / 아침 안개 / 무명의 산에 걸렸네.

  (Bashō, HK4: 16)

[그림 5.2] 일본 코묘젠지(光明禪寺)의 여름

[그림 5.3] 일본 코묘젠지(光明禪寺)의 겨울

- 梅の樹の / かたちづくりす / 初時雨

  Sculpting the shape / of the plum tree / first winter rain

  조각하기 / 자두나무 / 첫 겨울비

  (Kitō, HK1: 91)

- 三たびないて / 聞こえずなりぬ/ 雨の鹿

  Calling three times / then no more to be heard / the deer in the rain

  세 번의 외침 / 더 이상 들리지 않는 / 빗속의 사슴

  (Buson, HK3: 23)

- 春雨や / 木の間に見ゆる / 海の道

  Spring rain / visible through the trees / a path to the sea

  봄비 / 나무 사이로 보이네 / 바다로 가는 길

  (Otsuni, HK4: 25)

위에 제시된 첫 두 편의 하이쿠는 うれしく(joyous)라는 단어와 おもし
ろし('fun'이라고 번역했지만 실상 'interesting'에 더 가까운 의미를 지닌) 단어를
사용하여 비에 대한 긍정적인 평가를 드러내고 있다. 세 번째와 네
번째의 예에서는 번역가가 'enjoy'라는 단어를 사용하였지만, 하이쿠
는 'enjoy'(네 번째는 보다 문학적인데, '산그늘 / 시원한 공기를 즐기는 동안 /
짚신, 찻집')와 같은 명시적인 용어를 그 자체에 담고 있지는 않다. 하
이쿠는 'enjoy'라는 단어를 명시적으로 사용할 필요가 없다. 그것은
마치 무더운 여름에 시원함은 사람들이 즐기는 당연한 대상이라는
인식과 같이, 하이쿠 담론에는 배경에 대한 가정이 전제되어 있기 때
문이다. 위에서 살펴볼 수 있는 또 다른 하이쿠는 자연('달', '소나무',
'산', '자두나무', '사슴', '바다' 등)이 지닌 문화적인 가치를 드러냄으로써
비와 안개를 긍정적으로 그려내고 있다. 이 또한 시원함에 대한 표현

과 같이 비와 안개가 내포한 긍정성에 기인하는데, 그것은 하이쿠가 전형적으로 묘사하고자 하는 자연계의 현상을 평가하는 표현을 사용하고 있기 때문이다.

HK6은 고바야시 잇사(Kobayashi Issa)가 지은 1만 편의 온라인 시 전집 가운데 일부이다. 이 전집에는 표 5.1에서 볼 수 있는 것과 같이 많은 수의 비에 대한 용어가 특정 사전(Goojisho, 2014)에 의한 해석과 함께 제시되어 있다. 한 가지 예외 사항은, 이들 용어가 모두 비를 의미하는 雨라는 글자를 포함한 합성어라는 것이다. 경우에 따라서는 별도의 두 단어('black bird'처럼)가 **음운론적**(phonological) 변이에 의해 합성어(영단어 'blackbird'와 같이)가 될 수 있다. 예를 들어, 봄비(春雨)라는 단어는 春(봄을 뜻하는 haru)과 雨(비를 뜻하는 ame)의 두 글자로 이루어져 있는데, 이들은 (haru-ame와 같이 분리되지 않고) 하나의 합성어 harusame가 된다. 다시 말해서 harusame는 그저 봄에만 내리는 비에 지나지 않는 것이 아니라, 그 자체로서 비의 특성을 지닌 것으로서, 구지쇼(Goojisho) 사전에서 묘사한 春, しとしとと静かに降る雨(조용하고, 고요하게 봄에 내리는 비)와 유사하다. 이와 같은 비의 다양한 종류에 대한 묘사가 잇사의 작품에서만 드러나는 것은 아니다. 이들 묘사는 더 많은 하이쿠 담론 전반에서, 특히 날씨의 유형에 대해 긍정적인 정서를 품고 있는 내용에서 나타난다.

<표 5.1> 시인 고바야시 잇사가 사용한 비 관련 용어, HK6에서 발췌

일본어명	발음	직역	의미 (≪구지쇼 일어 사전≫에 실린 전체를 번역함.)
春雨	하루사메	봄의 비	春, しとしとと静かに降る雨 봄에 조용하고 온화하게 내리는 비
五月雨	사미다레	5월의 비	五月ごろに降りつづく長雨 5월에 오랫동안 지속되는 비
村雨	무라사메	마을의 비	晩秋から初冬にかけて、ひとしきり降ってはやみ、やんでは降る小雨 가을의 끝 무렵에서 겨울이 시작할 무렵까지의 시기에 자주 멎었다가 내리는 비
時雨	쉬구레	때맞춰 내리는 비 =소나기	秋の末から冬の初めにかけて、ばらばらと通り雨のように降る雨 가을의 끝 무렵부터 겨울이 시작할 무렵까지의 시기에 많은 양의 빗방울을 뿌리며 지나가는 비
初時雨	핫수쉬구레	처음 내리는 소나기	その年初めて降る時雨 그 해의 처음 내리는 '쉬구레'라 불리는 소나기
夕時雨	유쉬구레	저녁에 내리는 소나기	夕方に降る時雨 저녁에 내리는 '쉬구레'라 불리는 소나기
霧雨	키리사메	안개 낀 비	霧のような細かい雨 안개처럼 보이는 가랑비
通り雨	토리아메	일시적인 비	きっと降って、すぐやむ雨 많이 내렸다가 곧 그치는 비
夕立	유다치	저녁에 내리는 소나기	夏の年後に降る激しいにわか雨 여름 저녁에 내리는 시원한 비
秋雨	아키사메	가을의 비	秋に降る雨 가을에 내리는 비
朝雨	아사아메	아침의 비	朝に降りだす雨 아침에 내리기 시작하는 비
一雨	히토아메	한 번의 비	ひとしきり降る雨 잠시 동안 내리는 비
雨だれ	아마다레	빗방울	軒先などから滴り落ちる雨水 지붕에서 떨어지는 비

그러나 하이쿠에서도 춥거나 바람이 부는 날씨와 외로움의 정서를 연계하는 공통적인 표현도 나타난다. 더욱이 冬ごもり(fuyugomori)라는 특정 단어는 '겨울 고독(winter solitude)'이라는 개념을 표현한다. 아래 예들을 통해 이들 연계를 살펴볼 수 있다.

● 蜘蛛殺す / 後の淋しき / 夜寒かな
  Lonely / after killing the spider / evening cold!
  외롭게 / 거미를 죽인 후 / 추운 저녁!

(Shiki, HK2: 60)

● 能なしは / 罪も又なし / 冬ごもり
  No talents / also no sins / winter solitude
  어떠한 재능도 / 어떠한 죄도 없는 / 겨울 고독

(Issa, HK2: 69)

● さびしさに / 飯をくうなり / 秋のかぜ
  Feeling lonely / I eat my dinner / autumn winds
  외로움을 느끼며 / 저녁을 먹는다 / 가을바람

(Issa HK2: 85)

● 居眠りて / 我はかくれん / 冬ごもり
  Taking a nap / I hide within myself / winter seclusion
  낮잠을 자며 / 내 자신을 마음속에 숨긴다 / 겨울의 은둔

(Buson, HK2: 99)

● 淋しさの / うれしくもあり / 秋の暮れ
  Loneliness / also has its pleasure / autumn dusk
  외로움은 / 또한 기쁨이네 / 가을 황혼

(Buson, HK2: 90)

먼저 외로움과의 연계는 추운 날씨를 부정적으로 표현하는 평가 유형을 지닐 것으로 예상할 수 있지만, 부손(Buson)이 쓴 마지막 하이쿠의 경우 외로움이 기쁨 또한 지닐 수 있음을 보여준다. 사실 이러한 하이쿠에서 언급된 고립, 고독 혹은 은둔은 직접적으로 부정적인 의미를 내포하지는 않는데, 대신 **사비**(sabi)[25]라는 높은 미학적 원리의 징후로 볼 수 있다. 사비는 보통 '슬픔', '외로움', 혹은 '비애'와 같이 번역되는데, 마코토 우에다(Makoto Ueda)에 따르면 이는 '자아가 아닌, 인간이 아닌 자연의 삶에 뛰어든 사람이 지닌 완연한 정신적 고요에 의해 파생된 개념. 사소한 자아의 거대하고, 힘차며, 경이로운 우주로의 완연한 흡수'이다(Lynch, 1998: 117에 실린 우에다의 글).

이에 겨울의 은둔은 부정적인 것이 아니라, 자연 혹은 날씨-세계로의 몰입을 통한 고요를 찾는 방안인 것이다. 이는 **추위가 좋다** 혹은 **외로움이 좋다**와 같은 단순한 평가가 아니라, **사비** 혹은 이와 유사한 개념인 **와비**(wabi)와 같이 외형적으로 사소하거나 부정적으로 보일지라도 그 안에 깊은 의미를 품고 있는 미학적 가치라고 할 수 있다. 스즈키(Suzuki, 1970: 23)는 **와비**가 나타내는 의미를 '가난, 하지만 이것이 부, 권력, 명성과 관련된 의미가 아니라, 고차원적 가치의 상태를 내적으로 느끼는 상태'라고 언급하였다. 겨울의 고독과 추위는 물론 의미가 있거나 긍정적으로 보이지 않을지는 모르겠지만, 그 속에서 깊은 무언가의 의미를 찾을 가능성은 충분한 것이다.

경제 성장이 소비지상주의를 충족하기 위해 삶에서 불만족의 상태를 끊임없이 만들고 있는 것과 달리, 하이쿠와 **와비** 미학의 작품은

---

25) 일본의 전통 미의식으로 '투박하지만 조용한 상태'를 의미한다.

자연에서 이미 실천 가능한 만족의 개념을 수립해 내고 있다. 아래의 두 하이쿠는 개인의 소유로부터 가치를 찾는 것이 아니라, 여름의 시원함과 봄이라는 계절 그 자체를 느끼는 것이 가치가 있다는 사실을 보여주고 있다.

● 何もないが / 心安さよ / 涼しさよ
Owning nothing / such peace / such coolness!
무소유 / 그 평화 / 그 시원함!

(Issa, HK2: 88)

● 宿の春 / 何もなきこそ / 何もあれ
In my hut this spring / there is nothing / there is everything
이 봄 나의 오두막 / 아무 것도 없지만 / 모든 것이 있네.

(Sodo, HK5: 12)

일반적으로 문화적 평가는 생태언어학에서 매우 중요한 위상을 지닌다. 그것은 그러한 평가가 매우 방대하고 그저 우리의 일상생활 일부로서 여겨지며 잘 알려지지도 잘 고쳐지지도 않기 때문이다. 생태적 파괴가 심해지면 한때 '좋은 것'이라고 간주되던 문화적 평가가 삶을 지지하는 데 있어서 더 이상 좋은 시스템이 아니게 될지도 모른다. 보다 지속가능하고 인도적인 노정에서 우리 사회를 재고하는 작업은 사회의 핵심을 이루는 평가 유형에 대한 면밀한 고민을 요청한다. 생태언어학은 근본적인 평가 틀을 구축하고 이를 확산하거나 저지할 수 있는 언어적 특징을 아주 세밀하게 분석해 내는 역할을 수행한다.

⬎ 참고문헌

Alexander, R. 2009. *Framing discourse on the environment: a critical discourse approach.* New York: Routledge.

BBC Trust 2011. BBC Trust review of impartiality and accuracy of the BBC's coverage of science. Available from: http://www.bbc.co.uk/bbctrust/our_work/editorial_standards/impartiality/science_impartiality.html [Accessed 20 January 2015].

Cook, G. 2004. *Genetically modified language: the discourse of arguments for GM crops and food.* London: Rougledge.

Costanza, R., Kubiszewski, I., Giovannini, E., Lovins, H., McGlade, J., Pickett, K., Ragnarsdóttir, K.V., Roberts, D., de Vogli, R. and Wilkinson, R. 2014. Development: time to leave GDP behind. *Nature* 505(7483): 283-5.

Ekins, P., Hillman, M. and Hutchison, R. 1992. *Wealth beyond Measure: an atlas of new economics.* London: Gaia Books.

Goojisho, 2014. Goojisho Japanese-Japanese dictionary. Available from: http://dictionary.goo.ne.jp/ [Accessed 16 June 2014].

Halliday, M. 2001. New ways of meaning: the challenge to applied linguistics, in A. Fill and P. Mühlhäusler (eds) *The ecolinguistics reader: language, ecology, and environment.* London: Continuum, pp. 175-202.

Ingold, T. 2010. Footprints through the weather-world: walking, breathing, knowing. *Journal of the Royal Anthropological Institute* 16(s1): S121-39.

Lakoff, G. and Johnson, M. 1980. *Metaphors we live by.* Chicago, IL: University of Chicago Press.

Lakoff, G. and Wehling, E. 2012. *The little blue book: the essential guide to thinking and talking democratic.* New York: Free Press.

Larson, B. 2011. *Metaphors for environmental sustainability: redefining our relationship with nature.* New Haven, CT: Yale University Press.

Lynch, T. 1998. 'A path toward nature': haiku's aesthetics of awareness, in P. Murphy (ed.) *Literature of nature: an international sourcebook.* Chicago: Fitzroy Dearborn, pp.

116-25.

Macfarlane, R. 2013. New words on the wild. *Nature* 498: 166-7.

McIntosh, A. 2004. *Soil and soul: people versus corporate power*. London: Aurum.

Martin, J. and Rose, D. 2003. *Working with discourse: meaning beyond the clause*. London: Continuum.

Martin, J. and White, P. 2005. *The language of evaluation: appraisal in English*. New York: Palgrave Macmillan.

Met Office 2013. Hot dry spell July 2013. *Met Office*. Available from: http://www.metoffice.gov.uk/climate/uk/interesting/2013-heatwave [Accessed 18 Aug 2014].

Naish, J. 2009. *Enough: breaking free from the world of excess*. London: Hodder.

Salvi, R. and Turnbull, J. 2010. Appraisal theory as a methodological proposal for stylistic analysis. *Textus* 23: 103-38.

Sutton, P. 2007. *The environment: a sociological introduction*. Cambridge: Polity.

Suzuki, D. 1970. *Zen and Japanese culture*. Princeton, NJ: Princeton University Press.

White, P. 2004. *Subjectivity, evaluation and point of view in media discourse*. London: Hodder Arnold.

사람의 정체성(identity)은 행동에서 발견할 수 없고 … 특별한 이야기를 지속시킬 수 있는 능력에서 발견해야 한다. 한 개인의 일대기는 … 외부에서 일어나는 사건들을 지속적으로 통합하고 이를 '자신에 관한 이야기'로 분류해 가면서 구성되어야 한다.

- 앤서니 기든스(Anthony Giddens, 1991: 54)

우리가 존재를 경험하는 방식에서의 실제 변화는 … 자아에 대한 오래된 이야기(the old Story of Self)와 세계에 대한 이야기(Story of the World)의 붕괴와 새로운 이야기의 탄생을 필요로 한다. 자아에 대한 이야기 역시 근본적으로 시작과 끝이 있는 이야기이다.

- 찰스 아이젠슈타인(Charles Eisenstein, 2011: 153)

모저와 딜링(Moser & Dilling, 2011: 163)은 완전히 일반화되지는 않지만 대체적으로 환경 문제를 논의할 때에는 추정(assumption)이 이루어진다고 설명한다. 정보 결핍 모형(Information Deficit Model)으로 알려진 추정은, 환경 문제에 대한 대중의 관심과 참여 부족의 원인으로 정보 결핍을 설명한다. 그들은 수년간의 연구를 통해 이 모형이 잘못되었다는 사실을 밝혔다. 즉 '기후 변화에 대한 세부 내용을 모르는 것이

더 큰 우려나 행동을 막는 것이 아니라는 것', 그리고 '최악의 경우에 사람들은 효과적인 결정을 내리기 위해 '개인 과학자'가 되어야만 한다는 것'이다(Moser & Dilling, 2011: 164). 그들은 행동결핍 혹은 파괴적인 행동의 원인이 정보 부족이라기보다는 훨씬 더 깊은, 자아와 관련된 가치 및 신념과 연관되어 있다고 설명한다.

크롬튼과 캐서(Crompton & Kasser, 2009: 7)는 환경적 의사소통을 반드시 가치와 정체성의 차원에서 다루어야 한다고 주장했다. 그것은 정체성의 변화만이 사람들의 행동에 실질적인 차이를 만들 수 있기 때문이다. 구체적으로 그 목표는 '환경적으로 문제시되는 정체성의 측면을 지지하고 있는 현재 사회의 모습을 변화시키고, 환경적으로 유익한 정체성의 대안적 측면을 장려하는 것'(Crompton & Kasser, 2009: 25)이다. 이는 야심찬 목표이지만, 정체성이 주로 또는 적어도 언어로 만들어지고 언어에 의해 지속된다는 사실을 고려한다면, 생태언어학은 이러한 정체성 논의에 충분히 기여할 수 있다.

다리어(Darier, 1999)와 고즈(Gorz, 1993)는 정보 결핍 모형에 의문을 제기한다. 그것은 그 모형이 부정확하기 때문만이 아니라 지배 세력에게 현실을 규정하기 위한 힘을 부여하기 때문이다. 다리어(Darier, 1999: 238)는 다음과 같이 주장했다.

선진국(North)에서 개인의 에너지 소비를 줄이는 것이 강제적으로 정당화되어서는 안 된다. '전문 관료에 의해 제정된 법령(expertocracy)'에 의해 '지구 온난화'와 같은 위협이 정의되지만, 그들이 많은 양의 에너지를 소비하는 것을 자신들의 본질이라고 정의하는 일을 원하지 않을 것이기 때문이다! 선진국에 만연한 소비지상주의 맥락에서 우리 스스로 노력하는 것만이 … 남아 있을 뿐이다.

'우리 스스로 노력하는 것'이라는 표현은 '자아 프로젝트(project of the self)'와 관련되어 있다. 기든스(Giddens, 1991: 224)는 자아 프로젝트에 대해 '자아 정체성(self-identity)의 형성 과정은 자기 서사의 성찰적 질서 화(reflexive ordering)에 의해 구성된다.'라고 정의하였다. 즉 '우리가 만들 고 유지하고 수정해 나가는 전기적인 서사의 한 세트, 곧 우리가 누 구인지에 대한 이야기'라는 것이다. 이 이야기, 즉 사람으로서 우리 가 누구인지에 대한 이야기는 어떠한 문화적 변화를 거치든지 환경 적으로 더 유익한 실천성을 지향하는 일을 목표로 삼아야만 한다.

'자아 프로젝트'의 예는 인터페이스 카펫(Interface Carpets) 회사의 전 (前) CEO인 레이 앤더슨(Ray Anderson)의 자아 성찰(self-reflection)에 관한 발 언에서 확인할 수 있다. 앤더슨은 폴 호켄(Paul Hawken)의 책 ≪비지니 스 생태학(the ecology of commerce)≫을 읽고 '탄생의 죽음(the death of birth)' 이라는 표현을 이해하기 전까지는 자신이 환경에 대한 시각을 전혀 갖고 있지 못했다고 하였다. 그의 말을 살펴보자.

- 멸종에 대한 에드워드 윌슨(E. O. Wilson)의 표현인 탄생의 죽음은 내 가슴에 결정적으로 다가왔다. 책을 읽으면서 그 표현의 의미는 점점 더 깊어졌다. 그것은 나 자신의 사고방식에 대한 전체적인 변화, 그 리고 패러다임의 변화가 필요하다는 직관적인 경험이었다. (ML18)

그 책은 앤더슨이 사람으로서 자기 자신을 돌아보게 하였고, 현재 형성되어 있는 자신의 정체성을 거부하게 하였다.

- 어느 날 일찍 이 여정에서 나는 내가 인터페이스 카펫을 운영하고 있 던 방법이 약탈자의 방법이었다는 사실을 깨닫게 되었다. 내가 빼앗

은 무언가는 나의 것이 아니다. 그것은 지구상의 모든 생명체에 속한
다. 언젠가 나 같은 사람은 감옥에 갇히고 말 것이라는 사실을 [나는
깨달았다]. (ML18)

'우리의 문명이 규정하는 바에 따르면 나는 업계의 선두주자이고
… 현대의 영웅이다'와 같은 사회적 정체성에서 '다른 누구도 아니고
나 자신에게 스스로 지구의 약탈자라는 유죄 선고를 받은 것 같은'
약탈자로서의 자아 정체성을 가지게 된 일련의 변화는 매우 심오한
것이다. 약탈자의 부정적인 자아 정체성은 **경계에 놓인 상태**(liminal state),
곧 그 자체로 견고한 새로운 정체성의 생성이 아닌 두 정체성 사이
의 변화에 해당한다. (Meyer & Land, 2005: 376에 실린 글에서) 괴테(Goethe)는
새로운 정체성 형성을 위한 변화가 어떻게 이루어지는지 설명한다.
그것은 한 개인이 '오래된 정체성을 벗겨내야 하거나, 오래된 정체성
으로부터 벗겨지게 되는 것'이며, '자아가 적나라하게 드러난 상태,
즉 완전한 하나의 정체성도 아니고 또 다른 것도 아닌 그 경계에 놓
인 상태'라는 것이다. 자기 회의(self-doubt)의 경계에 놓인 상태가 지난
후에, 앤더슨은 기업주로서의 새로운 생태학적 정체성을 얻게 되었
으며, 자신의 회사뿐만 아니라 자기 자신을 재발견할 수 있었다. 결
국 인터페이스는 카펫 판매에서 재사용, 재활용 가능한 타일에 기반
을 둔 카펫 대여 서비스를 제공하는 사업으로 전환되었다.

벤웰과 스토케(Benwell & Stokoe, 2006: 10)는 자기 자신을 재발견하는 사
람들의 능력이 어떠한지가 정체성 이론의 주요 쟁점이라고 하였다.

쟁점은 사람들이 원하는 어떤 방식으로든 자신의 정체성을 자유롭게
구성할 수 있는지 여부와 관련이 있다('동인(agency, 動因)'26)의 관점, 즉

개인이 동인을 지닌다, 혹은 개인이 동작주(agent) 또는 동작주의(agentive) 위상을 지닌다). 또는 정체성의 형성은 무의식에서 제도화된 권력 구조에 이르기까지 다양한 요인에 의해 제약을 받는지 여부에 달려 있다('구조'의 관점, 즉 '주체'는 현존하는 '담화' 내에서 제한적으로 위치한다고 보는 것이다). (원문에서 강조)

그럼에도 이 쟁점 가운데 어느 한쪽에만 치우칠 수 없는 것은 분명하다. 정체성은 사회나 문화 속에서 형성되며, 가끔 사람들이 이러한 정체성을 취하도록 독려되거나 강요된다. 앤더슨의 사례에서 지배적인 이야기는 신의성실 의무(fiduciary duties)와 관련된 '현대의 영웅'으로 묘사된 성공한 CEO에 관한 것이다. 이 의무는 사회적 기대, 심지어 성공을 이윤 창출이나 판매 이익의 면에서 협소하게 규정하는 것이다. 반면에 사람들은 사회에서 형성된 협소한 정체성에 대항하여 상황별로 각기 다르게 저항할 힘을 갖고 있다. 그리고 "어떤 경우에, 그것은 우리 자신을 다시 구성하기 시작하여 표준화된 과정과는 다른 방식으로 우리의 자아 정체성을 새롭게 형성할 수 있다(Darier, 1999: 26)."

따라서 생태언어학은 사회의 언어가 어떻게 생태적으로 파괴적인 정체성을 형성하는지, 가령 ≪비즈니스 생태학(The ecology of commerce)≫과 같은 책이 어떻게 사람들이 이러한 정체성에 저항할 수 있도록 만드는지 탐구하게 한다. 그리고 자아를 새로이 구성하는 데 보다 생태적으로 이익을 줄 가능성이 있는 대안이 무엇인지를 탐색하게 한다. 다음은 사회적 측면과 개인적 측면을 모두 담으려고 한 정체성에 관한 정의이다.

---

26) 동인이란 문장 또는 발화에서 주도적으로 행위를 하는 주체의 힘을 가리키는 용어이다. 즉 인간의 행동을 일으키게 하는 내적인 힘이라는 뜻이다.

정체성(identity)은 외양, 성격, 행동 및 가치를 포함하여 특정 부류의 사람이라는 것이 무엇을 의미하는지에 대한 사람들의 마음속에 있는 이야기이다.

자아 정체성(self-identity)은 사람들이 그들 자신과 타인이 어떠한 유형의 사람인지에 대하여 지칭하는 진행형 이야기이다.

정체성은 사람들의 마음속 모형이지만 특정한 옷차림, 글쓰기, 말하기, 그리고 행동을 통해 분명하게 드러난다. 어떤 정체성(예컨대 만족할 줄 모르는 소비자)을 사람들이 수용한다면, 즉 그들이 어떤 유형의 사람인지 받아들이고 어떤 말과 행동을 하는 사람인지를 나타내는 인지 모형에 따른다면, 그 정체성은 그 사람들로 하여금 생태적으로 파괴적인 행동을 하도록 부추길 수 있다. 반면에 다른 정체성은 삶이 기대고 있는 체제를 보호하는 방식으로 사람들이 행동하게끔 이끌 수도 있다.

정체성은 사회 속의 텍스트가 여러 사람들을 대상으로 어떻게 꼬리표(주체의 위치)를 만들어 내고 이들에게 특정 특성이나 가치와 행동을 지니게 하는지를 조사하여 파악될 수 있다. 이들 텍스트는 단순히 기존 정체성을 설명하는 것이 아니라, 시간이 지남에 따라 정체성을 정립하고 구성하며 유지하는 역할을 수행한다. 다시 말해서 텍스트는 사회에 어떤 종류의 사람들이 있는지에 대하여 사람들의 마음속에 모형을 만들고 이를 영속화한다.

2장에서 논의한 바와 같이, 신고전주의 경제학 담화는 사람들의 범주를 '소비자', '소유주', '관리자', 그리고 (환유적으로) '기업' 등으로 정의하고 이들이 지닌 성격을 설명한다. 다음의 예에서 미시경제학 교과서(ET2)는 '소유주'와 '관리자'의 정체성을 설명하고 (동시에 정립하고) 있다.

- 따라서 기업의 경영 문제는 소유권이 지배와 분리되고, 소유주가 추구하는 목표인 이윤 극대화가 관리자가 추구하는 목표, 즉 사적인 이익을 제외한 다른 목표를 추구하는 것과 차이가 나기 때문에 발생한다. … 관리자가 추구하는 목표의 예로는 더 적은 노력을 기울이거나 더 많은 관리 권한을 획득하는 데에 능력을 발휘하는 것 등을 들 수 있다. (ET2: 242)

여기에서 소유주는 유일한 관심이 이윤 극대화에 있는 인물로 편협하게 표현되는 반면, 관리자는 매일 회사를 운영하는 책임을 지고 있기 때문에 다른 목표를 추구하는 어떤 동인을 지니고 있는 것처럼 표현되어 있다. 이 텍스트는 이를 '문제'로 인식하여 부정적으로 표현하였음에도 생태적 관점에서 잠재적인 가치가 있다고도 볼 수 있다. 그것은 관리자가 이윤의 극대화에 얽매이지 않고, 대신 공동체의 참살이 혹은 환경 보호와 같은 다른 목표를 추구하는 동인이 있는 것으로 읽힐 수도 있기 때문이다. 그러나 불행히도 교과서에서는 관리자가 추구하는 목표로 '더 적은 노력을 기울이는 것'과 '더 많은 관리 권한을 획득하는 것'의 두 가지 예시만을 제공한다. ET5도 이와 매우 유사한 진술을 제시한다.

- 회사 소유주는 관리자가 소유주의 목표(즉 이윤의 극대화)에 가장 적합한 사업 전략을 추구할 것이라고 확신할 수 있는가? (ET5: 9)
- 한 회사의 관리자로서, 당신은 무엇에 관심이 있는가? 높은 급여, 더 큰 권력이나 명예, 더 나은 판매, 더 나은 노동 조건, 또는 부하 직원들 사이에서의 더 높은 인기 중 무엇이 당신에게 부차적인가? (ET5: 12)

다시 언급하건대 여기에는 다음과 같은 가정이 있다. 소유주의 목표는 이윤 극대화이지만 관리자는 다양한 범위의 목표를 지닌다는 것이다. 두 번째 예문에서 교과서는 대명사 '당신'을 사용하여 독자가 마치 관리자인 것처럼 직접 부름으로써 독자를 '관리자'의 입장으로 대치하도록 유도한다. 실제로 자신이 관리자이든 아니든, 독자는 일시적으로 그 문장의 의미를 이해하기 위하여 관리자의 입장을 취하게 된다. 그런 다음 이 텍스트는 직접 질문을 던져, 독자들이 목표를 추구하는 관리자로서 스스로를 어떠한 동인으로 설정하는지에 대해 생각하도록 독려한다. 그런데 이 텍스트는 이러한 생각에 외재적 가치인 급여, 권력, 명예, 인기 등을 고려할 수 있는 매우 좁은 범위의 가능성만을 제공한다. 동인에 관한 모든 표현의 이면에는 관리자가 되는 것은 승진과 같은 자기중심적이고 외재적 가치에만 관심을 둔다는 의미를 내포한다. 동시에 참살이나 환경에 관한 보다 중요한 문제에는 관심이 없는 사람이라는 의미 또한 포함되어 있다. 이는 소유주의 정체성(이윤 극대화), 소비자의 정체성(효용 극대화), '회사'의 정체성(수익 극대화)을 구성하는 데 동일하게 적용된다. 다음 발췌문에서는 정치인조차 외재적 가치에만 관심을 갖는 것으로 표현되어 있다.

- 정치인도 사람이다. 정치 지도자가 사회에서 참살이 추구를 항상 고려하게 만드는 것은 좋은 현상으로 볼 수 있다. … 어쩌면 아주 좋을 것이다. 그런데 이것은 그리 현실적이지는 않다. … 소비자와 회사 소유주가 그러하듯이 정치적 행위자도 개인의 이익이 강력한 동기로 작용한다. 몇몇 정치인들은 … 재선을 위한 욕망에 동기가 부여되어 국가적 이익을 희생시키려 한다. … 또 다른 이들에게는 탐욕이 정치적 행동의 동기로 작용한다. … 정치는 자비로운 왕에 의해 이루어지는 것이 아니라 너무나 인간적인 그들의 욕망 … 즉 그들이 소유한

정치적이고 경제적인 야망으로 인해 작동되는 욕망에 의해 … 그런
욕망을 지닌 현실의 사람들에 의해 이루어진다. (ET3: 471)

이 인용문은 정치인의 정체성, 즉 신고전주의 경제학에서 묘사된
것처럼 개인적 이익, 탐욕, 재선, 금전에 관한 야망 등의 외재적 가치
에 의해 동기유발된 사람의 정체성을 드러내는 이야기이다. 칠튼 외
(Chilton, et al., 2012)에서는 '대중성', '공공 이미지의 보존', '재산'과 같
이 외재적 가치를 드러내는 단어에 주요 관심을 두는 사람이, '수용',
'협력', '관용'과 같은 내재적 가치에 관심을 두는 사람보다 공공 인
터뷰를 할 때 사회적 정의나 환경을 덜 고려하는 태도를 보인다고
주장하였다. 만약 외재적 가치를 나타내는 단어들로 가득 차 있는 신
고전주의 경제학 교과서가 야심이 있는 사업가나 정치인들에 의해
읽힌다면, 그들은 아마도 자기 충족적 예언을 하며 그들이 꿈꾸는 유
형의 인물로 스스로를 만들어 갈 것이다.

그런데 위의 인용구에서 이기적이라고 묘사된 이들은 그저 정치인
들뿐만 아니라 일반인도 포함된다. '현실의 사람들', '너무나 인간적
인 욕망', '정치인도 사람이다'와 같은 표현들은 이기적인 행동이 인
간의 본질적인 성격임을 전제한다. 이는 페어클로(Fairclough, 2003: 123)
가 언급한 '자아에 대한 개인주의적 담화'가 세상에 급속히 퍼진다는
설명에 기반을 둔다. '자아에 대한 개인주의적 담화'는 사람들을 '이
성이 우선시되고, 독립적이며 단일한 개인이며, 사회적 존재와 같은
정체성은 부차적인 것' 등과 같이 표현한다. 아이젠슈타인(Eisenstein,
2011: 22)은 "생물학이나 경제학은 둘 다 분열된 자아에 기반을 둔 이
야기이므로, 그들의 기본 원칙 안에 탐욕이 사용되기 마련이다. … 경

제학에서 개인은 금전적 이익의 극대화를 추구하는 합리적 행위자이다."라고 언급하였다.

신고전주의 경제학에서 인간다움을 논한 수많은 담화를 통해 언급되는 합리성 개념은 인간이 자기중심적 개인주의의 정체성을 지닌 것으로 표현된다. 그 예는 다음과 같다.

- 우리는 소비자가 합리적인 방법으로 그들이 얻을 수 있는 최대의 만족을 주는 상품을 선택한다고 가정한다. (ET1: 86)
- 요컨대 우리의 소비자들이 구매를 합리적으로 하게끔 유도하려면 견과 맛이 나는 과일(Nutty-fruity)이 과일 맛이 나는 견과(Fruity-nut)보다 저렴해야 한다. (ET2: 315)
- 소비자가 고려하는 합리적 의사 결정은, 어떤 물품을 구입할 때 그가 선택한 물품이 그에게 금액 대비 최고의 가치를 주는 것, 즉 투자와 관련된 이익이 가장 큰 것이다. (ET5: 24, 원문에서 강조)

물론 소수의 사람들만이 경제학 교과서를 읽는다. 그러나 가격에 관심을 갖는 합리적 소비자의 정체성은 일상생활의 다양한 담화에서 등장한다. 특히 광고 담화가 두드러지는데, 예를 들면 광고 담화는 물건을 구입할 때 다른 모든 고려 사항들 위에 가격을 상정하고 가격에 초점을 맞춘다. 이는 타블로이드판 신문에서 명백하게 드러난다. 신문 광고를 보면 어떤 물건을 살 경우 얼마나 절약할 수 있는지를 제외하고는 물건에 대한 정보가 극히 적게 제공된다는 것을 알 수 있다.

대중 잡지 '선(Sun)' 일요판과 '데일리 스타(Daily Star)' 일요판의 2013년 12월 22일자 주요 부분 광고를 살펴보면 이러한 양상은 분명하게 드러난다. 광고에서 물건의 가격보다 물건의 어떤 특징을 부각한 경우는 매우 드물게 나타났다. 광고에서 세탁기의 회전 속도, 자동차의 바퀴 유형, 카메라의 화소와 같은 물건의 기능을 표현할 때는 작은 활자를 사용한다. 반면 가격과 할인 정보는 큰 글자체, 대문자, 굵은 글씨, 밝은 빨간 글씨나 배경, 그림자를 넣어 글씨에 3D 효과를 주는 것 등을 통해 매우 두드러지게 만들거나 중심부에 배열한다. 오직 물건 사진과 가격만 제시한 두 개의 광고를 제외하고는 대부분의 광고가 가격과 특가 판매, 할인, 염가 판매, 오직 299파운드, 30% 할인, 최저가, 2개를 15파운드에, 400파운드 절약, 엄청난 절약, 엄청난 가치, 반값, 3개를 2개 가격에, 단지 89파운드 등과 같은 표현을 통해 그 가격이 얼마나 저렴한지 드러낸다. 이들 광고는 독자를 신고전주의 경제학의 합리적인 소비자, 즉 가능한 한 짧은 시간에 가능한 한 많은 물건을 구입하는 일에 압도적인 우선권을 두는 사람으로 위치시킨다. 어떤 광고는 '당신에겐 적은 비용으로 더 많이 드릴게요.'와 같은 슬로건을 내세우는데, 대명사 '당신'을 사용하여 독자에게 접근하면서 그저 물건의 양과 가격만을 제시하고 있다.

이와 같이 독자들이 소비 결정을 신문 기사에 드러나는 정보에 의존할 경우, 가격이 그들이 가진 정보의 전부이기 때문에 신고전주의 경제학의 합리적 소비자가 될 수 있을지도 모른다. 그러나 제품을 만들기 위해 어떤 노동자와 동물들이 어떻게 착취되었는지, 이 물건이 지역 생산품인지 항공기를 통해 수송된 것인지, 소비자와 그들이 속한 환경에 유해성은 없는지 등은 여기에 전혀 나타나지 않는다. 이 때문에 독자들은 앞서 제시한 사항들을 고려할 수 없다. 이렇듯 광고는 독자들이 다른 모든 것들 위에 가격을 위치시키는 사람으로서 정체성을 공고히 하는 힘을 가지고 있다.

그러나 ≪윤리적 소비자(Ethical Consumer)≫(EC; 부록 참조) 잡지의 광고에서는 이와 다른 담화 양상이 드러난다. 몇 가지 주요 예는 다음과 같다.

- EC1: 10 - 당신은 환경, 인간의 권리, 노동자의 더 나은 처우, 제3국가의 개발 증진, 협동 등에 관심을 가지고 있군요. 우리의 재정계획은 당신의 가치를 [고려]합니다. 우리와 우리 고객은 우리 모두가 살고 있는 세계의 긍정적인 변화를 목표로 합니다. (투자 회사)
- EC1: 1 - 더 많이 저금하세요. 금전적, 사회적, 문화적, 환경적으로. 당신의 마음을 따르세요. (은행)
- EC1: 2 - 새로운 공정 무역 아이스티 (차)
- EC1: 4 - 동물 친화적 신발 (신발)
- EC1: 8 - 에너지를 적게 사용하는 집입니다. 당신이 꿈꾸던 친환경 집을 짓든, 당신의 집 다락에 단열을 하든. (건축 사무소)
- EC2: 1 - 아시아의 유기농 농장에서 윤리적으로 공급되었습니다. (코코넛 우유)
- EC3: 2 - 유기농, 윤리적으로 생산된, 재생 가능한 에너지를 활용한 (마요네즈)
- EC4: 1 - 우리 에너지는 재생 가능하다고 인정받았습니다. (에너지 공급자)
- EC4: 2 - 우리를 둘러싼 세상에 긍정적인 영향을 줍니다. (에너지 공급자)

이러한 광고들은 '더 적은 비용으로 더 많은 것을 얻기' 원하는 신고전주의 경제학의 합리적인 소비자들과는 다른 방식으로 독자를 위치하게 한다. 독자는 광고 속 제품들이 공정 거래된 것이고, 동물 친화적이고 화학물질을 사용하지 않고, 재활용되고 윤리적으로 얻어진 것이고, 재생 가능하며, 세상에 긍정적인 영향을 주는 것을 원하는 사람으로 상정된다. 그리고 이것들은 모두 일반적인 사람들의 관심 밖에 존재하는 내재적 가치이다. 우선 독자에게 직접 다다르기 위해서 '당신'이라는 대명사를 사용하고 있다. 그리고 독자가 환경에서부터 제3세계의 발전에 이르기까지에 관심을 가질 수 있도록 그들에 관한 목록을 제공한다. 앞서 살펴보았던 경제학 교과서의 경우 '더 많은 급여, 더 큰 권력과 명성, 더 많은 판매, 더 나은 근무환경 혹은 당신의 부하직원들 사이에서의 더 높은 인기'(ET5: 12)라는 목록을 제공하는데, 이는 선택의 범위가 좁고 독자로 하여금 특수한 정체성에 빠지게 하고 만다. 그렇지만 위 담화의 경우에는 이기심이라기보다는 세상에 대한 배려라는 정체성에 관한 목록에 해당한다. 따라서 이러한 광고들은 그 잡지의 제목이기도 한 '윤리적인 소비자'라는 새로운 정체성을 만들고 있고 독자를 이러한 윤리적 소비자의 자리에 위치시킨다. 물론 독자들이 이와 같은 자리매김에 비판적일 수 있고 이에 저항할 수도 있다. 그럼에도 이러한 광고 담화는 이기적인 소비자의 정체성을 넘어선 또 다른 정체성이 존재할 수 있다는 가능성을 열어준다.

'환경 친화적'이라는 꼬리표가 붙은 제품을 구매하는 행위는 그 자체만으로는 큰 차이를 만들지는 못한다. 하지만 사즈(Szasz, 2011: 595)는 윤리적인 소비를 통해 만들어진 정체성이 '현명한 행위'가 되게끔 유도한다는 점에서 낙관적이다. 그는 다음과 같이 덧붙인다.

이는 더 깊은 배려심이나 더 큰 책임감과 책무를 자극할 수 있다는 점에서 긍정적이다. 또한 그 사람이 스스로 새로운 정체성, 즉 환경에 대해 **진심으로** 걱정하는 사람으로서의 정체성을 구축하도록 이끌 수 있다.

하지만 윤리적 소비지상주의의 한 가지 문제는 여전히 우리가 무엇을 소비하는지를 통해 우리가 어떤 사람인지를 드러낸다는 것이다. 즉 소비를 우리의 정체성을 드러내는 기반으로 삼고 있다는 사실이다. 이것은 근대 정체성 형성의 매우 일반적인 특징이다. 사즈(Szasz, 2011: 600)가 말하였듯이 "근대사회에서 문화적인 과정은 소비행동에 다른 의미들을 주입한다. 사람들은 물건을 사는 행위를 통해 스스로 정체성을 드러낼 수 있다.". 기든스(Giddens, 1991: 198)는 근대성이 사람들에게 각자의 정체성을 스스로 정립하게끔 기여했다는 점을 다르게 보면서, 상품화된 정체성은 그 자체로도 많은 문제를 지니고 있음을 다음과 같이 지적하였다.

정도의 차이는 있지만, 자아 프로젝트는 원하는 상품을 소유하는 것과 인위적으로 만들어진 삶의 스타일을 추구하는 것으로 변하고 만다. … 새로운 상품에 대한 소비는 일정 부분 진정한 자아 발달을 대신하는 행위이다. 외양이 본질을 대체하는데, 그것은 성공적인 소비의 시각적 징후가 실질적으로는 제품과 서비스 자체의 사용 가치(use-value)를 능가하기 때문이다.

일부 이론가들은 소비의 기회가 '개인적 정체성 혹은 창의성의 의미로서 대인적 상호작용을 촉진'한다는 점에서 긍정적으로 본다(Harrison et al., 2005: 14). 그러나 이 책의 생태철학에 비추어 볼 때, 정체성의 개념은 물질적 제품의 소유보다는 행동과 세계관에 기반하는 것, 즉 더 많이 소유하는 것(having)보다 더 깊이 존재하는 것(being)에 기반하는 것이어야 한다.

벤웰과 스토케(Benwell & Stokoe, 2006: 171-177)는 광고를 '중요한 소비 촉진제'라고 묘사한다. 이는 '진정한 당신', '내적 자아', 혹은 그룹

구성원을 언급하는 방식으로 정체성을 이용하기 때문이다. 그들은 ≪코스모폴리탄(Cosmopolitan)≫ 잡지의 광고가 불필요한 소비를 촉진하는 방법을 분석한다. 가령 이 광고에서는 부러움의 이데올로기를 소비자들에게 길러주는 것, 불만족을 만들어내기 위해 얻을 수 없는 이상적인 아름다움을 이용하는 것, 화장품이나 액세서리와 같은 작고 표면적인 변화를 마치 정체성의 깊은 변화인 양 보여주는 것 등이 활용된다. 구체적인 예로 "멋진 패션 그리고 액세서리와 함께 새해를 맞이하는 새로운 당신을 축하하라."를 들 수 있다.

벤웰과 스토케(Benwell & Stokoe, 2006: 174)는 ≪코스모폴리탄≫에서 소비자 여성성(consumer feminity)이라는 정체성을 마치 평가(evaluation)처럼 보이기도 하는 일련의 '법칙'으로 정의하였다. 이들은 **늙어 가는 것은 나쁘다, 살찌는 것은 나쁘다, 활동/운동은 좋다, 체모는 나쁘다, 자연적인 신체 냄새는 나쁘다, 변신은 좋다, 그리고 새로움은 좋다** 등이다. 이들 평가는 여성의 현재 상태를 적절하지 못한 것으로, 그리고 제품 구매를 통해 변화가 필요한 것으로 설정하고 있기 때문에 생태학적으로 중요한 분석 대상이다. 정리하면 그들은 "≪코스모폴리탄≫의 거의 모든 광고에서 방종과 자기도취를 특징으로 삼는 여성성의 모형을 정의하고 있다(Benwell & Stokoe, 2006: 173)."라는 사실을 발견했다.

소비지상주의에 대한 수많은 비판적 연구가 있지만, 한편으로는 소비지상주의에 저항하는 사회 운동의 정체성에 관한 몇몇 연구도 존재한다. 위튼(Wheaton, 2007: 279)은 서핑 커뮤니티의 소비지상주의를 분석하였는데, 오물 반대 서퍼(Suffers Against Sewage; SAS)[27]라는 단체가 소비지상주의에 어떻게 저항하는지 파악하였다. 그녀는 "서핑과 같은 여가 활동에 대한 학술적인 설명에서조차 개인주의적이고 쾌락적이며 상업화된 특징을 강조하려는 경향이 있으며 이를 후기 자본주의 사회의 여가 소비 특성으로 파악할 수 있다."라는 설명을 하였다. 이에 반해 오물 반대 서퍼(SAS)에 대해서는 '자신들의 국지적 환경을 기반으로 활동을 초-지역적으로(trans-local) 이슈화하는 단체'이자, '새로운 사회 운동의 폭넓은 흐름의 일부이자 정체성의 정치학(the politics of identity)이 주목을 [받도록 하는] 실천 집단'이라고 소개한다. SAS는 '서퍼'의 정체성을 그것을 상업화시킨 광고주로부터 되찾고, 환경적으로 더 유익한 형태의 정체성을 형성하려고 시도하고 있는 것이다. 종합적으로 위튼(Wheaton, 2007: 182)은 다수의 사람들은 후기 근대를 자아도취적 소비 문화로 특징짓기도 하지만, "일부 사람들은 후기 근대가 … '대안적인' 생활 방식에 대한 관심과 '대안적인' 정체성을 지닌 정치성에 기반을 둔 새로운 종류의 공동체가 출현하거나 강화되도록 만드는 과정이 될 것'이라고 일반화한다.

SAS가 사용한 언어를 특별히 살펴보지 않은 위튼과 달리, 생태언어학적 분석은 SAS가 환경 친화적인 정체성을 구축하기 위해 어떤

---

27) 영국의 해양 보호를 위한 자선 단체이다.

언어적 기능을 사용했는지 확인하는 데 도움을 준다. 여기에서 사용한 '서퍼'라는 말은 수상 스포츠에 참여하는 특정한 사람 혹은 그 정체성이라는 본래 뜻보다 의미역이 넓다. 특정한 부류의 사람이라는 의미는 서핑 매거진에 실린 모든 텍스트, 가령 서핑을 하는 사람에 대한 글 혹은 그들과의 대화, 그리고 서핑 액세서리 광고 등으로부터 구축된 것이다. 서퍼의 정체성을 언급한 텍스트 가운데에는 SAS에 관한 것들도 있는데, 웹사이트, SNS, 안내서와 캠페인 등도 그것들의 종류라고 할 수 있다. 아래의 인용 자료는 영국 SAS의 <지속가능한 서핑 지침서(Sustainable Surfing Guide)>(EN10)로부터 추출한 것이다.

- 서퍼로서 우리는 서핑을 지속적으로 할 수 있도록, 즉 우리의 자손과 후손이 서핑을 할 수 있도록 하는 데 관심이 있다. (EN10: 8)
- 기후 변화에 따라 해안 등과 같이 손상되기 쉬운 장소에 가해지는 불가피한 연쇄 효과는 서퍼들이 위협적으로 느낄 것이다. (EN10: 12)
- 서퍼들은 … 이미 자연의 가까이에서 살아오고 있다. (EN10: 3)
- 서퍼로서 우리는 점점 우리를 둘러싼 환경, 그리고 환경에 가해지는 위협을 예민하게 받아들인다. (EN10: 6)

이 지침서는 특정한 그룹의 일원을 위한 것이기에, '서퍼'로서 환경론이 자신의 자아-정체성에 맞는지 재단하게 하는 힘을 지닌다. 위의 첫 번째 문구는 서퍼들이 직접적으로 관심을 기울이는 지속가능성에 관한 정의를 다시 한 번 강조한 부분이다. 여기에 포함된 대명사 '우리'는 필자 또한 메시지를 전달하고자 하는 그룹의 일원임을 표상한다. 곧 그룹의 사람들에게 '서퍼'가 어떤 성격을 지녀야 하는지에 관한 내부 정보를 전달하고 있다. '서퍼로서 우리는…'이라는 표현은 서퍼들이 생각하고 바라거나 보이길 원하는 기존의 명백한 '사실'을 명시한 것인 동시에 독자들이 그 영향을 받아 실제로 실천하길 바라는 것이다. 첫 번째 예문의 경우 일반적인 서퍼가 그들의 미래 자손들이 서핑하는 데 큰 관심을 두지는 않겠지만, 이곳의 서퍼들은 그렇게 할 것임을 문장에서 명시하고 있다. 물론 이 지침서가 얼마나 대중적으로 읽혀서 서퍼들의 정체성에 영향을 줄지는 모른다. 또 이 지침서가 일반적인 서퍼들의 동조를 얻을지 아니면 서퍼들의 저항에 부딪힐지도 모른다. 그럼에도 여기서는 이와 같은 사실이 분명히 제시되어 있다.

지침서에는 '우리'라는 대명사, '서퍼로서'라는 표현, 그리고 서퍼들이 자연과 더불어 살아가는 사람으로서의 정체성을 바탕으로 느끼고 생각하며 행동한다는 표현이 사용되었다. 이 사실은 서퍼들이 환경과 환경 파괴를 매우 민감하게 받아들이고 있으며, 환경 파괴의 가장 큰 희생자가 될 수 있음을 의미한다. 이 지침서는 다양한 방식으로 서퍼가 환경론자의 정체성을 이미 지니고 있음을 밝히고 있지만, 여전히 서퍼들의 세계에 '만연해 있는' 소비지상주의의 화두에 대해서는 다룰 필요가 있다. 아래 제시된 예들은 이에 관한 것들이다.

- 최근, 서핑은 '대세'가 되었으며, 서핑을 위한 옷이나 보드에 대한 우리의 집착은 실제로 서핑을 할 때의 파도보다 우리에게 훨씬 더 중요한 부분으로 간주되고 있다. (EN10: 46)
- 고급 기술을 지닌 서퍼는 … 일반적인 서퍼들보다 포즈에 더 신경을 쓴다. (EN10: 32)
- 서퍼로서 우리는 … 너무 많은 에너지를 소비하지 않고도 즐겁게 지낼 수 있다는 점을 깨달아야 한다. 서핑은 본래 실질적으로 에너지를 거의 사용하지 않고, 우리에게 극한의 기쁨을 선사해 준다. (EN10: 19)

일단 패션에 신경을 쓰는 것은 '집착'이라는 단어를 통해 부정적으로 평가되고 있으며, 대신 '서핑을 하는 실제 파도'가, '실제'라는 단어를 통해 서퍼들이 반드시 신경 써야 하는 대상으로 평가되고 있다. 이때 '우리의 집착'과 '우리에게 더 중요한'이라는 구절에서 사용된 대명사 '우리'는 필자와 독자를 같은 편에 놓음으로써 독자가 그 의미를 무조건적으로 비난하게만 하지 않는다. 두 번째 예문에서 '일반적인 서퍼'의 범주를 통해 바람직하지 않은 서퍼, 가령 서퍼의 핵심적인 정체성과는 관련이 없는 눈에 띄는 부유함을 보이는 것과 같은 서퍼를 언급하였다. 마지막 예문에서 '서퍼로서 우리는 … 깨달아야 한다'라는 표현을 통해 서핑은 많은 에너지를 사용하지 않고도 만족감을 제공해 줄 수 있음을 언급하였다. 이는 분명 서퍼의 정체성을 지닌 누구라도 충분히 동의할 만한 내용이다. 요컨대 SAS는 그저 소비지상주의를 무조건적으로 반대하지만은 않으면서도 서퍼들에게 생태학적 정체성을 수립하도록, 다시 말해서 자연과 매우 가깝게 연결되면서 삶을 지탱하는 생태계를 파괴하지 않고도 만족할 수 있는 다양한 방법을 찾도록 유도하고 있다.

토마쇼(Thomashow, 1995: 3)는 생태학적 정체성을 '성격, 가치, 행위, 자아의식 등에 나타나 있는, 사람들이 자신을 지구와의 관계 속에서 이해하는 모든 다양한 방식'이라고 정의한다. 이는 매우 일반적인 정의이지만, 그는 "생태학적 정체성은 공동체의 개념으로 확장될 수 있으며 인간관계의 제한적 영역을 뛰어넘는 공간으로 확장될 수 있다."라고 재정의한다(Thomashow, 1995: 94). 이에 생태학적 정체성은 그저 지구와 맺는 어떤 관계를 의미하는 것이 아니라, 바로우즈(Barrows, 1995: 106)가 언급하였듯이, '우리가 가진 피부에 의해 '안쪽(inside)'으로 한정되는 자기 자신을 넘어서, 외부의 모든 사람과 그 외 모든 것들과 함께하는 특정한 어떤 공간'를 의미한다. 곧 생태학적 정체성은 가족이나 인간 공동체 혹은 인류의 일원을 뛰어 넘어 더 큰 삶의 공동체의 일원으로 확장가능하다. 이에 사람들이 생태학적 정체성을 지녀 보다 더 큰 생태계, 즉 사람들이 기대어 살고 모든 대상을 존중하고 배려하며 특히 이를 실천할 수 있는 삶의 생태계를 인식하도록 유도할 필요가 있다.

생태학적 정체성과 친환경적(pro-environmental) 행위 사이의 관련성에 대하여 레오폴드(Leopold, 1979: viii)는 "우리는 땅을 남용했는데 그것은 땅을 상품으로 여겼기 때문이다."와 같이 요약한다. 우리가 땅을 우리가 속한 공동체로 바라본다면, 우리는 땅을 사랑과 존중의 대상으로 사용하기 시작할 수 있을지도 모른다. 이와 유사하게 하딩(Harding, 2010: 41)은 '상호 의존성의 실천을 위한 깊은 공감으로부터 촉발된 의식과 모든 종류의 생태적 오용에 반대하는 데 필요한 충고'를 통해 생태학적 정체성을 설명하고 있다. 토마쇼(Thomashow, 1995: 4)는 심리학 연구로부터 그 근거를 찾아서 '사람들이 생태학적 세계관에 기초하여 그들의 성격을 형성하고 행동하게 하는 요인이 있음'을 밝혀냈다. 이러한 사실은 '환경적 정체성과 자연적 태도와 행위의 연관성에 관한 연구'인 크롬튼과 캐서(Crompton & Kasser, 2009: 12)에서도 확인되었다.

이처럼 생태학적 정체성이 생태철학의 목표를 촉진하는 행위의 종류와 관련된다면, 생태언어학적 분석의 과제는 생태학적 정체성을 나타내는 언어적 특징을 탐구하는 것이어야 한다. 이러한 탐구는 자연수필에서 비롯되었다. 그것은 바우어뱅크(Bowerbank, 1999: 171-172)가 지적한 바와 같이, 자연수필이 '조화로운 자아의 평정심에 대한 작가의 투쟁과 성취의 기록'이며 '가치와 행동의 집단적 변화로 나아가는 투쟁'이기 때문이다. 특히 신자연수필(New Nature Writing)이라는 장르는 1인칭으로 쓰인 '자아의 이야기(a story of the self)'이자 동시에 '자연의 이야기(story of nature)'인데, 이는 자아와 자연을 둘로 나누지 않는다는 생태학적 정체성과 동궤를 형성하고 있기 때문이다.

언어학적 분석에서 중요한 것은 텍스트가 내집단(ingroup)과 외집단(outgroup)을 어떻게 구성하는지와 동물, 식물, 강, 숲 등 인간 이상의 존재들이 세계의 구성원으로, 내집단의 일부로 표현되는지의 여부이다. 이는 굉장히 중요한데, 옥타르(Oktar, 2001: 318)가 지적한 바와 같이 개인들은 '자신을 다른 사람들과 구별함으로써 정체감을 획득'하고, "긍정적 자아 인식에 대한 욕망이 … 내집단을 외집단보다 우월하게 보이도록 만든다.". 이와 관련하여 신자연수필에는 인간 이외의 구성원들이 속한 집단 내에 인간 저자를 포함하게 만드는 다양한 언어학적 장치들이 있다. 그중 하나가 하위어이다.

- 보슬보슬 내리는 비를 맞으며 나는 땅거미 속을 걸었다. … 때때로 나는 땅거미의 단골손님들, 봄 나방들, 늦게 출발하는 누른도요새, 집박쥐와 앙고라긴귀박쥐 등이 명멸하는 모습을 흘끗흘끗 보았다. (NW5: 134)

이 예문은 리처드 마비(Richard Mabey)의 ≪자연 치유(Nature cure)≫(NW5)에서 인용한 것이다. 여기에서 마비는 스스로를 나방, 새, 박쥐와 같은 위상의 하위어로 상정하고, '땅거미의 단골손님들'을 상위어로 둔다. 이것은 저자와 인간 이외의 구성원 사이의 동등한 관계를 설정하는 데(Fairclough, 2003: 101), 이는 인간을 '땅거미의 단골손님들'이라는 존재의 일부로 바라보는 것이다. 물론 이와 같은 표현은 일시적인 정체성, 즉 영구적인 생태학적 정체성이라기보다는 일시적 포함관계일지도 모른다. 하지만 인간과 인간 이외의 것들을 구분하는 것이 세계를 분류하는 단 한 가지 방법이 아님을 일깨워주기 때문에 주목할 만하다.

텍스트 내에서 생태학적 정체성을 형성하는 주요 방법은 '우리'나 '우리의'와 같은 대명사를 활용하여 특정 참여자들을 내집단에 소속시키는 것이다. 일상 담화에서 대명사는 보통 인간 무리를 구분 짓는 데 사용되지만, 신자연수필에서는 이러한 대명사가 인간과 인간 아닌 것들을 묶는 기제로 사용된다. 다음은 에스더 울프슨(Esther Woolfson)의 ≪숨겨진 도시로부터의 현장기록(Fieldnotes from a hidden city)≫에서 발췌한 것이다. 첫 번째 인용구는 쥐를, 두 번째 인용구는 상처 입은 비둘기를 묘사한 것이다.

- 병원체 보균자라고 비난했던 여러 동물들이나 새들처럼 우리도 모두 그렇거나 그럴 수 있다. (NW7: 68)
- 우리의 명백한 차이에도 불구하고, 우리 모두 지구의 어느 생명체들도 무시할 수 없는 그 무엇, 즉 삶의 본질에 의해 결속되어 있다. (NW7: 8)

첫 번째 인용문의 '우리'라는 대명사는 쥐, 저자, 다른 인간들, 다른 동물들 그리고 새를 모두 '병원체 보균자'라는 같은 범주에 둔다. 이러한 방식을 통해 쥐는 계속 '병원체 보균자' 집단에 두지만, 부정적인 외집단보다는 내집단에 속하게 된다. 두 번째 인용문은 삶이라는 공통된 특성을 소유했다는 사실을 바탕으로 저자와 새를 같은 범주에 두고 '우리'와 '우리의'라는 표현을 사용한다. 이는 인간과 다른 동물 사이의 차이점을 통해 인간의 본질을 찾으려고 했던 기존 이야기에 저항하는 것이다.

공통성의 직접적인 표현은 '우리'라는 대명사가 저자와 인간이 아닌 것이 모두 동일한 과정을 수행한다고 존중하면서 동일한 '참여자 역할'(Halliday, 2004: 179)을 부여할 때 나타난다. 다음의 예는 로버트 맥파레인(Robert Macfarlane)의 ≪야생(The wild places)≫(NW6)에서 발췌한 것이다.

- 두 마리의 커다란 바다표범이 … 물속으로 미끄러져 들어갔다가 바로 돌아누워 협곡의 입구를 지나 헤엄쳐 와서 나를 가만히 응시했다. 그들은 물속으로 깊이 들어갔고 … 10초 정도 우리는 서로를 응시했다. (NW6: 34)

'우리는 서로를 응시했다'라는 구절에서 맥파레인과 바다표범은 모두 동일한 정신적 과정의 참여자, 즉 '응시하는' 것을 겪은 감각 주체(Senser)로서의 참여자이다. 이는 바다표범과 저자가 동일한 행위를 하고 있음을 강조할 뿐만 아니라, 바다표범이 (이 상황에서) 저자와 같은 감각과 정신생활을 지닌 존재의 하나라는 사실도 강조하는 것이다. 의인화는 여기에 없으며, 응시하는 능력은 바다표범과 인간이 함께 공유하는 것임을 보여준다.

신자연수필에는 이따금 동물형태관(zoomorphism)(동물 행동 측면에서 인간 행동 바라보기)이 일부 등장한다. 크럼리(Crumley)는 ≪브라더 네이처(Brother Nature)≫(NW1)에서 다음과 같이 진술한다.

- 일곱 마리의 [백조]가 물에서 나왔고 … 잠자리를 마련하기 위한 준비를 했다. 그때 나는 추웠고 나의 쉴 곳(roosting)을 마련해야겠다는 생각을 했었다. (NW1: 38)

이것은 저자와 새들에게 모두 적용되는 '쉴 곳을 마련해야겠다는 생각(roosting notions)'이라는 문구를 통해 백조에 대한 정체성을 확립하지만, 인간이 아닌 새의 의미 영역에서 '홰(roost)'라는 용어를 빌린다. 이와 유사하게 마비는 '둥우리(nest)'(NW5: 28), '둥지(eyrie)'(NW5: 27), '굴(lair)'(NW5: 26) 즉 동물의 휴식 공간으로 그의 집을 표현한다. 이러한 용어의 사용은 인간과 동물의 주거지가 다르게 **어휘화되는** 언어 체계의 의미적 분절을 막고 의미적 차이점보다는 공통점을 부각시킨다.

인간과 인간이 아닌 존재들이 같은 범주로 묶이는 또 다른 방법은 은유이다. 다음의 예는 ≪브라더 네이처≫에서 발췌한 것이다.

- 모두 형제이다. 곰, 해안, 숲, 물, 산, 연어, 늑대, 순록, 사슴, 물총새, 아비새, 스라소니, 퓨마, 독수리, 여우 … 무엇이든지 그러하다. 그리고 형제들과 함께 우리 종의 옛 장소에 대한 권리를 다시 배우고 이를 되찾는 남자나 여자가 야생의 세계 곳곳에 존재한다. (NW1: 8)

가족이라는 이 은유 안에는 같은 가족 구성원으로서의 인간과 동물뿐만 아니라 물, 산, 해안, 숲과 같은 인간 이상 세계의 다른 측면도 있다. 모두가 '형제'이다. 이는 '형제 곰', '형제 오소리', '형제 노루'와 같이 동물 이름에 '형제'라는 접두사가 시종일관 붙는 이 책의 주제이다. 우리가 우리의 생태학적 정체성을 회복한다는 조건 하에 인간은 가족으로 표현되어 있다. 이렇게 볼 때, 이 책은 분명 우리가 생태학적 정체성을 정립하도록 돕는 것을 목표로 두고 있다.

그런 다음 텍스트는 가족 분류, 포괄적인 대명사, 동일한 참여자 역할, 동물 형태를 본뜬 어휘 항목 사용 등을 통해 인간과 다른 존재의 공통점을 규명한다. 그러나 차이의 문제도 있다. 인간이 아닌 존재들과 인간의 차이를 무시하는 것은 그들의 현실을 무시하는 일이 될 수 있다. 다른 존재들을 외집단으로 강제로 밀어내지 않고 차이를 다루는 한 가지 방법은 공감(empathy)이다. 공감은 '타자'의 살아 있는 경험에 풍부한 상상력을 투영하는 것이다. 이는 차이를 부정하지 않는 타자의 시선으로 세계를 보는 일이다. 다음의 예에서 울프슨은 대명사 '당신'을 사용하여 독자를 쥐에 사상하고, 쥐의 시각에서 세계를 바라보는 관점을 제공한다.

> ● 이 집 아래엔 공간이 있다. ⋯ 당신이 설치류의 작은 종 가운데 하나라면 [이곳]은 널찍하며 심지어 호화로운 공간이다. ⋯ 이곳은 ⋯ 야생 쥐에게 피난처와 안식처를 제공한다. (NW7: 62)

분명히 집 아래의 공간은 인간에게는 널찍하지 않지만, 위의 예문에서는 풍부한 상상력을 투영하여 독자로 하여금 쥐의 시선을 통해 세계를 보도록 유도한다. 이것은 차이를 전달하면서도 쥐를 외집단에 강제적으로 배치하지 않는다.

마지막으로 생태학적 정체성은 의미 확장을 통해 설정될 수 있다. 다음의 예에서 마비는 '공동체'라는 단어가 모든 종을 포함하도록 확장한다.

> ● 나는 목재 프로젝트 공동체를 설립하여 지역 사회와 모든 종의 이익을 위해 은밀하고 개인적으로 이용된 많은 목재들을 해방시키고 싶었다. (NW5: 13)

이것은 '대지 공동체(land-community)'라는 표현을 사용하여 공동체의 경계를 이와 유사하게 확장시킨 레오폴드(Leopold, 1979: 204)의 말과 같다.

> ● 요약하면, 대지 윤리는 호모 사피엔스의 역할을 대지 공동체의 정복자

에서 평범한 구성원과 시민으로 변화시킨다. 이것은 동료 구성원에 대한 존중을 의미하고 공동체에 대한 존중도 의미한다.

'호모 사피엔스'라는 일반적인 용어를 사용하여 말하고 있기는 하지만, 호모 사피엔스를 정복자의 자아 정체성에서 자연의 일부인 대지 공동체의 일원이라는 생태학적 정체성으로 바꾸고 있다. 이것은 호모 사피엔스인 독자로 하여금 개인적인 '자아 이야기'를 바꾸도록 독려하는 시도라고 할 수 있다.

≪멘즈헬스(Men's Health)≫ 잡지의 정체성, 성(gender), 신체

이 절에서는 라이프스타일 잡지, ≪멘즈헬스(Men's Health)≫에서 소비자의 정체성이 어떻게 드러나고 있는지 살피고자 한다. 건틀릿(Gauntlett, 2002: 248)은 미디어가 '삶의 방식에 대한 무수히 많은 제안'을 어떻게 제공하는지에 대해 다음과 같이 설명한다.

> 우리는 이러한 소재를 기꺼이 받아들인다. 오늘날 정체성의 사회적 구성은 정체성의 사회적 구성을 아는 것이기 때문이다. 당신의 삶은 당신의 과제이며 당신은 여기에서 벗어날 수 없다. 미디어는 이 작업에 사용될 수 있는 몇 가지 도구를 제공한다.

이러한 도구 중 하나는 1987년부터 발간된 ≪멘즈헬스≫로, '61개국에 47개의 판본이 있고 세계 3천 5백만 이상의 독자층을 보유한 세계 최대의 베스트셀러 남성 잡지'(Rodale, 2014)이다. 이 잡지는 삶을 지탱하는 생태계를 보호하거나 파괴하도록 남성들을 부추기는 방식을 통해, 그들의 삶으로서의 이야기를 공고히 자리 잡게 하거나 저항하게 하고 때로는 형성하게 하는 힘을 갖고 있다. 그러나 이것이 독자가 미디어를 스펀지처럼 그대로 수용한다는 사실을 의미하지는 않는다. 기든스(Giddens, 1991: 179)가 지적했듯이, "상품화된 영향력은 의심의 여지없이 강력하지만, 이 영향력이 그들이 영향을 미치는 집단에게 무비판적으로 받아들여지지는 않는다." 따라서 생태언어학의 중요한 역할은 독자들이 미디어에서 다루는 텍스트를 보다 비판적인 자세로 생태학적 맥락을 고려하여 판단할 수 있도록 하는 도구를 제공하고 판단을 독려하는 것이다. 이러한 생태언어학적 입장을 견지하면서, 이 절에서는 2013년과 2014년에 출간된 7권의 ≪멘즈헬스≫(MH1-MH7, 부록 참조)를 분석하고자 한다. 이를 통해 이 잡지가 남성의 정체성을 어떻게 형성하는지, 그들의 정체성을 형성하는 데 미치는 생태학적 결과가 무엇인지 살펴볼 것이다.

≪멘즈헬스≫가 단순히 건강에 관한 조언을 제공하는 것 이상을 하고 있음은 잡지의 표지를 볼 때 분명히 드러난다. 잡지는 남성이 된다는 것이 무엇을 의미하는지 이야기하고 있는 것이다. 각 표지는 고유하면서도 모두 같은 경향성을 띤다. 1권부터 7권까지의 모든 표지는 벌거벗은 상체나 꽉 끼는 티셔츠를 입은 근육질 남성을 흰색 배경에 대비하여 미디엄숏[28]으로 보여준다. 흰색 배경은 낮은 양태성(low modality)(Kress & van Leeuwen, 2006: 166)을 지시하는데, 이는 흰색 배경이 독자가 볼 수 있는 매력적인 남성의 사진이 아니라 다른 것의

---

28) 미디엄숏이란 서 있는 인물의 무릎 위쪽이나 앉아 있는 인물의 전신을 찍는 촬영 기법을 의미한다.

상징임을 보여준다. 이미지의 각도는 독자를 향해 똑바르고 수평적인
데, 이는 독자를 바라보는 눈이 그려진 사진, 즉 요구 **사진**(demand
picture)(Kress & van Leeuwen, 2006: 123)을 의미한다. 즉 사진은 독자와의 관
계 형성을 요구한다. 이 관계에 대한 단서는 텍스트에서 이미지를 가
리키는 화살표로 나타난다. '**이런 팔을 만들어라**'(MH1: 표지), '이러한 이
두근들'(MH5: 표지), '**이두근을 더 키우기 위한 5단계**'(MH6: 표지) 등과 같
은 표현은 표지 모델의 거대한 근육을 가리키는 화살표와 모두 함께
제시된다. 생략되었지만 '이런 팔을 만들어라'와 같은 명령문의 대상
은 '당신'이다. 따라서 화살표는 표지 모델의 이미지와 독자를 '당신'
으로 연결한다. ≪멘즈헬스≫ 웹사이트는 '표지 모델 몸 만들기: 당
신이 늘 원했던 몸을 만드는 기술'(MH8)이라는 표현을 통해 또 다른
단서를 제공한다. 이는 독자가 모델과 같은 몸을 만들기를 원한다는
의미를 전제하는 것이다. 모델은 독자에게 보여주는 거울과 같은데,
만일 독자가 모델처럼 되고 싶다면 잡지의 조언을 따르라는 의미가
내포되어 있다. 여성 라이프스타일 잡지와 마찬가지로 표지는 '미래
의 자신을 비추는 창'(McCracken, 1993: 13)을 제공한다.[29]

29)

한국판 ≪멘즈헬스≫
2015년 3월호 표지

한국판 ≪멘즈헬스≫
2007년 8월호 표지

표지 모델은 독자에게 강력한 메시지를 전달하는 것 외에는 어떤 역할도 하지 않는다. 그들은 읽기, 쓰기, 시골에서 걷기, 야채 키우기, 가족과 함께 시간 보내기, 봉사하기 등을 하지 않는다. 사실상 그들은 행동보다는 몸으로 평가 받는다. 기든스(Giddens, 1991: 218)는 몸이 어떻게 더 이상 단지 '받아들여지는' 것이 아닌지에 대해 설명한다. 그것은 자아 정체성의 성찰적 프로젝트(reflexive project)에서 중요한 부분을 형성한다. 그는 전근대에서 "몸은 '주어진 것'이고, 종종 불편하고 부족한 자아의 모습이다. … [하지만 지금은] 몸은 고도의 근대성의 영향으로 인해 충분히 사용할 수 있는 '노력을 들인 것'이 되었다."라고 진술한다. 기든스에 따르면 이는 긍정적인 것이다. 사람들은 자신이 원하는 사람이 될 수 있을 뿐만 아니라, 제약이 있기는 하지만 자신이 원하는 몸을 얻을 수 있는 더 많은 자유를 갖고 있기 때문이다. 하지만 이는 꽤 오랫동안 여성이 겪었던 전통적인 소비지상주의적 압박이 남성에게도 열린 것으로 볼 수 있다. 코넬(Connell, 2005: 49)은 '몸이 아름답거나 추한 것, 날씬하거나 살찐 것과 같이 정의되는 이미지 시스템'을 미디어가 어떻게 제공하는지 설명한다. '이러한 이미지를 통해 식습관, 화장품, 패션 의류, 다이어트 프로그램과 같은 신체와 관련된 요구 사항의 전체 시리즈가 만들어졌다'는 것이다.

≪멘즈헬스≫가 이상적으로 정의내리는 몸은 표지 모델의 이미지에서만 드러나는 것은 아니다. 이와 함께 크고 붉으며 두꺼운 대문자부터 작은 검정색 또는 파란색 폰트 등 다양한 폰트에 나타나는 명령문과 명사구로 구성된 표지의 텍스트에 의해서도 드러난다. 라이프스타일 잡지 장르는 표지에 명사구나 명령문을 쓰는 것을 선호한다. 표지에 'V 형태의 뒷모습을 만드세요' 또는 '**팔뚝을 3인치 늘리세**

요'와 같은 문구가 있으면, 독자들은 그들이 이전에 V 모양의 등, 또는 거대한 팔이 삶에 꼭 필요한 것이라고 생각했는지의 여부와는 상관없이 그 문구에서 말하는 이상적인 목표를 추구하게 된다. 다음의 예들처럼 표지는 가장 중요한 특정 목표, 곧 커다란 근육을 갖는 것과 같은 목표를 설정한다.

- 거대한 팔을 만들어 보세요. (MH4: 표지)
- 단단한 근육 6kg을 만드세요. (MH3: 표지)
- 식스팩 복근 (MH2: 표지)
- 20% 근육 증진 (MH2: 표지)
- 근력을 빠르게! (MH3: 표지)
- 근육을 두 배로(지방은 절반으로) (MH5: 표지)
- 팔을 이렇게 만들어 보세요. 4월까지 3인치를 늘리기 위한 6가지 방법 (MH1: 표지)
- 단단한 복근 (MH6: 표지)
- 근육량 10kg 추가하기 (MH7: 표지)

이것들은 **이상적인 남성은 거대한 근육을 가진다**는 이야기를 전달하고 있지만, 이러한 이야기는 잡지에 의해 만들어지지는 않는다. 대신에 잡지는 그러한 이야기를 이끌어내고, 더 나아가 광범위하게 퍼져 고착화된 '지배적인 남성성'의 정체성에 대해 말한다. 코넬(Connell, 1996: 209)은 이것에 대해 '남성에게 특혜를 주는 표현은 전체적으로 여성을 이용한다'라고 설명한다. 클레인(Klein, 1993: 5)은 다음과 같이 서술한다.

근육, 이것이 함축하는 힘, 지배, 정력과 같은 것은 다시 한 번 남성적
인 측면에 집중한다. 그것은 여성적인 측면의 반대가 되는 특성이다. …
이러한 관점의 위험성은 인위적으로 모든 방식의 힘과 특권을 생물학적
차이로 연결시키는 데 있다.

다시 말해서 지배적인 남성성은 근육이 남성의 위신을 지켜준다고
여긴다. 여성보다 남성이 큰 근육을 얻는 것이 생물학적으로 더 쉽다
는 이유 때문에 여성보다 남성이 더 명성을 얻을 수 있다. ≪멘즈헬
스≫의 표지는 분명히 심리적으로 긍정성이 드러나지 않은 여러 용
어가 사용되어 있다. 예를 들면 '더 큰', '더 키가 큰', '더 단단한', '더
빠른', '더 강한'과 같은 것들이 있다. 이러한 용어들은 ≪위민즈헬스
(Women's Health)≫에 해당하는 잡지 표지에는 드물게 나타난다. 이러한
용어들이 명성과 연관되어 있다면, 그것은 생물학적으로 더 단단하
고, 강하고, 크고, 또한 빠른 몸을 가진 것과 관련되기 때문에 남성들
에게 이점을 제공한다. 슬리밍 팁(slimming tips)으로 가득 찬 라이프스
타일 잡지의 독자 입장에서, 근육 사이즈의 증가에 대한 강한 강조는
남성 위치에 대한 보상의 한 형태일 수 있다. 그린필드 외(Greenfield et
al., 1999: 463)는 잡지 ≪멘 온리(Men Only)≫가 어떻게 '커다란 위험을
내포'하고 있는지 설명한다. 그것은 이 잡지가 '남성을 소비자의 위
치에 두고 있으며, 그 역할은 종종 여성과 관련지어 폄하되고 있다는
점에서 큰 위험성을 안고 있다'는 것이다. 건강과 외모에 마음을 쓰
고, 요리법을 읽고, 패션, 향수, 몸단장을 위한 제품 광고를 살피고
매력적인 반나체 남성들의 사진들을 보는 것은, 남성의 지배적인 이
미지에 충돌하기 때문에 ≪멘즈헬스≫는 더 큰 위험 요소도 포함한
다. 따라서 ≪멘즈헬스≫는 남성성의 전통적인 지배적 양식을 되살

리면서 동시에 (마음을 사로잡는 제품에 관심이 있는 라이프스타일 잡지의 독자로서) 남성을 위한 새로운 정체성을 구축할 것으로 보인다.

이상적인 남성은 거대한 근육을 가진다는 이야기는 다수의 생태학적 함축을 지닌다. 잡지에서 제시하는 근육을 얻기 위한 방법은 많은 장비를 필요로 하는 실내 웨이트 트레이닝과 다량의 붉은 고기를 섭취하는 것으로 구성되어 있다. 잡지는 육류와 근육 간의 기본적인 관련성을 단백질이라고 한다.

- 근육을 강화하는 것에 대한 듣기 좋은 상식이 있다. 트레이닝을 할 때 근육의 성장에 단백질과 크레아틴이 큰 도움을 주는 것처럼 스테이크 역시 근육의 부피를 늘려야 하는 전투에서 믿음직한 무기이다. (MH4: 114)

생태학적 관점에서 볼 때, 집약적인 사육을 통한 고기의 생산은 자원을 너무 많이 사용하고, 셀 수 없을 정도로 많은 동물들의 삶을 오염시키고 동물들의 삶에 피해를 주는 경향이 크다(Turner, 1999). 또한 인간의 건강에 있어서도 의심스러운 부분이 있다. 코트니(Courtenay, 2002)는 과도한 육류 소비가 남성의 수명이 여성보다 훨씬 짧은 이유 중 하나라는 증거를 제시한다. 따라서 근육에 관한 이야기에서처럼 육류를 옹호하는 것은 그것의 상징적 가치와 관계가 있을지도 모른다. 애덤스(Adams, 2010: 58)에 따르면 육류는 '남성 지배를 상징하고 찬양하는 것'이며, '육식을 삼가기로 결심한 남성을 사내답지 못한, 여성적인 사람으로 간주하는 것, 곧 고기 먹기를 실패한 남성은 남자답지 못한 것으로 단언해 버리는 것'(Adams, 2010: 57)이다. 단백질과 근육의 관련성에서뿐만 아니라 육류가 남성성과 관련되어 있다고 하는 다른 여러 방식들이 있다. 다음의 예를 보자.

- 근육을 빨리 만들어라. 혼합 곡물 빵에 태국 소고기를 올려라. 살코기는 철, 아연, 크레아틴의 강력한 한방이다. (MH6: 85)
- 힘의 목록 … 48시간 힘이 지속되는 샌드위치 … 사격수의 샌드위치를 겨냥해라 … 사슴 고기(400g)는 소고기보다 단백질을 20% 더 많이 함유하고 있다. (MH5: 57)
- 나는 고기를 많이 먹는다. 자랑이 아니다. … 나는 근육을 키우기 위해 단백질을 섭취해야 한다. … 나는 식사 때마다 동물성 단백질을 먹는다. (MH7: 137)
- 스테이크와 에일 파이는 당신이 저녁식사부터 새벽까지 포만감을 느끼게 하고 근육을 키워 주는 남자다운 강장 음식의 전형이다. (MH2: 103)
- 붉은 고기의 크레아틴은 당신의 근력을 쓰게 한다. (MH1: 113)
- 남성 대 음식 … 전사처럼 고기를 취하라 … 원초적인 힘 … 근육을 키우는 스테이크 타르타르30)는 … 아틸라 훈의 군대 타르타르 전사의 이름을 따서 명명된 것이다. (MH6: 153).
- 매우 뜨거운 카레는 당신의 붉은 고기에 대한 갈망을 충족할 수 있는 건강한 방법 중의 하나이다. (MH4: 174).

'남자다운 강장 음식'에서 '남자다운'이라는 어휘 항목은 남성과 고기를 직접 연결하는 반면, '힘'과 '근력'은 이상적인 남성의 특징으로 보여주던 지배적인 남성성의 특징과 육류를 관련짓는다. 고기는 '사격수', '전사', '군대', '한방', '무기', '전투' 등 전쟁과 싸움의 틀을 이끌어내는 어휘를 통해 지배적인 남성의 공격성과 연결된다. '나는 고기를 많이 먹는다. 자랑이 아니다'라는 표현은 오히려 고기를 많이 먹는 것이 남성들이 자랑할 만한 일이라는 것을 의미한다. 마지막 인

---

30) 스테이크 타르타르는 생소고기를 다진 것과 날달걀로 만든 프랑스 요리이다.

용은 독자가 '붉은 고기에 대한 갈망'을 가지고 있다는 것이 명백하다는 사실을 전제하고 있다. 물론 이와 다른 예들이 언급되어 있기는 한데, 가령 MH4(24쪽)와 MH1(25쪽)에서 고기가 암을 유발한다는 사실이 간략하게 소개되어 있다. 그럼에도 이들은 전반적으로 **이상적인 남성은 육식주의자이다**라는 지배적 남성성의 이야기를 강화하는 유형을 보여주고 있다.

지배적 남성성의 또 다른 문제적 이야기는 실제 남성들은 최소한 집에서 무보수 요리를 하지 않는다는 것이다. 피드즈(Fiddes, 1991: 158)는 요리를 "일상적이고 평범한 상황에서 … 여성들에게 맡겨진 지겨운 일이다."라고 기술한다. 남성들이 가공, 포장, 수송의 측면에서 환경적 비용이 들고 관련 산업에 의해 생태학적으로 피해를 줄 수 있는 패스트푸드에 의존하게 만들기 때문에, 이는 생태학적 관점에서 볼 때 문제가 될 수 있다. 패스트푸드의 과다 섭취는 또한 코트니(Courtenay, 2002)가 언급한 남성의 초과 사망률과 관련된 행동 가운데 하나이기도 하다.

≪멘즈헬스≫는 **이상적인 남성은 패스트푸드를 먹는다**라는 이야기에 반박하기보다는, 오히려 남성을 위한 자연 식품으로서 패스트푸드를 제시함으로써 그 사실을 강화하는 것처럼 보인다. '남자 음식 특집(Man Food Special)'(MH1: 13)에서는 햄버거, 피쉬 앤 칩스, 치즈 버거, 미트볼 샌드위치, 피자를 다루면서 '남자 음식'이라는 제목을 사용하여 남성성과 이들 식품을 연결시킨다. 핫도그는 '에너지를 끌어올리는 남자들의 식량'(MH3: 149)과 같이 직접 기술되어 있다. '사이즈를 줄이는 남자 음식 메뉴'(MH3: 65)에는 베이컨·상추·토마토(BLT), 치즈 버거, 소시지, 스테이크, 얇은 감자튀김이 포함되어 있다. 'MH 영양 연

구소는 … 우리가 가장 좋아하는 유지 식품을 재설계했다'라는 문장에서 '우리가 가장 좋아하는 식품'은 이들을 가리킨다. 패스트푸드는 '남자 음식'뿐만 아니라 건강식품으로도 표현되는데, 여기에는 다음과 같은 예를 들 수 있다.

- 의사가 주문한 치즈 버거 3개 (MH1: 표지)
- 지방 연소 햄버거들 (MH4: 47)
- 베이컨 샌드위치는 당신을 위해 더 좋아졌고 맛있어졌다. (MH4: 91)
- 당신은 햄버거를 먹으면 몸무게가 빠질 수도 있다. (MH4: 176)
- 정말 당신에게 좋은, 맛있는 핫도그를 준비한다. (MH3: 21)

모든 패스트푸드는 전환적으로 홍보된다. 베이컨 샌드위치는 아마씨 빵을 사용한다, 핫도그는 비타민이 풍부한 살사소스를 뿌린다, 햄버거는 지방을 줄이려고 고추냉이 분말을 흩뿌린다, MH6(21쪽)에서 피자는 지방 흡수를 돕기 위해 후추를 뿌린다, MH3(65쪽)에서 치즈버거와 소시지는 물소와 들소 고기를 사용하고, '버거킹 와퍼'는 '빅맥'보다 더 적은 칼로리를 가지고 있기 때문에 먹고서 몸무게가 빠질수도 있다. 이러한 표현들은 모두 건강한 대안의 표현이지만, **이상적인 남성은 패스트푸드를 먹는다**는 근본적인 이야기는 의심 없이 받아들여지고 더욱 공고해진다.

지배적 남성성의 중심이 되는 생각 중 마지막은 **이상적인 남성은 경쟁적이다**라는 것이다. 사브란(Savran, 1998: 16)은 "자본주의 사회에서 남성성을 표현하는 데 있어서 가장 중요한 것은 경쟁과 성취에 대한 집착인 것처럼 보인다."라고 지적하였다. 이러한 이야기는 롤모델로서 전사, 복서, 운동선수, 카우보이, 군인, 보디빌더, 운동선수를 보여주는 잡지 전체에 드러나 있다. 잡지는 독자들이 같은 종류의 음식과 훈련을 통해 롤모델처럼 될 수 있음을 제안한다.

- 영웅의 힘을 이용하라. 이들 4명의 엘리트 운동선수는 모두 올해에 세계 최고가 되었다. (MH2: 36)
- **노르만 기사처럼 폭발적인 힘을 사용하라** … 노르만 기사는 고기의 높은 단백질 함량을 활용하여 색슨족을 성공적으로 파멸시키기 위해 필요한 폭발적인 힘을 만들었다. (MH7: 30)

이들은 (서술어의 암묵적 지시 대상으로서) 독자들을 엘리트 운동선수, 노르만 기사와 연결시키기 위해 명령문을 사용한다. 두 번째 인용문이 나온 기사는 '우두머리 수컷(Alpha Male)'이라는 제목으로, 기사(knight)뿐만 아니라 '로마 검투사', '아즈텍 전사', '바이킹 침략자', '일본 닌자', '몽골 약탈자'를 독자와 연결시키는 동일한 유형을 사용한다. 이 기사에서의 공격적인 묘사는 '6개의 호전적 슈퍼 푸드'에 퀴노아, 보리, 케일, 메밀, 두부와 같은 진짜 건강식품이 포함되었다는 사실에 대한 보상의 형태일 수 있다. 그래서 이 기사는 고기보다 건강하고 더 낮은 생태학적 영향력을 지닌 식품을 홍보하는 데 유익하지만, 이와 동시에 **이상적인 남성은 경쟁적이다**라는 이야기를 견고하게 만든다. 잡지가 일반적으로 설정하는 경쟁은 삶을 지탱하는 생태계나 다른 존재에 도움을 줄 수 있다는 사실보다 권력, 지위, 근육, 성과와 같은 삶의 외적 가치를 얻는 데 집중된다.

만일 독자가 경쟁적인 틀을 수용하고 그들 자신을 영웅이나 잡지의 표지 모델과 비교하기 시작한다면 그들은 실패자가 되기 십상이다. 어떤 기사(MH7: 179)는 작은 근육을 지닌 과체중 남성 다섯 명이 "

≪멘즈헬스≫ 잡지의 평범한 다섯 명의 독자를 소개합니다. 당신이 당신의 건강 목적을 달성하는 데 도움을 줍니다."라는 텍스트와 함께 사진으로 제시된다. 대명사 '당신'과 '당신의'는 이 남성들이 독자를 대표하고 있으며 독자는 '평범하다'는 사실을 분명히 한다. '당신의 건강 목적'이라는 표현은 이 잡지의 주된 기능 가운데 하나가 독자로 하여금 이 텍스트와 같은 목적을 세우게 하는 것일지라도, 이미 독자가 이러한 목적을 지니고 있음을 전제하고 있다.

그런데 잡지가 '평범한' 독자를 대상으로 설정하고 있는 목적은 실로 매우 도전적인 것이다. 잡지에서 소개하고 있는 '12단계 프로그램'은 '당신을 소파에서 슈퍼스타로(MH7: 11)', '당신은 6주 만에 10kg의 근육을 갖게 될 것(MH7: 표지)', '극강의 선수가 될 것(MH2: 표지)', '탄탄한 체격의 소유주가 될 것(MH1: 92)', '상위 1%의 한 명이 될 것(MH1: 92)', 침실에서 '올림픽 퍼포먼스'를 하게 될 것(MH3: 35) 등이다. 분명히 극히 소수의 독자를 제외하고 이러한 목적은 달성하기 어렵다. 이와 관련하여 가일즈와 클로즈(Giles & Close, 2008)는 "기존 연구에서는 미디어에서 종종 보도되었듯이 근육질 남성의 몸에 대한 이상을 지향하는 것이 남성 몸에 대한 불만족과 긴밀하게 관련되어 있으며, 젊은 남성에 의해 만들어진 비현실적인 몸의 형태를 갖고자 하는 문제적인 시도가 점차 증가하고 있다."라고 지적하였다. 그리고 그들은 그들의 연구에서 남성 잡지가 '근육과 섭식의 장애를 함께 유발하는' 것과 관련되어 있음을 확인하였다.

한편 이러한 도달할 수 없는 목적은 어쩌면 독자의 욕구를 자극할 수도 있다. 하지만 이는 광고주로 하여금 그 욕구에 부응하게 하는 상품을 사게끔 유도하는 기회를 제공한다. 맥러플린(McLoughlin, 2000:

39)은 잡지가 '광고를 통해 다양한 상품을 보이는 도구이며, 이는 실질적인 잡지의 수익이 광고에 기인하기 때문'임을 지적하였다. 어쩌면 독자는 막대한 힘의 몸을 만들 수는 없을지라도, 대신 이 심리를 보상해 주는 아주 힘 있는 자동차를 살 수 있다. 포드 레인저(Ford Ranger) 픽업트럭은 한 광고에서 **올 뉴 레인저가 세상을 길들인다**(THE ALL-NEW RANGER TAMES THE WORLD)(MH5: 69)와 같이 진한 대문자 아래 역동적으로 내려와 힘찬 모습으로 실려 있고, 아우디 아반트(Audi Avant)는 444마리 말 옆에 위치하고 '힘'이라는 오직 한 글자만이 강조되어 실려 있다(MH 1:37). 거대한 메르세데스 벤츠 M 클래스 4x4 (Mercedes Benz M Class 4x4)는 '막강한 힘'을 제시하며 이를 강조하기 위해 낮은 카메라 각도(low camera angle)를 사용한다. 독자는 스스로 '올림픽 퍼포먼스'를 행할 수 없겠지만, 포르쉐 911(Porsche 911)의 광고에서는 똑같은 단어 '퍼포먼스'를 사용하면서 다음과 같이 선언한다.

- 새로운 세대는 각각 퍼포먼스의 경계를 넓혀왔다. … 넓은 어깨를 지닌 전설적인 사륜-구동(4 wheel drive)의 핸들링은 눈에 띄는 차이를 보여준다. (MH2: 54)

여기에서 자동차의 '어깨'라는 은유는 이것이 자동차의 모습인지 아니면 그 소유주의 것인지 혼동을 주게끔 유도한다. 이와 관련하여 바텔(Barthel, 1992: 144)은 "남성성은 … 자동차 광고에서 가장 뚜렷이 나타나는데, 그 핵심어는 남자다움(masculine), 곧 힘, 신중함, 퍼포먼스 등이다. … 자동차의 모습과 힘의 병렬적인 제시는 자동차가 그저 단순히 타자가 아님을 의미한다. 이는 소유주의 남자다움에 대한 연장선인 것이다."라고 지적한 바 있다.

잡지의 텍스트는 독자들이 전사 혹은 올림픽 챔피언과 같이 먹고 훈련하여 그들처럼 될 수 있도록 독려하는 반면, 잡지 안에 실린 광고는 독자들에게 보다 더 쉬운 길을 제공한다. 곧 그저 그들처럼 쇼핑하면 된다. 광고에는 스포츠맨, 근육맨을 비롯하여 특정 상품 구매를 위한 표지 모델로 보이는 남성들로 가득 차 있다. 예를 들어, 한 광고에서는 "'허버트 니쉬 항공사 파일럿, 심해 잠수부, 신기록 수립 선수들'이 브레이틀링 시계를 샀다(MH7: 7)."라고 언급한다. 보다 직접적으로는 '근육의 발달을 촉진하는(MH4: 150)' 혹은 '단단하고 군살 없는 근육을 만들기 위한(MH4: 164)' 방대한 양의 단백질 보충제 광고도 있다. 이들 상품이 잡지에서 설정한 목적을 달성하는 데 필요하든지, 그러한 목표를 달성할 수 없음에 대한 보상이든지, 잡지를 가득 메운 영웅들과 비교되는 '평범한' 존재라는 불만족은 독자를 소비지상주의로 이끈다.

전반적으로 ≪멘즈헬스≫는 건강의 유용한 팁을 다수 포함하고 있고, 고기와 패스트푸드를 넘어선 건강식품에 대한 추천도 해 주고 있다. 그럼에도 이 잡지의 주요 목적은 건강 증진의 바깥에 놓여 있음을 알 수 있다. 곧 이 잡지는 지배적인 남자다움의 전통 모형을 바탕으로 이를 과장하고 공고히 하는 이상적인 남성상이 무엇인지에 관한 이야기를 전달하고 있다. 이상적인 남성은 공격적이고 경쟁적이며 육식과 패스트푸드를 즐기는 사람이다.

물론 이것만이 전부는 아니다. 이 잡지는 이미 여성을 위한 존재라는 남성적 정체성의 새로운 형태, 즉 신체적 부족함을 보상받기 위하여 패션 용품, 치장 용품, 보충제, 그리고 고성능의 자동차 등을 구매하는 소비자를 구축한다. 이 책의 생태철학에 비추어 볼 때, 이는 매우 문제적이다. 그것은 소비자를 육류 소비의 환경 영향, 패스트푸드와 소비재 등과 연결시키기 때문이다. 더 심각한 문제는 남자다움의 정체성 구축은 남성이 지닌 에너지, 자원, 노력을 그저 개인적 위상을 얻기 위해 특정한 몸을 만드는 자기중심적 일에 전부 쓰게 한다는 것이다. 보통 잡지에서 권장하는 활동은 개인적 이익, 즉 동료나 공동체보다는 홀로 행하는 것들이다. 타인과의 유일한 연결은 잡지에 실린 섹스에 관한 내용에서 볼 수 있다. 그러나 섹스 관련 내용에서도 가령 "섹스를 통해 … 근육의 부피를 늘리고, … 군살을 빼라. … 코어가즘(coregasm): 편안하게 근육을 생각해라. …(MH3: 77)" 혹은 "바람을 피는 주말은 1만 칼로리를 소비한다.(MH4: 표지)" 등과 같이 자기중심적이고 근육 발달과 관련된 내용만이 비유적으로 표현되어 있다. 이를 비롯하여 오직 자기 이익을 향한 개인적인 헌신에 관한 더 많은 이야기들, 마치 신고전주의 경제학 교과서에 나타난 것과 같은 이들 이야기들이 근대성을 정의하는 이야기 가운데 하나임을 직시해야 한다. 남성들이 근육을 키우고 소비와 경쟁을 통해 지위를 향상시키고자 들이는 시간과 노력은 그 본질적인 고유의 목적, 가령 다른 사람들과의 교류, 자연과의 상생, 공동체의 이익을 위한 헌신 등으로 전환될 수 있어야 할 것이다.

↘ 참고문헌

Adams, C. 2010. *The sexual politics of meat: a feminist-vegetarian critical theory.* 20th Anniversary ed. New York: Continuum.

Barrows, A. 1995. The ecopsychology of child development, in T. Roszak, M. Gomes and A. Kanner (eds) *Ecopsychology: restoring the earth, healing the mind.* San Francisco, CA: Sierra Club Books, pp. 101-10.

Barthel, D. 1992. When men put on appearances: advertising and the social construction of masculinity, in S. Craig (ed.) *Men, masculinity, and the media.* London: Sage.

Benwell, B. and Stokoe, E. 2006. *Discourse and identity.* Edinburgh: Edinburgh University Press.

Bowerbank, S. 1999. Nature writing as self-technology, In E. Darier (ed.) *Discourses of the environment.* Oxford: Blackwell, pp. 163-78.

Chilton, P., Tom, C., Kasser, T., Maio, G. and Nolan, A. 2012. *Communicating bigger-than-self problems to extrinsically-oriented audiences.* Godalming: WWF UK.

Connell, R. 1996. Teaching the boys: new research on masculinity, and gender strategies for schools. *Teachers College Record* 98(2): 206-35.

_____, 2005. *Masculinities.* 2nd ed. Berkeley, CA: University of California Press.

Courtenay, W. 2002. Behavioral factors associated with disease, injury, and death among men: evidence and implications for prevention. *International Journal of Men's Health* 1(3): 281-342.

Crompton, T. and Kasser, T. 2009. *Meeting environmental challenges: the role of human identity.* Godalming: WWF-UK.

Darier, E. (ed.) 1999. *Discourses of the environment.* Oxford: Blackwell.

Eisenstein, C. 2011. *Sacred economics: money, gift, and society in the age of transition.* Berkeley, CA: Evolver Editions.

Fairclough, N. 2003. *Analysing discourse: textual analysis for social research.* London: Routledge.

Fiddes, N. 1991. *Meat, a natural symbol.* London: Routledge.

Gauntlett, D. 2002. *Media, gender, and identity: an introduction.* London: Routledge.

Giddens, A. 1991. *Modernity and self-identity: self and society in the late modern age.* Sanford, CA: Stanford University Press.

Giles, D. and Close, J. 2008. Exposure to 'lad magazines' and drive for muscularity in dating and non-dating young men. *Personality and Individual Differences* 44(7): 1610-16.

Gorz, A. 1993. Political ecology: expertocracy versus self-limitation. *New Left Review* 202: 55-67.

Greenfield, J., O'Connell, S. and Reid, C. 1999. Fashioning masculinity: *Men Only*, consumption and the development of marketing in the 1930s. *Twentieth Century British History* 10(4): 457-76.

Halliday, M. 2004. *An introduction to functional grammar.* 3rd ed. London: Arnold.

Harding, S. 2010. Gaia theory and deep ecology, In M. van Eyk McCain (ed.) *GreenSpirit.* London: John Hunt, pp. 36-49.

Harrison, R., Newholm, T. and Shaw, D. 2005. *The ethical consumer.* London: Sage.

Klein, A. 1993. *Little big men: bodybuilding subculture and gender construction.* Albany, NY: State University of New York Press.

Kress, G. and van Leeuwen, T. 2006. *Reading images: the grammar of visual design.* 2nd ed. London: Routledge.

Leopold, A. 1979. *A Sand County almanac and sketches here and there.* Oxford: Oxford University Press.

McCracken, E. 1993. *Decoding women's magazines: from Mademoiselle to Ms.* New York: St Martin's Press.

McLoughlin, L. 2000. *The language of magazines.* London: Routledge.

Meyer, J. and Land, R. 2005. Threshold concepts and troublesome knowledge (2): Epistemological considerations and a conceptual framework for teaching and learning. *Higher Education* 49(3): 373-88.

Moser, S. and Dilling, L. 2011. Communicating climate change: closing the science-action gap, in J. Dryzek, R. Norgaard and D. Schlosberg (eds) *Oxford handbook of climate change and society.* Oxford: Oxford University Press, pp. 161-74.

Oktar, L. 2001. The ideological organization of representational processes in the presentation of us and them. *Discourse & Society* 12(3): 313.

Rodale, 2014. About the brand. *Men's Health.* Available from: http://www.rodaleinc.com/brand/mens-health [Accessed 9 Jul 2014].

Savran, D. 1998. *Taking it like a man: white masculinity, masochism, and contemporary American culture*. Princeton, NJ: Princeton University Press.

Szasz, A. 2011. Is green consumption part of the solution? in J. Dryzek, R. Norgaard and D. schlosberg (eds) *Oxford handbook of climate change and society*. Oxford: Oxford University Press.

Thomashow, M. 1995. *Ecological identity: becoming a reflective environmentalist*. Cambridge, MA: MIT Press.

Turner, J. 1999. *Factory farming and the environment: a report for Compassion in World Farming Trust*. Petersfield: Compassion in World Farming Trust.

Wheaton, B. 2007. Identity, politics, and the beach: environmental activism in Surfers Against Sewage. *Leisure Studies* 26(3): 279-302.

실질적으로 어떤 사태가 사실이라고 호소할 때에는 실제로 일어난 일
이나 아주 훌륭하게 꾸며낸 이야기야말로 강력한 도구이다.

- 조나단 포터(Jonathan Potter, 1996: 1)

＿＿＿＿＿＿

입소스 모리(Ipsos Mori)는 글로벌 트렌드 조사(Global Trend Survey)의 일
환으로 다양한 국가의 사람들에게 "현재의 기후 변화는 대부분 인간
행위의 결과이다(Mori, 2014)."라는 명제에 동의하는지 물었다. 그 결과
중국 응답자의 93%, 영국 응답자의 64%가 동의했고, 미국 응답자는
54%만 동의했다. 응답자들의 대다수는 기후 변화가 인간에 의해 야
기된 것인지 아닌지를 굳게 믿는 근거를 온도 자료나 빙핵 샘플에서
얻은 것이 아니라 그들에게 노출되어 있던 텍스트에서 얻었다. 텍스
트는 (그것이 문어이든 구어이든 아니면 시각적 텍스트이든 간에) 두 가지의
역할을 수행한다. 곧 텍스트는 "인간이 기후 변화를 야기한다."와 같
은 진술을 제시하고, 이러한 진술이 사실인지 거짓인지, 확실한지 불
확실한지를 표명한다. 다시 말해 텍스트는 **사실성**(facticity)의 스펙트럼,
곧 양극단에 확실한 진실과 확실한 거짓을 두고, 그 사이에 다양한
범위의 불확실성 정도에 근거하여 세계를 기술한다. 이를 통해 텍스

트는 독자들의 **신념**(conviction)에 잠재적으로 영향을 미치는데, 이러한 신념은 현실에 대한 특정 기술이 진실인지 아니면 거짓인지, 확실한지 아니면 불확실한지에 관한 (이 책에서 말하는) 사람들의 마음속 이야기라고 할 수 있다.

예를 들어, 기후 변화에 관한 정부 간 협의체(Intergovernmental Panel on Climate Change; IPCC)는 <제5차 평가 보고서>에 아주 높은 스펙트럼의 사실성을 보이는 "인간이 기후 변화를 야기한다."라는 서술을 명시하였다.

- 20세기 중반 이래 관측된 지구 온난화에 인간의 영향이 지배적일 것이라는 가능성이 매우 높다. (EN13: 17)

'가능성이 매우 높다'에서 '매우'와 같은 양태부사(modal adverb)는 '명백한'이나 '절대적으로 확실한' 보다는 사실성의 정도가 크지는 않다. 다른 심리적 태도의 표현이 전혀 사용되지 않았다면 "인간의 영향이 지배적인 원인이다."라는 명제가 훨씬 높은 사실성을 띠었을 것이다. 한편 미국의 음모 이론가의 다음 설명에서는 가능한 한 사실성을 **낮추고자** 하는 표현을 살펴볼 수 있다.

- 인위적인 기후 변화에 관한 의견은 엉터리이다. 즉 지구가 더 따뜻해졌고 인간 활동이 어떻게든 책임이 있다는 생각은 사이비 과학이고, 큰 거짓이며, 말도 안 되는 것이다. (영화 ≪오바마의 속임수(The Obama deception)≫에서 웹스터 타플리(Webster Tarpley)의 대사, ML19: 1h:26m).

위에서는 ('이론' 또는 '사실'보다 덜 확실한) '의견'과 '생각'과 같은 어휘의 선택, (의심의 표현인) '엉터리', '어떻게든', '사이비', '거짓', '말도 안 되는' 등의 어휘 선택으로 인해 진술의 사실성은 낮아진다. IPCC의 <제5차 평가 보고서>와 다큐멘터리 ≪오바마의 속임수≫는 사회에서 유통되는 매우 많은 텍스트 가운데 단지 두 개일 뿐이지만, 이들에 노출된 사람들이 자신의 신념을 형성하는 데 영향을 미칠 수 있다.

　IPCC의 사례에서 알 수 있듯이, '사실상 확실한', '가능성이 높은', '예외적이지 않은'과 같은 수식어의 선택은 흄(Hulme, 2009: 84-105)에 의해 설명된 복합적 제도화 과정(complex institutional process)을 따르는 것이다. 이 과정에는 전문가 선정, 미래가 불확실하다는 그들의 확신에 대해 주관적 판단의 도출, 결과가 이미 도출된 상황에서 무리한 인과 관계 판단, 과학자들이 이러한 기후 변화 과정을 얼마나 잘 이해하고 있는지의 고려, 그리고 과학자들 사이에 의견이 합치되는지의 여부 등이 포함된다. 반면 이와 달리 그들이 만드는 진술에는 사실성 유형 (facticity pattern)에 도달하기 위한 보다 단순한 과정 또한 존재한다. 브 룰르(Brulle, 2014)는 '기후 변화 반대 운동(climate change counter-movement)'이 라고 부르는 광범위한 네트워크를 인간이 기후 변화를 야기한다는 명 제에 의문을 제기하는 보수단체와 익명의 사업주들에게 지원을 받는 지지자, 전문가 집단, 무역 협회의 집결지라고 소개한다. 증거 기반이 매우 미약하거나 존재하지 않더라도, 이들 조직이 제시하는 텍스트의 사실성은 때때로 IPCC가 제시하는 것보다 훨씬 높다. 이것은 매스컴 이 기후 변화의 다른 국면을 다루는 방식에 중요한 영향을 미친다. (BBC Trust 2011에서) 존스는 다음과 같이 말했다.

　　과학의 상당 부분이 불확실성을 내포하고 있기 때문에, 이러한 느낌을 지니지 못한 사람들에게 공격받을 수 있다. 확실성에 대한 순진함은 (기후 변화) 부정론자들에 대하여 뉴스 조직이 쉽게 관심을 갖게끔 만든다.
… 이는 사실적 정보에 전혀 근거하지 않은 관점임에도 언론의 막대한 관
심을 불러일으킬 수 있다.

기후 변화 반대 운동에서 사용된 높은 사실성은, 어쩌면 이 운동이
가장 강하게 전개되고 있는 미국에서 왜 국민의 54%만이 기후 변화
의 원인이 인간이라는 명제에 동의하였는지를 보여주는 이유일지도
모른다.

생태언어학은 텍스트를 분석하여 인류의 미래와 관련된 중요한 내
용이 텍스트에 어떻게 강화되어 있는지 혹은 약화되어 있는지를 보
여줄 수 있다. '기후 변화는 인간에 의해 야기된다'라는 문장 역시 그
중 하나의 예이다. 중요한 것은 사실성을 높이거나 낮추는 하나의 문
장이 아니라, 전체 텍스트 혹은 여러 텍스트 사이를 관통하여 존재하
는 더 큰 사실성의 유형이다. 사람들의 신념에 잠재적으로 영향을 미
치는 것은 텍스트에 존재하는 사실성 유형이기 때문이다. 이를 바탕
으로 이 책에서는 '신념'과 '사실성 유형'이라는 용어를 다음과 같이
정의하고자 한다.

> 신념(conviction)은 특정 진술이 진실인지 거짓인지, 아니면 확실한지 불
> 확실한지에 관한 사람들의 마음속 이야기이다.
> 사실성 유형(facticity pattern)은 어떤 진술이 확실하고 진실인 것처럼 표현
> 하거나, 진술이 불확실하거나 거짓인 것처럼 약화시키기 위해 함께 사용
> 하는 언어적 장치의 무리이다.

사실성은 담화심리학(Potter, 1996), 과학사회학(Latour & Woolgar, 1986;
Latour, 2013), 정치 담화분석(Chilton, 2004; Fairclough & Fairclough, 2012), 일반

담화분석(Martin & Rose, 2003; van Leeuwen, 2008) 등을 포함한 다양한 분야
에서 그 유용성이 입증되었다. 조나단 포터(Jonathan Potter, 1996)는 그의
책 ≪재현된 현실: 담화, 수사학 및 사회 구조(Representing reality: discourse,
rhetoric and social construction)≫에서 화자나 필자가 '사실성을 높이기 위해
… 텍스트를 구성할 때 사실에 입각한 근거를 얼마나 기술하는지'를
드러내기 위해 언어적 장치를 폭넓게 활용한다고 하였다(Potter, 1996:
112). 포터는 사실성에 대하여 어떤 진술이 실제로 '진실'인지에 관한
것이 아니라, 마치 그 진술이 '견고하고 중립적이며 화자와 독립적이
고 세계의 특정 국면을 반영하고 있는 것처럼' 표현하는 데 사용된
언어적 기술의 무리라고 정의하였다(Potter, 1996: 1).

　진술의 사실성이 어떻게 강화되거나 약화되는지에 관한 자세한 논
의는 포터의 <사회심리학과 수사학의 통합 연구(combination of social
psychology and rhetoric)>(1996)에서 살펴볼 수 있다. 포터는 여러 측면 가
운데 사람들이 어떻게 이해관계(stake)를 관리하는지에 대해 관심을 기
울였다. 논쟁에서 참여자는 특정한 안건 없이도 아마 스스로 '그들
밖에 존재하는' 사실을 중립적으로 전달하는 것처럼 표현할 것이다.
그러나 만일 그들이 특정한 결과와 관련된 이해관계에 놓여 있다면
명백하게 반대의 입장을 표명할 것이다. 이해관계를 관리하고 사실
성을 높이는 매우 강력한 방법 중 하나는 경험주의 레퍼토리(repertoire of
empiricism)(Potter, 1996: 150)를 활용하는 것이다. 이것은 경험 자료로부터
직접 도출한 근거를 바탕으로 결론을 제시하는 언어 형식(즉, '측정 결
과는 다음과 같다…')이다. 포터(Potter, 1996: 153)는 그 형식을 다음과 같이
진술한다.

경험주의 레퍼토리는 연구 대상을 구성하고 해석하는 과학자의 참여를 최소화하여 과학자들의 행위와 믿음에 대한 설명을 제공한다. 이에 과학자는 수동적이고, 사실상 방관자가 된다. … 경험주의 레퍼토리는 과학 현상의 외연을 구성하는 표준 장치이다.

물론 경험주의 레퍼토리를 과학자만 사용하지는 않는다. 사회의 폭넓은 구성원에 의해 사실성 진술을 구축하는 표준 방식이 경험주의 레퍼토리이다.

비판적 담화분석(CDA)은 사실성을 구축하기 위한 언어적 특징을 분석하는 기술을 제공한다. 이는 다음의 특징을 포함한다. (a) 'must', 'should', 'might'처럼 가능성을 기술하는 법조동사(Martin & Rose, 2003: 48), (b) 전문가의 권위와 합의된 권위를 요청하는 것(van Leeuwen, 2008: 107), (c) '구체적인 증거가 부족할 때 그럴듯하게 보이게 하는', 'some'이나 'many' 같은 수량 형용사(Machin & Mayr, 2012: 192), (d) 'X가 생각한다', 'X가 믿는다'와 같은 얼버무림을 사용하여 '한 입장을 고수하고자 하는 것'(Machin & Mayr, 2012: 189), (e) '현재의 쟁점이라 논의가 필요하다'고 주장하지 않고 '이미 수용된 것'으로 묘사하는 전제조건(Martin & White, 2005: 101) 등이다. 양태성의 개념은 리처드슨(Richardson, 2007: 59)의 정의인 '화자와 작가가 자신의 주장을 그 또는 그녀가 수용하게 하는 정도'를 참고하는 것이 유용하다. 즉 양태성은 낮은 수용의 정도성('might'나 'probably'와 같은 법조동사 또는 법조부사의 사용)에서 높은 수용의 정도성('certain'과 같은 부사 혹은 'X는 그 사례다'와 같은 정의의 사용)까지의 규모를 지닌다.

다음은 ≪미시경제학의 원리(Principles of microeconomics)≫라는 교과서에서 발췌한 내용으로, 양태성을 높여 사실성을 강화하는 방법의 양상을 파악할 수 있다. 이 인용문은 허구의 빵집 주인 캐롤라인을 묘사하는데, 이는 캐롤라인을 통해 일반적인 회사 소유주의 행동을 환유한 것이다.

> ● 캐롤라인이 온 세상에 쿠키를 제공하려는 이타적인 욕망에 의해 사업을 시작했다고 여길 수도 있지만 … 돈을 벌기 위해 사업을 시작했을 가능성이 더 크다. 경제학자들은 일반적으로 기업의 목표가 이익 극대화라고 가정했는데, 이는 대부분의 경우 합당한 가설이었다. … 캐롤라인의 목표는 회사의 이익을 가능한 한 크게 만드는 것이다. (ET3: 260)

위에서 양태성은 뒤 문장으로 갈수록 점차 높아진다. 즉 이타적인 목적으로 인해 온 세상에 쿠키를 제공한다는 서술을 할 때는 극도로 낮은 양태('여길 수도 있지만')를 사용했고, 돈을 버는 것이 사업을 시작한 동기임을 역설할 때는 보다 높은 양태('가능성이 더 크다')를 사용했다. 이익 극대화가 목적임을 밝힐 때는 ('대부분의 경우 합당하다'를 언급함으로써) 양태성을 더 높였다. '이익을 가능한 한 크게 만드는 것'이 목표임을 제시할 때는 ('캐롤라인의 목표는 … 이다'를 사용하여) 강한 확실성을 나타냈다. 이러한 방식으로 이 텍스트는 회사의 소유주가 세상을 위해 어떤 유용한 일을 할 수도 있다는 사실을 간과하고, 이익 추구라는 자기 본위의 목표가 사업의 명백한 동기인 것처럼 보이게 한다.

앞의 예는 단지 하나의 특정 텍스트에서의 유형일 뿐이다. 그런데 중요한 것은 신고전주의 경제학 담화가 지배적인 힘을 갖는 여러 문서에 걸쳐 "소유주는 이익을 극대화한다."라는 진술에 대한 사실성이 정립되고 있다는 것이다. 만약 이러한 진술에 대한 사실성이 충분하게 높아지고 널리 인정된다면 그것은 하나의 헤게모니(hegemony)가 된다. 그것은 "그들의 독단성에 대해 오인하게 하는 것을 의미한다. … 그래서 이는 그들의 특수한 방식이라기보다는 경제 현실을 투명하게 반영하는 것으로 간주하게 만든다(Chouliaraki & Fairclough 1999: 5).". 다시 말해 '소유주는 이익을 극대화한다'는 진술은 특수한 관점이라기보다는 '세상의 이치'로 널리 인정된다. 그리고 이렇게 일단 인정받으면 이는 소유주가 그들의 회사가 사회나 환경의 이득을 보장하는 것보다는 이익의 증진에 초점을 두는 것을 타당하게 만들고 만다.

생태언어학에서 사실성 유형은 논쟁의 규모나 그 강도 그리고 사회적이고 생태적인 중요성에서 핵심 영역인 기후 변화 관련 내용에서 두드러지게 논의된다. 그런데 이와 다른 영역 또한 존재한다. 하레 외(Harre et al., 1999: 85)는 영국 핵연료 공사(British Nuclear Fuels)의 안내 책자가 두 개의 다른 '목소리(voice)'를 어떻게 포함하고 있는지를 분석하였다. 하나는 원자력 산업 자체에 대한 목소리이고, 다른 하나는 환경론자들의 비판에 대한 목소리이다. 그들은 환경론자에 대한 목소리가 '믿을 수 없는, 지나치게 낙관적이고 과학의 권위에 의해 공인될 권한이 없는(1999: 86)' 등과 같이 나타난다는 것을 발견했다. 원자력 산업에 대한 목소리는 '예측을 실현하게 하고 신뢰할 수 있게 하는, 논쟁의 여지가 없는 권한을 지닌 것으로 … 다른 목소리와는 달리, 원자력 발전의 위험과 미래에 대해 언급할 권한을 지닌 오직 하나의 [목소리](1999: 86)'처럼 표현된다.

영국 핵연료 공사는 더 이상 존재하지 않으며, 그 기관의 역할을 원자력 산업 협회(Nuclear Industry Association)가 대신하고 있다. 이 협회는 환경론자의 의견에 대해 영국 핵연료 공사와는 매우 다르게 표현한다. 이 협회의 웹사이트인 '원자력을 말하다: 누가 무엇을 말했는가?' (ML6)에는 정치인들, 회사 소유주들, 과학자들과 환경론자들의 의견이 인용되어 있다. 환경론을 표현하고 있는 의견들은 다음과 같이 지칭된다.

- 조지 몬비오, 환경론자 (ML6)
- 로드 (크리스) 스미스, 핀즈버리의 환경청장 (ML6)
- 스티븐 틴데일, 그린피스 전 사무총장 (ML6)
- 크리스 구달, 녹색당 의원 후보 (ML6)

여기에서 이들 각 논자들의 진술들을 인용함으로써 원자력 산업은 강하게 지지된다. 예를 들면 조지 몬비오의 "원자력 발전은 우리의 유일한 실행 가능한 저탄소 에너지 자원이다.(ML6)"와 같은 말을 인용하는 방식이다. 논자들이 단지 그들의 개인적인 아이디어를 제공하는 것처럼 표현되지 않고, 환경청, 그린피스, 녹색당이라는 용어와 동격(즉 명사구의 위치를 그들의 이름 바로 뒤에 배치하는 것)으로 사용되어 환경론을 대표하는 것처럼 표현된다. 이러한 담화적 배치는 포터(Potter, 1996: 123)가 '이해관계'라고 불렀던 사안을 떠올리게 한다. 원자력 산업 협회는 산업의 미래와 직접적인 금전적 이해관계가 없는 환경론자의 진술을 인용하여, '원자력은 유익하다'라는 진술을 그들 자신의 관심이나 성향과는 무관한 사실처럼 제시한 것이다. 이러한 방식을 통해 이 진술은 심지어 전통적으로 원자력을 반대해 왔던 사람들에게까지 수용되었다. 인용문은 당연히 매우 신중하게 선택되었다. 반면 "새로운 원자력 발전소는 국가의 미래 에너지를 혼합하는 역할을 해야 한다(PD11)."라는 환경청의 진술과는 달리, 녹색당과 그린피스는 이와 대조되는 공식적인 입장을 보여준다.

- 녹색당은 우리에게 비싸고 위험하다고 간주되는 원자력 발전을 근본적으로 반대한다. (PD12)
- 그린피스는 환경과 인류에 받아들이기 어려운 위협인 원자력 발전에 격렬하게 반대하여 늘 싸워왔고, 앞으로도 계속해서 싸울 것이다. (EN12)

핵 연료 공사와 원자력 산업 협회의 사례에서는 환경론적 입장의 사실성을 약화시키는 일반적인 두 가지 접근 방식을 확인할 수 있다. 첫 번째는 환경론자들을 허황되고 신뢰할 수 없으며 비과학적인 것처럼 나타내는 것이다. 두 번째는 환경론자를 믿을 수 있는 것처럼 표현하지만, 그들 중에서 원자력 발전에 동의하는 입장을 지닌 환경론자 혹은 전직 환경론자로부터 신중하게 인용문을 선택해서 나타내는 것이다.

다른 연구에서 알렉산더(Alexander, 2008: 127)는 '녹색 반대 운동(anti-green movement)과 그 '동료들(friends)'이 세계를 구성하기 위해 어떻게 언어를 사용하는지'에 대해 설명한다. 알렉산더는 환경 회의론과 연계된, 업계가 출자하는 보수적인 싱크탱크의 거대한 네트워크에 대해 기술한다. 그는 이들 그룹이 '무식한 청취자에게는 그럴듯하게 합리적이지만', 실제 증거에 기반하지 않은 기술을 제공하기 위해 과학적인 어휘, 선택된 사실, 통계의 사용을 바탕에 둔 '가장된 합리성(simulated rationality)'을 활용하는 방법에 대해 설명한다(Alexander, 2008: 136). 구체적으로 오염 유발 산업이 그린피스와 같은 단체의 전(前) 직원을 설득하는 방법을 보여준다. 이는 '그들의 활동이 끝난 후에 … 지위와 권력을 얻을 기회'를 그들에게 제공해 주는 것이다. 이와 같은 방식의 표현은 녹색 반대 운동이 환경론자의 배경을 가장함으로써 그들의 환경론적 주장의 사실성을 구축할 수 있게 한다. 알렉산더가 설명하는 다른 측면은 어휘 선택이다. 곧 녹색 반대 운동은 '증거를 제공하지 않고 승인을 얻기 위해 '상식', '헌신', '혁신', '과학'과 같은 막연하고 추상적이며 긍정적인 용어'로 그들의 활동을 설명한다(Alexander, 2008: 131). 반면 녹색 운동가에 대하여 '님비(nimby)' 혹은 '에코테러리스트(ecoterrorist)'와 같은 부정적인 표현을 사용하여 결과적으로 '활동가의 지위를 과소평가하게끔' 유도한다.

너리치(Nerlich, 2010)는 '기후게이트(climategate)'라고 불리는 사건의 반응을 조사하였다. 이 사건은 기후 회의론자들이 기후 과학의 신용을 무너뜨리기 위하여 이스트 앵글리아 대학교 과학자의 이메일을 유출한 것이다. 그녀의 연구는 기후 회의론자들이 유출된 이메일을 토대로 작성한 블로그의 글을 분석하는 작업으로 이루어졌다. 특히 기후 과학자들 설명의 사실성을 훼손하기 위해 블로거가 어떤 비유를 사용했는지를 중점적으로 살펴보았다. 그 결과 다양한 형태 가운데, **과학은 종교이다**라는 한 은유가 다른 어떤 것보다 많이 사용되었음을 확인하였다. 너리치(Nerlich, 2010: 432)는 기후 회의론자의 블로그에서 가져온 다음 예를 제시한다.

- 지구 온난화 종교(The Global Warming religion)는 온 마음을 교란시키는 맹신의 숭배처럼 치명적이고 교활한 것이지만, 그것은 역사적으로 신앙을 기반에 둔 그 어떤 숭배보다 더 빠르게 주류의 정통성을 확보하며 절대적인 영성이 되고 말았다.

이 인용문은 종교적인 어휘 집합에서 '종교', '숭배', '신앙', '정통성', '영성'이라는 5개의 단어를 사용하여 은유의 확장을 꾀한다. 너리치가 발견한 은유는 **과학 이론은 복음이다, 과학자는 전도자 또는 제사장이다, 과학의 보급은 전도이다, 과학에 대한 신뢰는 헌신이다** 그리고 **과학적 예측은 예언이다** 등이다. 곧 너리치는 블로거들이 "이 이메일이 기후 과학자들이 지식을 늘리는 것보다는 그들의 신앙 체계를 강화하려고 시도한다는 사실을 보여준다."라고 주장하기 위하여 **과학은 종교이다**의 은유를 어떻게 사용했는지 설명한다(Nerlich, 2010: 428). 이것은 "과학자의 신뢰성을 훼손함으로써 정치적인 행동을 불가능하게 하고 … 기후 변화에 대한 공공의 혼란을 … 유지한다(433)."라는 것이다. 너리치는 과학의 사실성을 약화시키기 위해 사용되는 회의론자의 역설적이고 복합적인 주장에 대해 다음과 같이 설명한다. 과학자들 사이에 합의가 없다는 것, 총체적 합의는 음모가 되어야만 한다는 것, 과학자들은 기후 변화에 대해 확신하지 않는다는 것, 과학자들은 무조건적으로 믿는 신념에 확신을 가진다는 것 등이 그것이다. 결국 이것은 '과학적 불확실성에 대한 순수한 우려에서 벗어나 과학에 대한 오해와 왜곡된 관점(421)'으로 이어지고 만다.

너리치는 '객관성, 반증, 증거의 축적'과 같은 기준을 가진 '실제 과학(real science)'의 존재를 당연한 것으로 여기는 것과는 다른 차원의 연구를 수행한다(2010: 436). 그녀는 문제를 해결하는 데 약간의 불확실성을 가지고 있음에도 보통의 과학은 "여전히 확실하며 객관적이고 실제적이면서 다소 유용하기까지 한 지식을 상당량 생산한다."라는 점을 지적한다(437). 하지만 이렇게 정치적으로 중립적인 방식으로 과학을 다루는 것이 유일한 접근법은 아니다. 베르글룬드(Berglund, 2001)는 <사실, 믿음, 편견: 핀란드 숲 보전에 대한 관점(Facts, beliefs, and biases: perspectives on forest conservation in Finland)>이라는 제목의 논문에서 "과학자와 과학의 소비자는 사회문화 시스템에 완전히 포함되어 있으며, 그 안에 속한 과학 협회와 개인은 도덕적이고 사회적인 가치에 기반을 둔 선택뿐만 아니라 기술적이고 인지적인 배경을 기반에 둔 선택을 할 수도 있다(Berglund, 2001: 836)."라고 가정한다. 그녀는 같은 장소라도 숲 과학자나 보호론자(conservationist) 중 누가 수행의 주체가 되느냐에 따라 완전히 다른 지형을 그리는 지도 제작(mapping)의 예를 제시한다. 숲 과학자의 지도는 목재 생산량을 수량화하는 반면에 보호론자의 지도는 생물의 다양성을 설명한다. 여기에서 논쟁의 '바깥에(out there)' 존재하면서 논쟁의 여지가 전혀 없이 정치적으로 중립적인 표현은 있을 수 없다. 이렇듯 지도는 과학적으로 정밀한 것이지만 동시에 정치적인 영향 하에 있는 것이다. 베르글룬드는 생물 다양성과 같은 개념조차 "역사적으로 특수한 것일 뿐만 아니라 끊임없이 변화하는 개념이며 … 그것들은 구성된다."(834)라고 지적한다. 베르글룬드는 핀란드의 '숲 전쟁(forest wars)'에 대하여 설명하는데, 핀란드는 정책에 영향을 미치는 경제 및 생태 과학의 높은 사실성을 활용하여 산업 이익과 보존 이익이 대립하고 있는 곳이다. 하지만 베르글룬드는 이 숲 전쟁에 대해 비판적인데, 그것은 이것이 '눈에 띄게 과학적인 용어(833)'로 진행되기 때문이다. 이들 용어는 그 설명 뒤에 정치적 이해관계를 숨기고 있으며, 숲에 대해 이해하고 생각하는 또 다른 방법을 배제하고 있다.

생태언어학에서 사실성 이론의 중요한 적용 영역은 학술 연구의 사실성이 언론에 보도될 때 어떻게 변형되는지에 관한 것이다. 기후 변화의 경우, 흄(Hulme, 2009: 225)의 아래 글을 참고할 수 있다.

IPCC와 같은 기관에서 선포된 기후 변화에 대한 유일한 '사실'('사실'은 일반 대중에게 완전한 것으로 받아들여진다) 대신 기후 변화에 대한 미디어의 보도는 여러 가지 방법으로 사회적 행위자가 이러한 '사실'을 거르고 증폭시키며 미사여구를 붙일 수 있게 하는 여백과 창의적인 잠재력을 제공한다.

리처드슨(Richardson, 2007: 61)은 과학자들에 의해 제공되는 사실을 미디어가 다시 보도할 때 사실성의 차원에서 발생할 수 있는 변형의 예를 제공한다. 그가 '데일리 익스프레스(Daily Express)'에서 발췌한 다음 내용을 살펴보자.

- **밤비가 살인자가 된다**: 저명한 환경론자는 어제, 영국 사슴의 개체 수가 폭발적으로 증가하는 것이 삼림 지대의 조류에 혼란을 야기할 것이라 경고했다. … 영국조류협회(The British Trust for Ornithology; BTO)는 정부의 야생동물 전문가가 쓴 보고서에서 사슴이 많은 종의 서식지를 파괴하는 핵심 역할을 수행한다고 이야기했다.

리처드슨은 '혼란을 야기하다'와 '사슴이 핵심 역할을 수행한다'에서 'may' 또는 'might'와 같은 법조동사가 사용되지 않았음을 지적했다. 이는 사슴이 조류의 감소를 분명하게 야기했다는 단정적인 주장과 같이 매우 높은 수준의 사실성을 나타낸다. 그런데 기사 보도의 기반이 된 원 논문에서는 사슴이 삼림 지대의 조류 감소 원인이라는 주장보다는 훨씬 낮은 수준의 사실성이 사용되고 있다.

- 사슴의 숫자가 증가하여 방목이 심해지고 풀을 뜯어 먹는 양이 많아지는 것은 서식지의 질 감소를 야기하고, 아마도 일부 삼림 지대 조류의 감소에 영향을 줄 수 있다. … 하지만 사슴을 모든 조류 감소의 주요 원인으로 결론지어서는 안 된다. (EN14: 39)

여기에서 '아마도', '~에 영향을 줄 수', 그리고 '결론지어서는 안 된다'와 같은 표현은 '사슴이 조류 감소의 원인'이라는 서술의 사실성의 수준을 상당히 낮추고 있다. 리처드슨(Richardson, 2007: 62)은 '데일리 익스프레스'가 "사슴을 지목하고, 단정적으로 오직 그 사슴의 책임을 주장한 것은 선정적인 헤드라인을 정당화하기 위한 것이다!"라고 지적하였다.

미디어가 사실성 유형을 전파할 수 있다는 점은 그저 선정주의의 한 종류만은 아니다. 이는 출판의 이데올로기를 확산시키는 도구로도 유용하다. 그 예로 ≪멘즈헬스≫를 들 수 있는데, 이 잡지에서는 사실성을 확보하기 위하여 의학 연구를 활용하고 있다. 생태학적 관점에서 볼 때 이 잡지의 가장 문제적인 이데올로기 가운데 하나는, 건강과 환경 모두에 부정적인 영향을 끼침에도 남성다움의 상징으로 육류와 간편 음식을 홍보하는 것이다. 아래의 예에서 이 잡지가 육류의 잠재적인 위험 요인, 즉 육류가 발암 물질을 함유하고 있다는 사실을 어떻게 다루고 있는지 확인해 보자.

- 암 치료의 세계적인 권위자 대시우드(Dashwood) 박사는 대서양을 건너 오리건 주립 대학에 합류하기 전에 영국에서 박사학위를 받았다. 그의 최근 연구물 35쪽에서는, 설익은 스테이크를 조금 더 자주, 질병을 두려워할 필요 없이 마음껏 섭취해도 된다는 사실을 확인할 수 있다. 정말 대단한 일인데[31](MH4: 24) … 과학자들은 등심의 유해한 영향으로부터 당신을 보호할 수 있는 아주 쉬운 방법을 발견했다. 그

---

31) 원문에는 "Bloody heaven we say"라고 기술되어 있는 것으로, 이곳의 번역은 의역임을 밝혀둔다. 저자 애런 스티베(Arran Stibbe)와 직접 소통한 결과, 이 말은 "We think that's fantastic" 혹은 "That's wonderful"의 의미임을 확인하였다. 영국에서 주로 사용하는 속어로서 대단한 일임을 나타낼 때 쓰는 표현이다.

것은 바로 시금치와 함께 등심을 먹는 것이다. … 이제 당신은 당신의 스테이크를 마음껏 먹을 수 있다. (MH4: 35)

위에서는 '대시우드 박사'의 명성을, 그의 박사학위를, 그의 대학 소속을, 그리고 '세계적인 권위자'라는 지위를 통해 권위를 사용했으며, 그의 연구물을 단정적인 확신으로 인용하였다. 그 연구물은 당신이 스테이크를 먹을 수 있다는 사실을 그저 '제안하는' 것이 아니라 그렇게 해야 한다는 것을 '의도한다.' 곧 '과학자들은 당신을 보호할 수 있는 쉬운 방법을 '찾을지도 모른다'가 아니라 '이미 찾았다', 그리고 '당신은 당신의 스테이크를 마음껏 먹을 수 있다'. 그런데 ≪멘즈헬스≫에서 이와 같이 인용한 원 논문은 이 잡지에서 언급한 사실과는 다소 다르다.

> ● 우리는 쥐의 대장에 발생한 종양을 통해 음식의 광범위한 섭취를 통해 유발되는 발암물질인 PhIP가 지닌 miRNA를 이해 가능한 수준에서 최초로 분석하였다. 체계 생물학적 접근으로 let-7 군집에 대한 핵심 기능 판별과 컴퓨터 모델링을 반복한 결과 … 이들 요인의 이상조절은 부분적으로 초기 실험 이후 쥐의 시금치 섭취에 의해 부분적으로 반전되었다. 보다 구체적인 메커니즘에 대한 후속 연구가 필요하겠지만, 현재의 연구는 발생기구학, 식습관, 그리고 암의 보호 측면 연구를 지원할 수 있을 것이다. (ML5)

이 인용문은 경험주의 레퍼토리의 높은 양태성으로서('확인' 과정의 행위자가 '컴퓨터 모델링'이지 저자는 아니다), 기계적인 어휘가 두드러지게 사용되었다. 어쨌든 이 연구에서는 이상조절이 그저 '쥐에 의해 부분적으로 반전되었고', '후속 연구'가 필요한 장치임을 언급하고 있다.

그럼에도 ≪멘즈헬스≫에서는 본래 논문과는 달리 만일 남성이 육류를 더 먹어도 시금치와 함께 먹는다면 안전하다는 문구로 제시되었다. 그리고 이는 매우 높은 사실성을 지닌 것처럼 표현되었다. 또한 매우 높은 긍정의 표현인 '정말 대단한 일인데'라는 표현을 사용하여 잡지가 추구하는 육류 홍보의 이데올로기를 더욱 강화하고 있다.

　이와 유사한 또 다른 예로, ≪멘즈헬스≫에서는 차를 마시는 행위가 심혈관계에 효과적이라는 연구를 끌어와 그 연구의 높은 사실성을 활용하여, 한 잔의 차와 함께 먹는다면 정크 푸드가 건강에 해롭지 않다고 주장한다.

> ● **무사히 정크 푸드를 먹다.** … 이탈리아 라퀼라 대학에서 근무하는 과학자들은 만일 당신이 한 잔의 차(a single cuppa)를 마신다면 즉각적으로 혈액 순환이 좋아질 것임을 밝혀냈다. … 따라서 이제 티타임(tea time)은 언제나 버거타임(burger time)이 될 수 있다. (MH1: 25)

　위에서 살핀 것과 마찬가지로, 연구를 지원한 립톤(Lipton Institute)으로부터 배포된 원본 보도문은 낮은 수준의 사실성을 드러내는 언어 형식을 보인다. 이는 완전한 확신의 표현이 아닌 '~에 따라', '~와 같은', 그리고 '제안하다' 등의 용어에서 드러난다.

> ● 립톤이 지원하고 이탈리아 라퀼라 대학에서 진행된 새로운 연구는 홍차의 지속적인 섭취는 (투여량에 따라) 혈관의 반응을 증가시키고 혈압과 동맥 강성을 감소시킨다는 사실을 최초로 발견했으며, 심장의 건강을 유지하는 것과 같은 의미의 심혈관 건강 지수를 제안하였다. (ML4)

　《멘즈헬스》는 의학의 권위를 빌려서 사실성을 높일 수 있었지만, 실제로는 사실성이 의학 연구물에서 언급하는 것보다 훨씬 더 높아지는 결과를 낳았다. 생태언어학이 차나 시금치가 인간의 건강에 끼치는 정확한 효과를 판단할 수는 없다. 그러나 실제 연구 논문과 상업적인 라이프스타일 잡지 사이에 발생하는 변형의 정도성에 대해서는 확실히 설명할 수 있다. 이 경우, 무엇보다 큰 위험성은 바로 이러한 잡지가 독자로 하여금 그들 마음속에 '육류와 정크 푸드가 건강하게 만들 수도 있다'라는 진술이 진실이라는 신념을 형성하게 할 수 있다는 데에 있다. 이렇게 되면 그 신념은 행동을 유도하여 실질적으로는 건강에 도움을 주지도 않고 환경의 파괴를 유발할 수 있는 물건을 소비하도록 부추길 것이다.

　그런데 《멘즈헬스》에 사용된 사실성 유형은 그저 과학의 권위에만 의존하고 있지는 않다. 이 잡지에 의해 촉진되는 지배적인 남성성은 힘을 강조하는 것인데, 보다 박학다식한 전문가의 조언을 듣는 것만으로는 독자는 그저 힘없는 존재가 된다. 아마 몇몇 남성은 믿음이 가는 친구에 의해 제공된 정보가 멀리 떨어진 전문가가 주는 것보다 믿을 만한(그리고 수용할 만한) 정보라고 여길지도 모른다. 이러한 점에서 이 잡지에 쓰인 언어는 과학의 권위를 인용하면서도 매우 친근하게 '친구'라는 용어를 혼합하고 있다. 위에서 살핀 인용문에서도 이인칭 대명사를 사용하여 '당신은 마음껏 섭취해도 된다'로, 일반적인 방언인 '대서양을 건너(hopping across the pond)'와 '한 잔의 차(a cuppa)'로, 비속어 '피의(bloody)', 그리고 관용구의 유머러스한 변용으로 '당신은 당신의 스테이크[본래는 케이크[32]]를 마음껏 먹을 수 있다'로 표현되고 있다. 《멘즈헬스(미국판)》의 편집자가 언급한 다음 진술은 이와 같은 진술이 의도적인 전략임을 알게 한다.

- 우리는 깊이 있게 연구된 정보를 유머와 함께 제공하여 정보를 돋보이게 한다. 우리는 최신 뉴스를 당신에게 제공하는 친구이지 결코 거만하고 아는 체하는 사람이 아니다. (MH9)

이러한 사실성 유형은 '혼종(hybrid)'의 사실성 유형이라고 할 수 있다. 그것은 두 가지의 다른 방식, 즉 그/그녀의 무지함에서 기인하는 과학자의 신뢰성, 그리고 그/그녀가 가지고 있는 친근함에서 기인하는 믿음직한 친구의 신뢰성이 동시에 작동하고 있기 때문이다.

한편 혼종의 사실성 유형을 사용하는 색다른 영역으로 신자연수필(New Nature Writing) 장르를 들 수 있다. 맥파레인(Macfarlane, 2013: 166)은 이 장르가 과학의 높은 사실성과 다양한 학문 분야에서 이루어진 '시'에 관한 연구를 결합하는 방법을 설명한다고 하였다.

[신자연수필]은 회고록, 여행, 생태학, 식물학, 동물학, 지형학, 지질학, 민속학, 문학 비평, 심리지리학, 인류학, 보존, 심지어 소설의 특징을 뒤섞어 놓은 것이다. 내 생각에, 가장 눈에 띄는 부분은, 시적이고 과학적이며 분석적인 음조이다. 예컨대 "기러기 떼 한 무리가 마치 사람이 러그의 먼지를 터는 것처럼 1만 쌍의 날개로 공기를 두드리며 들판에서 날아오른다." 에서 보는 것과 같이, ≪흰기러기(The Snow Geese)≫는 비행 중인 기러기에 대한 정교한 설명과 조류 이동의 생체 역학에 대한 탐구를 결합하고 있다.

코울리(Cowley, 2008: 9) 역시 비슷한 표현을 썼다.

---

32) 숙어로 "두 마리 토끼를 잡을 수 있다."라는 뜻도 지닌다.

[신자연수필]은 우리가 파괴하고 있는 세계에 대한 감각을 공유한다. 그것은 인간에 의해 변하지 않는 자연 경관이나 생태계는 더 이상 존재하지 않는다는 자명한 사실이다. 그러나 그들은 무작정 야생으로 걸어가서 감상에 취하거나 감탄하지는 않는다. 그들은 과학적 시각으로 보고 문학적 느낌으로 쓰는 것을 궁극적 목적으로 삼는다.

이 책은 과학이나 다른 학술 분야에 대한 높은 사실성 진술이 삽입된, 자연에 대한 서정적인 표현의 그물(meshwork)처럼 보인다. 그러나 서정적인 표현에서 고유의 높은 사실성의 형태를 발견할 수 있다. 다음은 맥파레인의 저서 ≪야생(The wild places)≫에 포함된 자연수필에서 발췌한 것으로 사실성의 두 가지 형태가 나타나고 있다.

- 그때 나는 물에서 희미한 빛을 보았다. 보라색과 은색으로 반짝이는 빛의 선은 해변의 곡선을 따라 띠를 이루고 있었다. 나는 가장자리로 가 쪼그리고 앉아서 물속에 손을 넣어 흔들었다. 물이 보라색, 주황색, 노란색, 은색으로 눈부시게 빛났다. 인광(phosphorescence)! (NW6: 40)
- 와편모충(dinoflagellate) 해조류와 플랑크톤 같은 미세 유기체가 물속에 축적된 결과인 해양 인광, 보다 정확하게는 생물 발광(bioluminescence)이라는 것을 이제는 이해할 수 있다. (NW6: 41)

스테닝(Stenning, 2010: 19)은 신자연수필의 과학 용어 사용에 관한 연구에서 이러한 예를 분석하고 있다. 그녀는 첫 번째 인용문에서 보이는 '인광' 현상에 대한 비공식적 관찰에 정확성을 더하기 위해 두 번째 발췌문에서 과학 용어를 사용하고 있음을 설명한다. 스테닝은 맥파레인이 그의 자연수필에 대한 높은 평가를 받기 위해 기술적 정확성을 빈번하게 사용하고 있음을 지적한다. 여기에서 그의 과학적 정확성은 '생물 발광', '유기체', '와편모충'이라는 기술적 표현뿐만 아니라 '~의 결과'라는 비법조동사의 사용, "이제는 이해할 수 있다."라는 단언에서 비롯된다. 이러한 단언의 진술은 감각 주체(이것이 이해되는 사람)를 굳이 명시할 필요가 없다는 확신을 드러낸 것이다.

처음에는 신자연수필에서 과학적 측면은 사실성이 높고, 보다 서정적인 부분은 사실성이 낮을 것이라고 여길 수 있다. 하지만 반드시 그런 것은 아니다. 앞의 인용에서 보다 서정적인 표현이 있는 첫 번째 인용문의 사실성은 매우 높다. 그것은 모든 진술이 사실성의 수준을 낮출 때 사용하는 '~지도 모른다(may)', '아마도(probably)', '제안하다(suggests)'와 같은 법조동사 없이 직접적으로 표현되었기 때문이다. 이 인용구에 표현된 확실성은 소위 과학의 권위에서 비롯된 것이 아니라 직접적 경험의 권위에서 비롯된 것이다. 진술의 사실성은 관찰된 특정한 색, 행동, 위치와 현상 등에 대한 세부 내용의 정확성을 바탕으로 구축된다. 이들은 모두 실제로 이들을 경험한 사람들에 의해 이해 가능한 세부 내용인 것이다. 포터(Potter, 1996: 3)도 비슷한 예를 들며, "이야기를 믿을 수 있게 만드는 세부 내용조차 사건의 일반적인 유형은 아니다. 그것은 사건을 목격한 누군가가 알 수 있는 종류의 것들이다."라고 언급하였다.

관찰된 세부 내용의 정확도와 과학적, 학술적 정확도가 결합된 혼종의 사실성 유형은 신자연수필 작품의 전체에서 발견된다. 올리비아 랭(Olivia Laing)의 ≪강으로(To the river)≫에 제시된 또 다른 예를 확인해 보자.

- 동위원소 수문학(isotope hydrology)은 세계에서 가장 거대한 피압 대수층(confined aquifer)의 일부에 고여 있는 화석수(fossil water)가 백만 년이 넘었다는 것을 설명한다. … 비교해 보면 강가의 도랑에 괸 물은 새것이나 마찬가지였다. (NW4: 20)
- 나무 가장자리에 냄새 나는 연못이 있고, 아침 작업을 기다리는 트랙터 한 대가 있었다. 귀리는 아직 여물지 않았고 모든 것은 가만히 서 있었다. 나는 뿌리와 작은 돌들에 후두둑 떨어지는 희미한 물방울 소리를 들을 수 있었다. (NW4: 20)

첫 번째 예시에서는 사실성을 구축하기 위해 과학의 기술적 용어('동위원소 수문학', '피압 대수층')가 사용되었다. 그리고 두 번째 예시에서는 직접적인 감각 경험을 통한 동등한 수준의 높은 사실성이 사용되었다. 자연 과학의 관점에서 비롯된 첫 번째 예시와 달리, 두 번째 예시에서 랭은 사실성을 구축하기 위해 문학 비평, 심리학 및 역사학의 독특한 어휘와 문법적 표현을 사용한 것이다.

신자연수필의 작가들은 자신의 감각으로, 자신을 둘러싼 현실을 직접 체험하는 시선으로 풍경을 음미한다. 그러나 동시에 세계와 다른 종류로 관계를 맺고 있는 과학자, 역사학자와 같은 전문가의 시선으로 현실을 바라보기도 한다. 서로 다른 사실성 유형의 결합은 신자연수필이 강력한 힘을 발휘하는 근거이다. 작가는 그들을 둘러싼 세계로부터 단절된 추상적 개념을 잃어버렸다는 이유로, 혹은 그들이 관찰하는 현상의 이면에 놓인 더 큰 유형을 모른다는 이유로 비난받을 수 없다. 중요한 것은 사실성 유형이 어떤 하나가 다른 것보다 더 정확하고 적절하거나 우월한 것으로 간주되지 않으면서 혼합되고 있다는 점이다. 이러한 혼종의 사실성 유형의 효과는 스테닝(Stenning, 2010:

19)에 다음과 같이 요약되어 있다.

≪자연 치유(Nature Cure)≫, ≪야생(The wild places)≫, ≪순례자(Pilgrim)≫
의 저자들은 냉정한 과학의 주장과 인간 이외 자연의 총체적 지식에는 여
전히 회의적인 반면, 경험적 방법과 과학적 언어의 정확도는 존중한다. 그
렇게 함으로써 그들은 상상력이 풍부한 과학자와 과학적으로 교육받은
작가의 역할을 지지하고 있다.

기후 변화 반대 운동에서의 사실성

이 절에서는 브룰르(Brulle, 2014)에서 '기후 변화 반대 운동'이라고 부
르는 두 개의 텍스트를 분석하고자 한다. 이를 통해 이들 텍스트에서
기후 변화에 대한 환경론자들의 입장을 약화시키기 위해 어떠한 사실
성 유형을 사용하였는지 살펴볼 수 있다. 첫 번째 텍스트는 프레이저
재단(Fraser Institute)이라는 캐나다의 프리마켓 싱크탱크의 안내 책자
(brochure)이다(EN15). 두 번째는 영국 채널4에서 처음으로 방송된, ≪최
고의 사기극, 지구 온난화(The great global warming swindle)≫라는 다큐멘터
리이다(EN16). 여기에서 중점에 두어야 하는 사항은 이들 두 텍스트가
'기후 변화는 일어나고 있고', '인간은 기후 변화를 야기한다.'라는 설
명을 어떻게 약화시키는지에 관한 것이다. 이들 텍스트는 사람들로
부터 우리 시대의 가장 시급한 문제 가운데 하나인 환경 문제에 대
한 대응 혹은 무시를 이끌어 낼 수 있다. 이러한 점에서 이들 텍스트
에서 제시된 진술이 진실인지 거짓인지, 확실한지 불확실한지 등을
판단하는 작업이 매우 중요하다. 즉 이들 텍스트는 독자나 시청자의

확신에 영향을 줄 수 있는 것이다.

안내 책자 EN15의 제목은 <허구가 아닌 사실: 기후 변화에 대한 소개>이다. '허구가 아닌'이라는 제목에 있는 부정적 표현은 이 안내 책자의 논조가 부정확한 정보를 제공하는 위치의 '밖에 존재하는' 것처럼 암시하는 반면, 안내 책자는 독자가 정확하고 타당한 정보와 직접 접하는 것처럼 느끼게 해 준다. 독자를 '기우론자'로 치부하는 다른 목소리는 안내 책자의 마지막 문장에서나 겨우 발견할 수 있을 뿐이다.

• 캐나다의 정책 결정자는 기우론자의 장황한 수사적 표현에 대응하면서 부당한 규칙을 내세우는 것을 주의하고 경계해야 한다. (EN15: 8)

'기우론자'는 기후 변화에 대한 특정한 견해를 특정한 정체성으로 바꾸는 기후 변화 논쟁에서 사용되는 표현 중 하나일 뿐이다. 카한(Kahan, 2012: 255)이 지적한 것과 같이, "기후 변화에 대한 입장은 그러한 사람의 종류를 의미하게 되었다.". 곧 한쪽에는 기후 변화에 대한 '기우론자', '온난화 음모론자'[33], '근본주의자', '신봉자'가 있고, 다른 한쪽에는 '거부자', '회의론자', '반대자'가 있다. 이는 증거를 검토하여 결론을 내린 사실임을 나타내기보다, 사실이 무엇이든 자신의 입장에 따라 의견을 독단적으로 고수하는 사람임을 표면에 나타낸다. 따라서 안내 책자는 '기우론자'의 '수사적 표현'과 '허구'와는 반대로 '사실'을 제공하는 것이 된다.

안내 책자에는 경험주의 레퍼토리에 의지해 높은 사실성을 지닌

---

33) 온난화 음모론자란 지구 온난화가 인간에 의한 것이라는 견해에 회의적인 입장을 보이는 쪽에서 기후학자들을 지칭할 때 사용하는 용어이다.

표현이 사용되었다. 아래의 예를 살펴보자.

- 기상 관측 기구와 위성 기록은 지구의 온도가 증가하고 있음을 보여준다. (EN15: 6)
- 기후 모형은 … 모든 것을 예측한다. (EN15: 6)
- 해수면은 평균 15~20cm 상승한 것으로 추정된다. (EN15: 6)
- 평균 온도는 궤도를 선회하는 위성을 사용하여 추정된다. (EN15: 6)
- 온난화의 높은 비율이 관찰되었다. (EN15: 7)

처음 두 예문에서는 '보여주기'와 '예측하기'의 행위자를 배치함으로써 자료와 모형을 보여준다. 그런데 마지막 세 개의 예문은 수동태에서 행위자를 삭제하여 행위의 원인을 제공하는 인간과 (그리고 이로 인해 오염되는) 결과를 서로 멀리 떨어지게 만든다.

안내 책자의 '사실들'은 "기후 변화는 일어나고 있다." 혹은 "인간은 기후 변화를 야기한다."라는 진술을 분명히 부정하지는 않는다. 그 대신 진술의 불확실성을 드러내어 그 진술의 사실성을 미묘하게 약화시키는 방식으로 조직된다. 이러한 방식에는 세 가지가 있다. 첫 번째는 양태성을 활용하는 것으로, 다음의 예에서 확인할 수 있다.

- 일부에서 최근의 온난화가 이산화탄소와 다른 '온실 가스'의 과도한 배출의 결과라고 제안했지만, 적어도 기후 변화의 일부는 태양 활동의 결과라는 증거가 있다. 사실 태양의 에너지 방출은 1700년대 이후로 더 격렬해졌다. (EN15: 6)

이것은 '최근의 온난화는 온실 가스의 결과이다'라는 진술에 대해, 그것을 단지 '일부'에만 해당하는 것으로 치부한다. 동시에 '제안하다'라는 **인용 동사**(quoting verb)를 사용해 신빙성에 의문을 가지게 하여, 이 진술의 사실성이 낮은 것처럼 표현한다. '온실 가스'에서 보이듯이 인용 부호의 사용이 온실 가스와 같은 것들이 실제로 존재하는지를 미심쩍은 것으로 여기게 만든다면, 이 또한 진술의 사실성을 더욱 낮춘다. 반면에 '기후 변화는 태양 활동의 결과이다'라는 진술은 '증거가 있다'라는 표현을 통해 작가 자신의 개인적인 의도나 성향과 거리를 두게 하여 높은 사실성을 부여한다. 이 진술에는 '적어도 일부'라는 전제를 두기는 하지만, 마지막 문장에서 '사실'이라는 단어와 서법이 생략된 '태양의 에너지 방출이 격렬해졌다'라는 표현을 통해 사실성을 끌어올린다. 이러한 방식으로 안내 책자의 기사는 온난화의 원인에 대하여 중립적인 입장임을 표명하려 하는 것처럼 보인다. 그러나 기후 변화가 다른 인위적인 원인에 따른 것이라는 진술보다 태양에 의한 결과라는 진술에 더 높은 사실성을 부여한다.

두 번째 방식은 기후 변화를 일으키고 있다고 제시하는 증거와 그것이 그렇지 않을 수도 있는 것처럼 보이게 하는 증거를 함께 배치하는 것이다. 아래에서 이에 대한 전형적인 예를 확인할 수 있다.

• 그린란드 만년설에 대한 연구는 내륙의 만년설의 두께는 얇아지고 해안선 근처, 특히 남쪽 해안선 근처의 만년설의 두께는 두꺼워지고 있음을 보여준다. 남극 대륙의 서쪽에 있는 빙하는 1961년 이래로 줄어들고 있지만, 남극 대륙의 동쪽에서는 빙하가 늘어나고 있다는 사실이 연구에서 밝혀졌다. (EN15: 7)

안내 책자 전반에 나타난 사실성 유형은 지구 온난화가 일어남을 제시하는 증거보다 지구 온난화가 일어나지 **않음**을 제시하는 증거를 더 많이 제시하는 것이다. 이로 인해 안내 책자는 실질적으로 '기후 변화가 일어나고 있다'는 진술의 사실성을 약화하고 있음에도, 마치 중립적인 입장을 취하고 있다는 인상을 지닌다.

세 번째 방식은 안내 책자에서 기후 변화에 관한 정부 간 협의체(IPCC)와 미국 항공 우주국(NASA)과 같은 권위 있는 자료를 활용하여 사실성을 약화시키는 방법이다.

> 북극 중앙의 해빙 두께 또한 1980년 이래로 줄어들었다. 하지만 IPCC 는 해빙의 두께가 측정하기 매우 어려운 기후 변수들 중 하나라고 지적한다. NASA의 과학자들은 북극해 해양순환의 양상을 지구 온난화 에 따른 것이라기보다는, 최북단 지역에서 최근에 발생한 다양한 변 화로 인한 것이라고 설명하기로 결론을 내렸다. (EN15: 7)

이는 흥미로운 사실성 유형이다. 그것은 안내 책자에서 해빙이 줄어들고 있다는 진술을 적극적으로 개진하여, 안내 책자가 기후 변화가 일어나고 있다는 사실을 보여주는 주체가 되고 있기 때문이다. 반면에 IPCC와 NASA는 이러한 생각에 의문을 제기하는 입장에 위치한다. 이러한 방식으로 안내 책자는 권위 있는 자료에서 '기후 변화가 일어나고 있다'라는 진술의 사실성을 약화시킬 수 있는 일부 문장만을 선택하는 반면, 이러한 권위 있는 자료에서 제공하는 모든 반대 증거는 무시하고 있는 것이다.

이 안내 책자 전체에서 사실성 유형은 상당히 분명하게 나타난다. 안내 책자는 정책 입안자가 고려해야 할 사실에 대한 긴 목록을 제공하는 대신, "기후 변화에 관한 과학적 사실을 무시하는 정책은 이익보다 손해를 더 많이 끼칠 것이다."(6쪽)라는 말로 시작된다. 인위적 기후 변화가 일어나고 있는 것에 대한 증거를 대조적으로 제시하는 표현이나, 인위적 기후 변화가 일어나지 않았다는 낮은 사실성을 지닌 증거를 제공하기 위한 사실은 신중하게 선별된다. 그런 다음, 정책 입안자가 '주의를 기울이고 부당한 규제를 가하는 것을 삼가야 한다'고 주장하기에 앞서 '기후 변화의 원인에 대한 상당한 불확실성과 과학적 논쟁이 있다'고 결론짓는다(EN15: 8).

포터(Potter, 1996)가 지적한 것과 같이, 사실성은 그저 강화되거나 약화되는 것에 그치지 않고, 오히려 특정한 조치를 이끌어낸다. 분명이 조치는 정책 입안자로 하여금 프레이저 재단의 일반적인 목표와 동궤를 형성하는 목표를 지닌 환경 규제 시행을 막게 한다. 이러한 사실은 웹사이트에 "선택, 경쟁 시장, 개인적 책임을 지지한다."와 같은 표현을 제시하는 작업을 통해 이루어진다(ML7).

이 절에서 검토하는 두 번째 텍스트는 2007년 3월 8일 영국 채널4에서 처음 방송된, 논란이 많은 다큐멘터리 ≪최고의 사기극, 지구 온난화≫(EN16)이다. 다큐멘터리는 "인간이 기후 변화를 야기한다."라는 진술을 약화시키려고 시도한다. 이 경우 다큐멘터리에서는 이 설명을 (첫 번째 텍스트가 그랬던 것처럼) 불확실하고 논쟁적인 것으로 표현하지 않고 오히려 명백한 거짓으로 표현한다. 이를 위해 다큐멘터리는 경제학자, 언론인, 정치인, 기상 캐스터, 전직 환경론자뿐만 아니라 다양한 분야의 과학자를 포함한 17명의 인터뷰 대상자의 진술을, 화면 밖에 존재하면서도 모든 것을 알고 있는 내레이터의 목소리와 결합한다.

다큐멘터리를 통해 제공되는 핵심 설명은 사실성의 가장 높은 수준의 표현, '이산화탄소는 기후 변화의 원인이 아니다'라는 것이다.

다음의 예는 다큐멘터리의 다른 장면에서 추출한 것이다.

- 클라크(Clark): CO2는 분명히 온도 변화를 일으키는 원인이 될 수 없다.
- 샤비브(Shaviv): 인류가 발생시킨 온실 가스가 20세기 지구 온난화를 야기했다는 직접적인 증거는 없다.
- 코빈(Corbyn): 태양은 기후 변화를 만들고 있다. CO2와는 무관하다.
- 내레이터: 지구의 오래된 기후사에서 이산화탄소가 지금까지 지구의 온도를 결정했다는 증거는 전혀 없다.

(EN16)

여기에서 사실성은 양태성의 소거('~일지도 모른다' 혹은 '아마'가 아님)에 의해 높은 수준인데, 첫 번째 발췌문의 '분명히'와 마지막 발췌문의 '전혀'에 의해 더 높아진다. 이와 같은 매우 강한 주장을 뒷받침하기 위해 다큐멘터리는 학술적 명망, 수상, 권위 있는 단체임을 과도하게 노출하는 방식으로 인터뷰 대상자의 권위를 형성하고 있다. 아래 두 예시를 살펴보자.

- 로이 스펜서(Roy Spencer) 박사는 NASA의 마샬 우주 비행 센터의 기후 연구 수석 과학자이다. 그는 NASA와 미국 기상 학회 모두에서 뛰어난 과학적 업적에 대한 메달을 수상했다.
- 패트릭 무어(Patrick Moore)는 그의 세대에서 가장 저명한 환경론자 중 한 명으로 평가받는다. 그는 그린피스의 공동 설립자이다.

(EN16)

물론 여기에서 '이해관계'의 의문이 제기될 수 있다. 만일 인터뷰 대상자가 금전적 이득을 취하였거나 특정한 이해관계의 동기가 있었다는 사실을 밝힐 수 있다면, 위의 설명은 사실성이 낮아질 수 있을 것이다. 그런데 다큐멘터리는 석유나 가스 회사로부터 돈을 받지 않은 세 명의 인터뷰 대상자의 주장을 포함하여 이러한 비난을 미연에 방지하고 있다.

> • 팀 볼(Tim Ball): 나는 언제나 석유 및 가스 회사가 돈을 주는 것을 비난하고 있다. 나는 석유 및 가스 회사로부터 돈을 받은 적이 없다.
>
> (EN16)

반면 기후학자들은 인간이 기후 변화를 일으킨다는 명제와 이해관계를 가진 것으로 표현된다.

> • 스펜서(Spencer): 기후학자들은 자금 확보를 위해 문제가 발생하기를 원한다.
> • 크리스티(Christy): 우리는 공황 상태를 조성하는 데 관심을 쏟는다. 공황 상태가 조성되면 돈이 기후 과학으로 흘러들어올 것이기 때문이다.
>
> (EN16)

환경 운동과 IPCC도 '정치성'을 강조함으로써 진실을 드러내기보다는 기후 변화 관련 명제와의 이해관계를 내비친다. 즉 이들은 사실을 확증하는 것을 넘어선 주장을 펼친다.

> • 무어(Moore): 환경 운동은 확실히 정치적 활동이다.
> • 스탓(Stott): IPCC나 유사 국제연합들은 정치적이다. 최종 결정은 정치적으로 추진된다.
>
> (EN16)

'인간이 기후 변화를 야기한다'는 명제를 지지하는 사람들은 '윤리적 대의'나 '정치적 대의'를 좇는 '운동가', '정치 활동가', '분별 있는 행동을 하는 사람', '평화 운동가' 등으로 불린다. 반면에 인간이 기후 변화를 야기하지 않는다고 주장하는 사람들은 다큐멘터리에서 정치적 행동가가 아니라 '과학자', '전문가', '신중한 사람' 등 정치적 안건과 이해관계가 없는 관찰자(observers)로 묘사된다. (여러 예들 가운데) 하나의 예를 들어보면 다음과 같다.

- 내레이터: 인간 때문에 촉발된 지구 온난화에 대한 성찰을 요구하는 목소리가 커지고 있지만, 여러 전문 기후학자들은 이 이론의 과학적 근거가 붕괴되었다고 주장한다. (EN16)

내레이터가 기후 변화에 대한 입장을 과학성보다는 정치성을 통해 강력하게 추동하는 한 가지 특별한 방식은 주어진(given)/새로운(new) 구조를 이용하는 것이다. 다큐멘터리의 다음 상황을 보자.

- 내레이터: 1990년대 초반 이후, 인간이 온난화를 야기한다는 것은 더 이상 기후에 관한 기이한 이론(eccentric theory)의 취급을 받지 않고 정치 운동으로 온전히 자리매김하게 되었다.
- 내레이터: 이 이야기는 정치 운동이 어떻게 요식 행사로 변화했는지를 보여준다.
- 내레이터: 정치적 역학관계로 변모한 지구 온난화는 새로운 종류의 윤리성이다.

(EN16)

주어진/새로운 구조는, 발화의 왼쪽에 놓인 주어진 정보는 상식적이고 자명하며 사실에 근거한 것을 나타내고, 발화의 오른쪽에 제시된 새로운 정보는 진보적 맥락에 관한 의견을 나타냄을 알 수 있다

(Kress & van Leeuwen, 2006: 187). 기후 변화에 '정치 운동'이나 '정치적' 색채를 입히는 '기이한 이론'에는 매우 높은 사실성을 부여하면서, '인간이 기후 변화를 야기한다'는 사실은 약화시킨다.

다큐멘터리가 '인간이 기후 변화를 야기한다'는 사실성을 약화시키는 마지막 방법은 '선전', '경고', '통설', '거짓말', '환상', '신화', '가정', '이데올로기', '잡동사니', '미치광이 같은 생각' 등의 표현을 사용하는 것이다. 이들 명사는 이들이 사용되는 진술에서 각 명사의 의미에 따른 사실성의 평가, 곧 모두 다양한 정도성으로 사실성을 약화시킨다는 점을 내포하고 있다.

대체로 다큐멘터리의 사실성 유형은 여러 언어적 기법을 활용하여 '인간이 기후 변화를 일으키는 역할을 한다'라는 표현을 가장 낮은 사실성으로 끌어내리는 반면, '기후 변화는 태양에 의해 발생한다'라는 표현은 가장 높은 사실성으로 끌어올린다. 다큐멘터리는 기후 변화를 연구하는 주류의 과학자와 환경론자로 구성된 IPCC의 권위에 의지하지 않는다. 대신 기후 변화의 원인에 대한 거짓말에는 금전적, 정치적 이해관계가 작용한다고 함으로써 그들의 권위를 무력화시킨다.

2007년 6월 리브 외(Rive et al., 2007)는 이 다큐멘터리에 대하여 오프컴(Ofcom)(영국의 통신 규제 기관)에 156쪽에 달하는 항의 문서를 제출했다. 그들은 다큐멘터리가 그래프를 조작했다는 점, 인터뷰 대상자의 견해를 잘못 전했다는 점, 논리적 오류를 사용했다는 점, 명백하게 틀린 것으로 보이는 근거 없는 믿음을 재생산했다는 점, 토론자들의 경력을 과장했다는 점, 인터뷰 대상자 10명이 석유 및 가스 회사의 후원을 받았다는 사실을 언급하지 않았다는 점, 특히 '논쟁적인 견해를 의심할 여지가 없는 사실처럼 표현했다는 점' 등을 언급했다. 그들은 다큐멘터리에 저항한다는 실천적인 목표를 갖고 그들이 분석하고 있는 텍스트를 비판하기 위하여 다큐멘터리에 대한 사실성 유형을 활용한 것이다.

마지막으로 한 가지 분명히 해야 할 사안이 있다. 기후학자, 환경론자, 기후 변화 반대 운동가 등 여러 기후 변화 문제의 관계자들은, '기후 변화 논쟁'에서 각자의 표현을 뒷받침하기 위해 경험주의, 합리성, 분리된 객관성, 과학의 권위 등의 레퍼토리를 사용하여 사실성을 높인다. 그들은 도덕, 감정, 정치적 원인, 종교와 같은 개념을 상대방 표현의 사실성을 약화시키기 위해 사용한다. 이러한 '메타 사실성 유형'은 환경 문제를 개념화하는 특정 방법에 우선권을 둔다는 효과를 지닐 수 있다. 객관적인 과학적 사실이 어떤 조치를 취해야 할지 결정하기에 충분한 경우에는 기후 변화가 기술적 문제로 전환될 가능성 또한 있다. 흄(Hulme, 2009: 103)은 기후 변화가 불가피한 문화적, 정치적, 도덕적, 감정적, 정신적 차원을 가지고 있음을 인정하는 모형과는 반대로, 이것을 '기술관료적(technocratic)' 모형이라고 부른다. 다만 기후 변화와 기타 환경 문제에 대한 행동 여부와 그 방법이 '객관적인 과학적 사실'에만 의존한다면, 반환경적 반대 운동은 불확실성과 논쟁을 만들고 늘 그래왔듯이 관련 사업을 장려할 것이다. 생태언어학은 과학 기관과 반대 운동 단체가 활용한 특정 사실성 유형을 조사할 수 있을 뿐만 아니라, 양측이 표현의 사실성을 구축하기 위해 사용한 '메타 사실성 유형'을 탐구하고 각각에 대해 의문을 제기해야 할 것이다.

☑ 참고문헌

Alexander, R. 2008. How the anti-green movement and its 'friends' use language to construct the world, in M. Döring, H. Penz and W. Trampe (eds) *Language, signs, and nature: ecolinguistic dimensions of environmental discourse; essays in honour of Alwin Fill.* Tübingen: Stauffenburg, pp. 127-42.

BBC Trust 2011. BBC Trust review of impartiality and accuracy of the BBC's coverage of science. Available from: http://www.bbc.co.uk/bbctrust/our_work/editorial_standards/impartiality/science_impartiality.html [Accessed 20 January 2015].

Berglund, E. 2001. Facts, beliefs and biases: perspectives on forest conservation in Finland. *Journal of Environmental Planning & Management* 44(6): 833-49.

Brulle, R. 2014. Institutionalizing delay: foundation funding and the creation of US climate change counter-movement organizations. *Climatic Change* 122(4): 681-94.

Chilton, P. 2004. *Analysing political discourse: theory and practice.* London: Routledge.

Chouliaraki, L. and Fairclough, N. 1999. *Discourse in late modernity: rethinking critical discourse analysis.* Edinburgh: Edinburgh University Press.

Cowley, J. (ed.) 2008. *Granta 102: the new nature writing.* London: Granta.

Fairclough, N. and Fairclough, I. 2012. *Political discourse analysis.* New York: Routledge.

Harré, R., Brockmeier, J. and Mühlhaüser, P. 1999. *Greenspeak: a study of environmental discourse.* London: Sage.

Hulme, M. 2009. *Why we disagree about climate change: understanding controversy, inaction and opportunity.* Cambridge: Cambridge University Press.

Kahan, D. 2012. Why we are poles apart on climate change. *Nature* 488(7411): 255.

Kress, G. and van Leeuwen, T. 2006. *Reading images: the grammar of visual design.* 2nd ed. London: Routledge.

Latour, B. 2013. *An inquiry into modes of existence: an anthropology of the moderns.* Cambridge, MA: Harvard University Press.

Latour, B. and Woolgar, S. 1986. *Laboratory life: the construction of scientific facts.* Princeton, NJ: Princeton University Press.

Macfarlane, R. 2013. New words on the wild. *Nature* 498: 166-7.

Machin, D. and Mayr, A. 2012. *How to do critical discourse analysis: a multimodal introduction.* London: Sage.

Martin, J. and Rose, D. 2003. *Working with discourse: meaning beyond the clause.* London: Continuum.

Martin, J. and White, P. 2005. *The language of evaluation: appraisal in English.* New York: Palgrave Macmillan.

Mori, 2014. Global trends survey: environment. *Ipsos Mori.* Available from: http://www.ipsosglobaltrends.com/environment.html [Accessed 3 Aug 2014].

Nerlich, B. 2010. 'Climategate': paradoxical metaphors and political paralysis. *Environmental Values* 19(4): 419-42.

Potter, J. 1996. *Representing reality: discourse, rhetoric and social construction.* London: Sage.

Richardson, J. 2007. *Analysing newspapers: an approach from critical discourse analysis.* New York: Palgrave Macmillan.

Rive, N., Jackson, B. and Rado, D. 2007. Complaint to Ofcom regarding *The great global warming swindle.* Available from: http://www.ofcomswindlecomplaint.net/Summary OfComplaint.pdf [Accessed 22 January 2015].

Stenning, A. 2010. Literary illumination: a study in the use of celebratory narratives in *Nature Cure* by Richard Mabey, *The Wild Places* by Robert Macfarlane, and *Pilgrim at Tinker Creek* by Annie Dillard. Unpublished MA thesis: University of Essex.

van Leeuwen, T. 2008. *Discourse and practice.* Oxford: Oxford University Press.

현재 우리의 생활 방식과 행동이 생태계 전반의 파괴를 유발하는 것처럼, 서구 문명은 어떻게 인간 외의 자연으로부터 멀어졌고 다른 동물들과 지구의 존재를 망각하게 되었을까?

- 데이비드 에이브람(David Abram, 1996: 137)

언어학자들은 텍스트에 명시적으로 표현된 참여자뿐만 아니라 숨겨진 것, 배경화된 것, 배제 또는 소거된 것에도 대단히 집중하고 있다. 텍스트에서 특정 참여자가 고의적으로 부재하는 어떤 담화 또는 여러 개의 담화들은 그 안에서 그러한 참여자가 중요하지 않고 무관하거나 미미하다는 이야기를 전한다. 이 장의 주요 관심사는 다양한 텍스트에 나타나는 자연계에 대한 소거이다. 만약 사회 구성에 대한 핵심 담화에서 생태계가 없어지거나 소거된다면, 삶을 지탱하는 생태계가 우리의 우선사항이 되기란 어려운 일이다. 마찬가지로, 만약에 **사람들**이, 특히 환경 변화에 가장 취약한 사람들이 환경 담화에서 소거된다면 사회적 정의는 우선사항이 되지 못할 것이다. 생태언어학의 역할은 소거의 언어적 작동 양상을 살피는 것, 텍스트와 담화에서 무엇이 소거되는지를 조사하는 것, 소거가 문제가 되는지의 여부와 만약 문제가 된다면 소거된 무언가가 어떻게 의식에서 회복될 수 있는지를 고려하게 하는 것이다.

소거(erasure)는 사회 과학의 다양한 맥락에서 사용되어온 용어이다. 나마스테(Namaste, 2000: 52)는 마치 두 개의 성별만 존재하는 것처럼 세계를 표현함으로써, 성전환자들이 텍스트에서 어떻게 소거되는지 설명하기 위해 이 용어를 사용한다.

> '소거'는 성전환을 무효화하는 특정 행위, 즉 성전환이 불가능하다는 것을 기정사실로 여기게 하는 과정을 명확하게 나타낼 수 있다. … '남성'과 '여성'의 사용은 성전환자/트랜스젠더의 지위를 약화시킨다. 이러한 맥락에서 성전환자는 전혀 존재할 수 없다.

퍼버(Ferber, 2007: 265)는 백인 연구(whiteness studies)에서 인종과 특권에 대한 집중으로 인해 성(gender)이 '소거'되었다고 주장하였다. 바넷(Barnet, 2003)은 문화 비평에서 기술(technology)이 '소거'되어 왔다고 하였다. 러츠(Lutz, 1990: 611)는 사회문화 인류학에서 여성의 글이 '소거'된다고 언급하였다. 그리고 프로만(Frohmann, 1992: 365)은 인지 정보 과학에서 사회적 관점이 '소거'된다고 하였다. 결국 '소거'라는 용어는 우리가 주의를 기울여야 하는 어떤 중요한 것이 텍스트나 담화 내에서 무시되고 열외로 취급되거나 간과되어 왔는지를 나타내는 데 사용되었다.

더 엄밀히 따지면, 베이커와 엘레스(Baker & Ellece, 2011: 40)는 '소거'를 '특히 정체성 범주와 관련하여 배제나 소외의 한 형태'로 정의한다. 그리고 '배제'를 '특정한 사회적 행위자들이 일부 텍스트나 담화에서 나타나지 않게 하는 사회적 행위자 표상의 한 양상'으로 정의한다 (Baker & Ellece, 2011: 44). 반 리우엔(van Leeuwen, 2008: 29)은 더 나아가 배제를 두 가지 유형으로 나눈다. 사회적 행위자들이 텍스트에서 완전히 없어진 '제거(suppression)'와 행위자들이 텍스트의 한 부분에서는 부재하지만 텍스트의 뒷부분에서 나타나는 경우인 '배경화(backgrounding)'가 그것이다. 페어클로(Fairclough, 2003: 139)는 구체적인 세부사항을 간과하는 추상적인 언어로 상황들이 서술될 때, 참여자가 어떻게 제거되거나 배경화될 수 있는지를 설명한다. 편의상 이 책은 제거, 배경화, 배제, 추상화를 통칭하여 '소거'라는 용어를 사용하고자 한다. 그리고 텍스트가 특정 참여자 또는 삶의 영역으로부터 다른 화제로 주의를 돌리게 하는 일반적인 어떤 수단이 드러날 때에도 '소거'라는 용어를 사용할 것이다.

소거는 텍스트나 담화 전반에 나타날 때 어떤 것을 나쁘게 평가하는 것 대신에 제외하는 평가 유형과 매우 유사한 형태를 지닌다. 이러한 소거의 유형은 어떤 것을 중요하지 않은 것으로, 그리고 일반적으로 고려할 가치가 없는 것으로 평가하도록 만든다. 이는 'X가 중요하지 않다'고 직접적으로 언급함으로써 명쾌하게 평가하는 것은 아니다. 대신 X를 언급하지 않는 것에 의해서 또는 X를 배경으로 밀어 넣는 언어적 기법을 사용하는 것에 의해서 암시적으로 X가 중요하지 않다고 평가되는 것이다. 이 책의 목적에 따라 소거를 정의하면 다음과 같다.

소거(erasure)는 삶의 한 영역이 중요하지 않거나 고려할만한 가치가 없는 것으로 여겨지는 사람들의 마음속 이야기이다.

소거 유형(erasure pattern)은 하나의 삶의 영역을 텍스트에서의 조직적인 부재, 배경화나 왜곡을 통해 삶에서 미미하고 상관없거나 중요하지 않은 것처럼 보이게 하는 언어적 표현이다.

물론 소거는 담화의 본질에 본래 내재된 것이다. 사회적 삶의 영역들을 표현하고 구성함에 있어 텍스트와 담화는 항상 불완전한 것이 사실이다. 그리고 세계의 다른 요소는 생략되는 반면 특정 요소는 포함되기도 한다. 소거의 개념은 분석가가 제외된 세계의 요소를 조사할 때, 그리고 이러한 요소들 중에 어떤 것이 중요한지 밝히고 그것이 의식으로부터 '소거'되는 중이라고 선언할 때, 또한 그것이 다시 고려되어야 한다고 주장할 때 유의미해진다. 이와 같이 '중요한 사실'이 무엇인지는 분석가의 목표와 관심에 달려있다고 할 수 있다.

에버릿과 노이(Everett & Neu, 2000: 18)는 생태학적 근대화 담화에서 나타나는 **사람**의 소거에 관심을 가지고 있다. 널리 알려진 이 담화에서는 환경 문제를 사회 구조의 어떠한 변화도 요구하지 않으며 기술의 혁신을 통해 해결될 수 있는 것처럼 표현한다. 피셔와 프루덴버그(Fisher & Freudenburg, 2001: 702)는 이에 대해 "이 논의의 핵심은 환경 문제가 더욱 발전된 기술과 산업화를 통해서 가장 잘 해결될 수 [있다는 것이다.]"라고 기술한다. 에버릿과 노이(Everett & Neu, 2000)는 생태학적 근대화 담화 안에서 '토착민과 가난한 사람들', '지역', '환경 자원의 불균형한 분포'가 소거되고, '생태와 사회적 관계 사이의 연계'가 소거된다는 사실을 다음과 같이 규명한다.

생태학적 근대화 담화의 '이데올로기적 효과'는, 이 담화가 비록 '급진적'이거나 '비판적인' 경향성을 지니고 있음에도 불구하고, 이 담화로 인해 생태적 영역과 사회적 영역의 교차 지점이 무시되며, 사회적 정의에 관한 화두가 효과적으로 소거되고 있다는 것이다. 다시 말해서 생태학적 근대화는 현상 유지에 관한 담화이다. (Everett & Neu, 2000: 5)

생태학적 근대화 담화에서 나타나는 사람과 사회적 정의의 화두에 대한 소거는 취약 계층에 대한 환경 정책에 잠재적으로 부정적인 영향을 줄 수 있다는 점에서 이 책의 생태철학에 위배된다. 북친(Bookchin, 1988)은 "사회의 핵심 가치를 제거한 생태학은 잔인한 학문으로 쉽게 변하게 된다."라고 기술한다. 만약 담화에서 사람과 사회적 관계가 소거된다면, 소비를 줄이려는 노력은 부자들의 과소비를 줄이게 하는 것보다는 가장 가난한 사람들의 소비를 훨씬 적게 하는 것을 강요하게 되고 만다. 이것은 가난한 사람들이 더 적은 자원을 소비하기 때문에 환경 파괴에 대한 책임이 비교적 크지 않음에도 이미 빈약한 소비 수준을 감축함에 따라 겪는 고통이 가장 크기 때문에 훨씬 더 부당한 것이다.

쉬레페그렐(Schleppegrell, 1997: 55)은 환경 담화 안에서 인간 주체의 소거를 초래하는 언어적 특징을 보다 구체적으로 분석한다. 그녀는 환경 교육 보고서에 나오는 다음의 예를 제시한다.

- 오염이나 서식지 훼손, 그리고 외래종의 유입과 같은 인간이 유발하는 환경의 변화는 자연의 회복탄력성을 한계점으로 밀어 넣는다. 이로 인해 인간의 시간대 내에서는 돌이킬 수 없는 환경의 파괴와 생물 다양성의 상실을 초래하게 될 것이다.

그녀는 이 예들을 다음과 같이 분석한다.

여기에서 환경 문제들은 인간이 유발하는 환경의 변화가 원인이 되는 것으로 제시되며, 이러한 문제의 예로 오염, 서식지 훼손 그리고 외래종의 유입 등이 제시되고 있다. 이러한 표현들은 추상화라고 할 수 있다. 추상화는 그 것들의 작용력을 표출하는 것을 억제하는 표현 방식인 명사화를 통해 언어적으로 실현된다. 그리고 명사화에는 이러한 문제들을 야기한다고 인정되는 행위자를 표현하는 것이 문장 형식에서 요구되지는 않는다.

특히 명사화는 효과적인 소거의 장치가 될 수 있다(명사화의 정확한 영향력은 논쟁의 주제이긴 하다. 이에 관해서는 마틴(Martin, 2008)을 참조). 페어클로(Fairclough, 2003: 114)는 다음과 같이 설명한다.

> '파괴(destruction)'와 '창조(creation)'는 … '명사화'된 것이다. '파괴'와 '사람들이 어떤 것들을 파괴하다' 사이에는 명백한 관련이 있다. … 이는 동사를 명사처럼 보이는 단어로 변환하고, 의미론적으로 독립되게 하는 과정을 거친 것이다. 명사화는 … 절(節) 안에서 참여자의 배제를 수반한다.

쉬레페그렐의 예에서 기저를 이루는 형식 'X가 Y를 오염시키다'와 'X가 Y를 훼손시키다'는 감춰지면서 단일한 명사들(오염과 훼손)로 표현된다. 이에 따라 X라는 행위자가 소거되는 것이 허용된다. 쉬레페그렐은 만약 생태적 파괴에 책임이 있는 핵심 행위자가 환경적 담화의 구조에서 소거된다면, 그 담화에서 제시하는 위험에 대한 해결책을 잘못된 수준에서 탐색할 수 있음을 우려한다. 예를 들어 캠페인은 생태적 파괴에 가장 큰 책임이 있는 기업과 정치 제도를 대상으로 삼기보다는 마치 불을 끄는 것처럼 작은 변화만을 만들 수 있는 사람들의 행위에만 초점을 맞추게 되고 만다.

버라디(Berardi, 2012: 19)는 **금융**(finance) 담화에 관심을 두었다. 그는 금융 담화가 점점 더 추상화되고 있으며, 현실 세계에서의 실재 재화와 서비스를 소거시켜 오고 있다는 점을 지적한다.

금융은 … 자본주의적인 산업화와 함께 시작된 추상화 과정의 정점이다. 금융 자본주의는 … 화폐의 기표(記標)를 그것이 지니고 있던 원래의 기능과 물리적 재화와의 관련에서 분리시킨다. 금융 기호는 돈을 물리적 사건과 육체노동의 생성적(generative) 개입 없이 [창조한다].

아이젠슈타인(Eisenstein, 2011)은 이와 유사한 논조로 "금융 경제는 실물 경제에 닻을 내리지 않게 되었고 그 자체로서 삶의 일부가 되었다. 월 스트리트(Wall Street)의 막대한 부는 어떤 물질적 생산과도 연결되지 않는다."라고 진술한다. 맥키번(McKibben, 2006: xxiii)은 "물리적 세계는 더 이상 경제적 세계만큼 우리에게 실재가 아니다. … 세상은 추상화되었고, 경제는 구체화되었다."라고 진술한다. 금융 담화는 '파생상품', '옵션', '선물(先物)', '지수', '상환거래', '주식' 그리고 '증권'을 현저하게 만드는 반면에, 그것에서 물리적 재화, 물리적 사건, 육체노동, 물질적 생산 그리고 지구를 소거했다. 버라디(Berardi, 2012: 52)에 따르면 그 결과는 다음과 같다. "디지털 금융의 초(超)추상화(hyperabstraction)는 지구에서의 살아 있는 신체와 노동자 집단의 사회화된 신체를 청산하고 있다."

존 버거(John Berger, 2009: 21)는 **동물의 소거**를 우려했다. 버거는 그의 유명한 에세이 <우리는 왜 동물을 관찰하는가?(Why look at animals?)>에서 "지난 2세기 동안 동물들은 점차 사라졌다. 오늘날 우리는 그들 없이 살고 있다."라고 진술하였다. 여기에는 의문점이 다소 존재한다. 버거가 이러한 진술을 표현했던 시기부터 심지어 오늘날까지, 동물들과의 상호작용은 자연 프로그램, 만화, 상품 로고, 박물관, 책, 봉제 완구 그리고 동물들의 우스운 몸짓과 관련한 수많은 비디오들을 담고 있는 소셜미디어의 영향을 받아 거리에서 점점 더 흔하게 나타나고 있다. 그러나 에이브람(Abram, 1996: 28)이 말한 것처럼, "우리는 문명화와 기술에 의해 지배받아 왔기 때문에 텔레비전에서 또는 동물원에서 길들여진 동물들을 통해서만 인간 이외의 자연과 의식적으로 마주할 뿐이다.".

칸(Kahn, 2001)은 야생 생물학 담화에 나타나는 동물들의 소거를 특히 염려했다. 그녀는 과학자들이 어떻게 언어를 사용하는지에 대해 다음과 같이 설명한다. 과학자들이 '살아 있는, 숨 쉬는, 지각 있는 존재를 닮은 무언가가 실험을 겪고 있는 중이라는 인식의 완전한 결핍', 즉 '과학자들은 다트 총과 데이터 시트로 무장하여 인간 외의 존재를 독립체가 아닌 것, 혹은 기껏해야 저급한 생명 정도로 여겨오도록 … 언어적으로 훈련을 받아 왔다는 것'이다(Kahn, 2001: 243). 이와 유사하게 듀르햄과 머스킨(Durham & Merskin, 2009: 245)은 동물 실험에서 "동물들이 기구(apparatus)의 조각과 부분으로 여겨질 때, 그러한 경향은 [그들의] 살아 있는 실재에 공감하기보다는 그것들을 추상적인 개념들로 간주하는 것이다."라고 지적했다. 생물 과학 담화에서 동물들은 부재를 통해서가 아니라 '객관화 및 분리(Kahn, 2001: 243)'를 통해 소거된다.

피어슨(Pierson, 2005)은 디스커버리 채널의 자연 방송 프로그램에서 발생하는 소거의 다른 형태에 대하여 설명한다. 동물들은 여기에서 물건으로 표현되지 않고, 자연 프로그램이 살아 있는 동물의 세계보다 인간 사회에 더 가까운 모습으로 의인화된다. 피어슨은 다음과 같이 기술한다.

동물계는 친밀한 가족들, 외부 갈등들, 치열한 경쟁들로 가득 찬 매우 극적인 영역으로 표현된다. 즉 디스커버리의 중산층 교외 시청자들이 거주하는 곳과 다르지 않은 세상이다. 대부분의 경우 동물계에 대한 이러한 표현들은 인간 세계에서 중심을 이루고 있는 사회적이자 문화적인 사회 계층의 개념을 강화하려는 경향이 있다. (Pierson, 2005: 771)

사회를 형성하는 데 영향력 있는 텍스트에 나타나는 동물과 자연의 소거는 매우 강력하다. 에이브람(Abram, 1996: 267)은 이와 관련하여 **"우리가 자연스럽게 현지 지구(the local earth)에 대해 반성하게 되는 것은 우리가 소유한 기호들 사이의 교류가 계속 증가하면서 좌절되었다."**라고 언급한다. 베이트(Bate, 2000: 245)는 자연으로부터의 소외를 생태 파괴와 연결한다. "자연으로부터의 점진적인 인류의 단절은 … 과학기술이 지구의 한정된 자원들을 황폐하게 만드는 것을 허가했거나, 적어도 방치했다." 분명 일상생활을 다루는 텍스트들로부터 체계적으로 소거되는 것들에 대해 사람들이 관심을 가지고 돌보기를 기대하는 것은 쉽지 않다.

소거에 대한 분석은 특정 텍스트의 특정 문장으로 시작한다. 그리고 현실에 존재하는 것과 표현될 수 있는 것, 배제될 수 있는 것에 대한 관찰로 이어진다. 배제는 단순하게는 언급되지 않는 것이다. 수동태, 환유, 명사화 및 하위어와 같은 언어적 장치도 소거에 관여한다. 단 텍스트에서 특정 문장보다는 텍스트 전체를 살피는 일이 중요하다. 특히 텍스트의 유형 가운데 소거의 특징이 드러난 언어적 유형이 존재하는지를 확인해야 한다. 소거 유형은 전부일 필요도, 또는 아무것도 아닐 필요도 없다. 소거는 정도성의 문제이기 때문이다. '중요한 사실'이 담화에서 거의 완전히 배제되는 강한 소거부터 담화에서 빈번하게 드러나지 않거나 배경화 혹은 왜곡된 형태로만 표현되는 약한 소거까지 존재한다.

이와 관련하여 소거의 다양한 유형을 검토할 필요가 있다. '중요한 사실'이 텍스트에서 완전히 배제되는 (a) **공백**(void), 소거되지만 왜곡된 버전으로 대체되는 (b) **위장**(mask), 그리고 부분적으로 소거되지만 여전히 존재하는 (c) **자취**(trace)가 그것이다. 이는 보드리야르(Baudrillard, 1994: 6)를 참고한 것인데, 그는 '심오한 실재에 대한 반영'의 표현이 나타난 '훌륭한 모습'이 '심오한 실재를 위장하고 변성시키는' 표현과 극명히 대조를 이룬다는 사실을 지적한 바 있다.

인간을 넘어선 세계에서 소거의 경우, '심오한 실재'는 동물, 식물, 강, 숲, 그리고 물리적 환경에 해당한다. 이 실재는 단어를 넘어서 존재하지만 언어를 통해 생생하고 구체적으로 표현될 수 있다. 그럼에도 그러한 표현은 완벽할 수 없는데, 이는 모든 언어가 언젠가는 소거될 수 있기 때문이다. '참나무(oak)'라는 단어에서 결코 나무껍질의 복잡한 유형과 바람에 움직이는 실제 나뭇잎들의 상세한 방식을 포착할 수는 없지만, 적어도 '생물의 구성 요소'라고 말하는 것보다는 생생한 표현이다. 이와 같은 생생한 표현으로 "이미지는 심오한 실재를 반영하는 것이다." 그러나 이 '심오한 실재' 역시 소거될 수 있는 많은 방식이 있다. 그 방식들 중 가장 명백한 모습은 이 책이 '공백'이라 칭하는, 텍스트에서의 완전한 부재를 통해 나타나는 것이다.

'공백'의 예는 인간의 경제에 생태학을 포함하도록 하는 데 실패했다고 빈번하게 비난받는 신고전주의 경제학 담화에서 발견된다(Williams & McNeill, 2005). 예를 들어 정규 교과서인 ≪미시 경제학(Microeconomics)≫ (ET2)에서는 554쪽에 이르는 동안 환경, 동물, 식물 또는 생태계의 의

존성과 인간의 경제 활동이 이들에게 끼치는 영향 등이 거의 언급되고 있지 않다. 다만 이에 대해 가끔 형식적으로 언급하는 부분과 '이른바 오염의 문제'라 불리는 것에 대한 간략한 논의가 있을 뿐이다 (2005: 491). 교과서에서 보여주고 있는 자연계의 소거에 대해 다음의 인용문을 살펴보자.

- 소비자가 구매하는 재화와 서비스가 느닷없이 간단하게 실현되지 않음을 지적하는 것은 거의 필요하지 않다. 그것들은 대규모로 생산되어야 한다. … 생산에 대한 핵심적인 사실은 너무나 명백하므로 거의 언급할 필요가 없다. 그것은 다양하게 이용되는 서비스를 산출물의 생산으로 분류하는 것을 포함한다. … 분명히 생산이 조직되는 방식은 중요한 사회적 측면과 정치적인 측면, 그리고 이에 더하여 경제적인 측면을 가지고 있다. (ET2: 169)

이 인용문에서는 '그것을 지적하는 것은 거의 필요하지 않다. … 핵심적인 사실은 … 명백하므로 … 거의 언급할 필요가 없다. … 분명히'와 같이 '사실성 환기(Potter, 1996)'가 매우 강하게 드러나 있다. 이 담화는 사회적 실재를 구성하는 역할을 하고 있다기보다는 단지 기존에 명백히 존재하고 있는 진리를 지적하고 있는 것처럼 보인다. 하지만 여기에는 이 사회를 구성하는 중요한 무엇인가가 누락되어 있다. 즉 재화는 이를 만들기 위해 무엇이 파괴되고 경작되며 황폐화되는지에 대한 언급 없이 '서비스'에 의해 생산되는 것처럼 기술되어 있다. 동물과 식물 그리고 생태계는 생산을 위해 사용되거나 생산에 의해 영향을 받는다. '생산'이란 용어는 'X가 Y를 생산하다'에서 명사화된 것인데, 심지어 이 구문의 동사 구조 속에는 Y를 만들기 위해 무엇을 파괴하는지도 포함되어 있지 않다. 그래서 명사화된 표현인 **생산**은 자취도

남기지 않고 자연계를 소거할 수 있다. 이 교과서에서는 생산 방식에 영향을 주는 중요한 측면에 관한 목록으로 '사회적인 측면과 정치적인 측면, 그리고 이에 더하여 경제적인 측면'을 제시한다. 이러한 소거에서는 생산에서의 생태적 측면이 전부 제외되어 있다. 삶의 기반이 되는 생태적 체제가 경제학 담화에서 소거된다면, 생태적 체제는 경제적 결정에서 고려 대상이 되지 못한다. 그리고 이는 자연계가 어떻게 다루어지고 이용되어야 하는지에 대해 큰 영향을 미친다.

≪거시경제학 교과서(The macroeconomics textbook)≫(ET6: 45)는 제과점의 사례를 통해 생산의 구체적인 예를 제시한다.

- 부엌과 부엌의 장비는 제과점의 자본이고, 빵을 만들기 위해 고용된 노동자는 제과점의 노동력이며, 빵 덩어리는 그것의 산출물이다. 제과점의 생산 기능은 명백하다. 생산되는 빵 덩어리의 개수는 장비의 양과 노동자의 수에 달려있다. … 장비와 노동자를 두 배로 늘리면 생산되는 빵의 양도 두 배가 된다.

교과서의 이러한 언급에는 빵에 사용되는 밀뿐만 아니라, 밀이 수확된 식물, 식물을 기르는 데 사용된 농약과 비료, 농작물을 수확하고 운송하는 데 이용되는 연료, 농작물에 물을 대는 데 사용된 물, 농사를 짓는 땅에 대한 어떠한 손상 또는 기타 어떤 환경적인 고려도 없다. 이들 모두가 소거되어 완전히 배제되어 있다. 같은 책(ET6: 47)에는 이를 '생산함수(production function, F)'라는 일반적인 방정식으로 공식화한다. 생산함수는 다음과 같이 정의된다.

• Y = F(K, L)에서 Y는 생산된 단위 수(회사의 산출물)이고, K는 사용된 기계의 수(자본의 양)이며, L은 회사의 고용자들이 일한 시간(노동의 양)이다. 만약 회사에 더 많은 기계가 있거나 고용자들이 더 많은 시간을 일한다면 회사는 산출물을 더 많이 생산한다.

제시된 방정식에는 천연자원을 의미하는 N이 전혀 없다. 윌리엄스와 맥네일(Williams & McNeil, 2005: 8)은 위의 텍스트가 단순히 예외적인 사례가 아님을 확인한 바 있다.

생산 과정에 투입물로 사용된 원자재, 그리고 기타 자연 환경에 의해 제공받았던 서비스는 모두 고려 사항에서 배제된다. 그러나 놀랍게도 그것들은 여전히 존재한다. 경제학을 배우는 1학년 학생들은 여전히 현재 널리 사용되는 거의 모든 교과서를 통해 기업들이 노동과 기계만을 사용하여 그들의 생산품을 제조한다고 가르침을 받고 있다!

보다 일반적으로 가르(Gare, 1996: 148)는 신고전주의 경제학이 어떻게 '의식 속에서 사실상 자연을 배제시키는지'에 대해 "경제의 흐름이 완전히 닫힌 체계 내에 있는 생산과 소비 사이의 순환 모형으로 표현된다."라고 기술한다. 케인즈 경제학도 더 나은 상황을 보여주지 않는다. 케인즈 경제학에서도 '의식 속에서 경제 성장으로 인한 환경적인 영향을 계속해서 배제하고 있고, 자본과 재생 불가능한 자원이 경제의 주변부로부터 세계 경제의 중심부로 흘러들어오는 방식을 지속적으로 언급하고 있기(Gare, 1996: 151)' 때문이다.

한편 생태경제학은 전통적인 경제학 담화에 대해 명백히 도전하는 학문 분야로 여겨진다. 다음은 교과서 ≪생태경제학: 원리와 응용(Ecological economics: principles and applications)≫(NE9)에 나오는 진술이다.

- [전통적 경제학]에서 자연과 환경이 전혀 고려되지 않는 한, 자연과 환경은 거시 경제의 일부나 분야로 간주된다. ⋯ 반면 생태경제학은 거시 경제를 더 포괄적이고 지속가능한 전체의 일부, 다시 말해 지구와 그것의 일부인 대기 및 생태계처럼 그려낸다. (NE9: 15)

생태경제학 담화는 '상기'를 시도한다. 이는 다음과 같은 진술들을 통해 동물, 식물 그리고 생태계를 다시 고려하도록 만드는 것이다.

- 우리는 아무것도 없는 데에서 무엇을 만들 수 없으므로, 인간의 모든 생산은 궁극적으로 자연이 제공하는 자원을 기반으로 해야 한다. (NE9: 67)

하지만 생태경제학은 여전히 경제학 담화를 기반으로 두고 있으며, 경제학을 생태학 틀 안에 위치시키려는 경향보다는 자연계를 경제학 틀 안으로 가져오려는 경향을 보인다. 다음은 이에 대한 전형적인 예시이다.

- 생태계의 구성 요소는 재고로서의 생물 자원과 무생물 자원(광물, 물, 나무, 기타 식물 그리고 동물)으로 이루어져 있다. 이들이 함께 결합될 때 생태계의 기능과 서비스는 작동한다. 지속불가능한 수준의 생물학적 재고의 사용은 이에 소요되는 자금은 물론 그것이 제공하는 서비스를 고갈시킨다. (NE9: 107)

'재고', '자원', '자금', '서비스' 그리고 '고갈'이라는 용어가 함께 결합함으로써 경제학 틀은 강력하게 활성화된다. '생태계', '생물', '무생물' 그리고 '생물학적'이라는 용어는 생태학 틀을 작동하게 한다. 하지만 경제학 틀이 우선시되는데, 이는 경제학의 단어들은 명사구의 중심 단어(head)로 구성되는 반면, 생태학 용어들은 선택적인 수식어 (modifiers)로 구성되기 때문이다(즉 생물 자원, 생태계 서비스, 생물학적 재고라는 표현에서 고딕 처리된 부분이 중심 단어이고 다른 부분들은 수식어이다). 사물의 재고를 다루는 것과 동일한 담화 방식으로 삶의 세계를 다루는 것은 의식, 상호작용과 같이 삶에 관한 특별한 무엇을 (의식 속에서) 제거한다. 이는 동물과 식물이 소거되고 그들을 왜곡된 모습(재고로서의 생물학적 자원)으로 대체하고 있다는 면에서 두 번째 유형의 소거인 '위장'이라고 할 수 있다.

자연계가 위장으로 소거되거나 다른 것으로 교체되는 경향이 드러나는 또 다른 담화는 **기업식 농업**(agribusiness), 그 가운데 특히 동물 제품 산업에 관한 것이다. 집약적인 농업과 그것을 정당화, 유지 및 구성하는 담화는 기업식 농업이 야기하는 부정적인 환경 영향의 규모 때문에 생태언어학에 있어 특히 흥미롭다(Appleby, 2008 참조). 글렌(Glenn, 2004: 72)은 동물들이 공장식 축산 농장에서 사육되는 가혹한 상황을 소비자의 마음에서 소거하기 위해 동물 제품 산업의 외부 담화에서 광고가 어떻게 사용되는지 설명한다.

> '말하는 동물들'이 등장하여 공장식 축산 시스템에서 동물들이 견뎌야 하는 잔혹한 과정을 거쳐 최종적으로 생산된 '제품'을 팔고 있는 광고의 표상은 ⋯ 이중의 담화적 목적을 지니고 있다. 첫 번째 목적은 제품을 파는 것이고, 두 번째 역할은 ⋯ 일반 동물의 희생을 사라지게 만드는 것이다.

여기서 '말하는 동물'은 동물 자신의 현실과 사육되는 상황을 소거하는 왜곡된 버전인 '위장'이다.

동물을 비인간적으로 다루고 환경적으로 파괴적인 시스템을 만들기 위해서 기업식 농업 담화는 살아 있는 존재로서의 동물을 소거하는 대신 독자들이 경제적 요인에 제한적으로 초점을 맞추게끔 해야 한다. 그 핵심 장치는 은유이다. 다음 제시된 1970년대의 두드러진 사례를 살펴보자.

- 암퇘지 사육은 소시지 기계처럼 아기 돼지를 만들어 내기 위한 기능을 지닌 기계의 가치 있는 한 부분으로 다루어져야만, 여겨져야만 한다. (Singer, 1990: 126에 실린 Walls Meat Company 매니저의 글)
- 만약 암퇘지가 돼지 생산 단위로 간주된다면 젖떼기를 통해 돼지의 분만을 유도하는 개선된 관리 기술은 더 많은 돼지들이 젖을 떼는 결과를 만들 것이다. (Singer, 1990: 126에 실린 미국 농무부의 글)

이러한 은유는 독자에게 돼지를 기계와 제조의 단위로 여기도록 유도한다. 포코니에와 터너(Fauconnier & Turner, 2003)는 이러한 현상을 개**념적 혼성**(conceptual blends)이라고 하였다. 돼지-기계 조합 또는 돼지-제조-단위 조합의 결과물은 살아 있는 존재로서의 실제 돼지를 소거하는 왜곡된 버전인 '위장'이다.

명시적 은유의 사용은 동물을 객관화하기 위한 하나의 방법이기도 하다. 하지만 다른 의미로 보다 미묘하게 본다면 이는 동물을 감정이 없는 대상으로 표현하도록 단어를 선택하는 방법이다. 다음 예는 기업식 농업 안내서에서 가져온 것이다.

- 대부분의 가축 경제에서 농업은 소과의 동물(특히 소), 양(면양 및 염소), 돼지를 포함한다. (AG2: 7)
- 현대 가금류 산업에서 생산자는 보통 최초의 종축을 소유하지 않는

다(즉 모체가 그들의 산업에 제공하는 것이다.). (AG3: 11)
* 가축은 오로지 육류 생산을 위해서만 이용된다. (AG2: 8)

여기에서 동물은 어머니가 아닌 '생산자'에 의해서, 태어난다기보다는 '생산된'다. 그리고 '사육용 동물' 또는 '가축'으로 불린다. '생산된'과 '가축'이라는 용어가 가장 빈번히 취급된 이래, 동물들을 객관화하는 이러한 용어의 선택은 동물을 살아 있는 존재보다는 사물로 분석되게끔 한다. 동물을 사물로 전환하는 또 다른 방법은 환유를 통한 것이다.

* 조지아에서 조지아 미국농무부는 붉은 고기 도축업의 현대화와 새로운 공장의 설립을 지원했다. (AG2: 48)
* 북미에서 7주 된 닭은 구이용 영계 또는 튀김용 영계로 분류되고, 14주 된 닭은 통구이용 영계로 분류된다. (AG3: 11)

이 예에서 환유는 첫 번째 예시에서는 '붉은 고기'로, 두 번째 예시에서는 조리 방법으로 동물을 나타내기 위해 사용된다. 이는 생명, 살아 숨 쉬는 동물을 사후의 신체가 사용된 제품으로 생각하게끔 혼란을 준다.

동물과 사물의 주요 차이점은 동물이 지성, 감정과 정신생활, 그리고 세상에서 그들 자신의 바람을 위해 목적을 추구하는 행동을 한다는 점이다. 동물을 사물로 표현하는 것은 살아 있는 존재로서의 동물을 소거하고 윤리적 고려의 대상에서 동물을 제외하는 것이다. 중요한 사실은 기업식 농업 담화가 암묵적으로 이것을 행하고 있다는 점이다. 거기에는 동물들이 지성, 감정 또는 정신생활을 하고 있음을 명백하게 부정하는 진술이 없다. 그런데 정신적인 삶을 사는 능동적인 존재로서의 동물을 담화에서 더욱 미묘하게 소거하는 방법은 타동성(transitivity) 유형에서 살펴볼 수 있다.

타동성은 절에서 기술되는 과정(processes)의 형식과 그러한 과정에서 참여자가 어떤 역할을 하는지와 관련된다(Halliday, 2004: 44). 물질적 과정(material processes)은 세계에서 무언가를 행하는 능동적인 과정인 반면, 정신적 과정(mental processes)은 누군가가 세상을 인지하기 위해 생각하고, 느끼거나 그들의 감각을 사용하는 과정이다. 물질적 과정에는 주요한 참여자가 둘이 있는데, 무언가를 능동적으로 행하는 행위자(Actor)와 행해진 무언가에 영향을 받는 경험자(Affected)이다. 정신적인 과정에서 가장 중요한 참여자는 감각 주체(Senser), 곧 생각하고 느끼며 보고 듣는 사람 또는 동물이다. 텍스트에서의 타동성 유형은 동물들이 무엇인가를 행하고, 생각하고 느끼며 그들 주변 세계를 감지하는 존재로서 능동적으로 표현되고 있는지를, 혹은 단순히 무엇인가가 행해지는 한낱 사물로 표현되어서 소거되는지를 밝히는 데 도움을 줄 수 있다.

가금업에 대한 기업식 농업 문서 AG3에 따르면, 조류는 '피를 흘리고', '죽고', '(영양을) 필요로 하고', '(알을) 생산하는' 등의 4가지 경우에만 행위자의 위치에 놓이게 된다. 즉 그들은 그렇게 많은 것을 하지 않는다. 조류는 감각 주체의 지위에 '절대로 위치하지 못한다.' 그들은 무엇이든 보고, 듣고, 느끼고, 생각하는 존재로 보이지 않는다. 다음 다섯 가지의 경우, 즉 생산자가 '조류를 구입하다'(11쪽), 생산자는 '포식자에게 조류를 노출시키지 않는다'(14쪽), 생물보안은 '조류를 격리[하고] 죽은 조류를 처분하는 것을 포함한다'(AG3: 16), 회사는 '조류를 … 산다'(33쪽), 회사는 '조류를 … 가공한다'(34쪽) 등에서 조류는 행위자가 그들에게 한 행동에 영향을 받는 존재인 경험자로 표현된다. 이러한 과정에서 행위자는 인간과 조류 사이의 직접적인 상호작용을 나타내는 것을 피하는 '생산자', '생물보안', '회사' 등으로 추상화된다.

조류는 '길러지고'(AG2: 7), '도살당하고'(AG2: 11), '저온 살균되고'(AG2: 14), '수용당하고'(AG2: 19), '운송되고', '죽임당하고 처리되며', '제거되고', '거꾸로 매달려지고', '족쇄에 채워지고', '증기에 노출되고', '물에 씻기고', '개별로 무게가 측정되고', '육안으로 검사가 이루어지고', '분류되고', '비닐봉지에 포장되고'(AG2: 20), '팔리는'(AG2: 21) 등을 비롯한 AG2의 다른 모든 경우에서 수동태의 사용으로 소거된 이름이 없는 동작주에 의해 그들에게 어떤 것이 행해지는 경험자인 참여자로 지칭된다. 이로 인해 이 표현들은 살아 있고 느끼며 감지하는 존재로서의 조류를 소거할 뿐만 아니라 조류에게 해를 입히는 인간도 소거해 버린다. 칸(Kahn, 2001: 242)은 "수동태 구조는 나쁜 행동 그 자체가 동작주를 대체하여 (즉 행위를 하는 사람과 연관시키지 않음으로써) 동작주는 사라지고, 겉으로는 인간의 개입과는 무관하게, 독립적으로 그 행동이 이루어진 것처럼 보이게 한다."라고 하였다.

일반적으로 기업식 농업 담화에서 살아 있는 존재로서의 동물을 소거하는 것은 농업 시스템의 설계와 운영에 있어 동물 복지에 대한 도덕적 고려를 제거할 가능성이 있다. 이는 두 가지 이유로 이 책의 생태철학에 어긋난다. 가장 직접적인 첫 번째 이유는 이러한 소거가 동물 자체의 참살이에 영향을 미친다는 것이다. 두 번째 이유는 동물을 도덕적으로 고려하지 않는 것은 환경 파괴적인 방식으로 육류를 대량 생산하는 고도의 집약적인 농업 기술로 이어질 수 있다는 점이다.

생태계 평가 언어에서의 소거

생태계 평가는 당연히 동물, 식물, 물리적 환경에 대한 모든 것이다. 처음에는 자연계를 소거하는 방법을 분석하는 것이 이상하게 보일 수 있지만, 소거는 전부/아무것도 없는 현상이 아니라 다양한 정도성으로 나타날 수 있다. 특히 중요한 것은 '자취(trace)'이다. 담화에서 자연계를 모호한 방식으로 표현할 때, 거기에는 생생한 이미지가 아니라 희미한 자취가 남는다. 이 절에서는 새롭게 부상하는 장르의 대표적인 생태계 평가 보고서 다섯 개를 검토하고자 한다. 생태계 평가 보고서는 생태계를 보호하고자 하는 정책 입안자에게 유용한 정보를 제공하기 위하여 생태계의 상태를 요약한다. 이 책에서 검토하고자 하는 보고서는 다음과 같다. <생태계와 인간의 참살이: 일반적인 통합(Ecosystems and human well-being: general synthesis)>(EA1; 부록 참조), <생태계와 인간의 참살이: 생물다양성 통합(Ecosystems and human well-being: biodiversity synthesis)>(EA2), <기후 변화가 생물다양성, 생태계, 생태계 서비스에 미치는 영향(Impacts of climate change on biodiversity, ecosystems and ecosystems services)>(EA3), <영국 국립 생태계 평가(UK national ecosystem assessment)>(EA4), <생태계와 생물다양성의 경제학(The economics of ecosystems and biodiversity)>(EA5).

이 보고서들은 과학자, 정책 입안자, 일반 대중이 인류가 직면한 주요 문제에 어떻게 대응할 것인지를 잠재적으로 형성하는 영향력 있는 담화를 대표하는 것이다. 이들에 대한 분석의 초점은 보고서의 담화에서 동물, 식물과 자연계가 소거되는 정도이다. 이것이 왜 중요한지를 이해하려면 다음 세 가지 보고서의 인용문을 살펴볼 필요가 있다.

- 모든 종류의 조류, 나비, 참나무, 너도밤나무, 자작나무와 같은 나무, 오소리, 수달, 바다표범과 같은 포유류는 … 문화적으로 중요한 의미를 지니고 있으며 … 대중적인 상상력에 의심할 여지없이 거대한 지배력을 갖는다. (EA4: 19)
- 생태계, 풍경, 종, 생물다양성의 다른 측면에서 가치를 인정하는 것은 … 때때로 보전과 지속가능한 사용을 보장하기에 충분하다. (EA5: 11)
- 궁극적으로 지구에서 생존하는 생물다양성의 수준은 실용적인 고려에 의해서뿐만 아니라 종의 본질적 가치에 대한 고려를 포함하는 윤리적인 우려가 상당히 영향을 끼칠 것이다. (EA1: 58)

즉 사람들이 자연계를 존중하고 윤리적 차원에서 자연계 그 자체를 가치 있게 여기는 마음이 깊다면 자연계 보전을 위해 노력할 가능성이 높다. 이에 따라 나비, 참나무, 오소리, 바다표범과 같은 다양하고 친숙한 종에 대해 애착을 느낄 수 있다. 그러므로 우리는 바깥을 향하는 생태학 담화가 사람들의 상상력을 사로잡고 윤리적 대응을 자극하는 방식으로 동물과 식물을 생생하게 표현함으로써 자연계에 대한 존중을 고무시키기 위한 노력을 할 것으로 기대할 수 있다.

이 절에서는 위의 인용문과 "생물다양성과 생태계도 본질적인 가치를 지닌다."(EA2)와 같은 명백한 진술에도 불구하고, 보고서의 담화는 동물, 식물과 자연계를 지워 사람들의 상상력이나 관심을 불러일으키지는 않을 희미한 자취로 바꾸어 놓는다는 사실에 대해 논의하고자 한다. 문제는 담화가 동물과 식물의 다양성으로 가득한 살아 있는 세계의 일부로서 인간을 표현하는지, 아니면 세계를 인간이 '자연 자본', '생물학적 재고', 나무 또는 '목재 입방 미터'에 의한 '생물량'으로만 둘러싸인 고립된 곳으로 그려내는가 하는 것이다.

보고서의 담화를 통해서 동물과 식물이 소거되는 수많은 언어적 방식을 기술하는 것과 가장 생생한 것부터 가장 모호한 것까지 소거의 체계를 기술하는 것은 가능하다. 자연에 대한 생생한 표현은 사진이다. 이는 새(EA5, EA4), 나비(EA4, EA2), 벌(EA4), 물고기(EA2), 나무(EA5, EA4), 하마(EA5) 등의 사진, 그리고 크레스와 반 리우엔(Kress & van Leeuwen)이 '요구' 사진(뷰어와 피사체의 관계를 요구하는 사진)이라 지칭하는 것에서와 같이 종종 동물이 뷰어를 바라보고 있는 것처럼 동물을 개인적 공간에 두고 촬영한 모든 동물 근접 촬영 사진들이다. 그들 이미지는 2차원적이고 정적이므로 (모든 표현들이 그렇듯이) 실재 동물과 나무의 일부 특징을 소거한다. 하지만 실제로는 개개의 동물과 식물에 대한 상세한 이미지를 계속해서 제공하여 뷰어의 마음속에 이미지를 직접 위치시킨다.

'참나무, 너도밤나무, 자작나무와 같은 나무, 오소리, 수달, 바다표범과 같은 포유류'(EA4: 19)라는 진술 또한 나무와 동물을 매우 생생하게 나타내고 있다. 이는 ('기본' 수준에서) 각각의 종을 구체적으로 상상할 수 있기 때문이다. 그러나 여전히, '자작나무'라는 단어가 실제 나무의 다양한 모양, 색, 향기, 형태의 복잡한 질감 등을 전달해 주지 못하기 때문에, (늘 그렇듯) 일부는 소거되어 있기는 하다. 이들 두 표현 형태(사진, 특정 종 이름)는 아주 적은 양의 소거를 보여주는 것인데, 이러한 방식은 실질적으로 문서에서는 극히 드물게 나타난다. 즉 동물, 식물, 자연계가 표현되는 대부분의 방식은 더욱 강한 소거가 이루어지고 있다.

그 첫 번째 형태는 상위어가 하위 종을 대체할 때 일어난다. '새'(EA4: 23), '포유류'(EA4: 23), '양서류'(EA2: 4), 그리고 '동물'(EA2: 11), '종'(EA3: 1), '동물상(動物相)'(EA4: 48), 그리고 '유기체'(EA2: 1) 등은 계속해서 덜 명시적이고 더 추상적인 의미를 지니게 된다. 특정 동물의 많은 특성을 떠올리게 하는 '오소리'로부터 모든 생명체 이외의 특성은 모두 소거해 버리는 '유기체'로 이행되는 것이다. 소거/추상화가 이루어지는 상위 표현으로 '생물다양성'(EA2: 1), '생물다양성의 요소'(EA2: 2), '종의 집합'(EA3: 1), '생태복잡성'(EA2: 2), 그리고 '생태계'(EA5: 7) 등은 이보다 더하다. 이들은 동물과 식물의 다양성을 한데 합치면서 이미 지화할 수 있는 개별 대상을 추상화의 명명 아래 깊게 파묻었음을 나타낸다.

'오소리', '포유류', '종', '유기체', '동물상', '생물다양성'과 같은 용어는 여전히 생명체 범주에 그 의미가 형성되어 있기에, 하위 관계 역시 해당 범주의 의미와 관련이 깊을 것으로 예상된다. 다시 말해서, '동물'의 하위어로서의 '오소리'는 동물이라는 의미가 내포되어 있다는 것이다. 그러나 페어클로(Fairclough, 2003: 130)에서 지적하였듯이, 텍스트는 그들 자신의 하위 관계를 '즉시적으로' 형성할 수도 있기 때문에 생명체는 무생물 대상의 공하위어가 되기도 한다. '수목, 물고기, 물, 그리고 다른 자원의 추출'(EA3: 2)이라는 표현은 수목, 물고기, 물을 '자원'이라는 상위어 범주, 즉 생명체와 무생물 자원을 모두 포함하는 범주 아래에 놓인 동등한 공하위어로 취급한다. 이것은 생명체의 특수성을 소거한다. 이들을 무생물과 같은 자원의 목록에 둠으로써 이들로부터 생명성을 빼앗는다. '토양, 공기, 물, 생물 자원'

(EA5: 10), '육상, 바다, 강물 자원'(EA4: 20), 그리고 '곡식, 어류, 목재와 같은 물품 무역'(EA1: 59)이라는 표현 역시 이와 유사한 기능을 갖는다. 심지어 생물다양성 역시 자원의 하나로 여겨지고 있는데, '생물다양성과 또 다른 생태 자원'(EA3: 1)이라는 표현에서 이를 알 수 있다. '우리의 생태 자원'(EA3: 1)이라는 표현에서 사용된 대명사 '우리'는 또 다른 생명의 형태가 우리와 지구를 공유하며 살아가는 그 자체의 권리를 지니고 있는 대상이라기보다는 그들을 인간의 소유물로 취급하게 만들어버린다. 생명체가 '자원'이 될 때, 그 함의는 그들을 사용하지 않는 것은 그들을 허비하는 것이기에 그들을 그 자신의 생명 자체로 살아가게끔 남겨두어야 한다기보다 반드시 사용해야 한다는 인식을 갖게 한다.

복합 명사구 '음식, 물, 목재, 섬유와 같은 공급 서비스'(EA2: 1)는 먼저 동물과 식물을 그저 '공급 서비스'와 공하위어로 간주하게 하여 소거한다. 다음으로 그들을 물질 명사(음식, 목재, 섬유)의 범주에 포함시켜 버린다. 그것들은 여전히 존재하지만 그저 자취만 남을 뿐이다. '물질화'의 과정은 아주 강한 소거의 형태이기에, 나무들은 '목재'(EA4: 7)가 되고, '연료 목재'(EA5: 17), '목재 입방 미터'(EA5: 12), 그리고 '목재 생물 자원'(EA4: 18)이 된다. 가장 강한 소거의 수준으로 '생물 자원 산업을 위해 … 매년 2천 7백만 톤을'(EA4: 38)이라는 표현도 나타난다. 나무, 식물, 동물이 물질 명사로 표현될 때, 그들은 소거되며 그저 용적 톤수로만 여겨질 뿐이다.

또 다른 물질화의 용어는 '자연 자본'이다. "숲과 살아 있는 산호초들은 자연 자본의 중요한 요소들이다."(EA5: 7)라는 표현은 구체적으로 상상할 수 있는 숲과 산호초의 모습으로 시작하는 것처럼 보인다. 하지만 이는 곧 상상 불가능한 물질 표현인 '자본'으로 바뀌며 결국 '자연 자본의 재고'(EA5: 7)로 취급되고 만다. EA5는 명시적으로 생태계의 경제에 관한 것이므로, 위와 같은 생태학적 경제학의 담화를 찾아볼 수 있는 일은 놀라운 것은 아니다. 그러나 또 다른 문서 역시 이와 유사한 표현들, 가령 "영국의 자연 자본의 가치는 충분히 실현되지 못했다."(EA4: 47), '자연 자본 자산'(EA2: 6), '자연 자본 선언'(EA6: 11), '생태계 자본 재고의 경영'(EA6: 31) 등이 나타나고 있다.

한편 동물과 식물이 생존하는 장소를 언급함으로써 동물과 식물의 자취를 포함하는 표현도 있다. '도시 녹지 공간 편의시설'(EA4: 51)은 '녹지 공간'의 '녹지'에 나타나는 약간의 자취로 나무와 식물을 포함한다. '삶과 물리적 환경'(EA4: 4)과 '환경 자원'(EA5: 20)이라는 용어는 동물과 식물이 그들 자신의 권리를 지키며 존재한다기보다는, 인간을 둘러싼 모두를 아우르는 환경의 일원으로서 살고 있음을 나타낸다. '생물계의 원시 거주지'(EA2: 2), '다양한 해저 거주지'(EA2: 8), '해양 거주지 유형'(EA4: 10)은 비록 야수가 존재하지 않더라도 필로와 윌버트(Philo & Wilbert, 2000)가 말한 '야생 공간'으로 여겨진다. 이와 유사하게 '계절에 따라 방목되는 범람원'(EA4: 23)은 단지 동물의 자취만 나타낼 뿐이다. "누가 거기에서 풀을 뜯어 먹겠는가? 거기에서 어떤 식물이 자라나고 있겠는가?"라는 의문이 제기될 수밖에 없다.

동물과 식물이 소거되는 또 다른 방식은 그들의 존재가 환유적으로 생태계 내에서 도움을 주는 것처럼 '꽃가루 매개자', '1차 생산자', '분주기' 또는 조금 더 생생한 표현으로 '꽃가루 매개 곤충'(EA4: 19)으로 표현되는 일이다. 물고기는 명사구에서 수식어의 자리를 차지함으로써 소거된다. 구체적으로 '어류 산업'(EA1: 103), '어류 재고'(EA1: 6),

'어업 기술'(EA4: 55), '어류 소비량'(EA1: 103), '어류 생산량'(EA1: 17) 등을 통해 알 수 있다. 이처럼 물고기가 다른 명사의 수식어가 될 때, 그들은 주변부로 밀려나고 해당 절은 무언가 다른 뜻을 지니게 된다. 더욱이 '어류 산업'(EA2: 5)이라는 표현에서는 더 강한 소거가 나타난다. 이는 물고기 그 자체는 단어의 형태(morphology)로만 남아있고, 거대한 상업의 일부라는 간접적 의미만 지니게 되는 것이다. 또한 '보통 수확된 어종'(EA2: 3) 혹은 '수확된 어류'(EA1: 15)라는 표현에서는 물고기가 은유적으로 소거된다. 이는 물고기가 동물로 취급받기보다는 곡식과 동등한 의미로 보이기 때문이다.

보고서에 나타난 전체적인 형태는 명백하다. 소거의 최상위 위계를 향한 시각적 삽화와 생생한 표현(예: 오소리, 참나무, 수달 등)이 있지만, 이들은 결코 흔치 않다. 보고서의 곳곳에서는 동물, 식물, 숲, 강과 바다, 심지어 보고서에 나오는 모든 것들을 소거하고 있다. 다섯 편의 보고서 가운데 넷은 인간이 자연계의 본질적 가치를 찾아서 이를 보호하도록 독려해야 함을 강조한다. 하지만 '생물 자원과 같은 생태계의 구성 요소'(EA3: 1)와 같은 표현은 단지 자연계의 희미한 자취만 함유할 뿐, 그 본질적 가치에 대한 힌트는 전혀 주지 못한다.

개러드(Garrard, 2012: 35)는 이러한 현상을 확인하는 데 도움이 되는 하이데거(Heidegger) 철학을 요약하여 제시하였다. 이는 일상 언어에 대한 그의 의심에 관한 것이다.

하이데거는 일상 대화를 경멸하였다. 그것은 일상 대화가 언어와 존재를 단순히 우리의 의지를 드러내는 도구처럼 보이게 만들기 때문이다. 즉 일회용 단어(disposable words)는 세상에 존재하는 일회적 가치를 지닌 사물과 대응된다. 설상가상으로 사물들이 그저 우리가 필요할 때 요청하는 하나의 자원처럼 인식될지도 모르며, 살아 있는 숲은 그저 (우리 주변의) 목재가 '쌓여있는 비축물'로만, 즉 더 이상 나무가 아니라 그저 쌓아둔 잡동사니로만 보일지도 모른다.

생태계 평가 보고서는 명백하게 하이데거가 말한 일상 언어에 아주 가깝게 쓰였다. 일상 언어는 보다 시적으로 쓰여서 동물과 식물이 소거되지 않고 그 자체로서 본질적 의미를 지니게 되는 그런 유형의 언어와 반대된다. 생태언어학적 분석의 핵심은 자연계가 생태계 평가 보고서와 같은 담화에서 소거되어왔음을 그저 지적하는 것뿐만 아니라, 그것이 어떻게 소거되어 왔는지 보이는 것이다. 소거의 보다 자세한 언어학적 장치에 관한 지식은 이들 담화에서 보인 소거를 극복하고 미래 보고서에서는 자연계를 보다 생생하게 표현할 책임이 있는 사람들을 도울 수 있을 것이다. 개러드(Garrad, 2012: 34)가 제시한 하이데거의 다음과 같은 관점은 우리가 눈여겨볼 필요가 있다.

> 책임 있는 사람은 어떤 대상이든 그것이 지닌 도구적 가치에 적합한 정체성과 의미를 찾아가는 데 주력하기보다는, 아무도 모방할 수 없는 방식으로 대상의 본질을 밝힐 암묵적 의무가 있다. 존재를 있는 그대로 드러내는 하나의 중요한 양식이자 존재의 제약 없는 표현이 바로 시(詩)이다.

◩ 참고문헌

Abram, D. 1996. *The spell of the sensuous: perception and language in a more-than-human world.* New York: Pantheon.

Appleby, M. 2008. Eating our future: the environmental impact of industrial animal agriculture. *World Society for the Protection of Animals.* Available from: http://www.animalmosaic.org/Images/Eating%20our%20Future_English_tcm46-28198.pdf [Accessed 22 January 2015].

Baker, P. and Ellece, S. 2011. *Key terms in discourse analysis.* New York: Continuum.

Barnet, B. 2003. The erasure of technology in cultural critique. *Fibreculture Journal* 1(1).

Bate, J. 2000. *The song of the earth.* Cambridge, MA: Harvard University Press.

Baudrillard, J. 1994. *Simulacra and simulation.* Ann Arbor, MI: University of Michigan Press.

Berardi, F. 2012. *The uprising: on Poetry and finance.* Los Angeles, CA: Semiotext(e).

Berger, J. 2009. *Why look at animals?* London: Penguin.

Bookchin, M. 1988. The population myth. *Green Perspectives,* 8.

Durham, D. and Merskin, D. 2009. Animals, agency and absence: a discourse analysis of institutional animal care and use committee meetings, in S. McFarland and R. Hediger (eds) *Animals and agency: an interdisciplinary exploration.* Leiden, Netherlands: Brill, pp. 229-50.

Eisenstein, C. 2011. *Sacred economics: money, gift, and society in the age of transition.* Berkeley, CA: Evolver Editions.

Everett, J. and Neu, D. 2000. Ecological modernization and the limits of environmental accounting? *Accounting Forum* 24(1): 5-29.

Fairclough, N. 2003. *Analysing discourse: textual analysis for social research.* London: Routledge.

Fauconnier, G. and Turner, M. 2003. *The way we think: conceptual blending and the mind's hidden complexities.* New York: Basic Books.

Ferber, A. 2007. Whiteness studies and the erasure of gender. *Sociology Compass* 1(1): 265-82.

Fisher, D. and Freudenburg, W. 2001. Ecological modernization and its critics: assessing the past and looking toward the future,. *Society & Natural Resources* 14(8): 701-9.

Frohmann, B. 1992. The power of images: a discourse analysis of the cognitive viewpoint. *Journal of Documentation* 48(4): 365-86.

Gare, A. 1996. *Nihilism inc.: environmental destruction and the metaphysics of sustainability.* Como, NSW: Eco-logical Press.

Garrard, G. 2012. *Ecocriticism.* 2nd ed. London: Routledge.

Glenn, C.B. 2004. Constructing consumables and consent: a critical analysis of factory farm industry discourse. *Journal of Communication Inquiry* 28(1): 63-81.

Halliday, M. 2004. *An introduction to functional grammar.* 3rd ed. London: Arnold.

Kahn, M. 2001. The passive voice of science: language abuse in the wildlife profession, in A. Fill and P. Mühlhäusler (eds) *The ecolinguistics reader: language, ecology, and environment.* London: Continuum, pp. 232-40.

Lutz, C. 1990. The erasure of women's writing in sociocultural anthropology. *American Ethnologist* 4: 611.

Mckibben, B. 2006. *The end of nature.* New York: Random House.

Martin, J. 2008. Incongruent and proud; de-vilifying 'nominalization'. *Discourse & Society* 19(6): 801-10.

Namaste, V. 2000. *Invisible lives: the erasure of transsexual and transgendered people.* Chicago, IL: University of Chicago Press.

Philo, C. and Wilbert, C. 2000. *Animal spaces, beastly places.* London: Routledge.

Pierson, D. 2005. 'Hey, they're just like us!': representations of the animal world in the Discovery Channel's nature programming. *journal of Popular Culture* 38(4): 698-712.

Potter, J. 1996. *Representing reality: discourse, rhetoric and social construction.* London: Sage.

Schleppegrell, M. 1997. Agency in environmental education. *Linguistics and Education* 9(1): 49-67.

Singer, P. 1990. *Animal liberation.* 2nd ed. London: Random House.

van Leeuwen, T. 2008. *Discourse and practice.* Oxford University Press.

Williams, J. and McNeill, J. 2005. *The current crisis in neoclassical economics and the case for an economic analysis based on sustainable development.* Rochester, NY: Social Science Research Network.

우리는 우리가 보고 느끼고 이해한 것, 혹은 사랑할 수 있거나 믿음을
가지고 있는 것에 관해서만 윤리적일 수 있다.

- 알도 레오폴드(Aldo Leopold, 1979: 214)

대부분의 환경적, 생태적, 자연적 글쓰기는 '장소'와 '주거'에 초점
을 맞추고 있다. 이는 지역 공동체와 환경에 대한 근원적인 느낌을
기술하는 것이다. 여기에는 많은 이유가 있는데, 참살이는 잘못된 소
비지상주의의 대안으로서 국지적 자연에서 보낸 시간에서 얻을 수
있기 때문이다. 즉 나눔과 같이 생태적으로 유익한 방식으로 사람들
의 욕구를 충족시킬 수 있는 지역 공동체를 만드는 것이다. 이것은
우리 주변에서 생동하는 세계에 대한 주의 깊은 관찰, 곧 다른 종과
환경에 대해 관심을 갖기 시작하는 일을 통해 얻을 수 있는 자연 체
계에 대한 직접적인 이해이다. 그러나 생태철학자 발 플럼우드(Val
Plumwood)는 장소에 대한 담화가 종종 몇 가지 중요한 사항을 소거하
고 있음을 지적한다. 그녀는 이에 대하여 '그림자 땅(Shadow lands)'이라
고 부르며 다음과 같이 설명한다.

주거에 대한 이상(理想)은 의식적으로 자아와 동일시되는 '공식적이고' 유일한 이상적인 장소를 지향하도록 우리의 장소에 대한 선호를 직접적으로 [북돋운다.] 반면, 물질적·생태적으로 도움이 되지만 잘 인식되지 않는 수많은 그림자 장소(shadow place)를 무시하게 한다. … 주거에 대한 생태학적 재개념화는 사회적 정의의 관점을 포함해야 하며, 우리가 좋아하고 동경하거나 보기에 좋은 것을 찾는 것뿐만 아니라 그림자 장소를 인식하는 것까지 나아갈 수 있어야 한다. 따라서 생태학적 사고는 … 반드시 … 좋은 (북쪽) 장소와 그림자 (남쪽) 장소가 어떻게 관련되어 있는지, 특히 남쪽의 장소가 그리 좋지 않기 때문에 북쪽의 장소가 확연하게 좋다고 느껴지는 것은 아닌지를 반영할 수 있어야 한다. (Plumwood, 2008)

플럼우드가 말하는 것은 상기(re-minding)이다. 그녀는 장소를 기반으로 한 생태적 글쓰기의 담화를 분석하면서 매우 중요한 사실이 소거되었음을 알아냈다. 그리고 이러한 사실에 주의를 환기하여 '그림자 장소'를 다시 생각해 볼 것을 요청하였다. 그러나 그녀는 '별로 좋지 않은' 남쪽을 사람들의 마음속에 직접적으로 가져오도록 생생히 묘사하지는 않는다. 플럼우드의 글에서 그림자 장소는 여전히 그림자 속에 남아 있다.

이와 전혀 다른 종류의 텍스트를 보자. 생태주의자 영화 협회(Ecologist Film Unit)는 다큐멘터리 ≪가죽의 지옥(Hell for leather)≫에서 그림자 장소를 부각시킨다(EN17). 이 다큐멘터리는 방글라데시의 무두질 공장이 낳은 오염과 이것이 지역 주민의 건강에 미친 영향을 생생하게 묘사하여 '값싼 가죽을 위해 필요한 충격적인 인적 비용'을 조망하고 있다. 공장에서 나오는 파랗게 오염된 물이 마을의 하수구로 흐르는 장면에서, 보이지 않는 내레이터는 다음과 같이 말한다.

● 무두질 공장에서 흘러나오는 처리되지 않은 폐기물이 하자리바그 주
  위에 고여 있는 하수구를 가득 채우고 있고, 그곳에서는 화학 약품의
  악취가 코를 찌른다. (EN17)

다큐멘터리에서는 이러한 오염으로 인한 지역 주민의 건강 문제를
피부가 손상된 한 여성의 팔을 근접 촬영한 영상을 제시함으로써 보
여준다. 다큐멘터리는 이와 같이 구체적이고 생생한 이미지를 나타
내는 **현저성 유형**(salience pattern)을 통해 시청자가 남쪽 사람들이 겪는
고통에 주목할 수 있도록 한다. 시청자가 이와 같은 텍스트에 자주
노출되면, 마음속에 있는 그림자 땅의 **현저성**(salience)이 증가할 수 있
다. 다시 말해서 그것들을 간과할 가능성이 줄어들게 된다.

한편 **상기**는 사람들로 하여금 주의를 다시 환기하기 위해 소거된
사실을 드러나게 하는 것이다. 즉 현상의 생생하고 구체적인 묘사를
통해 사람들의 마음속에 존재하는 현저성을 보다 직접적으로 드러나
게 하는 것이다. 이와 관련된 개념을 이 책의 목적에 따라 정리하면
아래와 같다.

● **상기**(re-minding) - 특정 텍스트나 담화에서 중요한 삶의 영역을 소거하
  는 것에 대해 주의를 환기하고 이를 다시 고려하고 기억하게 하도록
  요청하는 것
● **현저성**(salience) - 중요하거나 관심을 가질 가치가 있는 삶의 영역과 관
  련된 사람들의 마음속에 있는 이야기
● **현저성 유형**(salience patterns) - 구체적이고 특징적이며 생생한 묘사를
  통해 주의를 기울일 만한, 삶의 영역에 대한 언어적 혹은 시각적
  표현

현저성은 시각적 분석에서 자주 사용되는 개념이다. 크레스와 반 리우엔(Kress & van Leeuwen)은 현저성에 대해 '그 자체의 크기에서 비롯된 관심 요소, 전경 속 장소나 다른 요소들과 겹치는 부분, 색깔, 색조 값, 해상도와 각 특징들의 적절성 정도'로 설명한다(Kress & van Leeuwen, 2006: 210). 이러한 시각적 특징의 유형은 그림 속에서 하나로 어우러져 그림 속 특정 주체를 부각시킨다. 이와 동일한 방식으로 텍스트에서는 언어적 특징의 형태가 하나로 어우러져 특정 참여자를 두드러지게 드러내는 현저성 유형이 존재할 수 있다.

현저성 유형은 초점화(focus), 생동성(vitality), 추상화 수준(levels of abstraction), 타동성(transitivity), 은유(metaphor) 등을 포함한 다양한 언어적 특징을 분석하여 삶의 영역을 생생하고 구체적으로 나타내는 것이다. 이러한 유형이 담화에서 광범위하게 나타난다면, 개개인의 마음속이나 동일 문화 내의 다양한 사람들 마음속에 현저성을 구축할 수 있다. 이렇듯 분석가의 생태철학은 어떤 분야의 삶을 더 두드러지게 해야 하는지를 결정할 것이다. 이 책의 생태철학에 따라 이러한 분석에는 삶을 지탱하는 생태계가 포함되는데, 이 생태계는 우리의 의사결정 과정에서 단기적인 이익을 위해 빈번히 배제되었던 곳이다. 생태계, 즉 인간을 넘어선 국지적 세계는 사람들이 직접 경험을 할 수 있는 곳이다. 또한 자연 체계에 대한 인식과 참살이를 얻을 수 있으며, 국지적 공간에서의 과소비가 멀리 떨어진 공간의 생태 파괴로 이어질 수 있음을 이해할 수 있는 공간이기도 하다.

생태언어학은 주류 언어학 담화에서 삶이 의존하는 생태계의 소거를 환기하고 이를 고려하도록 요청한다는 점에서 본연적으로 상기의 형태를 갖고 있다. 생태언어학자들은 인간과 인간의 상호작용에서 언어의 역할에 중점을 두는 주류 언어학이 인간과 삶을 지탱하는 더 큰 생태계와의 상호작용을 소거했다는 점을 지적한다. 생태언어학자들은 독자의 마음속에서 자연계를 드러내는 방식을 구체적이고 명확하며 선명하게 표현하지 않으려는 경향성을 지니고 있다(이 책 또한 예외는 아니다). 그러나 데이비드 에이브람(David Abram)의 연구는 예외이다. 에이브람은 ≪오감을 만족하는 주문(呪文)(The spell of the sensuous)≫에서 인간을 넘어선 세계 안에 포함된 우리의 육체와 감각이 글과 기술의 추상화를 통해 어떻게 소거되었는지를 명확하게 설명한다. 다음은 그의 말이다.

> 추상화의 덩어리에 휩싸이면서 우리의 관심은 오직 우리 자신을 돌아볼 수 있게 하는, 인간이 만든 수많은 기술에 의해 최면에 걸렸다. 우리가 인간을 넘어선 감각과 감성의 매트릭스에서 육체적 천성을 잊어버리는 것은 너무 쉽다. (Abram, 1996: 22)

그는 우리가 이미 잊은 지 오래된 인간을 넘어선 세계로 주의를 집중시킬 수 있는 글쓰기가 필요하다고 지적한다.

> 이를 그저 문식성을 무시하는 문제이거나, 모든 글쓰기를 거부하는 문제의 차원으로 여겨서는 안 된다. 오히려 우리의 임무는 모든 힘을 다하여 인내심 있고 신중하게 글로 표현된 단어를 사용하고, 대지로 돌아가 언어를 다시 쓰는 것이다. 우리의 기술(craft)은 우리의 단어가 지닌 세속적인 이지(intelligence)의 싹에서 벗어나고, 그것을 대상 그 자체의 목소리에 응답할 수 있도록, 즉 봄 나뭇가지에서 초록빛으로 반짝이는 잎사귀 밖으로 해방시키는 것이다. … 우리가 마치 본토를 향해 헤엄쳐 가는 것처럼 높이 솟은 뿔을 지탱하는 사슴의 목덜미가 지닌 떨림과 접촉할 수 있는 구문, 또는 개미가 잔디에서 한 줌의 쌀을 뒤져서 끌고 갈 수 있는 구문을 찾아야 한다. (Abram, 1996: 274)

이 안에서는 글쓰기의 다른 형태가 요청되는데, 여기에는 인간을 넘어선 세계를 독자의 마음속으로 가져가는 현저성 유형이 존재한다. '나뭇가지', '잎사귀', '뿔', '사슴', '개미', '잔디'와 같이 자연에서 추출한 구체적이고 명확한 어휘 집합이 있다. 사슴의 목 근육의 특별함과 개미가 먹이를 찾아 헤매는 모습은 '동물상(動物相)', '생물 자원', '생태계 구성 요소' 등 환경 담화의 추상화에 맞서는 생생한 이미지를 만든다. 궁극적으로 사슴과 개미는 자신의 목적을 위해 세계에서 무언가를 하는 능동적인 존재로 표현된다. 이 모든 것들은 그것을 읽는 이의 마음속에 확고하고 선명한 이미지를 만들어서, 일상생활에서 만나는 수많은 텍스트에서 인간을 넘어선 세계에 대한 추상화와 소거에 대응하는 현저성 유형을 구축해 내고 있다.

에이브람은 그의 최근 저서인 《동물 되기(Becoming animal)》에서 '말하기의 새로운 방식, 지구와의 상호작용을 법으로 규정하는 것 … 오감을 자극하고 우리의 감각을 열게 하는 말하기 유형'을 제시하였다(Abram, 2010: 3). 그의 책은 '호기심을 끄는 생각들을 파악하고 실행하기 위해, 그것들이 경험적 세계 밖에서 더 이상 눈물을 흘리지 않도록 표현하기 위해 세심하게 묘사'(34)하고자 한다. 언어학적으로 이것은 여러 가지 방법으로 이루어지는데, 그중 흥미로운 형태가 환유(metonymy)이다.

> • 지금은 그들이 기억의 망상으로 사라지기 직전으로, 거대하거나 작은, 발굽이 있고 발톱이 있는, 뿔이 있는, 깃털이 있는, 밝은 털로 뒤덮인, 지느러미가 있는, 촉수가 있는 동물, 따개비류의 동물들 개체수가 꾸준히 줄어들고 있다. (Abram, 2010: 288)

여기에서 환유는 동물의 특징적 부분을 형용사로 바꾸어 동물 전체 부류를 나타내기 위해 사용되었다. 이것이 얼마나 생생한 것인지 이해하려면 WWF에서 발췌한, 보다 추상적인 다음의 설명과 비교하는 것이 유용하다.

- 전문가가 대략적으로 산출한 것에 따르면, 오늘날 종의 급격한 감소는 자연적인 멸종 속도보다 1천 배에서 많게는 1만 배 이상 높을 것으로 추정된다. 전문가들은 매년 모든 종의 0.01에서 0.1%가 멸종될 것으로 본다. (EN18)

차이점은 '발굽', '발톱', '뿔', '깃털', '털', '지느러미', '촉수', '따개비류' 등이 독자들의 마음속에 상상 가능한 틀(frame)을 만드는 데 반해, '종'과 '멸종률'이라는 표현은 추상적이라는 것이다. 레이코프(Lakoff, 2004)의 유명한 저서 ≪코끼리는 생각하지 마!(Don't think of an elephant!)≫의 요점은 '코끼리'라는 말을 들으면 코끼리의 이미지와 우리가 코끼리에 대해 알고 있던 모든 지식으로 구성된 틀을 만들어 낸다는 사실이다. 마찬가지로 '녹용'이라는 단어는 '사슴'이라는 틀을 촉발한다. 이는 '종'과 같은 단어가 불러일으킬 수 없는 구체적인 이미지이다. 또한 추상적인 표현인 '종'에 비해 '개체 수가 줄어들고 있다'라는 표현은 개개인들 자체에 초점을 두는 것이다.

일반적으로 설명이 더 추상적일수록 설명의 대상이 덜 두드러진다. 그러나 추상화가 그 자체로 문제가 있다고 할 수는 없다. 사실 추상화는 우리가 직면한 문제의 전체적이고 분산된 본질에 대응하는 데 필요한 도구이다. 문제는 개인의 구체적인 현실과 그들의 삶과 죽음 그리고 참살이를 간과하고 있는 추상화가 너무 많다는 것이다. 웬델 베리(Wendell Berry)가 지적했듯이 우리는 '유기체'와 같은 용어의 추상화를 극복하는 글쓰기 방식이 필요하다(Foltz, 2013: 21).

　　우리는 잘못된 언어를 사용하고 있다. … 우리는 사람들이 우리에게 세
　상을 '구하라'고 요청하는 것에 대해 진정으로 염려하고 있다. 그들이 구
　하기를 원하는 세상의 언어는 '생태계', '유기체', '환경', '구조' 등이 완전
　히 평범하고 힘없는 집합체로 구성되어 있다. 해체되고 훼손된 세상을 이
　전과 같은 언어를 통해 구할 수 있을 것이라는 기대는 온당하지 않다.

　　신체화된 인지 이론(embodied cognitive theory)(Johnson, 1987; Lakoff & Johnson,
1999; Lakoff & Wehling, 2012)에 따르면, 의미는 신체에 기반하고, 실제적
혹은 잠재적 신체 경험과 관련된 용어는 추상적인 용어에 비해 이미
지와 감정을 불러일으킬 수 있는 힘이 더 크다. 세계를 '해체하고 훼
손하지 않는' 새로운 형태의 언어를 찾으려면 신체적 경험을 불러일
으키는 용어의 사용이 필수적으로 요구된다. 이와 관련하여 레이코
프와 웰링(Lakoff & Wehling, 2012: 42)은 다음과 같이 설명하였다.

　　환경이라는 단어는 추상적인 범주이다. 그것을 들을 때 마음에 떠오르는 명
　확한 이미지가 없다. 그러나 숲, 토양, 물, 공기, 하늘이라는 단어는 그렇지 않다.
　이 단어들은 명확한 이미지를 떠올릴 수 있다. 우리는 모두 하늘을 본 적이 있
　고, 물을 만졌던 경험이 있으며, 숨을 쉬고 숲을 걸었던 경험이 있다.

에이브람(Abram, 1996: 268)은 이에 대해 보다 유창하게 표현하였다.

　　지구는 … 보편적 원리와 일반화된 법칙을 지닌 고정 불변의 행성으로
　서 우리의 감각에 스스로를 드러내는 것이 아니라, 물로 둘러싸인 숲으로
　이루어진 영토와 바람이 불어오는 대초원, 사막의 침묵으로서 우리의 감
　각에 스스로를 드러낸다.

레이코프와 웰링(Lakoff & Wehling, 2012: 41)은 구체화와 추상화의 가능 범위 내에서 대상을 가장 잘 상상하게 하는 특정한 수준, 즉 '기본 수준(basic level)'이 어떻게 존재하는지를 중요하게 설명한다.

> 단어는 … 기본 수준일 때 우리 마음에 가장 강력한 영향을 미친다. … 기본 수준의 단어는 우리 마음속 이미지를 활성화시킨다. 예컨대 기본 수준의 단어인 의자는 의자의 이미지를 불러일으키고, 일반적이거나 더 상위 수준의 단어인 가구는 특정 이미지를 불러일으키지 않는다. 기본 수준의 단어는 음성 이해의 일부로 우리 뇌의 작동 도구를 활성화시킨다. 예를 들어 **고양이**라는 단어는 고양이를 쓰다듬는 것과 같이 그들과의 원형 상호 작용과 관련이 있는 작동 도구를 불러일으킨다. **동물**이라는 단어는 그러한 작동 도구를 활성화시키지는 않는다. 즉 기본 수준의 개념은 신체와의 관계와 의미의 측면이 통합되는 방식 때문에 의사소통에서 가장 강력하고 효과적인 방법이 되는 것이다.

따라서 '포유류', '동물', '유기체', '동물상'과 같은 상위어는 더 추상적이고 상상하기 어려운 반면, '오랑우탄'과 같은 단어는 명확하고 현저한 이미지를 나타낸다. 이처럼 기본 수준의 표현은 현저성을 획득하고 있다. 또한 기본 수준보다 구체적인 설명이 반드시 더 명확하지도 않다. 예컨대 '수마트라 오랑우탄'이나 '보르네오 오랑우탄'이라는 용어에 '오랑우탄'보다 더 생생한 이미지를 떠올릴 수 있는 전문적인 지식을 지닌 사람은 거의 없다.

추상화의 한 가지 중요한 형태는 **비인격화**(impersonalisation)이다. 페어클로(Fairclough, 2003: 150)는 다음과 같이 기술한다.

비인격화의 표현은 … 사회적 행위자를 비인격체로 표현할 수 있고, 사람들로부터 초점을 멀게 만들 수도 있으며, … 그들을 조직체의 구조와 과정의 한 요소와 같이 도구적으로 또는 구조적으로 간주하게 한다. 비인격화에 대한 강한 반대는 명명(naming), 즉 개인을 이름으로 표현하는 것이다.

이는 분명히 인간에 초점을 맞추고 있는 설명이지만, 동물 또한 조직체의 구조와 과정의 요소로서 도구적으로 표현될 수 있다. ≪돼지고기 제조업 안내서(Pork industry handbook)≫(AG1)에서 돼지를 인격적으로 대하기보다는 조직체에서 특정 역할로 의미화되는 수식어와 함께 표현되는 방식이 그 예이다. '보육 돼지', '사육 돼지', '분만 돼지', '식용 돼지', '비육 돼지', '이월된 암돼지', '선별된 암돼지', '식료품 수돼지', '도살된 수돼지'(AG1: 146, 6, 83, 12, 123)와 같은 표현이 그것이다. 또한 돼지는 그들을 각각이 아닌 무리로 여기는 표현을 통해 비인격화된다. 돼지의 죽음이 '도살된 수' 대신 '도살된 양'(AG1: 141)으로 기술되는 것이 그 예이다. 이러한 비인격화의 형태는 동물에게 매우 낮은 현저성을 부여하여 환경을 훼손하고 비인간적인 농장 체계를 정당화하는 데에 잠재적인 영향을 끼친다.

반면에 우리가 지금과 다르고 생태적으로 덜 파괴적인 형태의 농장으로 바꾼다면, 우리는 언어의 매우 다른 형태를 보게 될 것이다. 다음은 웨일즈에 기반을 둔 방목한 돼지고기 생산자 하모니 허드 (Harmony Herd)의 사례이다.

- 우리에게는 품바와 장난꾸러기인 나이젤 등 두 마리의 수돼지가 있다. 품바는 순한 거인이고, 귀를 긁어주는 것을 좋아하지만, 그와 그의 음식 사이에는 가면 안 된다! 나이젤은 약간 수줍음을 타지만 그의 부인에게는 그렇지 않다! (AG4)

여기에서 돼지는 개인(individual)으로 명명됨으로써 높은 현저성을 부여받는다. 이는 의인화에 의한 것이기는 하지만, 생의 유일한 기능이 죽어가는 것으로 묘사되는 '도태된 돼지'가 아니라 '나이젤'이라고 불리는 존재로서 **인격화된**(personalised) 것이다. 적어도 이러한 표현은 돼지를 나쁘게 대하는 것을 상상하기 무척 어렵게 한다.

명명화(naming)는 개인이 더 큰 집단이나 무리와 구분되지 않는 양상인 **동질화**(homogenisation)와 달리 개인이 독특하고 대신할 수 없는 것으로 표현되는 **개인화**(individualisation)의 한 방법이다. 위의 인용문에서 수퇘지들은 종이나 품종의 일반적인 특성보다 그들 자신의 개인적 특성(순한, 수줍음을 타는)과 좋아하는 것(귀를 긁어주는 것을 좋아하다)을 기술하는 것으로 개인화되었다. 이와 대조적으로 동질화된 언어를 보여주는 예는 돼지의 특정 품종이 지닌 일반적인 신체적 특성을 설명하는 영국 돼지 등록 협회(British Pig Association)에서 다음과 같이 볼 수 있다.

- 글로스터셔 올드 스팟(Gloucestershire Old Spot)은 폭이 넓고 깊은 몸통과 큰 넓적다리를 가진 크고 육질이 풍부한 동물이다. 하얀 가죽에 크고 선명한 검은 반점이 있다. (AG5)

이 설명에서 명확하고 불명확한 규정의 조합인 'X는 Y이다'는 설명된 신체적 특성이 모든 품종에 적용되므로 개인을 마치 동일한 것처럼 다루고 있다. 동질화된 언어는 독특한 존재로서 개인의 현저성을 줄이고, 대신 동등한 것들 가운데 하나로서 그들을 표현한다. 글로스터셔 올드 스팟은 언제나 대체될 수 있지만, 나이젤과 품바는 결코 그럴 수 없을 것이다.

찰스 아이젠슈타인(Charles Eisenstein)은 그의 저서 ≪신성한 경제학(Sacred economics)≫에서 동질화가 어떠한 문화적 경향성을 지니고 있는지 탐구한다. 동질화란 주택, 소유물, 동물, 식물, 사람들이 그 자체로 가치를 가지는 것이 아니라 대체 가능한 기능의 단위로 간주되는 방식을 말한다.

> 대량 생산, 표준화된 상품, 비슷비슷한 집들, 동일한 음식 포장, 기관 직원과의 익명의 관계는 모두 세계의 독창성을 부인한다. (Eisenstein, 2011: xvi)

아이젠슈타인은 우리가 대상과 살아 있는 존재의 유일함과 가치를 보기 시작하지 않는다면, 우리는 그들을 신경 쓰지 않을 것이며 궁극적으로는 그들을 파괴할 것이라고 설명한다. 그는 '신성한'이라는 단어를 활용하여 고유한 것의 가치를 설명한다.

> 그리고 신성한 것은 무엇인가? ⋯ 신성한 대상이나 존재는 특별하고 독특하며 단 하나뿐인 것이다. 그러므로 대단히 소중하며 대체될 수 없다. (Eisenstein, 2011: xv)

개개인, 동물, 식물, 숲, 강의 현저성을 높이는 언어적 표현은 동질화의 경향에 저항하는 데 도움이 될 수 있다. 그것은 아이젠슈타인이 쓴 단어, '신성함'의 의미에서 형성되고 있다.

다음의 예에서 '가디언(The Guardian)'의 칼럼리스트 조지 몬비오(George Monbiot)는 생물다양성의 상쇄(다른 지역에 새로운 자연 환경을 조성함으로써 한 지역의 자연 파괴를 보상하려는 시도)에 대해 논쟁하기 위해 특별한 현저성의 형태를 사용한다. 그는 개발자들에 의해 위협받고 있는 고대 삼림 지대의 한 가지 사례를 언급한다.

- 셰필드 외곽에는 약 8백 년 전에 커크스테드 수도원(Kirkstead Abbey)의 수도승들이 철을 제련할 숯을 만들기 위해 사용했던 목재소가 있다. … 휴게소를 지으려고 한 회사가 … 스미시 우드(Smithy Wood)를 대체하기 위해 '6만 그루의 나무를 … 16헥타르에 가까운 현지 땅에 심었다.' 수세기 동안 사람들이 가꾸어온 구부러지고 갈라지고 가지치기된 참나무를 누가 보호하는가, 고속도로 진입로 옆에 어린 나무를 심어 토끼를 보호하는 것은 누구인가? … 그러나 이것은 이미 진행되고 있다. 모든 것은 대신할 수 있고, 그 자체를 위해 가치 있는 것은 아무 것도 없을 것이며, 장소와 과거, 사랑과 황홀감은 의미가 없을 것이다. … 자연에서 비용을 산출하는 것은 그것이 고유의 가치가 없다는 것, 우리에게 서비스를 행할 때에만 보호받을 만하다는 것, 대체가 가능하다는 것을 말해 준다. (EN24)

몬비오는 여기에 일련의 대조를 만든다. 한쪽에는 동질성을 나타내는 용어의 집합이 존재한다. 자연은 '대신할 수 있는', '의미가 없는', '고유의 가치가 없는', '대체가 가능한' 것으로 간주되는 것이다. 이러한 견해는 간접적으로 생물다양성의 상쇄를 제안하는 것에 해당된다. 따라서 상쇄의 표현은 낮은 개인성을 지니고 있다. 그것은 이름도 없고 그저 '6만 그루의 나무'일 뿐이다. 각 나무는 특정 종이라기보다는 '어린 나무'이고, 어디에나 있을 수 있는 일반적인 '고속도로 진입로 옆'에 있는 장소에 존재한다. 이에 반해 대체하려는 고대 삼림 지역에는 특정 이름(스미시 우드)이 있고, 나무는 특정 종(참나무)이다. 뿐만 아니라 세 개의 형용사(구부러지고, 갈라지고, 가지치기된)로 설명되어 있고, 특별한 장소(셰필드 외곽)에 위치해 있으며, 특정 역사(수도승들이 사용했다)가 있다. 이 모든 것은 스미시 우드가 대체 불가능하다는 것을 보여준다. 그것은 의미와 고유의 가치를 지니며 대체할 수 없는 것이라는 의미를 나타낸다.

이러한 개인화를 통해 몬비오는 스미시 우드를 (주목할 만하고 신경을 쓸 만한 것으로 다루어) 매우 현저하게 만드는 언어의 유형을 구성한다. 반면에 그는 생물다양성을 상쇄하자는 제안의 현저성은 감소시킨다. 그의 작업은 스미시 우드에 관한 것이 아니라, 생물다양성을 상쇄하는 것과 자연에 대한 경제적인 가치 판단 일반에 관한 것에 초점이 놓여 있다. 그는 나무에 대해 높은 현저성을 부여함으로써 단순히 추상적인 말로 안내하는 것보다 훨씬 더 선명하게 논증해 내고 있다.

인격화와 개인화 이외에도 문장 절의 참여자를 전경화(foregrounding)하는 것을 통해 현저성이 구축될 수 있다. 반 리우엔(van Leeuwen, 2008: 33)은 언어 사용 상황에서 **능동화**(activation)에 의해 사람(또는 다른 종(種)의 구성원들)을 어떤 방식으로 전경화할 수 있는지에 대해 설명한다.

> **능동화**(activation)는 사회적 행위자가 행위에 능동적이고 역동적인 영향을 주는 것으로 표현될 때 발생한다. 반면 **수동화**(passivation)는 행위자들이 행위를 '받고 있는' 것이거나 '행위를 받는 쪽이 된 존재'로 표현될 때 발생한다. [능동화]는 … 사회적 행위자를 물질적 과정의 행위자로, 행동적 과정의 행동자로, 정신적 과정의 감각 주체로, 언어적 과정의 화자로, 관계적 과정의 관여자로 능동화시키는 타동성 구조에 의해 … 실현될 수 있다. [능동화되었을 때] 문제의 사회적 행위자는 아주 확실하게 전경화된다.

참여자는 어떤 행동이 주어지는 것으로 표현될 때보다 그들이 어떤 것에 대해 행동하고 생각하며 느끼거나 말하는 것으로 표현될 때 능동성을 부여받는다. 8장에서는 가금업에서 닭이 어떤 행동이 주어지는 참여자로써, 매우 낮은 능동화의 형태로 표현되고 있다는 것을 논의했다. 기업식 농업의 안내서(AG3: 20)에서는 닭들을 '거꾸로 매달려진', '족쇄에 채워진', '증기에 노출된', '물에 씻기는' 그리고 '개별로 무게가 측정되는'과 같이 수동태로 표현하고 있음이 확인된다. 흥미롭게도 동물의 권리 장전에서는 종종 이와 유사한 소거 유형이 확인되는데, 테스터(Tester, 1991: 196)가 동물 권리 운동에서 "동물은 무엇인가가 행해지는 대상에 지나지 않는다."라고까지 주장할 정도이다. 이러한 유형의 예는 동물들의 윤리적인 대우를 바라는 사람들(People for the Ethical Treatment of Animals; PETA)의 웹사이트에서 다음과 같이 나타난다.

- 미국에서는 7십억 마리 이상의 닭이 해마다 고기를 얻기 위해 '도축당하고', 4억 5천 2백만 마리의 암탉이 알을 얻기 위해 이용당하고 있다. … 도축장에서 그들의 다리는 족쇄에 의해 속박되며, 그들의 목은 잘리고, 그들은 펄펄 끓는 뜨거운 물에 담기게 된다. (EN19, 연구자 강조)

여기에서 사용되는 모든 동사는 닭을 경험자로 보는 수동형으로, 기업식 농업의 안내서에 쓰인 것과 매우 유사한 형태를 보인다. 이러한 형태의 표현은 산업적인 농업 체제에서 동물들이 다루어지는 방식을 두드러지게 하는 데에는 유용하다. 그러나 동물을 살아 숨 쉬고 있으며 목적이나 목표 그리고 정신적 삶을 가진 존재로서 존중하는 것이 필수적이라고 인식하게끔 장려하지는 않는다.

하지만 수동적인 표현은 동물 권리 단체들이 사용하는 유일한 언어적인 유형은 아니다. PETA는 같은 텍스트상에서 다음과 같이 서술한다.

- 닭은 고양이, 개 심지어 어떤 영장류만큼이나 영리한 포유류이며, 호기심이 많고 흥미로운 동물이다. 그들은 매우 사교적이며 그들의 하루를 함께 보내기를 원하고, 음식을 긁어모으고, 흙 목욕으로 닦아내고, 나무에 앉고, 햇볕에 드러눕는다. (EN19, 연구자 강조)

이 인용문에서 닭은 모든 동사에서 주체의 위치에 있다. 그들은 '긁어모으다', '닭아내다', '앉다', 그리고 '드러눕다'라는 물질적 과정의 행위자이다. 이러한 행위의 표현은 그들이 자신의 삶을 그들 자신의 목적을 위해 주도하고 있다는 점을 보여준다. 그들은 '원하다'와 같은 정신적 과정의 감각 주체로서 정신적인 삶을 가진 존재로 표현된다. 이는 '호기심이 많은', '영리한'이라는 형용사에 의해 더욱 강조된다.

또 다른 동물 복지 단체인 세계가축애호협회(Compassion in World Farming; CIWF)도 유사한 언어적 특징을 사용한다(EN20).

> • [닭]은 곤충과 씨앗을 찾으려고 땅을 긁으면서, 그들의 하루를 자연스럽게 음식을 모으기 위해 보낼 것이다. 어린 수탉이 음식을 찾으면, 그는 아마 그것을 먹기 위해 높은 음으로 꼬꼬댁거리며 그 음식을 집어 들거나 떨어뜨리거나 하면서 암탉을 부를 것이다. 이러한 행동은 또한 어미 닭들이 병아리를 부르는 경우에서도 관찰할 수 있다. (EN20, 연구자 강조)

여기에도 역시 닭들은 다양한 물질적 과정의 행위자이다. 그들은 정신적 과정인 '찾다'의 감각 주체이고, 언어적 과정인 '꼬꼬댁거리다'와 '부르다'의 화자이다. 이는 닭에 대하여 그들을 둘러싼 주변 세계에 능동적으로 관여하는 존재, 정신적 삶을 영위하는 존재, 그리고 서로 의사소통을 하는 존재와 같이 표현한 것이다. 닭을 능동화하는 언어적 유형은 그들을 전경화하고 독자의 마음속에서 현저성을 증가시킨다. 이를 통해 그들이 중요하며 고려할 가치가 있다고 이야기한다.

(이 책의 생태철학에 기반을 둘 때) 우리의 바람은 가축에 대한 현저성이 문화 전반에 걸쳐 사람들의 마음속에서 증가하여, 기업식 농업에

서 동물들을 보다 인도적으로 다루도록 하라는 압력을 늘리는 것이다. 이것은 동물들 자신의 참살이를 위해서도 중요하지만, 또한 환경적인 파괴를 야기하는 공장식 농업에 대한 의존도를 줄이는 데에도 도움을 줄 수 있다.

다양한 텍스트에서 현저성 유형은 언어를 통해서 구성될 뿐만 아니라, 문자들에 수반되는 시각적 이미지를 통해서도 구성된다. 시각적 이미지는 현저성을 구성하거나 감소하게 하는 특별히 강력한 방식이다. 그것은 시각적 이미지가 그 장면 안에 뷰어를 배치하고, 그들이 특정한 시야와 관점(문자 그대로의 의미로, 은유적으로도)을 통해 대상을 살피게 만들기 때문이다. 그림 9.1부터 9.7은 마틴 우스본(Martin Usborne)이 촬영한 사진으로, 세계가축애호협회에서 찾은 이미지들이다. 그리고 이 이미지들은 현저성이 사진 미디어를 통해 어떻게 형성될 수 있는지를 분명히 보여준다.

그림 9.1은 네덜란드의 집약형 소 사육장의 이미지로, 매우 낮은 현저성을 지닌 송아지가 나타나 있다. 사진에서 아주 많은 동물들이 묘사되지만 어떤 방식으로든 눈에 띄는 개인들로 표현된 동물은 없다. 송아지는 어떤 일에도 능동적으로 참여하지 않고, 뷰어를 쳐다보지도 않는다. 획일적으로 이어지는 동물의 우리를 멀리 뒤쪽에서 계속 바라보게 하는 길고 좁은 시점은 개성보다는 동일성을 표현하고 있다. 뷰어는 피사체가 무기력하다고 느껴지게 하는 높은 카메라의 각도를 통해 송아지를 내려다본다. 이는 기업식 농업에서 송아지가 어떻게 개념화되는가를 분명히 보여주는 사례로, 송아지는 본질적인 가치를 지닌 독특한 개인의 존재보다는 '가축'과 같은 **무리**로 개념화된다.

[그림 9.1] 네덜란드 송아지 농장 ©CIWF/마틴 우스본

[그림 9.2] 네덜란드 송아지 농장의 송아지 ©CIWF/마틴 우스본

이와 대조적으로 그림 9.2는 이러한 기업식 농업의 체제 속에서 곤경에 빠진 하나의 개인으로서의 동물을 강조한다. 하얀 송아지는 (a) 사진에 찍힌 유일한 동물이고 (b) 더 어두운 배경과 대조되며 (c) 얼굴이 근접 촬영되었고 (d) 중앙에 위치하며 그리고 (e) 뷰어를 응시하고 있다는 것을 통해 높은 현저성이 부여된다. 크레스와 반 리우엔은 피사체의 눈이 뷰어의 눈과 마주하는 사진을 '요구 사진(demand picture)'이라고 부른다. 사진이 뷰어와 피사체 사이의 관계 형성을 요구하고, 그 과정에서 피사체의 현저성이 높아지도록 만들기 때문이다. 송아지는 단지 어떤 일도 하지 않는 것이 아니라(피동적으로 표현된 것이 아니라), 그의 머리 위에 있는 봉에 의해 속박당하여 어떤 일도 할 수 없는 것처럼 보인다.

[그림 9.3] 고기로 만들기 위해 집약 사육을 하는 닭 ©CIWF/마틴 우스본

그림 9.3인 집약형 양계장의 이미지는 그것이 닭 무리의 낮은 현저성과, 그 무리 안에서 발견되는 개인으로서 한 마리 닭의 높은 현저성을 함께 포함하고 있기 때문에 주목할 만하다. 이 사진은 개인으로서의 한 마리 닭과, 양계장에 함께 밀집되어 있어 구별하기 힘든 많은 닭들을 묘사하면서 이러한 의미를 성취한다. 이는 닭 무리들이 카메라의 초점에서 벗어나 있는 것으로 보이는 반면, 현저성이 부여되는 개인으로서의 닭은 한 마리이기 때문이다. 이 현저성은 개인으로서의 닭에 초점을 선명하게 맞추고, 닭을 중앙에 위치시키고, 그 닭의 눈이 그 닭의 뷰어를 쳐다보고 있으며, 그 닭의 부리가 무엇인가를 부르는 것처럼 열려 있는 것(즉 화자의 역할을 하는 것)을 통해 형성된다.

그림 9.1, 9.2 그리고 9.3의 이와 같은 이미지들은 동물들에 대한 피동적인 묘사이다. 이는 그 사진들이 동물들을 그들 자신의 삶을 주도

하는 능동적인 역할을 하는 것으로 보여주기보다는 그들에게 어떤 일이 주어지는 것(즉 경험자의 역할을 하는 것)으로 보여주기 때문이다. 이 사진들은 농산업에 의해 동물이 물건처럼 다루어졌던 방식을 두드러지게 하는 면에서는 중요하지만, 동물들이 자신들의 목적을 위해 자신들의 삶을 살게 하지는 않는다.

[그림 9.4] 벌판의 하일랜드 소 ©CIWF/마틴 우스본

하지만 그림 9.4는 이들과 매우 다르다. 이 사진의 이미지는 동물들을 거대한 산업 과정에서의 대체 가능한 부품, 혹은 고통 받고 있거나 무력한 존재처럼 보여주지 않고, 매우 능동적이고 현저하게 드러난 개인으로 보여준다. 산악지대의 왼쪽에 있는 소는 마치 카메라를 향해 나아가는 것처럼 앞쪽으로 몸을 기울이고 있으며, 이것을 아래에서부터의 낮은 각도에서 사진으로 찍음으로써 힘이 느껴지게 하는

한편, 두 마리의 송아지는 움직이는 자세를 취하고 있다. 사진의 배경에는 동물들을 속박하는 어떤 인공적인 구조물도 포함되어 있지 않아, 그들이 그들 자신이 소유한 힘에 따라 자유롭다는 것을 보여준다.

[그림 9.5] 알을 낳는 암탉 ©CIWF/마틴 우스본

그림 9.5의 이미지는 개인으로서의 암탉을 카메라로 근접시켜 몸이 프레임에 큰 부분을 차지하도록 묘사함으로써(즉 근접 촬영을 함으로써), 그리고 관계를 형성하기 위해 암탉의 눈이 뷰어를 응시하게 함으로써 높은 현저성을 구성한다. 크레스와 반 리우엔(Kress & van Leeuwen, 2006: 124)이 지적하고 있듯이, 근접 촬영은 피사체와 뷰어를 더 친밀한 관계로 묘사하게 한다. 카메라의 각도는 정면으로 되어 있으며, 이는 그들의 관계가 동등하다는 것을 느끼게 한다.

[그림 9.6] 먹이를 채집하는 돼지 ©CIWF/마틴 우스본

[그림 9.7] 진흙탕 속 돼지 ©CIWF/마틴 우스본

두 마리의 돼지가 있는 그림 9.6과 9.7은 프레임 안에 동물만이 존재하고, 그 존재에 카메라의 초점을 맞춤으로써, 상대적으로 뷰어가 동물을 정면으로 향하는 각도를 통해서, 그리고 그 동물이 사진의 프레임에 중요한 부분을 차지하는 것을 통해 현저성이 부여된다. 또한 이 둘은 능동적인 역할을 하고 있는 존재로 표현됨으로써 현저성을 부여받는다. 그림 9.6의 돼지는 식사라는 물질적 과정의 행위자 역할을 하는 반면 그림 9.7에 있는 돼지의 얼굴 표정은 그녀가 휴식이라는 정신적 과정에서 감각 주체의 역할을 하고 있음을 느끼게 한다.

이와 같이 일반적으로 사진에서는 동물들에게 높거나 낮은 현저성을 부여하기 위해 다양한 시각적 기술을 활용할 수 있다. 동물들이 공장식 농장 체계에서 **집단적으로** 고통을 받고 있음을 보여주는 낮은 현저성의 사진은 동물들이 어떻게 사육되고 있는지를 강조하는 데 유용하다. 반면 높은 현저성의 이미지들은 동물들을 정신적 삶을 지닌 개인으로 존중하고, 동물을 그들이 소유한 목적을 위해 능동적으로 삶에 종사하는 존재로 여기도록 장려할 수 있다.

신자연수필에서의 현저성

이 절에서는 신자연수필에서 동물, 식물 그리고 인간을 넘어선 세계에 현저성을 부여하기 위해 일반적으로 사용하는 언어의 유형을 살필 것이다. 인간을 넘어선 세계를 현저하게 만드는 것은 이 책의 생태철학에 비추어 볼 때 매우 중요한데, 이는 다음 몇 가지의 이유에 기인한다. 첫째, 생태철학은 모든 종의 참살이를 고려하며, 만일 오직 인간만이 문화적 현저성을 지닌다면 다른 종들의 요구는 간과될 것이다. 둘째, 인간의 지속적인 생존과 참살이는 더 거대한 삶의 체계와의 상호 관계성에 의존한다. 이러한 삶의 체계는 현저해지는 것이 필요하며, 그래서 어떤 결정을 내릴 때 인간이 그들에게 영향을 준다는 것을 고려해야 한다. 셋째, 정신적 건강과 참살이는 사람이 자연과 상호작용할 때 이룰 수 있다. 이러한 관계는 엄청난 양의 소비를 요구하지 않으면서도 깊은 만족감을 준다. 이에 대해 캐슬린 제이미(Kathleen Jamie)는 "그리고 우리가 시도할 때 (그것을 향해 밖으로 나아갈 때), 우리는 자본주의라는 기계의 작은 톱니바퀴가 아니며, 그것은 저항과 재생을 의미하는 가장 단순한 행위이다(Crown, 2012)."라고 발언했다. 넷째, 자연의 체계는 지속가능성의 모형을 제공한다. 인간이 없는 경우에도 자연의 체계는 생산적이며, 단지 햇빛과 생물지구화학적 순환(biogeochemical cycles)의 투입만을 필요로 하면서, 쓰레기를 전혀 발생시키지 않는다. 인간을 넘어선 세계에 대한 직접적인 상호작용과 관찰은 이와 유사한 방식을 따르려 하는 인간 사회에서 필요로 하는 모형인 자연 체계에 대한 이해를 얻는 데 도움을 준다. 홀(Hall, 2014: 302)은 다음과 같이 진술한다.

> 많은 사람들이 물질적인 재화를 얻기 위한 불안한 탐색에 대항하여, 길들여진 동물이나 야생 동물과의 상호작용에서 깊은 만족감을 찾는다. … 다른 살아 있는 생명체와 연결되고 싶다는 우리의 갈망이 충족될 때, 소비에 대한 굶주림은 줄어들고, 우리는 깊고 온전한 소속감과 자연계와의 조화를 얻는다. 그리고 이것은 지속가능성의 조건 중 하나일 뿐만 아니라 목표이기도 하다.

이 절에서는 광범위한 영역에 적용할 수 있는 특정한 언어적 방식을 보여주는 것을 목표로, 신자연수필의 텍스트에서 독자들의 마음속에 자연계에 대한 현저성을 구축하기 위해 어떤 방식으로 언어를 사용하는지를 검토할 것이다. 이 방식은 생태계 평가 보고서, 생물 교과서나 자선 운동 담화에서 동물과 식물이 단지 자원의 재고, 자동화 기계나 고통 받는 객체가 아니라, 그들은 중요하며 그들이 소유한 권리는 주목할 가치가 있다는 것을 표현하는 데 도움을 줄 것이다.

영국 문파인 신자연수필을 분석 대상으로 고른 이유는 릴리(Lilley, 2013: 18)의 기술에서 확인할 수 있다. 릴리는 이 장르의 작품을 살피는 이유에 대해 '매일의 일상에서 숨겨진 세부 요소들을 끄집어내는 데 중점을 두고, 간과되고 늘 그렇게 하던 것들을 분명히 살펴보기 위해서, 인간과 인간이 아닌 것들 사이의 차이점에서 연관성을 보기 위해서'라고 기술한다. 여기에서 검토한 신자연수필 작품은 짐 크럼리(Jim Crumley)의 《브라더 네이처(Brother nature)》(NW1), 윌리엄 피엔느(William Fiennes)의 《흰기러기(The snow geese)》(NW2), 캐슬린 제이미(Kathleen Jamie)의 《발견(Findings)》(NW3), 올리비아 랭(Olivia Laing)의 《강으로: 수면 아래로의 여행(To the river: a journey beneath the surface)》(NW4), 리처드 마비(Richard Mabey)의 《자연 치유(Nature cure)》(NW5), 로버트 맥파레인(Robert Macfarlane)의 《야생(The wild place)》(NW6) 그리고 에스더 울프슨(Esther Woolfson)의 《숨겨진 도시에서의 현장 기록: 도시의 자연 일기(Field notes from a hidden city: an urban nature diary)》(NW7)이다.

시작점은 찌르레기(starlings)에 대한 표현이다. 이민자와 같은 찌르레기는 종종 영국의 타블로이드 신문에서 냉대를 당한다. '데일리 메일(Daily Mail)'은 다음과 같이 보도했다.

● 막다른 골목은 2만 마리 이상의 찌르레기 무리에게 습격을 받은 이후 조류의 배설물로 흠뻑 젖어 있다. 알프레드 히치콕(Alfred Hitchcock)의 스릴러 영화 ≪새≫의 한 장면처럼, 거대한 찌르레기 떼가 밤을 위해 먹이와 쉴 곳을 준비하는 동안에 그들은 새벽과 황혼녘 하늘을 새카맣게 뒤덮는다. (ML8)

'무리'와 '떼'라는 용어는 새를 하나의 집단으로 나타냄으로써 각 개체가 지닌 특징을 축소시키고, '습격을 받은'이라는 말은 이 집단에 대한 부정적 평가를 부여한다. 에스더 울프슨은 ≪숨겨진 도시에서의 현장 기록: 도시의 자연 일기≫에서 한 마리의 찌르레기에 초점을 맞추고, 찌르레기에게 이름을 붙여 주는 등, 찌르레기에게 가능한 한 최대의 특징을 부여함으로써 이런 종류의 표현에 반박한다. 그녀는 다음과 같이 쓰고 있다.

● 내가 개인적으로 알고 있던 찌르레기는 맥스(Max)였다. … 나는 그의 천성, 저녁 무렵 홀로 비행할 때의 흠잡을 데 없는 사랑스러움, 특별한 아름다움, 금빛으로 빛나는 깃털, 그가 비행하는 동안 날개의 말쑥함 … 을 생각한다. (NW7: 55)

특정 조류의 일반적인 특징 목록보다 개개의 특징을 묘사함으로써, 울프슨은 대체 가능한 대상보다는 독특한 대상으로 그를 표현한다. 그녀는 이 개인화를 더 큰 무리에 다시 적용하여, 집단보다는 개별의 무리로 찌르레기를 바라보도록 독자를 부추긴다.

● … 내가 그를 알게 된 후, 나는 맥스의 경우가 그랬던 것처럼 그들 각각을 이해하였고, 소용돌이치는 찌르레기 떼를 통해 매일 저녁을 새롭게 보게 되었다. 그들의 움직임의 황홀한 조화, 길게 이어진 조류

떼 선회의 뛰어나고 탁월한 아름다움과 그들의 개성에 대해 알게 되면서 나의 놀라움은 커졌다. (NW7: 55-56)

찌르레기는 배설물로 인한 성가신 존재가 아니라 독립된 개체로 두드러지게 되며, '황홀한', '탁월한', '아름다움' 등의 용어를 통해 긍정적으로 평가된다.

신자연수필에서 개별 동물의 명명화가 흔한 것은 아니지만 동물에게 대명사 '그', '그녀', '그의', '그녀의' 등을 사용하는 것은 일반적이며, 대명사 '그것'보다는 더 인격화된 방식으로 그들을 표현함으로써 그들에게 현저성을 부여한다. 다음의 예를 보자.

- 언젠가 나는 나의 숲에서 암컷 문자크(muntjac deer)와 얼굴을 맞댄 적이 있다. … 우리는 10피트 정도 떨어진 거리에서 서로를 응시했다. 나는 그녀의 커다란 눈을 들여다보았고, 그녀의 굽은 등과 아래로 향한 꼬리를 바라보았다. … 그녀는 나의 눈을 바라보았다. (NW5: 21)
- 그녀 [회색 곰]은 분홍바늘꽃(fireweed)의 맨 윗부분 위로 머리를 들어 올리고, 코를 벌름거리며 응시했다. … 우리는 서로를 주시하였다. 나는 그녀가 어떤 생각을 하는지 알 수 없었다. 나는 그녀를 존중했다. (NW1: 6)
- 그가 무엇이었든지, 새는 아름다웠다. 그의 새로 자란 깃털은 옅은 자줏빛과 짙은 감색이었고, 그의 날개 끝 쪽으로 검정색 가는 줄에 음영이 져 있으며, 그의 눈은 광채가 나고 무언가를 주시하고 있다. (NW7: 7)

이 세 가지 예는 '응시하기', '바라보기', '주시하기', '생각하기' 등의 정신적 과정의 참여자로서 동물을 감각 주체로 보고 있다는 사실을 내포한다. 이는 동물을 능동적으로 만들고 의식이 있는 존재로 그들을 전경화하면서 현저성을 부여한다.

동물은 목적이 있는 활동과 관련된 물질적 과정의 행위자로 표현됨으로써 빈번하게 활성화된다. 마비(Mabey)는 한 단락에서 조류가 행위자로서 지니는 (하나를 제외한) 물질적 과정의 모두를, 곧 솔개의 비행을 설명하기 위해 14개의 과정을 사용한다.

> * 그 다음에 그들 [솔개]는 들어 올려 근육을 수축하고 날아오른다. … 그들은 나를 향해 미끄러지듯 온다. 서두르지 않고, 그저 바람을 타고, 소용돌이를 미끄러지듯 가로지른다. 그들이 가까이 다가왔다. … 그들은 마을을 넘어, 그들을 이동하게 해 주는 돌풍을 타고 오두막을 넘어 깔끔하게 나아간다. … 호를 그리며 울타리를 가로지른다. … 나는 그들 중 바람 속을 선회하는 한 마리를 아주 가까이서 보았다. 날개를 들어올리고 … 공기를 모아, 날개를 접었다. (NW5: 114)

다른 문맥에서, 마비(Mabey, 2008)는 다음과 같이 밝혔다.

> 우리의 언어, 우리의 구문, 우리를 넘어선 세계와 관련한 우리의 모든 용어는 점령(occupation)에 관한 것이다. … 우리는 … 자율성과 데이비드 에이브람(David Abram)이 '인간을 넘어선 세계'라고 부르는 의제를 존중하는 … '탈식민주의'를 지향해 나가야 한다.

마비는 조류를 행위자로 나타내는 구문을 사용하여, 조류의 자율성과 의제를 생생하게 나타냄으로써 조류가 행위자임을 드러내고 있다.

대부분의 경우, 동식물은 가장 선명한 이미지를 전달하는 기본 수준에서 언급된다. 신자연수필가가 접하는 다양한 동물은 송골매, 물수리, 댕기물떼새, 두루미, 연어, 큰까마귀, 왜가리, 뱁새, 흰눈썹뜸부기, 밍크 고래, 흰기러기, 흰머리독수리, 캐나다 기러기, 회색 곰, 오소리, 솔개, 쥐, 나이팅게일, 까치, 비버, 큰 백조, 수달, 검독수리, 칼새, 종달새, 산토끼, 사슴, 참새 등이다. '포유류', '파충류', '동물상', '유기체'와 같은 추상어는 종종 신자연수필에서 쓰이는데, 그것은 신자연수필이 과학과 개인적 관찰을 혼합하는 다중 발화 장르이기 때문이다. 그러나 더 구체적이고 선명한 기본 수준의 용어가 가장 많이 사용된다. 미국에서 회색 곰을 맞닥뜨리는 것과 같은 일부를 제외하고는, 대부분의 경우 동식물은 독자들이 일상생활에서 우연히 마주치는 보편적인 존재로 묘사된다. 작가는 자신의 글쓰기에서 동물과 식물에게 현저성을 부여함으로써, 독자들이 일상에서 접할 수 있는 자연계에 세심한 주의를 기울이는 방법을 만든다.

신자연수필에서 현저성을 만들어 내는 장치로 흔히 찾을 수 있는 또 다른 언어적 특징은 **감각 이미지**(sense image)이다. 이 책의 목적을 고려할 때, 감각 이미지는 외부의 개체로 하여금 어떻게 감각에 영향을 미치게 하는지에 대한 개념으로 정의될 수 있다. 이는 무엇, 누구에 대한 객관적인 묘사라기보다는 보이고, 들리고, 냄새를 맡게 되고, 만져지거나 맛이 느껴지는 등의 주관적인 묘사이다. 감각 이미지는 작가가 묘사한 장면에 독자가 있다는 것을 상상해 보게 하고, 작가가 보고 있는 것을 보여줌으로써 묘사되고 있는 것을 두드러지게 한다.

팀 잉골드(Tim Ingold, 2011: 72)는 알래스카에 사는 코유콘(Koyoukon) 부족의 언어가 어떻게 동물의 행동을 특징적으로 보거나 들을 수 있도록 표현하는지에 대해 다음과 같이 설명하였다.

> 또한 동물은 특징적인 행동 형태나 이동 특징으로 구별되는데, 동물에 대한 인식은 이러한 행동이 지속되는지를 보거나 듣는 것을 통해 이루어

진다. 따라서 알래스카의 코유콘에 대한 훌륭한 묘사인, 리처드 넬슨 (Richard Nelson)의 ≪까마귀에게 기도를(Make Prayers to the Raven)≫(1983)에 제시된 몇 장의 그림을 통해, 당신은 그저 여우가 아닌 '덤불에 난 불의 섬광과 같은 기다란 줄', 그리고 그저 부엉이가 아닌 '가문비나무의 낮은 가지에 걸터앉아 있기'를 볼 수 있다. … 동물의 이름은 명사가 아닌 동사이다.

영어에서 동물의 이름을 이와 같은 감각 이미지로 바꾸는 것은 불가능할지도 모르는데, 신자연수필가들은 동물과 식물에 대해 보이는 대로 묘사함으로써 이와 유사한 효과를 생산해 내고 있다. 예를 들어, 맥파레인은 NW6(33쪽)에서 "물에서 움직이는 물개가 있다." 대신 "나는 물에서 물개가 움직이는 모양을 알아볼 수 있다."라고 썼다. 이는 자신을 관찰자의 위치에 두고, 그의 감각을 통해 세상에 상호작용적으로 개입한다. 이와 유사하게, 아래의 인용문에서 피엔느는 관찰 가능한 모습으로 새를 표현한다.

- 사슴은 그루터기 가장자리를 따라 뛰어다니고 기러기들은 곡식밭에서 그들의 둥지로 돌아간다. 낮은 태양 위 기러기의 자취. (NW2: 93)
- 까마귀들이 밤나무, 뽕나무, 라임을 장악했다. 나무들이 벌거벗을 때 당신은 나뭇가지에 짚으로 둥지를 지은 부엉이와 꼭대기에 걸터앉아 있는 까만 까마귀의 모습을 볼 수 있다. (NW2: 8)

'낮은 태양 위 기러기의 자취'와 '꼭대기에 걸터앉아 있는 까마귀의 모습'이라는 표현은 인간을 넘어선 세계가 스스로를 인간 관찰자에게 드러내고 있다는 사실을 보여준다. '당신은 짚으로 둥지를 지은 부엉이와 까만 까마귀의 모습을 볼 수 있다'에서 대명사 '당신'은 독자를 그 풍경 속에 직접 위치시키며, 독자로 하여금 둥지와 까마귀의 모습을 상상하도록 부추긴다.

캐슬린 제이미도 이와 비슷하게 동사 '보다'와 대명사 '당신'을 사용하여 감각 이미지를 만들어낸다. 여기서 독자는 매(鷹)의 주의 깊은 관찰자에 위치한다.

● [한 쌍의 송골매] 그녀는 더 크고 더 짙은 갈색이다. 그의 등은 비온 뒤 슬레이트 지붕의 색이다. 머리를 돌릴 때 당신이 보는 것은 그들의 하얀 뺨이다. (NW3: 30)

'보다' 혹은 '관찰하다'와 같은 직접적인 감각 동사의 사용만큼, 그 감각 이미지를 보다 강화해 줄 수 있도록 빛과 결합한 동사의 어휘 집합도 사용된다. 아래는 이에 대한 예문들이다.

● 호수의 저편에 나무들은 거무스름한 녹색으로 비쳐지고 있다. (NW4: 29)
● 여섯 마리의 캐나다 기러기가 우리를 지나쳐 영국 황태자 궁궐을 향해 나아가고, 그들의 까만 목, 하얀 턱, 엷은 엉덩이는 허공에 대조되어 분명히 보인다. (NW2: 198)
● 그는 [송골매] 안락한 고리로 날아들었고, 햇빛이 그의 아랫배를 비췄을 때, 그들은 잔잔하게 일렁이는 시카모어와 같이 엷은 줄무늬 모양이었다. (NW3: 30)

위 예들은 새 혹은 나무를 보고 있는 관찰자를 명시적으로 언급하지는 않지만, '비쳐지다', '보인다', '햇빛이 비추다' 등의 표현은 이미지를 보고 있는 시선을 넌지시 말하고 있다.

[그림 9.8] ≪발견≫의 표지 ©소트 오브 북스(NW3)

위의 세 번째 예문은 제이미의 책 ≪발견≫에서 인용한 것인데, 이
는 이 책의 표지(그림 9.8)와 매우 흡사한 이미지를 전달하고 있다. 표

지의 송골매는 동적인 비행의 모습으로 그려져 있는데, 표지에서 중심 위치를 차지하고 단색의 파란 하늘과 대조되면서 현저성을 드러내고 있다. 이 그림은 매우 높은 포토리얼리즘[34]을 지니고 있으며, 현실에서 실제로 볼 법한 장면으로서 관찰자는 땅에 있고 새를 올려다보고 있다. 텍스트의 감각 이미지와 표지의 시각 이미지의 조합은 자연계의 관찰에 가까운 형태와 매우 높은 수준의 현저성을 만들고 있다.

현저성을 만들 수 있는 또 다른 장치로서 신자연수필에서 널리 사용되고 있는 방법은 직유(simile)이다. 아래 예들을 살펴보자.

- 물이 은박지처럼 빛난다. (NW1: 24).
- 세 마리 황새가 마치 금속 탐지 작업팀과 같이 한쪽에서 다른 쪽으로 부리를 흔들면서 함께 한 줄로 걸어간다. (NW6: 39)
- 그는 마치 신발에 붙은 껌을 떼는 사람처럼 한쪽 노란 발톱을 먼저 들었다. (NW3: 32)
- 두 마리의 어린 수탉이 … 흥겹게 반원을 그리기 시작했는데, 마치 자석의 반대 극처럼 혹은 체스판의 왕과 같이, 각자 다른 이와 일정한 간격을 유지하고 있었다. (NW6: 111)
- 마치 토요일 밤의 무도장처럼, 꽃은 나무에서 피어나 나무를 천천히 덮어갔다. (NW3: 33)

이들 직유는 구체적이고, 상상 가능한 일상생활의 이미지를 사용하여 자연의 풍경에 겹쳐놓았는데, 이는 관찰자의 생각 속에 존재하며, 다른 방식으로는 만들기 어려운 상세하고 정밀한 이미지이다. 이 방법으로 그들은, 비록 아이러니하게도 그들이 사용한 이미지가 인

---

34) 포토리얼리즘은 사진처럼 사실적으로 표현하는 회화 기법을 뜻한다.

간 세상으로부터 차용된 것임에도, 인간을 넘어선 세계를 현저하게
만들었다. 이러한 책들 가운데 하나인, ≪흰기러기≫에서는 이와 같
은 직유를 광범위하게 사용하고 있는데, 아래 예를 살펴보자.

- 바순과 같이 우는 [까마귀들] (NW2: 8)
- 옷단을 바느질하는 사람의 모습 같은 [딱따구리의 흔들림] (NW2: 10)
- 중국 구슬과 같이 반짝이는 눈 (NW2: 13)
- 고대 그리스 문자와 같은 매스키트(mesquite) 나무의 실루엣 (NW2: 17)
- 붉은 깃 찌르레기가 마치 악보의 음표처럼 전신줄에 앉아 있다. (NW2: 18)
- 마치 죽마(stilts)를 타는 듯한 황새의 비틀비틀한 걸음 (NW2: 25)
- 오르간 소리같이 들리는 숨소리 (NW2: 16)
- 침례교도와 같이 서 있는 왜가리 (NW2: 26)
- 판사의 가발처럼 보이는 구름 (NW2: 89)
- 기러기들이 날았다. … 마치 장교의 견장에 달린 휘장과 같이 V자형으로 만나면서. (NW2: 93)

물론 인간 세상에서 도입한 이미지는 자연의 그것보다 사람의 마
음에 훨씬 더 강하게 남는다는 위험성이 있다. 예를 들어, 위의 마지
막 구절을 읽는 독자는 기러기보다 장교의 견장을 더 생각하게 된다.
이는 인간을 넘어선 세계에 대한 현저성이 증가하는 것이 아니라 부
분적인 소거에 해당한다. 그러나 인간을 넘어선 세계를 묘사하기 위
해 자연에서 끌어낸 직유의 예도 있다.

- 나는 해안의 오소리를 쳐다보았다. 나는 오소리가 헤브리디스제도 바
다로부터 나타난 수달과 같이 해안가 나무에서 나타난 것을 보았다. (NW1: 21)

- 산은 깨어 있는 늑대, 길고 푸른 어깨를 드러내고 있는 늑대와 같이 이어져 있다. (NW1: 24)
- 벌이 꽃가루의 짐으로 기운이 빠진듯한 무더운 날. (NW1: 28)

이와 같은 예들은 인간을 넘어선 세계를 드러내면서, 묘사되는 주체와 그들 삶의 영역 모두를 강조하는 데 효과적이다.

종합하면, 신자연수필은 인간을 넘어선 세계를 드러내기 위해 능동화(activation), 감각 이미지(sense image), 인격화(personalisation), 기본 수준 어휘 범주(basic-level categories), 직유(simile) 등과 같이 다양한 기법을 사용한다. 결국 이를 통해 자연에 대한 이야기는 중요하며 고려할 가치가 있음을 말한다. 그러나 중요한 점은 이것이 인간에 대한 소거 없이 이루어진다는 사실이다. 스미스(Smith, 2013: 6)는 다음과 같이 설명한다.

'신자연수필'과 같은 용어가 지닌 문제 가운데 하나는 이 용어가 대항하고자 하는 노력의 방식들은 그것이 자연스러워 보일 만큼 충분히 문화적이며, '신자연수필'이라는 용어는 이러한 신성모독이 사실임을 인정하지 않는 것처럼 보인다는 점이다. 그러나 그것은 명백히 위협받고 있는 자연에 관한 문화이며, 이러한 문화 없이는 우리를 둘러싼 인간이 포함되지 않은 세계에 관해 생각하는 것이나, 이를 돌보는 것이 급격하게 어려워질 것이다. … [신자연수필가]는 군도와 생태적 지위가 지방과 지역, 국가, 전세계 안팎 그리고 그 안에서 공존하는 인간 공동체의 삶의 방식에 어떻게 복합적으로 관련되는지 고민한다.

이 책에서 사용된 생태학이라는 용어의 의미역은 인간과 다른 인간, 또 다른 유기체와 물리적 환경 간 생명이 유지된다는 상호작용의 의미소를 지닌다. 더 나아가 보다 지속가능한 삶의 방식에서는 인간(특히 생태적 파괴에 가장 취약한 종), 다른 유기체, 물리적 환경과 이들 사이의 상호작용 가운데 그 어떤 것도 간과되어서는 안 된다. 만약 삶에서 소거되거나 부정된 영역이 있다면 생태언어학은 그것의 현저성을 드러내기 위한 언어학적 전략을 사용해 이들을 복원할 것이며, 이 작업은 텍스트는 물론이거니와 문화를 공유하며 살아가는 사람들의 마음속에서 점진적으로 이루어질 것이다.

◪ 참고문헌

Abram, D. 1996. *The spell of the sensuous: perception and language in a more-than-human world.* New York: Pantheon.

_____. 2010. *Becoming animal: an earthly cosmology.* New York: Pantheon.

Crown, S. 2012. Kathleen Jamie: a life in writing. *The Guardian,* 6 April. Available from http://www.theguardian.com/culture/2012/apr/06/kathleen-jamie-life-in-writing [Accessed 24 January 2015].

Eisenstein, C. 2011. *Sacred economics: money, gift, and society in the age of transition.* Berkeley, CA: Evolver Editions.

Fairclough, N. 2003. *Analysing discourse: textual analysis for social research.* London: Routledge.

Foltz, B. 2013. *The noetics of nature: environmental philosophy and the holy beauty of the visible.* Oxford: Oxford University Press.

Hall, K. 2014. The forgotten tongue, In A. Gersie, A. Nanson and E. Schieffelin (eds) *Storytelling for a greener world: environment, community and story-based learning.* Stroud: Hawthorn Press, pp. 294-303.

Ingold, T. 2011. *Being alive: essays on movement, knowledge and description.* London: Routledge.

Johnson, M. 1987. *The body in the mind: the bodily basis of meaning, imagination, and reason.* Chicago, IL: University of Chicago Press.

Kress, G. and van Leeuwen, T. 2006. *Reading images: the grammar of visual design.* 2nd ed. London: Routledge.

Lakoff, G. 2004. *Don't think of an elephant!: know your values and frame the debate: the essential guide for progressives.* White River Junction, VT: Chelsea Green.

Lakoff, G. and Johnson, M. 1999. *Philosophy in the flesh: the embodied mind and its challenge to Western thought.* New York: Basic Books.

Lakoff, G. and Wehling, E. 2012. *The little blue book: the essential guide to thinking and talking Democratic.* New York: Free Press.

Leopold, A. 1979. *A Sand County almanac and sketches here and there.* Oxford: Oxford University Press.

Lilley, D. 2013. *Kathleen Jamie: rethinking the externality and idealisation of nature. Green Letters* 17(1): 16-26.

Mabey, R. 2008. Nature and nation. *Youtube.* Available from: www. youtube.com/watch? v=QCNmpntBcIA [Accessed 24 January 2015].

Nelson, R. 1983. *Make prayers to the raven: a Koyukon view of the northern forest.* Chicago, IL: University of Chicago Press.

Plumwood, V. 2008. Shadow places and the politics of dwelling. *Australian Humanities Review* 44. Available from http://www.australianhumanitiesreview.org/archive/Issue-March-2008/plumwood.html [Accessed 24 January 2015].

Smith, J. 2013. An archipelagic literature: re-framing 'the new nature writing'. *Green Letters* 17(1): 5-15.

Tester, K. 1991. *Animals and society: the humanity of animal rights.* London: Routledge.

van Leeuwen, T. 2008. *Discourse and practice.* Oxford: Oxford University Press.

이야기는 문명을 파괴할 수 있고 전쟁에서 이기거나 패배하도록 만들 수 있으며 수백만 명의 마음을 정복할 수 있다. … 또한 시대의 정치적이고 정신적인 기질을 바꿀 수 있도록 심리적 틀을 고쳐낼 수 있다.

- 벤 오크리(Ben Okri, 1996: 33)

— — — — — —

현재 불평등의 증가, 과소비와 낭비, 그리고 급속한 변화로 야기되는 생태적 파괴의 흐름은 저지되거나 변화되어야 한다. 변화의 규모는 더 효과적인 자동차를 만드는 것과 같이 작은 차원의 기술적 교정(technical fix)을 넘어서야 한다. 이는 지금과는 다른 이야기를 바탕으로 한 다른 종류의 사회적 창발(emergence)을 요구하는 것이다. 만약 이것이 불가능하다면, 즉 우리가 살아가는 이야기가 너무나 견고하여 바뀔 수 없다면, 인간과 수많은 다른 종의 삶에 점차 적대적으로 변해가는 지구에서 살아남기 위해서는 새로운 이야기가 필요하다. 언어학이 사회를 보다 생태적인 방향으로 재창조하는 데 중요한 역할을 담당할 수 있을까? 어쩌면 큰 역할을 하지 못할지도 모르지만, 이러한 생각 역시 지속가능하지 않은 사회로부터 촉발되었을 뿐이다. 따라서 적어도 언어학적 분석이 이러한 역할을 하는 것이 가능한지 탐구해 보는 것은 중요하다. 분명히 수많은 학문 분야에서는 현 세대의 대단히 중요한 화두를 해결하기 위해 그들의 연구 분야와의 관련성을 탐구하고 있는 연구자들이 있다. 이러한 경향에 따라 발생한 학문의 영역에는 생태심리학, 생태비평, 생태여성주의, 생태시학, 생태사학, 환경적 소통과 생태사회학 등이 있다.

생태언어학은 다양한 목표와 목적을 지닌, 폭넓은 접근법을 내포하는 포괄적 용어이다. 이 책은 이들 접근법 가운데 몇 가지를 활용하여 특정 생태언어학의 형태를 개발하고자 하였으며, 이는 다음과 같이 요약될 수 있다.

생태언어학(ecolinguistics)은 삶으로서의 이야기를 드러내는 언어를 분석하고, 생태철학에 따라 그러한 이야기를 판단하며, 생태철학에 반대하는 이야기에 저항하고, 궁극적으로 새로운 이야기 즉 새로운 삶으로서의 이야기를 찾는 데 기여한다.

생태철학은, 그 정의에 따르면, 인간과 다른 종 그리고 물리적 환경 사이에서 삶을 지속하게 하는 상호작용에 대한 고민을 담고 있다. 그러나 생태철학이 지닌 정확한 원칙, 규율, 그리고 가치 등은 개별 분석가들이 결정한다. 분석에 사용되는 언어학적 인식틀 또한 분석가들에 의해 결정될 것인데, 여기에는 인지 과학, 비판적 담화분석, 수사학, 담화 심리학을 비롯하여 이들과 관련된 다양한 이론이 활용될 수 있다. 이 책은 특정 생태철학에 기반을 두고, 특정 범주의 이론을 한데 모아서, 특정 범위의 자료를 분석하였다. 여기에서 분석된 대상 이외에도 충분히 다양한 생태철학, 이론, 자료 등이 역시 앞으로 연구될 수 있다.

　물론 이러한 형태의 생태언어학적 분석 결과는 생태철학의 타당성, 분석에 사용된 언어 도구의 적합성, 자료의 대표성 등에 의존한다. 그런데 이와 같은 접근법은 미래에 인간과 다른 종의 생존과 참살이를 위해 필요한 사회 변화에 기여할 수 있는 필수 요건이라고 강하게 주장할 수는 없다. 그러나 생태언어학은 적어도 인간의 삶을 지탱하는 넓은 체계에서 인간의 생태적 위상을 고려하고, 이러한 위상을 무시하는 분석보다 생태적 화두를 언급할 수 있는 더 나은 분석을 시도할 것이다.

　여기 결론 장에서는 이 책에서 언급하고 있는 생태언어학 분석 양식의 초점이 어떻게 언어 자체의 문법에 주목하는 것으로부터 벗어나 언어가 세계의 이야기를 전달하는 데 사용되는 방식을 주목하는 것으로 옮겨가게 되었는지 정리해 볼 것이다. 구체적으로 이러한 생태언어학의 모습과 관련이 깊은 비판적 담화분석(CDA)에 대한 일부 비판점을 확인하고, 궁극적으로 책에 대한 몇몇 관점을 한데 모아서 '종합(gathering)'해 보고자 한다.

이론

　초창기의 생태언어학은 대체로 영어와 다른 언어들의 문법에 초점을 맞추고, 특정한 문법적 특징들이 어떤 방식으로 생태적으로 파괴적인 행동을 장려하는지 설명한다. 할리데이(Halliday, 2001: 193)는 문법의 어떤 측면들이 '하나의 종으로서 우리의 건강에 더 이상 도움이 되지 않는 … 특정 방식으로 현실을 이해하도록 … 공모하는지' 설명한다. 첫 번째는 '토양'이나 '물'과 같은 불가산 명사들(mass nouns)은 무한한 것으로 취급된다는 것이며, 이는 공급의 제한이라는 이야기보다는 풍부함이라는 이야기를 제공하고 있다. 두 번째는 반의어들의 반대편에는 (무표적인) 긍정적인 의미가 있다는 것으로, 이에 따라 '더 큰' 그리고 '성장'은 '더 작은' 또는 '위축'보다 더 긍정적인 의미로 존재하여, 경제적 성장을 매력적으로 보이도록 만들고 있다. 세 번째는 대명사 '누구(who)' 또는 '무엇(what)'을 대립적으로 사용하는 것으로, 이는 단어를 의식이 있는 존재들(인간과 그들의 애완동물 정도까지의 범위에 속한)과 의식이 없는 존재들(그 외의 종(種)들로 그릇되게 구분하게 한다. 촐라(Chawla, 2001: 121)는 이와 유사하게 "덩어리들을 세분화하고, 실체가 없고 가상적인 명사들을 정량화하고, 시간을 과거, 현재 그리고 미래의 관점으로 인식하는 언어의 관습들은 우리가 자연 환경을 총체적으로 인식하는 것을 무능하게 하는 요인이다."라고 주장한다.

고틀리(Goatly, 2001: 213) 역시 문법 층위에 초점을 맞추고 현대의 과학 이론이 행위자(무엇을 하는 사람)를 경험자인 참여자(행동을 받게 되는 무엇을 가진 사람)로부터 극단적으로 단순화하여 분리하지 않는 문법을 요구한다는 것을 논증한다. 행위자와 경험자를 분리하는 것은 현대 과학이 밝혀낸 세계의 근본적인 상호 연관성에 부합되지 않는다. 그는 행위자 또한 그들의 행동에 의해 영향을 받는다고 지적한다. 예를 들어 자동차 운전자들은 자동차를 운전하는 행위자이지만, 그들은 또한 그들이 야기하고 있는 오염과 기후변화에 의해 영향을 받는다는 것이다.

밀하우슬러(Mühlhäusler, 2001: 36)는 아이워(Aiwo)[35])와 같은 언어가 환경적 이슈들을 다루기에 유용한 의미론적인 분별들을 어떻게 포함하고 있는지 설명한다. 예를 들어, 아이워의 언어에는 '대부분의 시간에는 비활성화되어 있지만, 급격한 행동의 변화가 갑자기 일어나기 쉬운' 실체들을 표시하는 접두사 'ka'가 있다. 만약 영어에서 '쓰레기 매립지', '원자력 발전소' 또는 '특정 화학물질'이라는 단어들에 이와 같은 접두사를 붙여 유사하게 표시하게 한다면, 그것은 유용할 수 있을 것이다. 하지만 그는 영어라는 언어가 아이워의 방식에 따라 재설계되어야 한다고까지는 요구하지 않는다. 이는 "나는 … 계획된 행위에 의해 … 이러한 분별들이 영어에 도입되어야 한다고 주장하고 싶지는 않다(Mühlhäusler, 2001: 37)."라는 진술에서 확인된다. 사실 영어라는 언어 자체를 변화시키기 위한 '언어 계획(language planning)'이라는 개념은 논란을 불러일으킨다. 이에 대해 스미스(Smith, 1999: 233)는 "'언어 계획'이라는 개념은 때때로 [일부 생태언어학자들의] 의제(agenda)에 관리주의자라는 함의를 부여하는 전체주의적인(Orwellian) 무언가가 … 있다. 어떤 언어가 적절한지를 결정하는 사람은 누구이며, 이러한 결정에 따라 우리가 살아가게 될 세계는 어떠할 것인가?"라고 서술한다. 사실 영어에서 그것들의 불안정한 본성을 강조하기 위해 '쓰레기 매립지(landfill)'를 당장 'ka-landfill'로 불러야만 한다고 공포하는 것은 조롱과 마주하게 될 가능성이 매우 높다.

심지어 영어라는 언어의 문법을 변화시키기 위한 언어 계획이 바람직할지라도, 그것이 가능한지는 결코 확실하지 않다. 우리가 영어에서 과거 시제를 제거하거나, 참여자를 행위자(actor)와 경험자(affected)로 구분하는 절을 쓰지 않거나, '물'을 가산 명사(countable noun)로 전환

---

35) 아이워는 오세아니아의 국가인 나우루의 아이워 주에서 사용하는 소수 언어를 지칭하는 말이다.

하는 등의 변화를 할 수 있을 것이라고는 상상조차 할 수 없다. 이와 관련하여 할리데이(Halliday, 2001: 196)는 다음과 같이 결론을 내린다. "당신은 문법을 마음대로 끌어들일 수 없으며 … 그것을 설계할 수도 없다. 나는 언어 전문가들이 … 문법의 내밀한 부분을 계획할 수 있을 것이라고 … 생각하지 않는다. 문법과 설계 사이에는 본래적으로 상극인 부분이 있다."

생태학적으로 더 유익한 행동을 장려하기 위해 영어라는 언어 그 자체를 변화시키는 것은 비현실적일 수 있는 반면에, 그것이 불완전하거나 결함이 있다 하더라도, 영어라는 언어를 사용하여 세계에 관한 다양한 이야기들을 전하는 것은 가능하다. '성장'이 뚜렷하게 (부정적인) 용어로 바뀌도록 시도하는 것 대신에, **성장은 사회의 핵심 목표이다**라는 이야기의 사용을 그만두게 하고, 그것을 **참살이는 사회의 핵심 목표이다**와 같은 다른 이야기로 대체하는 것이 좀 더 수월하다. 그러므로 이 책에서 중점적으로 다루는 내용은 어떻게 영어의 언어적 특징들이 조합되어 왔으며, 삶으로서의 이야기를 구성하는 데 사용되어 왔는지에 관한 것이다. 이것은 우리의 질문을 "어떻게 언어 자체를 변화시킬 것인가?"에서 "어떻게 우리가 그 언어의 언어적 특징들을 활용하여 새로운 삶으로서의 이야기를 전달할 것인가?"로 전환시킨다.

삶으로서의 이야기(stories-we-live-by)는 우리의 삶에서 은유의 역할에 대해 근본적으로 새로운 관점을 제공하는 조지 레이코프와 마크 존슨(George Lakoff & Mark Johnson)의 책 《삶으로서의 은유(Metaphors we live by)》(1980)를 기반으로 한다. 그들은 은유가 텍스트를 좀 더 생생하게 만드는 데 쓰이는 단순히 수사학적인 장식이 아니라 우리의 개념 체계의 근본적인 부분이라고 주장한다. 그들은 다음과 같이 기술한다.

우리의 사고를 지배하는 개념들은 단지 지성의 문제가 아니다. 그것들은 우리의 일상적인 생활을 지배하고, 이는 일상의 아주 사소한 부분에까지 이른다. 우리의 개념들은 우리가 무엇을 지각하는지, 우리가 세상을 어떻게 살아가는지, 우리가 다른 사람들과 어떻게 관계하는지를 구조화한다. 그리하여 우리의 개념적 체계는 우리의 일상의 실제를 규정하는 핵심적인 역할을 한다. (Lakoff & Johnson, 1980: 3)

이 책의 초점은 개념적 체계의 수준에 맞춰져 있다. 만약 우리의 개념적 체계가 우리가 세계에서 어떻게 행동하는지에 영향을 끼친다면, 그것은 우리로 하여금 생명이 의존하고 있는 생태계를 지키거나 파괴하도록 장려할 수 있다. 레이코프와 존슨의 이론이 지닌 중요한 통찰은 은유가 그 문화에 속한 개개인의 마음속에서 공유된다는 것이다. 그러므로 은유는 아주 많은 사람들의 행동하는 방식에 중요한 결과를 미친다. 보다 일반적 견지에서 라테우 외(Rateau et al., 2012)는 사회표상이론(Social Representation Theory)을 통해 단지 은유만이 아니라 다양한 생각, 태도, 관점, 평가 그리고 신념이 사회적 집단에 속한 여러 개인들의 마음속에서 어떻게 존재하는지를 설명한다.

이 책은 레이코프와 존슨의 삶으로서의 은유라는 개념을 받아들이고 이를 더 일반적인 개념인 삶으로서의 이야기로 확장시킨다. 이 삶으로서의 이야기는 이데올로기(ideology), 틀(frame), 은유(metaphor), 평가(evaluation), 정체성(identity), 신념(conviction), 소거(erasure), 현저성(salience)을 포함한다. 비록 사람들의 마음속을 들여다보고 이것들의 인지 구조를 관찰하는 것은 불가능하지만, 그것들에 의해 발생하게 되는 언어의 특징적인 유형을 분석하는 것은 가능하다. 여기에서 고려 대상이 되는 세 가지 차원은 사람들의 마음속의 인지 구조인 이야기(story), 많은 사람들의 마음속에서 공유되는 **삶으로서의 이야기**(stories-we-live-by), 그리고 근원적인 이야기에 의해 발현되는 언어의 유형인 **언어적 징후**(linguistic manifestations)이다.

이데올로기에서 시작되는 이 책의 각 장은 이야기의 여덟 가지의 형태 중 하나로 간주된다. 이 책에서 사용되는 **이데올로기**(ideology)라는 용어는 특정 집단에서 공유되는 이야기라는 의미이다. 이데올로기는 그 집단이 관습적으로 사용하는 특징적인 형태의 언어인 **담화**를 통해 그 모습을 드러낸다. 크레스(Kress, 2010: 110)는 담화가 어떻게 '관습적인 사용이라는 지위로부터 나와 세계에 대한 의미'를 구성하는지, 그리고 담화가 어떻게 '사회 내에서 세계, 사회, 자연의 의미를 만드는 것을 가능하게 하는 의미 자원'인지를 기술한다. 한 사람이 마음속에 지닌 관습의 유형은 교육, 의료, 과학, 법, 신앙 그리고 '덜 실체적인 '가족'과 같은 관습'을 포함한다. 비록 덜 실체적이라도 그것이 유용하다면, 특히 그것들에 대한 작용이 구성원들에 의해 상호간의 칭찬, 비판 그리고 모방으로 구성되었을 때, 우리는 중국인들의 산수화(Shan Shui), 일본인들의 자연 하이쿠(haiku), 또는 신자연수필(New Nature Writing) 등과 같은 경향의 그림과 글쓰기를 분석의 대상에 포함할 수 있었다. 이러한 모든 관습들은 그들이 지닌 근원적인 이데올로기의 실마리를 보여주는 고유의 특징적인 언어와 이미지의 사용 방식을 가지고 있다.

이데올로기는 가장 보편적인 이야기의 형태이며, 다른 일곱 가지는 좀 더 특수하다. **틀 구성**(framing)은 **틀**(frame)이라 불리는 배경지식의 작은 주머니를 활용하는 삶의 특정 영역에 대한 이야기이다. 기후변화는 환경적인 이슈, 안보의 위협, 곤경에 처한 문제 등과 같은 틀로 구성될 수 있다. 그리고 각각의 경우에 따라 우리가 기후 변화를 어떻게 생각할 것인지가 달라진다. 은유는 특히 강력하고 선명한 틀 구성의 유형이다. 예를 들어 **기후 변화는 시한폭탄이다, 기후 변화는 롤러코스터이다** 또는 **기후 변화는 성난 짐승이다**와 같이 은유는 구체적이고 사실적인, 그리고 뚜렷이 구별되는 틀을 삶의 영역에 대한 생각을 위해 사용하기 때문이다. 은유가 문화 속에서 일상적으로 되었을 때 은유는 레이코프와 존슨(Lakoff & Johnson, 1980)의 기술처럼 '삶으로서의 은유'가 된다.

평가(evaluation)는 이 책에서 특별한 의미로 사용되었다. 평가는 삶의 특정한 부분이 긍정적인지 아닌지에 대한 사람들의 마음속 이야기를 의미한다. 인지적 평가는 어떠한 것이 좋은지 나쁜지에 대한 사실을 조심스럽게 가늠하자고 하는 것이 아니다. 오히려 정직은 좋은 것이고 거짓말은 나쁜 것이라는 것과 같이 우리가 가진 기억들과 관련이 있다. 이러한 이야기들이 문화 전반에 퍼져 있다면 그것은 문화적 평가(cultural evaluations)가 된다. 문화적 평가는 관습이 된 선과 악에 관한 이야기이다. 사회생활의 영역을 말하는 보편적 방법을 통해 굳어진 수많은 문화 평가가 있다. **경제 성장은 좋다, 소매 영업은 좋다, 이윤이 증가하는 것은 좋다, 편리함은 좋다**는 것이 바로 그 예이다. 문화적 평가가 정착되고 나면 어떠한 것은 긍정적으로 다른 것은 부정적으로 여겨졌던 이유가 사라질 위험이 도사린다. 환경적 비용이나 개인의 채무가 증가하는 문제에 대한 고려는 하지 않고, 단순히 크리스마스 매출이 높다거나 생태계를 파괴하고 착취하는 기업의 이윤이 증가한다는 '좋은 뉴스'를 일상적으로 받아들이는 것이 그것이다.

정체성(identity)은 사람으로서 우리가 누구인가에 대한 이야기이다. 조금 더 구체적으로 말하자면 우리가 소속되어 있는 집단과 이 집단의 사회에서의 위상에 대한 이야기이다. 특정한 물건을 사는 행위가 단지 그들에게 필요해서가 아니고, 이 행위를 통해 특별한 부류의 사람이 될 수 있다고 소비자들을 유혹하기 위해 광고주들은 정체성을 이용한다. 벤웰과 스토케(Benwell & Stokoe, 2006: 167)는 어떻게 '소비가 정체성을 나타내는 수단이 되며 더 결정적으로 다른 사람들과의 **차별성**을 나타낼 수 있는지' 설명한다. 마찬가지로 광고의 언어와 이미지는 사람들이 다른 **외집단**보다 나은 이상적인 **내집단**에 소속되어 있다는 것을 보여주라고 독려하면서 소비를 부추긴다. 반면 자연수필의 형태와 같은 글도 있다. 이는 독자들이 '삶의 공동체'에서 다양한 내집단의 일부분으로 존재하는 **생태학적 정체성**을 광범위하게 형성한다.

신념(conviction)은 현실에 대한 특정한 진술이 진실인지, 그럴듯한지, 그럴듯하지 않거나 혹은 거짓인지에 대한 우리 마음속 이야기를 나타내기 위해 도입되었다. 신념은 우리가 어떠한 것이 객관적으로 옳다는 것이 아닌 옳다고 생각하는 것에 관한 개념으로 믿음에 대한 확실성 정도의 차이를 나타낸다. 이 책에서 논의된 예는 미래에 중요하게 다루어져야 하는 '인간이 기후변화를 야기한다'라는 현실에 대한 진술들이다. 사회에는 이러한 설명을 절대적 진실, 불확실한 또는 명확한 거짓이라 대변하는 여러 세력들이 존재한다. 포터(Potter, 1996: 1)는 집단들이 다른 집단들을 '거짓말, 망상, 실수, 아첨, 기만과 와전'으로 깎아내리는 동시에 어떻게 자신들은 '확실하고 중립적이며 독립적인 목소리를 내는 사람인 것으로 나타내고, 세계의 일부분을 단지 반영하기 위해' 노력하는지를 설명한다(112). 환경론자들과 기후변화를 '부정하는 사람들'은 개개인의 마음속에 있는 신념에 영향을 주며 더 많은 사람들에게 일반적인 신념이 되기 위해 각기 노력하고 있다.

머친과 마이어(Machin & Mayr, 2012: 5)는 비판적이라는 말은 '본래 언어를 변성시켜 글 속에서 어떤 종류의 생각, 부재, 당연한 가정을 드러내는 것'이라고 하였다. 텍스트에서의 부재는 실제로 존재하는 생각이나 가정만큼 중요하다. 이에 관련된 개념인 소거(erasure)는 중요하지 않고, 미미하고, 무관하거나 또는 대수롭지 않은 것으로 치부하는 사람들의 마음속 이야기에서 존재한다. 이야기는 현실에 실재하는 대상이 조직적으로 억압되고, 전경화되거나 소거되는 언어를 스스로 보여준다. 미시경제학 교과서에서부터 생태적 평가 보고서까지 모든 종류의 글에 나타나고 있는 자연계에 대한 소거, 이 놀라운 소거 현상은 생태언어학에서 매우 중요한 고려 대상이다. 하지만 이것만이 전부는 아니다. 빈곤의 완화는 환경적인 활동에서 중요한 고려 사항이 아니다와 같은 이야기를 전달하는 환경 담화에서 인간과 사회적 정의 문제에 대한 소거 역시 존재하기 때문이다.

마지막 이야기의 종류는 현저성(salience)이다. 현저성은 마음속 이야기가 중요하고 고려할 가치가 있다는 사실을 나타내는 것이다. 생태언어학은 본질적으로 주류 언어학에서 인간을 넘어선 세계의 현저성을 드러내려는 시도라고 할 수 있다. 인간과 인간의 상호작용에서만 언어의 역할을 고려하는 경향성에 대항하여, 생태언어학은 보다 넓은 생태적 상황을 인간과 언어의 관계에서 고려하고자 한다.

여덟 가지 종류의 이야기들은 서로 독립적이거나 개별적으로 작동하지 않는다. 왜냐하면 이 이야기들이 상호작용하는 여러 접점을 공유하고 있기 때문이다. 특정 평가, 정체성, 다른 종류의 이야기가 이데올로기 속에 종종 포함된다. 은유는 틀 구성의 한 종류이다. 소거와 현저성은 동전의 양면과도 같으며, 평가와 소거는 때로 은유를 사용한다. 이처럼 이야기 유형의 상호작용을 고려하는 일은 이야기에 대한 보다 정교한 분석을 가능하게 할 것이다. 가령 은유로 구성된 평가를 사용하여 이데올로기를 분석해 내는 작업처럼 말이다.

비판점

생태언어학은 새로운 학문 분야이므로, 아직 이것에 대한 비판적 논의가 폭넓게 형성되어 있지는 못하다. 그러나 비판적 담화분석(CDA) 과 관련하여 제기된 많은 비판점이 형성되어 있으며, 이들 비판점은 이 책의 생태언어학에도 잠재적으로 적용될 가능성이 있다. 여기에 서는 루스 브리즈(Ruth Breeze, 2013)의 리뷰 논문 <비판적 담화분석과 비평가들(Critical discourse analysis and its critics)>에 요약된 비판점을 소개해 보고자 한다.

첫 번째 비판은 분석가의 '정치적 입장'에 관한 것이다. 이는 '그렇 게 행동을 하고자 하는 특정 입장'일 수도 있고, '사실과 이슈에 대한 검토를 기반으로 한 확장된 숙의 결과'일 수도 있다(Breeze, 2013: 500). 전자라면 분석은 동일한 관점을 공유하는 독자들에게만 인정될 것이 고, 그렇지 않은 사람들은 거의 설득하기 어려울 것이다. 이 책에서 설명된 생태언어학의 경우, '정치적 입장'은 분석가의 생태철학이고, 이는 생태 과학부터 심리학까지 다양한 근원을 기반에 둔 광범위한 증거에 근거한다. 그러나 생태철학은 인간이 아닌 종의 참살이가 중 요한지 아닌지와 같은 문제에서 볼 수 있듯이, 논쟁의 대상이 되는 윤리적 문제에 대한 특정 관점을 내포하고 있다. 이 경우 생태언어학의 주된 기여는 분석가의 관점과 유사한 견해를 지닌 독자들로 하여금, 그들 주위에 존재하는 텍스트에 의해 전달되는 이야기에 보다 비판적으로 접근하고, 그러한 이야기들이 어떻게 그들이 지닌 가치에 비추어 반박되거나 지지될 수 있는지를 판단할 수 있게 돕는다는 것이다.

두 번째 잠재적인 비판은 명백한 입장에서 텍스트를 분석하는 일이, 하나의 특정한 관점에 의한 것인지 혹은 증거로부터 도출된 것인지의 여부와 상관없이, 연구자로 하여금 '자료를 잘못 해석하거나 그 혹은 그녀가 특정 정치적 목적을 위해 자료를 선택하는 것(Breeze, 2013: 501)'을 장려하게 될지도 모른다는 것이다. 가령 저자가 규명한 이론에 대한 반론의 자료를 무시하거나, 일관된 이야기를 만들기 위해 중요한 정보를 누락하는 것처럼, 자료가 선택적으로 사용되거나 잘못 해석될 수 있는 여러 비정치적인 이유가 있다. 과학적 연구에서는 이를 처리하는 두 가지 방법이 있다. 첫 번째는 지식에 기반한 연구 윤리인데, 이는 자료 조작을 통해 획득한 단기 이득이라도 전체적으로 접근한다면 장기적인 신뢰성(그리고 이에 따른 효율성)의 잠재적 피해의 규모를 넘어서지 못한다는 것이다. 두 번째는 동료 비판이 학계에 내재되어 있다는 것인데, 이는 마치 브리즈의 논문에서 많은 비평가들이 부적절함을 증명하고 있는 것과 같이 어떤 종류의 부적절함이라도 곧 밝혀진다는 사실이다.

자료의 고의적 조작보다 더 큰 우려는 자료의 특정 부분에 적용될 수 있는 이론들과 인식틀의 광범위한 선택과, 이를 위해 초점을 두고 의도적으로 선택될 수 있는 많은 언어적 장치의 활용이다. 브리즈가 지적한 것처럼, 그것은 '선택적 환경'이며, 거기에는 '통일성의 결여,

양립 불가능한 개념의 무분별한 혼용, 방법론의 비체계적 적용 등
(Breeze, 2013: 502)'의 위험이 존재한다. 따라서 생태언어학의 도전 중
하나는 여러 목적을 지닌 다양한 이론들(예컨대 은유 이론, 평가 이론, 정
체성 이론 등)을 한데 모으고, 이들을 활용하여 통일성과 실천성을 지
닌 효과적인 인식틀을 구축하는 것이다. 이를 위해 이 책이 도출한
결과에 아직은 의문이 제기될 수 있지만, 이 책에서 개발된 인식틀은
완벽한 인식틀이라기보다는 이를 형성하고 적응해 가는 시발점이라
고 간주될 수 있다.

비판적 담화분석에 관한 지난 연구에서 도출된 또 다른 비판점인
'텍스트에 체계적으로 접근하는 데 종종 실패한다'는 사실은, 적은
양의 표본이 분석되거나 혹은 그 단편적인 성질만 분석되기 때문에
종종 '인상주의적'이거나 대표성을 지니지 않게 된다는 것이다(Breeze,
2013: 504). 이는 많은 양의 텍스트, 양적이고 통계적인 방법의 사용,
그리고 텍스트의 생산자와 소비자에 대한 정밀한 민족지학적 연구가
필요하며, 이들이 보다 엄격하고 엄밀하며 객관적이고 체계적으로
연구되어야 한다는 요구로 이어졌다(Machin & Mayr, 2012: 214 참조). 그러
나 이들 간 균형을 유지하는 것도 중요한데, 그것은 연구가 더 크고
체계적일수록 전문가들의 능력, 자원, 시간이 더 필요하기 때문이다.
만약 생태언어학이 담화에(궁극적으로는 세계에) 영향을 끼쳐야 한다면,
그 연구는 다양한 상황에 놓인 광범위한 대상의 사람들에 의해 수행
되어야 한다. 가령 학술지 논문을 집필하는 학자뿐만 아니라 생태언
어학을 활용하여 그들의 가치를 소통하거나 정부 정책을 비판하는
자선 사업가 또한 포함된다. 예를 들어, 여러 미시경제학 교과서에
대한 분석에 근거하면, 일반적으로 미시경제학에서 소비자를 이기적

이라고 표현하라고 요청하는 것은 불가능할지라도, 몇몇 미시경제학 교과서가 그들을 이기적이라고 표현하기 시작한다면 가능성의 가닥(a thread)이 잡힐 수 있다. 이와 같은 가닥은 다른 미시경제학에서 소비자를 묘사하는 대안적인 방법이 있더라도, 그 자체로서 중요한 의의를 지니게 된다.

또 다른 이슈는 몇몇 연구가 '예측에 부합되지 않는 텍스트의 부분들을 무시'하거나 '미리 결정된 스키마에 들어맞지 않는 모습들에 대한 무관심'을 보여준다고 비난을 받고 있다는 점이다(Breeze, 2013: 506). 일단 분석가가 자료에서 특정한 유형이 존재한다고 믿는다면, 거기에는 '확증 편향(confirmation bias)'이 있을 수 있다. '확증 편향'은 예측했던 유형에 부합하는 사례들에는 주목하는 반면 예측했던 유형과 모순되는 사례들은 무시하는 것이다. 이러한 문제를 처리하는 방법 중 하나는 자료를 두 번 읽는 것이다. 이는 한 번도 읽지 않은 모든 사례들을 예측했던 유형에 부합하는 것으로 읽고, 그런 다음에는 예측했던 유형에 모순되는 사례들을 세밀하게 다시 읽는 방법이다. 모순들이 적을수록 유형을 만들어낼 수 있는 더 강력한 주장들이 성립된다. 비록 확증 편향이 언제나 작동할 가능성이 있음에도 불구하고, 일반적으로 연구에 대한 통찰은 놀라움에 대해 개방성을 가지고 텍스트에 접근하는 것과 자료에서 무엇이 나타나던 간에 기꺼이 그 작업을 수행하려는 자발성을 통해 기를 수 있다. 연구자의 예측과 텍스트 '내'에서 실제로 발생했던 것 사이의 대화는 결코 그것이 무엇인지에 대한 중립적이거나 객관적인 기술이 될 수 없지만, 그것은 연구자가 자료에 대한 검토 없이 생산했거나 생산할 수 있었던 것 이상의 어떤 결과를 가져온다. 연구자가 자료를 검토하기 전에 말하려고

했던 것과 그/그녀가 그 자료에 대한 고찰과 연구가 이루어지고 이를 분석한 후에 말한 것 사이에는 차이가 있다.

마지막 비판은 수용자의 수용과 관련된다. 몇몇 비판적 담화분석 연구는 특정 담론이 사람들의 생각을 직접적으로 결정할 것이라는 순진한 가정으로 인해 비판받아 왔다. 예를 들어 다양한 미디어를 통해 경제 성장이 좋다는 메시지를 퍼붓는 것은 그 메시지를 읽고 듣는 사람들에게 자동적으로 성장이 그들에게 좋은 것이라는 생각을 시작하도록 만든다는 것이다. 브리즈는 다음과 같이 진술한다.

> 담화와 사람들의 현실 인식 사이에는 매우 의미 있는 연관성이 존재한다는 가정은 논쟁의 여지가 없다. 하지만 지구촌에서 사람들이 수많은 담화들에 노출되어 있으며, 사람들이 그 담화들을 비난하거나, 담화에서 많은 것들을 무시하거나, 담화의 일부는 받아들이고 다른 부분들을 거부하는 방식들을 배운다는 것 또한 이와 동등할 정도로 명백하다. (Breeze, 2013: 508)

이것은 세계를 변화시키기 위한 생태언어학의 희망이 담겨 있는 중요한 진술이다. 수용자들이 그들에게 노출된 담화에 수반되어 있는 메시지에 수동적으로 반응할 것이라고 가정할 필요는 없다. 일부는 그 메시지를 받아들일 것이고, 일부는 그 메시지를 비판하거나 거부할 것이기 때문이다. 이 책에 기술된 생태언어학이 지향하는 목적은 사람들이 보다 비판적이 되도록 독려하고, 단지 인간적이거나 사회적인 사항들에 대한 고려뿐만 아니라, 생태적인 사항들에 대한 고려도 바탕에 두면서 담화를 거부하거나 받아들이도록 하는 것이다. 다시 말하면 생태언어학은 사람들이 이미 하고 있는 일, 즉 자신들이 선택한 삶으로서의 이야기들에 대해 비판적으로 식별하는 일을 하도록 독려할 수 있다. 그러나 생태언어학은 이와 함께 언어적 분석을 추가하여, 그들을 둘러싸고 있는 이야기들을 드러나게 하고 이야기에 대한 인식을 얻도록 돕고, 그 이야기들을 생태철학으로 평가하도록 한다.

종합하면, 브리즈가 수집한 비평가들의 메시지는 비판가들 중 한 명인 위더슨(Widdowson, 2008: 173)이 다른 곳에서 작성한 진술로 요약될 수 있다.

> 권위를 규정하는 합리적 관습, 논리적 일관성, 실증적인 증거 등에 부합하지 않는 것처럼 보이는 **담화분석** … 에 대한 비판은 합리적으로 보인다. 담화분석은 나에게 비판에 대한 홍보처럼 보인다. 그 이유는 담화분석이 그럴 듯한 호소에 의해 학문적인 엄격성을 희생시키면서 CDA의 학문적 결함에 대한 비판적인 관심을 분산시키기 때문이다.

하지만 합리성, 논리적 일관성 그리고 실증주의에 초점을 맞추는 것은 비판적 학문이 지닌 원래의 목적에서 주의를 돌리게 만들기 때문에 위험하다. 니콜스와 엘렌-브라운(Nichols & Allen-Brown, 1996: 228)은 비판 이론이 과학적인 접근 방식과 도덕적 관점의 균형을 이루기 위한 시도로서 어떻게 발생하게 되었는지 기술한다. 이에 따르면 비판 이론은 다음과 같은 시각에 기반을 두고 발생하게 되었다.

> 현대 사회의 위기는 … 지나치게 합리적(과학적, 분석적, 기술적)이고, 도구적이며, 수단-목표적인 철학의 개입과 관련된다. 그것은 우리의 궁극적인 목표, 즉 선함과 나쁨, 옳음과 그름에 관련된 목표들이 반영되지 못하게 만든다.

대부분의 경우, CDA는 억압받는 사람들에 대한 배려, 연민, 공감의 도덕적 인식틀을 기반으로 한다. 반 다이크(Van Dijk, 1993: 252)는 비판적 담화분석을 다음과 같이 규정한다.

> 만약 그것이 희박한 환상일지라도, 그들의 희망은 비판적 이해를 통한 변화이다. 만약 그것이 가능하다면, 그들의 관점은 권력과 불평등으로 가장 고통을 받는 자들의 관점이다. 그들의 비판 대상은 사회적 불평등과 부당함을 법으로 제정하고, 유지시키고, 합법화하고, 묵인하거나 무시하는 막강한 엘리트들이다. 다시 말해 그들의 작업에 대한 기준 중 하나는 그것을 가장 필요로 하는 자들과의 연대이다. 그들이 다루는 문제는 현실적인 문제, 즉 많은 사람들의 삶이나 참살이를 위협하는 심각한 문제이다.

이 책에 기술된 생태언어학은 이러한 관심을 미래 세대, 다른 종 그리고 물리적 환경으로 확장하는 데에 목적을 둔다. 비록 연구가 타당하고 체계적이며 엄격하게 수행되어야 하는 것도 중요하지만, 이는 그것 자체가 목표이거나 학계 내에서 권위를 인정을 받는다는 협소한 목표를 달성한다기보다는 더 높은 윤리적 목적을 보다 잘 달성하는 것이다.

생태언어학적 분석은 일반적으로 두 가지 측면에서 비판받을 가능성이 있다. 하나는 생태언어학적 분석이 생태적 파괴의 희생자들을 위한 배려를 독려하는 데 실패한, 지나치게 기술적이고 합리적이며 도구적인 방식이라는 것이다. 그리고 다른 하나는 생태언어학이 정치적이고 감정적이며 이데올로기적이기 때문에, 객관적이고 실증적인 연구를 훼손하게 된다는 것이다. 하지만 연민과 엄격성이라는 두 가지 측면을 상호 배타적인 것처럼 취급해서는 안 된다. 그리고 생태언어학적 연구는 학문적으로 타당하면서 동시에 연구의 윤리 의식이 충실하게 될 수 있도록 연민과 엄격성을 포함할 필요가 있다. 정리하면 CDA에 대한 비판은 미래의 생태언어학을 형성하도록 도와주고, 생태언어학이 다른 가치를 지향하는 언어적 연구들에서 지적되어 온 몇몇의 위험을 방지할 수 있게 한다는 점에서 매우 유용하다.

종합

이 책은 우리 시대의 대단히 중요한 이슈를 정면으로 다루고자 하였다. 이는 인간 행위로 인해 점진적으로 황폐화되고 있는 삶을 지켜내기 위한, 인간과 다른 종에 대한 생존과 참살이이다. 이러한 이슈를 다루는 데 있어 언어학의 역할은 어쩌면 아주 적을지도 모르지만, 언어가 무엇을 제공할 수 있는지를 탐구하는 일은 여전히 중요하다. 이 작업의 마지막에서, 이 책은 삶의 다양한 영역으로부터의 복합적인 목소리를 한데 모아서 '종합'하고자 한다.

그 하나의 방향은 '예지적 생태학자'라고 불리는 이들로부터 왔다. 이들은 우리가 마주하고 있는 이슈를 깨닫고 우리 삶의 근원적인 이야기에 대해 질문을 던진다. 예를 들어, 찰스 아이젠슈타인(Charles Eisenstein, 2013: 14)은 다음과 같이 기술한다.

> 우리는 우리를 노예로 만들었던, 심각하게 지구를 오염시키는, 세계의 이야기(Story of the World)를 극복하고자 한다. … 우리는 우리의 마음을 한 번에 사로잡은 이야기를 통해 자라온 아이와 같으며, 이제 그것이 그

저 이야기일 뿐이었다는 사실을 깨달았다. … 우리는 사람의 이야기(Story of the People)가 (그것은 진실해야 하며, 공상처럼 여겨져서는 안 된다), 곧 보다 아름다운 세계가 한 번 더 가능하다는 그런 이야기가 필요하다. … 하지만 아직 우리는 새로운 이야기를 만들지 못했다. 우리들 각각은 새로운 이야기의 실마리가 되는 일부를 알고 있는데, 그것은 우리가 오늘날 대안적, 총체적, 생태적이라고 부르는 대부분의 것들이 그 예이다. 우리는 여기저기에서 이러한 이야기의 유형과 디자인, 이야기의 뼈대가 될 수 있는 부분들이 창발되고 있음을 본다. 그러나 새로운 미소스(mythos)는 아직 형성되지 못하였다. 우리는 '이야기 사이의 공간'에서 잠깐 머물 것이다. 이것은 매우 소중한(신성할지도 모르는) 시간이다.

이들 예지적 생태학자들은 우리 삶의 현재 이야기가 불평등과 환경 파괴의 증가에 어떻게 기여하는지를 묘사하며, 그것의 변화를 요청한다.

이와 다른 방향으로는 비판적 담화분석가, 인지 과학자, 정체성 이론가, 그리고 수사학자들이 있다. 이들은 모두 하나 혹은 다른 관점에서, 우리가 사용하는 특정한 형태의 언어가 근원적인 삶으로서의 이야기를 어떻게 반영하고 있는지를 밝히고자 한다. 그들의 연구는 이야기를 드러내고 그 이야기가 어떻게 작동하는지를 설명하는 언어에 대하여 탐구하기 위한 실천적 도구를 제공한다.

또 다른 방향은 생태철학자들로부터 온다. 생태여성주의자, 심층생태학자, 사회생태학자, 정치생태학자, 다크 마운틴 프로젝트 참여자, 전환운동가, 풍요주의자가 이와 관련된다. 이들 가운데 몇몇은 다른 학자들과 함께 모이는 것을 보다 환영하겠지만, 모두 각자의 관점이 존재한다는 점은 고려되어야 한다. 이들과 같은 철학자의 임무로서의 비판적 이해는 분석가 고유의 생태철학, 즉 그들이 이야기를 판단하는 데 사용한 인식틀이 무엇인지 알려준다.

또 다른 방향으로부터 울리는 목소리는 분석된 텍스트를 쓰거나 말하는 이들이다. 신고전주의 경제학자, 기업식 농업가, 기자, 방송인, 환경론자, 자연수필가, 하이쿠 시인 등이 이에 해당한다. 이들 목소리 가운데 일부는 파괴적 이야기를 영속시키는 원인이 될 수 있고, 또 일부는 새로운 이야기가 들어오는 데 도움을 줄 수 있다. 그러나 그들은 영웅이나 악당은 아니다. 대신 그들은 세계를 다시-쓰고 다시-말하는 과업을 지닌 잠재적 기여자이다.

마지막으로, 생태언어학자가 존재한다. 그들은 텍스트를 분석하여 삶으로서의 이야기를 드러내고 각자의 생태철학에 기초하여 그 이야기를 판단하고, 새로운 삶으로서의 이야기를 찾는 데 기여한다.

다만 이 책은 물론 생태언어학 전반에서는 여전히, 전 세계의 전통적이고 토착적인 문화로부터 들려야 하는 목소리가 부족하다. 이들 문화에는 매우 많은 이야기가 있으며, 그들 가운데 몇몇은 새로운 방식의 삶과 존재로 이행하는 자아와 사회를 재발견하는 데 매우 가치 있을 것이다. 한 가지 바람은 생태언어학자들이 현재 삶으로서의 이야기, 특히 삶이 기대고 있는 생태계를 파괴하는 이야기에 대한 지속적인 비판을 이어가는 것이다. 그리고 우리가 지속적으로 살아가게 할 수 있는 삶으로서의 이야기, 곧 인간과 다른 종이 상생하며 참살이를 추구할 수 있는 이야기를 찾는 작업의 지평을 활짝 열어가는 것이다.

↘ 참고문헌

Benwell, B. and Stokoe, E. 2006. *Discourse and identity*. Edinburgh: Edinburgh University Press.

Breeze, R. 2013. Critical discourse analysis and its critics. *Pragmatics* 21(4): 493-525.

Chawla, S. 2001. Linguistic and philosophical roots of our environmental crisis. in A. Fill and P. Mühlhäusler (eds) *The ecolinguistics reader: lanuage, ecology, and environment*. London: Continuum, pp. 109-14.

Eisenstein, C. 2013. *The more beautiful world our hearts know is possible*. Berkeley, CA: North Atlantic Books.

Goatly, A. 2001. Green grammar and grammatical metaphor, or language and myth of power, or metaphors we die by, in A. Fill and P. Mühlhäusler (eds) *The ecolinguistics reader: language, ecology, and environment*. London: Continuum, pp. 203-25.

Halliday, M. 2001. New ways of meaning: the challenge to applied linguistics, in A. Fill and P. Mühlhäusler (eds) *The ecolinguistics reader: language, ecology, and environment*. London: Continuum, pp. 175-202.

Kress, G. 2010. *Multimodality: a social semiotic approach to contemporary communication*. London: Routledge.

Lakoff, G. and Johnson, M. 1980. *Metaphors we live by*. Chicago, IL: University of Chicago Press.

Machin, D. and Mayr, A. 2012. *How to do critical discourse analysis: a multimodal introduction*. London: Sage.

Mühlhäusler, P. 2001. Talking about environmental issues, in A. Fill and P. Mühlhäusler (eds) *The ecolinguistics reader: language, ecology, and environment*. London: Continuum, pp. 31-42.

Nichols, R. and Allen-Brown, V. 1996. Critical theory and educational technology, in D. Jonassen (ed.) *Handbook of research for educational communications and technology*. New York: Macmillan, pp. 226-52.

Okri, B. 1996. *Birds of heaven.* London: Phoenix.

Potter, J. 1996. *Representing reality: discourse, rhetoric and social construction.* London: Sage.

Rateau, P., Moliner, P., Guimelli, C. and Abric, J.C. 2012. Social representation Theory. *Handbook of theories of social psychology* 2: 477-97.

Smith, M. 1999. Greenspeak (Book Reviews). *Environmental Politic*s 8(4): 231.

van Dijk, T. 1993. Principles of critical discourse analysis. *Discourse & Society* 4(2): 249-83.

Widdowson, G. 2008. *Text, context, pretext: critical issues in discourse analysis.* Hoboken, NJ: John Wiley & Sons.

↘ 부록

자료의 원본

부록에서는 이 책에서 분석된 자료의 원본에 대한 상세한 출처를 제시하고자 한다. 이 책의 전반에 걸쳐, 자료는 두 문자와 두 숫자로 구성된 표식, 예를 들어 '(ET5: 7)' 등과 같은 형식으로 제시하였다. 두 문자는 자료의 유형을 가리키는데, 예를 들면 ET는 경제학 교과서, MH는 ≪멘즈헬스≫ 잡지와 같다. 두 숫자는 이에 대한 구체적인 정보를 가리키는데 앞 번호는 특정 책의 종류나 잡지의 호수를, 뒤 번호는 그 쪽수를 의미한다. 아래 목록은 표식을 알파벳 순서로 나열한 것이다.

AG: 기업식 농업 문서(Agribusiness documents)

AGX:Y에서 X는 보고서 번호, Y는 쪽수인데, AG1의 경우 Y는 자료표의 번호이다.

AG1 PIH 2002. *Pork industry handbook* CD-Rom *edition*. Lafayette, LA: Purdue University Press.

AG2 FAO 2009. *Agribusiness handbook: red meat*. Food and Agriculture Organisation of the United Nations. www.fao.org/investment/tci-pub/joint-publications/faoebrd/en.

AG3 FAO 2010. *Agribusiness handbook: poultry, meat and eggs*. Food and Agriculture Organisation of the United Nations. www.fao.org/investment/tci-pub/joint-publications/faoebrd/en.

AG4 HH 2014. *Our Welsh wild boar herd*. Harmony Herd. www.organicpork.co.uk/

Wild%20Boar.htm.

AG5 BPA 2014. *The Gloucestershire Old Spots.* British pig Association. www.britishpigs. org.uk/breed_gs.htm.

EA: 생태계 평가 보고서(Ecosystem assessment reports)

EAX:Y에서 X는 보고서 번호, Y는 쪽수이다.

EA1 Reid, W. 2005 (ed.) *Ecosystems and human well-being: general synthesis.* Washington, DC: Island Press.

EA2 MEA 2005. *Ecosystems and human well-being: biodiversity synthesis.* Millennium Ecosystem Assessment. www.unep.org/maweb/en/Synthesis.aspx.

EA3 NCA 2012. *Impacts of climate change on biodiversity, ecosystems and ecosystem services: technical input to the 2013 National Climate Assessment.* United States Global Change Research Program http://downloads.usgcrp.gov/NCA/Activities/Biodiversity-Ecosystems -and-Ecosystem-Services-Technical-Input.pdf.

EA4 NEA 2011. *UK National Ecosystem Assessment: synthesis of the key findings.* http://uknea. unep-wcmc.org.

EA5 TEEB 2010. *The economics of ecosystems and biodiversity: mainstreaming the economics of nature.* www.teebweb.org/teeb-study-and-reports/main-reports/synthesis-report.

EA6 EC 2013. *Mapping and assessment of ecosystems and their services.* European Commission. http://ec.europa.eu/environment/nature/knowledge/ecosystem_assessment/pdf/MAES WorkingPaper2013.pdf.

EC: 《윤리적 소비자》 잡지(Ethical consumer magazine)

ECX:Y에서 X는 호수, Y는 광고 번호이다.

EC1 ECM 2014. *Ethical Consumer* magazine Jan./Feb.

EC2 ECM 2013. *Ethical Consumer* magazine Nov./Dec.

EC3 ECM 2013. *Ethical Consumer* magazine Sept./Oct.

EC4 ECM 2013. *Ethical Consumer* magazine July./Aug.

EN: 환경 관련 기사, 보고서, 영화, 웹사이트
(Environmental articles, reports, films and websites)

ENX:Y에서 X는 원본 종류, Y는 쪽수이다.

EN1 Blight, G. 2012. 50 months to save the world. *The Guardian*, 1 October. www. theguardian.com/environment/interactive/2012/oct/01/50-months-climate-interactive.

EN2 Bender, B. 2013. Admiral Samuel Locklear, commander of Pacific forces, warns that climate change is top threat. The *Boston Globe*, 9 March. http://tinyurl.com/betq6d4.

EN3 CRed 2005. *Carbon saving hints and tips.* Low Carbon Innovation Centre. http://www.cred-uk.org [No longer available].

EN4 Huhne, C. 2013. Typhoon Haiyan must spur us on to slow climate change. *The Guardian*, 17 November. www.theguardian.com/commentisfree/2013/nov/17/typhoon-haiyan-slow-climate-change.

EN5 Specter, M. 2012. The climate fixers. The *New Yorker*. 14 May. www.newyorker.com/magazine/2012/05/14/the-climate-fixers.

EN6 Greer, J. 2013. *The long descent: a user's guide to the end of the industrial age.* Gabriola Island, BC: New Society Publishers.

EN7 Bates, A. 2006. *The post petroleum survival guide and cookbook: recipes for changing times.* Gabriola Island, BC: New Society Publishers.

EN8 Hopkins, R. 2011. *Might peak oil and climate change outlive their usefulness as framings for Transition?* Transition Network. www.transitionnetwork.org/blogs/rob-hopkins/2011-05-19/might-peak-oil-and-climate-change-outlive-their-usefulness-framings.

EN9 Hopkins, R. 2011. Tale of transition in 10 objects. *Permaculture* magazine 70: 13-16.

EN10 SAS 2014. *Sustainable guide to surfing.* Surfers Against Sewage. www.sas.org.uk/news/campaigns/sass-sustainable-guide-to-surfing/.

EN11 FM 2014. *Biodiversity and conservation: the web of life.* The Field Museum. http://fieldmuseum.org/explore/biodiversity-and-conservation-web-life.

EN12 GP 2014. *End the nuclear age.* Greenpeace. www.greenpeace.org/international/en/

campaigns/nuclear.

EN13 IPCC 2014. *Fifth annual assessment report*. Intergovernmental Panel on Climate Change. www.ipcc.ch/report/ar5/wg1/.

EN14 Vanhinsbergh, D., Fuller, R. and Noble, D. 2003. *A review of possible causes of recent changes in populations of woodland birds in Britain*. British Trust for Ornithology. www.bto.org/sites/default/files/u196/downloads/rr245.pdf.

EN15 Schneider, N. 2008. Facts, not fiction. *Fraser Forum* April: 6-8. www.fraserinstitute. org/uploadedFiles/fraser-ca/Content/research-news/research/articles/facts-not-fiction-ff0 408.pdf.

EN16 Durkin, M. (director). *The great global warming swindle*. Original version broadcast on 8 March 2007 on Channel 4, UK.

EN17 Wickens, J. 2008. Hell for leather. *The Ecologist*. www.theecologist.org/trial_ investigations/314208/hell_for_leather.html.

EN18 WWF 2014. *How many species are we losing?* WWF. wwf.panda.org/about_ our_earth/biodiversity/biodiversity.

EN19 PETA 2014. *Chickens used for food*. People for the Ethical Treatment of Animals. www.peta.org/issues/animals-used-for-food/factory-farming/chickens.

EN20 CIWF 2014. *About chickens*. Compassion in World Farming. www.ciwf.org.uk/ farm-animals/chickens.

EN21 Solnit R. 2014. Call climate change what it is: violence. *The Guardian*, 7 April. www.theguardian.com/commentisfree/2014/apr/07/climate-change-violence-occupy-ea rth.

EN22 Kyriakides, R. 2008. *Arctic ice cover is reducing, how this will affect the climate and hope for the future*. Robert Kyriakides's Weblog. http://tinyurl.com/oed95hw.

EN23 Hansen, J. 2004. Defusing the global warming TIME BOMB. *Scientific American* 290(3): 68-77.

EN24 Monbiot, G. 2014. Can you put a price on the beauty of the natural world? *The Guardian*, 22 April.

ET: 경제학 교과서(Economics textbooks)

ETX:Y에서 X는 책 종류, Y는 쪽수이다.

ET1 Pindyck, R. and Rubinfeld, D. 2012. *Microeconomics*. 8th ed. London: Pearson.

ET2 Estrin, S., Dietrich, M. and Laidler, D. 2012. *Microeconomics*. 6th ed. London: pearson.

ET3 Mankiw, G. 2011. *Principles of microeconomics*. 6th ed. Nashville, TN: South-Western.

ET4 Else, P. and Curwen, P. 1990. *Principles of microeconomics*. London: Unwin Hyman.

ET5 Sloman, J. and Jones, E. 2011. *Economics and the business environment*. 3rd ed. London: Prentice Hall.

ET6 Mankiw, N. 2003. *Macroeconomics*. 5th ed. New York: Worth.

HK: 하이쿠 전집(Haiku Anthologies)

HKX:Y에서 X는 전집 종류, Y는 쪽수이다.

HK1 Addiss, S., Yamamoto, F. and Yamamoto, A. 1996. *A Haiku garden: the four seasons in poems and prints*. Tokyo: Weatherhill.

HK2 Addiss, S., Yamamoto, F. and Yamamoto, A. 1998. *Haiku people, big and small: in poems and prints*. Tokyo: Weatherhill.

HK3 Yamamoto, A. 2006. *A Haiku menagerie: living creatures in poems and prints*. Tokyo: Weatherhill.

HK4 Addiss, S. and Yamamoto, F. 2002. *Haiku landscapes: in sun, wind, rain, and snow*. Tokyo: Weatherhill.

HK5 Bowers, F. 2012. *The classic tradition of Haiku: an anthology*. New York: Dover.

HK6 Lanoue, D. 2014. *Haiku of Kobayashi Issa*. http://haikuguy.com/issa/.

MH: ≪멘즈헬스≫ 잡지(Men's Health Magazine)

MHX:Y에서 X는 호수, Y는 쪽수이다.

MH1 MH 2013. *Men's Health*. UK ed. Mar.

MH2 MH 2013. *Men's Health*. UK ed. Jan./Feb.

MH3 MH 2012. *Men's Health*. UK ed. Dec.

MH4 MH 2012. *Men's Health*. UK ed. Nov.

MH5 MH 2012. *Men's Health*. UK ed. July.

MH6 MH 2012. *Men's Health*. UK ed. Oct.

MH7 MH 2012. *Men's Health*. UK ed. Jan./Feb.

MH8 MH 2014. Cover Model. *Men's Health* magazine. www.menshealth.co.uk./building-muscle/cover-model.

MH9 Stump, B. 1999. Men's Health *editor recaps annual survey*. CNN. http://edition.cnn.com/HEALTH/men/9906/24/chat.stump.

ML: 기타(Miscellaneous)

MLX:Y에서 X는 원본 종류, Y는 쪽수(특별히 명시되지 않았다면)이다.

ML1 Coop 2009. *Newsletter*. Cooperative Bank.

ML2 A collection of advertisements extracted from lifestyle magazines, websites and posters which have been anonymised. Y represents item number.

ML3 TH 2014. *Sunshine Holidays*. Thomson Holidays. www.thomson.co.uk/editorial/features/sunshine-holidays.html.

ML4 BM 2009. New research suggests drinking as little as one cup of black tea per day may help maintain cardiovascular function and heart health. *BioMedicine*. http://tinyurl.com/kujfrw3.

ML5 Parasramka, M., Dashwood, W., Wang, R., Abdelli, A., Bailey, G., Williams, D., Ho, E. and Dashwook, R. 2012. MicroRNA profiling of carcinogen-induced rat colon tumors and the influence of dietary spinach. *Molecular Nutrition & food Research* 56(8): 1259-69.

ML6 NIA 2014. *Talking nuclear – who said what?* Nuclear Industry Association. www.niauk.org/talking-nuclear.

ML7 FI 2014. *The Fraser Institute*. http://tinyurl.com/lyfo5dr.

ML8 Brady, T. 2014. Street covered in thousands of bird droppings after flock of starlings swarm area like scene from *The Birds*. *Daily Mail* 27 February. http://tinyurl.com/lvt235f.

ML9 BBC 2014. Jaguar posts record sales figures. *BBC Online News*, 12 January.

http://www.bbc.co.uk/news/business-25701389.

ML10 BBC 2013. Transcribed extracts from videos of BBC national weather forecasts from 16 May 2013 to 5 August 2013. www. bbc.co.uk/weather.

ML11 BBC 2013. Transcribed extracts from video of BBC local weather forecasts (the West of England) from 16 May 2013 to 5 August 2013. www.bbc.co.uk/weather/2653261.

ML12 BBC 2013. *Horizon: What makes us human?* BBC iPlayer 4 July. www.bbc.co.uk/iplayer/episode/b036mrrj/Horizon_20122013_what_Makes_us_Human.

ML13 BBC 2013. *Horizon: what makes us human?* Transcribed extracts from documentary first broadcast 4 July on BBC2.

ML14 SF 2014. *Celebrate what's on your plate!* Slow Food UK. www.slowfood.org.uk.

ML15 Schumacher, E.F. 1993. *Small is beautiful: a study of economics as if people mattered.* London: Vintage.

ML16 orr, D. 2004. *Earth in mind: on education, environment, and the human prospect. 10th anniversary ed.* Washington, DC: Island Press.

ML18 Anderson, R. 2005. Interview, in Mark Achbar and Jennifer Abbott (directors) *The Corporation.* Big Media Picture Corporation.

ML19 Jones, A. (director) 2009. *The Obama deception.* Austin, TX: Alex Jones Productions.

NE: 새로운 경제학 저서와 보고서(New Economics books and reports)

NEX:Y에서 X는 책 또는 보고서의 종류, Y는 쪽수이다.

NE1 Jackson, T. 2011. *Prosperity without growth.* London: Routledge.

NE2 Lasn, K. 2012. *Meme wars: the creative destruction of neoclassical economics.* London: Penguin.

NE3 Shah, H. 2005. *Wellbeing and the environment.* New Economics Forum. www.neweconomics.org/publications/entry/well-being-and-the-environment.

NE4 CBS 2012. *A short guide to gross national happiness.* Centre for Bhutan Studies. www.bhutanstudies.org.bt.

NE5 Eisenstein, C. 2011. *Sacred economics.* Berkeley, CA: Evolver Editions.

NE6 de Graaf, J., Wann, D. and Naylor, T. 2005. *Affluenza: the all-consuming epidemic.* San

Francisco, CA: Berrett-Koehler.

NE7 Shiva, V. 2013. How economic growth has become anti-life. *The Guardian*, 1 November.

NE8 Kennedy, R. 1968. *Remarks of Robert F. Kennedy at the University of Kansas March 18, 1968*. John F. Kennedy Presidential Library & Museum. http://tinyurl.com/ q4ygjgq.

NE9 Daly, H. and Farley, J. 2004. *Ecological economics: principles and applications*. Washington, DC: Island Press.

NP: 경제 성장과 관련된 뉴스 기사
(News articles related to economic growth)

NPX에서 X는 기사의 종류이다.

NP1 BBC 2014. IMF raises UK economic growth forecast. *BBC News Online*, 21 Jan. www.bbc.co.uk/news/business-25823217.

NP2 SKY 2014. Osborne hails new IMF growth forecast for UK. *SKY News Online*, 21 Jan. http://news.sky.com/story/1198691/osborne-hails-new-imf-growth-forecast-for-uk.

NP3 DM 2014. Britain Powers ahead of the rest of Europe. *Daily Mail*, 21 Jan. www.dailymail.co.uk/news/article-2543039/Boost-Osborne-IMF-upgrades-UK-growt h-Economic-outlook-improved-major-nation.html.

NP4 GU 2014. IMF set to upgrade UK growth forecasts as global economy expands. *The Guardian*, 21 January. www.theguardian.com/business/2014/jan/20/imf-upgrades-uk-economic-growth.

NP5 IN 2014. Relief for Osborne as IMF expects UK growth to hit highest rate in three years. *The Independent*, 21 January. www.independent.co.uk/news/business/news/imf-expects-uk-growth-to-hit-highest-rate-in-three-years-9073123.html.

NP6 TE 2014. IMF likely to upgrade Britain's growth forecast. *The Telegraph*, 21 January. www.telegraph.co.uk/finance/economics/10585428/IMF-likely-to-upgrade-Britains-gr owth-forecast.html.

NP7 FT 2014. IMF upgrades UK growth forecast to 2.4%. *Financial Times*, 21 January. www.ft.com/cms/s/0/682b8138-8278-11e3-9d7e-00144feab7de.html

NP8 BBC 2014. Jaguar Land Rover posts record car sales figures. *BBC News online*, 12 January. www.bbc.co.uk/news/business-25701389.

NW: 신자연수필(New Nature Writing)

NWX:Y에서 X는 책 종류, Y는 쪽수이다.

NW1 Crumley, J. 2007. *Brother nature*. Dunbeath, Caithness: Whittles Publishing.

NW2 Fiennes, W. 2003. *The snow geese*. London: Picador.

NW3 Jamie, K. 2005. *Findings*. London: Sort of Books.

NW4 Laing, O. 2011. *To the river: a journey beneath the surface*. Edinburgh: Canongate Books.

NW5 Mabey, R. 2006. *Nature cure*. London: Pimlico.

NW6 Macfarlane, R. 2009. *The wild places*. London: Granta Books.

NW7 Woolfson, E. 2013. *Field notes from a hidden city: an urban nature diary*. London: Granta Books.

NW8 Yates, C. 2012. *Nightwalk: a journey to the heart of nature*. London: William Collins.

PD: 정치 문건(Political documents)

PDX:Y에서 X는 문건 번호, Y는 쪽수(관련 있는 경우만)이다.

PD1 Truman, H. 1949. *Inaugural address*. American Presidency Project. www.presidency.ucsb.edu/ws/?pid=13282.

PD2 WCED 1987. *Our common future*. Oxford: Oxford University Press.

PD3 WB 2012. *Inclusive green growth: the pathway to sustainable development*. World Bank. http://siteresources.worldbank.org/EXTSDNET/Resources/Inclusive_Green_Growth_May_2012.pdf.

PD4 UK Govt. 2011. *Mainstreaming sustainable development*. DEFRA. http://sd.defra.gov.uk/documents/mainstreaming-sustainable-development.pdf.

PD5 Everett, T., Ishwaran, M., Paolo, G. and Rubin, A. 2010. *Economic growth and the environment*. DEFRA. www.gov.uk/government/uploads/system/uploads/attachment_ data/file/69195/pb13390-economic-growth-100305.pdf.

PD6 BIS, 2012. *Benchmarking UK competitiveness in the global economy*. Department for Business, Innovation and Skills. Economics Paper no. 19. http://tinyurl.com/mdlcrbx.

PD7 UK Govt. 2014. *Red tape challenge*. UK Government. https://www.redtapechallenge. cabinetoffice.gov.uk.

PD8 Cameron, D. 2013. *David Cameron's 2013 New Year message*. UK Government. www.gov.uk/ government/news/david-camerons-2013-new-year-message.

PD9 US Govt. 2006. *United States Code 2006 by Congress and House Office of the Law Revision*. US Government. http://uscode.house.gov.

PD10 OWS 2012. *Resolution to end corporate personhood*. Occupy Wall Street. www.nycga.net/ 2012/01/01/11-resolution-to-end-corporate-personhood.

PD11 EA 2014. *New nuclear power stations*. Environment Agency. www.gov.uk/government/ policies/increasing-the-use-of-low-carbon-technologies-supporting-pages/new-nuclear-power-stations.

PD12 GPY 2014. *Energy*. The Green Party. http://policy.greenparty.org.uk/ey.html.

↘ 용어 해설

　용어 해설은 이 책의 언어학적인 용어에 대한 간단한 설명을 제공한다. 언어학의 용어는 연구자들에 의해 종종 다양한 의미로 사용되기 때문에, 여기에서 제시되는 용어에 대한 설명은 이 책에서 해당 용어를 사용하는 특수한 맥락에 따른 것이다. 용어에 대한 설명은 포괄적이지 않고 지시적이며 간결하게 제시하고자 한다.

능동화(Activation): 참여자는 그들에게 어떤 행동이 주어지는 것처럼 표현될 때보다 무엇인가에 대해 행동하고 생각하며 느끼고 말하는 것처럼 표현될 때 능동화된다. 이것은 어떤 참여자가 텍스트에서 전경화되어 있는지를 조사하는 데 유용하다.

행위자(Actor): 하나의 절 내에서 무엇인가 능동적으로 하고 있는(doing) 참여자. 이것은 어떤 참여자가 특정 목적을 위해 자신의 삶에 능동적으로 관여하며 살아간다는 표현을 분석하는 데 유용하다.

경험(Affect): 평가 유형에서 경험의 표현은 참여자가 무언가를 향해 특정한 방식으로 느끼는 것(예를 들어 X로 인해 기뻐하거나 X로 인해 비탄에 빠지는 것)을 통해 나타낸다.

경험자(Affected): 하나의 절에서 그들에게 이미 무언가가 행해졌음을 나타내는 참여자. 이것은 주로 참여자들이 무력한 존재로 표현되었다는 사실을 분석하는 데 유용하다.

동작주(Agent): 목적이 있으면서 의지적인 활동에 참여하는 참여자. 기능 문법에서 동작주는 행위자에 상응한다.

양면적 담화(Ambivalent discourse): 분석가의 생태철학에 부분적으로만 일치하는 이데올로기를 전달하는 담화. (예를 들어 이러한 담화는 삶이 의존하고 있는 생태계를 보호하도록 사람들을 장려하는 데 이득이 되는 점과 해가 되는 점이 혼합되어 있는 것으로 여겨진다.)

반의 관계(Antonymy): 두 표현이 반대의 의미를 지니거나 반대의 의미를 지니는 것처럼(as if) 표현되는 의미론적 관계. 이것은 텍스트가 어떻게 의미의 차이를 만드는지를 조사하는 데 유용하다.

동격(Apposition): 두 개의 개념을 문장 내에서 주로 쉼표로 나누어 나란히 배치함으로써 동등하게 취급하는 것. (예를 들면 레이첼 카슨, 환경 운동의 창시자가 글을 썼다)

평가 유형(Appraisal pattern): 삶의 영역을 좋거나 나쁘게 표현하기 위해 함께 사용되는 언어적 특징들의 집합체.

평가 항목(Appraising items): 누군가나 어떤 것의 긍정적이거나 부정적인 면모를 보여주기 위해 사용되는 단어들이나 표현들. (예를 들어 그는 그 좋은 뉴스를 기꺼워했다라는 표현에서 '기꺼워하다'와 '좋은'이라는 표현은 '그 뉴스'에 긍정성을 부여하는 평가 항목이다.)

태도 용어(Attitudinal terms): 최고다(best) 또는 훌륭하다(excellent)와 같이 모든 문맥에서 그들이 기술하는 무엇인가를 긍정적인 태도로 향하게끔 표현하는 용어.

유익한 담화(Beneficial discourse): 분석가의 생태철학과 일치하는 이데올로기를 전달하는 담화. (예를 들어 이 담화는 삶이 의존하고 있는 생태계를 보호하도록 사람들을 장려하는 것으로 여겨진다.)

카메라 각도(Camera angle): 사진을 찍을 때 높은 카메라 각도는 카메라를 높게 올려 피사체를 내려다보게 되는 반면, 낮은 카메라 각도는 피사체를 올려다보게 된다. 이러한 카메라 각도는 (낮은 각도를 통해) 피사체를 강력하게 혹은 (높은 각도를 통해) 무력하게 표현할 수 있다.

절(Clause): 하나의 절은 둘 이상의 문장으로 나누어질 수 없는 홑문장이다. (예를 들어 독수리가 찌르레기에게 접근하여 싸움을 일으켰다라는 문장은 두 개의 절을 포함한다.)

연어(Collocation): 텍스트 내에서 서로 인접하여 자주 쓰이는 단어들. 그 예로 빈곤(poverty)과 완화하다(alleviate)를 들 수 있다.

개념적 혼성(Conceptual blend): 사고 과정에서 둘 혹은 그 이상의 서로 다른 개념을 조합하여 만든 새로운 개념.

함축(Connotation): 한 단어가 그것의 직접적인 의미에 더하여 마음에 가져다주는 연상적 의미. 예를 들어 샴페인은 호화로움을 함축한다.

신념(Conviction): 특정 진술이 진실인지 거짓인지, 아니면 확실한지 불확실한지에 관한 사람들의 마음속 이야기.

비판적 담화분석(Critical Discourse Analysis): 언어가 사회 구조, 특히 억압 관계를 어떻게 구조화하는 역할을 하는지를 분석하기 위해 사회학적 이론과 세밀한 언어학적 분석을 결합한 언어학의 한 형태.

문화적 평가(Cultural evaluations): 한 문화에 속한 많은 개개인의 마음속에 널리 퍼져있는 평가.

요구 사진(Demand picture): 마치 뷰어에게 관계 설정을 요구하는 것처럼 사진 속 참여자가 뷰어를 바라보고 있는 시각적 이미지.

파괴적 담화(Destructive discourse): 분석가의 생태철학에 반대되거나 위배되는 이데올로기를 전달하는 담화. (예를 들어 이 담화는 삶이 의존하고 있는 생태계를 파괴하도록 사람들을 부추기는 것으로 여겨진다.)

담화(Discourse): 사회의 특정 집단에서 사용되는 언어, 이미지, 기타 재현 양식들의 특징적인 방식. (예를 들면 신고전주의 경제학자, 환경론자 또는 신자연수필가들이 사용하는 담화)

생태언어학(Ecolinguistics): 언어와 다양한 종류의 상호작용을 연구하는 접근법에 관한 포괄적인 용어. 이 책에 기술된 생태언어학의 모습은 삶으로서의 이야기를 드러내어 생태철학에 따라 이러한 이야기를 판단하고, 생태철학에 반하는 이야기에 저항하며 새로운 삶으로서의 이야기를 찾는 데 기여하기 위해 언어를 분석하는 것이다.

생태철학(Ecosophy): 생태학적 철학, 즉 인간, 다른 삶의 종, 그리고 물리적 환경 사이의 관계에 관한 원리와 가정의 규범적 인식틀. 분석가는 자신만의 생태철학을 활용하여 그들이 언어학적 분석을 통해 드러낸 이야기에 대하여 판단한다.

함의(Entailment): X가 참일 때 Y가 반드시 참일 경우, 진술 X는 다른 진술인 Y를 함의한다. (예를 들어 기업이 범죄를 저지르다의 경우 회사가 불법적으로 행동하다를 함의한다.)

소거(Erasure): 삶의 한 영역이 중요하지 않거나 고려할만한 가치가 없는 것으로 여겨지는 사람들의 마음속 이야기.

소거 유형(Erasure pattern): 하나의 삶의 영역을 텍스트에서의 조직적인 부재나 왜곡을 통해 삶에서 미미하고 상관없거나 중요하지 않은 것처럼 보이게 하는 언어적인 표현.

평가(Evaluations): 하나의 삶의 영역이 좋은지 나쁜지에 대한 사람들의 마음속 이야기.

외재적 가치(Extrinsic value): 이익, 지위, 명성, 경쟁에서의 승리 및 기타 이기적인 목표 등을 달성하는 데 중점을 두는 가치로, 이러한 가치들은 본연적으로 공공의 이익에 기여하지 않는다. 다시 말해 외재적 가치의 달성은 그 자체로 윤리적 결과를 수반하지 않는다.

사실성(Facticity): 하나의 진술이 확실하게 인정받는 진실처럼 표현되는 정도. (예를 들어 높은 양태성을 활용하는 것, 권위나 경험주의 레퍼토리를 불러오는 것을 통해 획득된다.)

사실성 유형(Facticity pattern): 어떤 진술을 확실하고 진실인 것처럼 표현하거나, 진술이 불확실하거나 거짓인 것처럼 약화시키기 위해 함께 사용하는 언어적 장치의 무리.

틀(Frame): 특정 방아쇠 단어에 의해 사람들의 마음속에 촉발되는 삶의 한 영역에 대한 이야기.

틀 연쇄(Frame chaining): 틀이 시간이 지남에 따라 반복적으로 수정되어, 본래의 틀과 확연히 다른 틀이 되기까지의 과정.

틀 치환(Frame displacement): 한 틀이 다른 틀에 의해 부차적이고 부분적으로 대체되는 수사학적 변이.

틀 변형(Frame modification): 새로운 틀을 생성하기 위해 기존 틀을 변형하는 것으로, 새로운 틀은 이전 틀의 구조와 특성들의 일부를 가져와서 다른 방식으로 구성된다.

틀 구성(framing): 삶의 한 영역으로부터의 이야기(틀)를 사용하여 또 다른 삶의 영역을 어떻게 개념화할 것인지에 대한 구조화. (예를 들면 **기후 변화는 문제이다**.)

주어진/새로운(Given/new): 특정 정보가 마치 독자에게 이미 알려진 것처럼 표현되는 반면에, 다른 정보는 이전에 알려지지 않은 어떤 것을 전달하는 것처럼 표현하는 정보의 구조. 영어에서는 일반적으로 '주어진' 정보가 문장에서 먼저 표현되며, '새로운' 정보가 이를 뒤따른다.

중심 단어(Head): 구(句)의 주요 단어로, 예를 들면 명사구의 명사 또는 형용사구의 형용사.

헤게모니(Hegemony): 묵인하는 것을 통해 권력을 행사하는 것으로, 예를 들어 이데올로기를 매우 다른 가능성이 있는 관점 가운데 하나로 보는 것이 아니라 '그저 있는 그대로이다'와 같이 나타내는 것.

동질화(Homogenisation): 개별적 개체를 더 큰 집단, 군중, 혹은 무리의 구별되지 않는 일원으로 표현하는 것.

하위어(Hyponymy): 여러 개의 단어가 모두 동일한 대상의 예로 존재하는 목록에 의해 동질적으로 표현되는 의미론적 관계. (예를 들면 어류, 곡물 및 목재와 같은 물자들(commodities such as fish, grains, and timber)이라는 표현의 하위어인 어류(fish), 곡물(grains), 목재(timber)는 모두 물자들(commodities)과 동등한 존재로 표현된다.) 이것은 텍스트가 어떻게 동질적인 관계를 설정하는지를 조사하는 데 유용하다.

정체성(Identity): 외양, 성격, 행동 및 가치를 포함하여 특정 부류의 사람이 무엇을 의미하는지에 대한 사람들 마음속의 이야기.

이데올로기(Ideology): 사회 안의 특정 집단에 속한 구성원들에 의해 공유되는, 세계가 어떻게 존재하고, 존재하며, 존재할 것인가 혹은 존재해야 하는가에 대한 신념 체계.

비인격화(Impersonalisation): 사회적 행위자를 하나의 독특한 사람이라기보다는 하나의 범주에 속한 대체 가능한 구성원으로 표현하는 행위. 이것은 소거를 탐구하는 데 유용하다.

개인화(Individualisation): 하나의 개체를 유일하고 독특한 개인과 같이 표현하는 것.

내집단(Ingroup): 한 개인이 구성원이라고 느끼는 집단. ('우리(us)'라는 대명사와 연관된다.)

상호텍스트성(Intertextuality): 텍스트가 이전 텍스트로부터 인용될 때, 발췌문을 직접 사용하거나 언어 사용의 유사한 표현이나 유형을 활용하는 것.

내재적 가치(Intrinsic values): 빈곤 완화하기, 타인의 참살이에 기여하기, 환경을 보호하기와 같은 목표나 또 다른 이타적 목표를 위한 가치로서, 이들은 본연적으로(in themselves) 공공의 이익에 기여한다. 다시 말해서 내재적 가치의 달성은 그 자체로 윤리적 결과를 수반한다.

언어 체계(Language system): 언어 형식이 발화의 의미를 형성하기 위하여 함께 사용되는 언어의 부분이나 규칙으로서의 언어학적 단위. (즉 언어 사용하기(using)의 특정 방식이라기보다는 언어 자원 그 자체를 의미한다.)

어휘 집합(Lexical set): 모두 동일한 의미 영역에서 비롯된 단어들의 집합. (예를 들어 요리하다(cook), 끓이다(boil), 재료들(ingredients), 조리법(recipe)은 모두 요리에 관한 어휘 집합의 일부이다.)

어휘화(Lexicalisation): 특정 개념을 단어들로 표현하는 방식. (예를 들어 영어에서 암소(cow)/소고기(beef), 돼지(pig)/돼지고기(pork)와 같이 특정한 종류의 고기는 이에 상응하는 동물과는 다르게 어휘화된다.)

경계에 놓인 상태(Liminal state): 정체성 이론에서 한 사람이 경계에 놓인 상태에 존재한다는 것은, 그들이 지니고 있던 과거의 정체성이 더 이상 자신에게 적합하지 않다고 느끼지만 아직 그것을 대체할 새로운 정체성을 찾지 못했을 때를 가리킨다.

유표적(Marked): 행복한/행복하지 않은(happy/unhappy) 또는 정직한/정직하지 못한(honest/dishonest)과 같은 대조되는 쌍들에서 유표적인 용어는 접두사(예를 들면 un- 또는 dis-)가 붙은 것이다. 일반적으로 유표적인 용어는 무표적인 용어보다 부정적인 의미를 갖는 경향이 있다. '무표적' 참조.

위장(Mask): 어떤 개체가 텍스트 또는 담화에서 생략되고 왜곡된 버전으로 대체된 소거 형태.

물질적 과정(Material process): 무엇인가를 하는 능동적인 과정.

정신적 과정(Mental process): 생각하거나 느끼거나 감지하는 과정.

은유(Metaphor): 특정하고 구체적이며 상상할 수 있는 삶의 영역에 바탕에 둔 틀을 사용하여 명확하게 구별되는 삶의 영역을 개념화하는 방법을 구조화하는 것. (예를 들면 **기후변화는 롤러코스터이다**.)

은유적 함의(Metaphorical entailment): 특정한 은유가 적용될 때 X가 Y를 은유적으로 함의하면, X가 참일 때 Y는 반드시 참이다. (예를 들어 **기업은 사람이다**라는 은유가 적용되면 "사람은 권리를 가진다."는 "기업은 권리를 가진다."를 은유적으로 함의한다.)

은유적 추론(Metaphorical reasoning): 목표 영역에 대한 추론에서 근원 틀의 지식을 사용하는 것. (예를 들어 '기계'의 근원 틀에는 기계는 아무런 감정이 없다라는 인식이 있다. 이것이 **돼지는 기계이다**라는 은유에 의해 '돼지'의 목표 영역으로 옮겨지면, 돼지는 아무런 감정이 없다라는 은유적 함의로 이어진다).

환유(Metonymy): 자신의 이름이 아니라 그것과 관련된 무엇인가에 의해 그 대상을 지칭하는 것. (예를 들어 구이용 영계(broiler)나 통구이용 영계(roaster)에는 닭고기 조리 방법이 포함되어 있다.)

양태성(Modality): 일반적으로 법조동사(~할 수 있다(can), ~할 수 있었다(could), ~일지도 모른다(may), ~일지도 모르겠다(might), ~해야 한다(must), ~할 의무가 있다(ought), ~일 것이다(shall), ~이어야 한다(should), ~할 것이다(will), ~했을 것이다(would)) 또는 부사(아마도(probably), 틀림없이(arguably))를 사용함으로써 진술의 사실성에 대하여 화자가 표현한 확실성의 정도.

양식(Mode): 언어, 시각적 이미지, 음악, 영화와 같은 표현의 매체.

수식어(Modifier): 구의 중심 단어 의미에 영향을 미치는 구의 선택적 요소. (예를 들어 생물 요소(biotic component)에서 '생물'이라는 단어는 수식어이며 구의 중심 단어인 '요소'에 대한 추가 정보를 제공한다.)

형태(론)(Morphology): 언어에서 의미를 구성하는 단위이자 단어를 형성하기 위한 방식에 관한 규칙.

명사화(Nominalisation): 이면에 숨겨진 어떤 과정에서 파생된 것으로 간주될 수 있는 명사구. (예를 들면 'X가 Y를 파괴하다(destroys)'에서의 파괴(destruction)) X와 Y가 명사화된 형태로 생략될 수 있기 때문에 이것은 소거를 조사하는 데에 유용하다.

외집단(Outgroup): 개인이 구성원이라고 느끼지 않는 집단. (대명사 '그들(them)'과 연관된다.)

참여자(Participants): 절 또는 이미지에서 나타나는 살아 있는 존재, 물리적 대상, 장소, 시간, 추상적인 개체 등을 가리키는 말.

수동태(Passive voice): 능동태 'X가 Y를 파괴하다'와 반대되는 것으로 'Y는 X에 의해 파괴되다'와 같은 문법적 형태. 수동태는 참여자 X를 생략할 수 있기 때문에 참여자의 소거를 조사하는 데 유용하다.

수동화(Passivation): 참여자들이 능동적으로 행동하거나 생각하기보다는 그들에게 행해지는 것으로 표현될 때 참여자들은 수동화된다.

이것은 참여자들이 텍스트에서 배경화되었는지를 조사하는 데 유용하다.

인격화(Personalisation): 사회적 행위자가 명명되거나 생생하게 묘사됨으로써 독특한 사람으로 표현될 때를 말한다. 이것은 현저성을 조사하는 데 유용하다.

현상(Phenomenon): 정신적 과정의 일부로, 보이거나 들리거나 느껴지거나 그 외에 지각되는 참여자. 예를 들어 **나는 올빼미를 보았다**에서 '올빼미'가 현상에 해당한다.

음운(론)(Phonology): 언어에서 말소리의 단위이자 발화를 형성하는 방식에 대한 규칙.

포토리얼리즘(Photorealism): 포토리얼리즘이 적용된 이미지란 관찰자가 실제 삶에서 어떤 현상을 볼 때, 보통 보이는 대로 그려지는 것을 말한다. 낮은 포토리얼리즘을 지닌 이미지는 관찰자가 이미지의 이면에 숨겨진 상징적인 의미를 탐색하도록 부추길지도 모른다.

긍정적 담화분석(Positive Discourse Analysis): 분석가 자신의 생태철학이나 가치에 의해 판단된 언어의 긍정적 사용에 대한 분석. 예를 들면 세상을 더 나은 곳으로 만드는 데 잠재적으로 도움을 주는 언어 사용.

전제(Presupposition): 명백하고 당연하게 여겨지는 세계의 배경지식에 관한 명제의 표현.

과정(Process): 참여자가 참여하는 행위나 관계, 가령 존재하고 있다(being), 행하고 있다(doing), 가지고 있다(having), 감지하고 있다(sensing), 행동하고 있다(behaving), 말하고 있다(saying) 등을 나타내는 절의 부분. 보통 과정은 동사에 대응되어 나타난다. (예를 들어 'X가 Y를 파괴하다'에서 과정은 파괴하고 있다(destroying)이다). 명사화 참조.

어감(Prosody): 의미론적 어감은 어떤 단어가 다른 단어와 자주 함께 사용되면서 발생하는 긍정성 혹은 부정성이다. (예를 들어 저지르다 (commit)는 범죄(crime) 또는 살인(murder)과 함께 쓰이는 경향이 있으므로 부정적인 어감을 가진다.)

인용 동사(Quoting verbs): 직접 혹은 간접 인용문을 소개하고 동시에 그 인용문에 대한 작가의 태도를 전달하는 데 주로 쓰이는 동사. (예를 들면 말했다(said), 고백했다(confessed), 인정했다(admitted), 과시했다(boasted) 등)

틀 재구성(Reframing): 한 문화에서 형성되는 전형적인 틀 구성과 다른 방식으로 개념에 대한 틀을 구성하는 행위.

상기(Re-minding): 특정 텍스트나 담화에서 중요한 삶의 영역의 소거에 주의를 기울이도록 명시적으로 요청하고, 이를 다시 심사숙고해 볼 것을 요구하는 것.

경험주의 레퍼토리(Repertoire of empiricism): 자료를 직접적 혹은 부분적으로 인용하여 결론을 도출할 때 사실성을 높이는 기술의 방법. (예를 들어 "실험은 … 을 보여준다.")

현저성(Salience): 중요하거나 관심을 가질 가치가 있는 삶의 영역과 관련된 사람들의 마음속에 있는 이야기.

현저성 유형(Salience pattern): 구체적이고 특징적이며 생생한 묘사를 통해 주의를 기울일 만한, 삶의 영역에 대한 언어적 혹은 시각적 표현.

화자(Sayer): 언어적 과정에서 여러 방법으로 메시지를 전달하려고 말하는 참여자. 예를 들어 그녀가 외쳤다에서 '그녀'가 화자이다.

자아 정체성(Self-identity): 사람들이 그들 자신과 타인이 어떠한 유형의 사람인지에 대하여 지칭하는 진행형 이야기.

감각 이미지(Sense image): 외부 개체가 감각에 어떻게 영향을 미치는 지에 대한 묘사.

감각 주체(Senser): 절에서 어떤 대상을 사고하고 느끼며 감지하는 참 여자. 이것은 참여자가 정신적 삶을 지닌 존재로 표현되었는지를 분석하는 데 유용하다.

화면 크기(Shot size): 시각적 이미지에서 화면 크기는 프레임의 크기 와 비교되어 나타나는 피사체의 크기이다. 피사체가 큰 클로즈업 숏(close-up shot)은 뷰어와 피사체 간의 긴밀한 관계를 나타낼 수 있 지만, 롱숏(long shot)은 육체적·정신적 거리가 멀다는 점을 나타낼 수 있다.

사회 인지(Social cognition): 한 사회를 걸쳐서 많은 개개인의 마음속에 존재하는 공유 가치, 신념 체계 혹은 이야기.

근원 영역(Source domain): 근원 틀이 이끌어내는 보편적인 영역. (예를 들어 '로봇'과 '계산기'의 근원 틀은 모두 '기계'의 근원 영역에 속한다.) 이것 은 다양한 은유 또는 틀 구성의 기초가 되는 보다 보편적인 유형 을 찾을 때 유용하다.

근원 틀(Source frame): 은유 또는 틀 구성에서 단어와 구조를 제공하 기 위해 추출한 삶의 영역. (예를 들어 **기후 변화는 시한폭탄이다**에서 근원 틀은 '시한폭탄'이다.)

이해관계(Stake): 참여자가 특별한 결과물에 관심을 가질 때를 말한다. (예를 들어 화석 연료 로비는 기후 변화 법안이 약화되는 것에 관심을 가지고 있다.)

이야기(Story): 세계를 인식하는 방식에 영향을 미치는 개개의 마음속

인지 구조. 이야기의 유형은 이데올로기, 은유, 틀 구성, 정체성, 평가, 신념, 소거, 현저성을 포함한다.

삶으로서의 이야기(Story-we-live-by): 범문화적으로 수많은 개인들의 마음속에 존재하는 이야기.

주체 지위(Subject position): 일반적으로 꼬리표가 붙은(예를 들면 어머니, 관리자, 의사, 환자) 사회에서의 역할이자, 한 사람이 말하고 옷을 입으며 행동해야 하는 방식에 대한 사회적 기대의 경향성.

제거(Suppression): 절에서 특정 참여자가 생략되거나 배경화되는 것. (예를 들어 닭이 도살되었다라는 절은 도살한 행위자를 제거한 것이다.)

유의 관계(Synonymy): 두 표현이 매우 유사한 의미를 갖거나 텍스트에서 그 의미가 매우 유사한 것처럼(as if) 쓰일 때의 의미론적 관계. 텍스트가 동등한 관계를 설정하는 방법을 살피는 데 유용하다.

목표 영역(Target domain): 은유로 묘사되는 삶의 영역. (예를 들어 **기후 변화는 시한폭탄이다**에서 목표 영역은 '기후 변화'이다.)

자취(Trace): 개체가 텍스트나 담화에서 표현되었지만 모호하게 되거나 배경화되는 소거 형태.

타동성(Transitivity): 하나의 절에서 참여자와 과정이 배열되는 규칙.

무표적(Unmarked): 행복한/행복하지 않은(happy/unhappy) 또는 정직한/정직하지 못한(honest/dishonest)과 같은 대조되는 쌍들에서 무표적인 용어는 접두사가 붙지 않은 것이다. 접두사가 없는 높은/낮은(high/low)과 같은 쌍의 경우, 무표적인 용어는 중립적인 질문에 사용된다. (예를 들면 "타워가 얼마나 높은가(high)?") 일반적으로 무표적인 용어는 유표적인 용어보다 긍정적인 의미를 갖는 경향이 있다.

언어적 과정(Verbal process): 말하기, 쓰기, 의사소통을 포함하는 과정.

생동성(Vitality): 은유가 근원 틀의 생생하고 구체적인 이미지를 청자의 마음속으로 전이할 수 있는 잠재력을 지니고 있는 정도. 이것은 은유가 추론 유형에 얼마나 영향을 줄 수 있는지를 밝히는 데 유용하다.

공백(Void): 개체가 텍스트나 담화에서 완전히 부재해 있는 소거의 한 형태.

↘ 찾아보기

저자 소개

애런 스티베 Arran Stibbe _ 영국 글로스터셔대학교의 영어학과 교수이다. 생태학적 언어학 교수(Professor of Ecological Linguistics)로서, 생태언어학, 비판적 담화분석, 언어와 윤리 등을 학부와 대학원에서 가르치고 있다. 국제생태언어학회(International Ecolinguistics Association)의 창립자이자 초대 학회장이며, 비판적 담화분석을 활용하여 텍스트에 표상된 인간과 사회의 모습을 분석하는 논의를 주 연구 분야로 삼고 있다.

옮긴이 소개

김규훈 _ 대구대학교 인문교양대학 창조융합학부 교수
　　　동국대학교 대학원 국어교육학과 박사

김효연 _ 진주 동명고등학교 국어 교사
　　　동국대학교 대학원 국어교육학과 박사수료

이원영 _ 서울 배명고등학교 국어 교사
　　　동국대학교 대학원 국어교육학과 박사수료

노홍주 _ 동국대학교 대학원 국어교육학과 박사수료

송진식 _ 동국대학교 대학원 국어교육학과 박사과정

한국문법교육학회【문법교육번역총서 3】

생태언어학: 언어, 생태학, 삶으로서의 이야기
Ecolinguistics: language, ecology, and the stories we live by

초판 인쇄 2018년 9월 15일
초판 발행 2018년 9월 20일

저 자 Arran Stibbe(애런 스티베)
역 자 김규훈, 김효연, 이원영, 노홍주, 송진식
펴낸이 이대현
편 집 박윤정
디자인 홍성권
펴낸곳 도서출판 역락
서울 서초구 동광로 46길 6-6 문창빌딩 2층
전화 02-3409-2058(영업부), 2060(편집부) | 팩시밀리 02-3409-2059
이메일 youkrack@hanmail.net
홈페이지 http://www.youkrackbooks.com
블로그 http://blog.naver.com/youkrack3888
등록 1999년 4월 19일 제303-2002-000014호

I S B N 979-11-6244-227-2 94370
979-11-5686-809-5 (세트)

• 이 도서의 국립중앙도서관 출판예정도서목록(CIP)은 서지정보유통지원시스템 홈페이지(http://seoji.nl.go.kr)와 국가
자료공동목록시스템(http://www.nl.go.kr/kolisnet)에서 이용하실 수 있습니다.(CIP제어번호: CIP2018029883)